朝鮮時代 備邊司 研究

潘允洪 著

景仁文化社

머리말

이 책은 조선시대 정치사의 중심무대인 비변사에 관한 연구서이다. 비변사는 조선 중·후기에 걸쳐 변사대책 기구로 출발, 군국기무를 총령하는 아문으로 성장하여 점차 의정부의 기능을 압도하는 최고 정청으로 변해갔다. 따라서 조선후기의 정치사와 정치운영을 파악하려 할 때에 우선 이 비변사의 정치적 기능을 살피지 않고서는 그 실상을 해명하기가 어렵다.

필자는 일찍이 이러한 비변사의 역할을 주목하였으나 그 장구한 존속기간과 방대한 관련자료 때문에 본격적인 연구에 착수하지 못하다가 1980년대 초 규장각에서 「비변사등록」을 분류 초록한 「등록유초」를 입수하면서 십여 년 동안 연구를 진행하였고 그 대강을 학위논문으로 마무리 한 바 있다.

이후, 위의 논문을 수정 보완하여 10여 편의 논고를 정리 발표하였으며 이제 이를 모두 종합하기에 이른 것이다. 따라서 필자로서는 이 졸저를 출간하기까지 전후 20여 년이 걸린 셈이다. 그러나 해명해야할 부분이 아직 많이 있음에도 불구하고 이렇게 편책하려한 것은 필자가 정년을 앞두고 이를 일단락 지어 전체를 조감하려한 것과 이에 더하여 평소 마음두어 온 우리나라 사상사와 성리학의 천착에 좀더 시간을 갖고 싶었기 때문이다.

필자는 지난날 학부시절 1959년 여름에 강진의 다산초당을 탐방한 후 '다산의 유배 사생활'이란 글을 대학신문에 실은 적이 있다. 이것이 실학에의 관심으로 싹을 키운 바 되어 결국 석사논문으로 "지봉 이수광의 정치경제 사상"을 쓰게 되었다. 이는 1960년대 당시 국사학계의 분위기를 일정하게 반영한 것이기도 하다.

그러나 단편적인 실학자의 연구로서는 조선시대사의 통사적 흐름과 깊은 이해에 도달할 수가 없어 연대기 사료의 섭렵이 더욱 절실하게 되었다. 이를 위해 「비변사등록」 등의 원전자료를 주의 깊게 읽다가 이 분야의 연구가 그 중요성에 비추어 매우 미흡함을 알고 여기에 관심을 쏟아 오늘의 이 조그만 한 맺음을 보게 된 것이다.

돌이켜보면 필자는 대학원을 수료한 후 1970년에 국방부 전사편찬위원으로 임용되어 한국전쟁사를 편찬할 기회를 갖은 바 있다. 다행히 연구를 계속할 수 있었고 이 때에 조선시대의 군사정책과 밀접한 관계가 있는 비변사에도 관심이 더욱 깊어지게 되었다.

그러나 1974년 가을, 소위 유신조치 이후 당시의 시국상황에 연루되어 필자도 무고히 해직 당하고 한 동안 난감한 시절을 겪어야 했다. 결혼초기, 장래가 막막한 때였지만 그러나 평소에 미흡했던 한문 경전공부에 몰두해 보기로 작심한 것이다.

이듬해 초여름, 세속의 먼지를 털고 산음의 중재 김황선생 문하에 들어갔다. 그때 서당으로 향한 진주행 야간열차는 그날 따라 그렇게 잠 못 이룬 밤일 수 없었다. 그러나 고요하고 아늑한 내당서사에서 어렸을 적 가학을 다시 계속하여 칠서 암송을 일과로 삼고 글을 읽어 내었다.

계획된 일과 외에 근사록과 동래박의 그리고 제자서 등을 욕심내어 읽었으며, 선생의 익붕당총초 초서본을 정서하면서 처음에는 애도 많이 썼지만 차차 진도가 빨라짐을 느낄 수 있었고 때로는 서생들과 어울려 한시도 지어 보았다. 또한 계절이 바뀌면 춘추로 스승을 모시고 섭천정사의 강회에 참석하여 전통유학의 본령을 체득하기도 하였으며 여느 때는 사석 보황실에서 경전의 오의를 훈목하고 도학의 진수를 감명 깊게 느껴볼 수 있었다.

비록 두 해 동안이었지만 세간을 떠난 상태에서 오로지 독서에만 전념할 수 있었다. 그러나 가끔은 학문과 인생이 반추되기도 하여 그 때마다 잡념에 젖지 않도록 스스로를 추스르며 다그쳤다. 그렇지 않고서는 권속을 돌보지 못하는 심정을 달랠 길이 없었기 때문이다. 그러나 결국 그 기간은 시련과 고단함 속에서도 뜻깊은 침잠과 궁구의 세월을 갖게 된 것이어서 오히려 다시없는 학운을 누린 셈이었다.

세상이 바뀐 1981년, 뒤늦게 대학에 자리하면서부터 그간 염두에 두었던 분야의 공부를 편안하게 할 수 있었다. 이 무렵에 박사과정에도 적을 두고 허선도 선생의 배려를 입으며 본격적으로 비변사 연구에 착수한 것이다.

필자로서는 학부시절의 원로 은문에서부터 작금의 동학 제현에 이르기까지 그 계도와 탁마에 보답하지 못하였으나 뜻깊은 그 학연을 항상 소중히 간직하고 있다. 또한 송찬식 교수 등 문생 난교를 귀하게 여기고 있으며 특히 고려대 류승주 학형은 필자의 어려운 시절에 중재급문을 도왔을 뿐만 아니라 수년 전부터 본서의 출판을 재촉해 주는 등 그 막역의 오랜 정의를 잊을 수가 없다.

이제 이 책을 상재함에 있어 필자는 본서가 비변사 분야의 연구에 있어 하나의 디딤돌이 되었으면 하는 기대가 있으나 졸견과 난삽한 서술 때문에 저어함이 머리를 떠나지 않는다. 다만 독자 여러분의 해량과 근정을 바랄 뿐이다. 끝으로 어려운 여건에서도 이 책을 출간해준 경인문화사와 그 편집진 여러분에게도 깊은 사의를 표하면서 이만 줄인다.

2003년 1월 18일

반 윤 홍

緒 論

　　조선후기 군무 및 정무 등에서 범정부적 기능을 행사했던 비변사는 당초 16세기 전반 중종 초엽에 남북 邊警을 대처하기 위하여 邊事籌劃機關으로 설립된 권설아문이었다. 비변사는 그 설치초기에 三公 監領의 知邊事宰相 중심으로 설치되었으나 운영상에서 權重의 혐의 때문에 관직의 體統을 문란하게 한다는 비판이 야기되어 置廢의 논란을 거치면서 상설관아 형태로 발전하였다.

　　명종조 을묘왜란을 대비하면서부터는 邊事 뿐만 아니라 일반 정무까지 議定하는 관아로 발전하게 되었고 특히 임진왜란을 대처하면서부터는 그 정치적 기능이 확대 강화되어 국정 최고기관으로 역할하기에 이르렀으며, 이후 의정부의 직권을 압도하면서 19세기 중엽 고종 초까지 존속하였던 것이다.

　　이렇게 권설아문 형태로 운영되어 온 비변사가 법전상에 최초로 수록된 것은 17세기 초엽 숙종대의 『受敎輯錄』을 거쳐 영조대의 『續大典』에 가서야 正一品衙門[1]으로 등재되고 직무상으로는 軍國

---

1) 『明宗實錄』第20卷, 明宗 11年 4月 辛卯條의 「備邊司 一品衙門 而實非政府之比」라는 記事에 보듯이 一品衙門의 昇格은 明宗 11年 以前이 分明하며, 이보다 앞서 中宗 12年 築城司를 備邊司로 改稱할 때 「三公或一人或全數監領 同議措置」라는 『中宗實錄』第28卷, 中宗 12年 6月 辛未條 記事에서 三公이 監領한 사실이 摘記되어 있는데, 이는 備邊司가 그 創設初期에 이미 一品衙門으로 出發했음을 示唆해준 것이라 하겠다.

機務의 總領으로 규정되어 있었다.

조선시대에는『경국대전』이 완성되면서 이를 不易成憲으로 여기었기 때문에, 여기에 벗어나 관직 체통상에 어긋난 별도의 조직을 시도하거나 운영하지 않은 것이 상례이었다. 간혹 특별한 사안에 따라서 한시적인 권설기관이 설치 운영되는 경우가 있었지만 이러한 기관이 定制化된 예는 거의 없었다. 하물며 비변사와 같이 국정 최고아문인 의정부의 직권을 압도하는 새로운 관부를 별설하고 이를 지속적으로 운용하였다는 것은 매우 특이한 예인 것이다.

따라서 이러한 비변사가 어떻게 의정부 및 육조의 체제와 권한을 뛰어 넘고 또 이를 압도한 기관으로 상설, 정제화되었는지의 과정과 그 실체 해명은 조선후기의 정치제도사 나아가 정치권력 구조를 이해하는데 중요한 과제가 아닐 수 없다.

조선시대의 정치운영이 초기의 政府 署事制와 그 후 六曹 直啓制, 그리고 臺諫 言論, 銓郎 監主 등의 제도적인 것과 제도 외의 붕당정치 형태가 큰 흐름이라고 한다면, 비변사가 별설되고 그 기능이 강화되면서부터는 이상의 정치형태와 궤를 달리한 비변사 회의체 중심의 정치가 전개되기에 이르렀다고 할 수 있다.

즉 조선후기의 정치는, 외적으로 사림정치·붕당정치로 전개되고 내적으로는 비변사 중심으로 운영된 정치형태라고 할 수 있는바, 이는 소수의 비변사 提調－堂上이 인사권을 장악하고 변사, 군정 뿐만 아니라 외교, 재정, 지방행정 등 국가의 樞機를 議處하는 정치운영 주도세력이었기 때문이다.

이와 같은 비변사 중심의 정치현상은 정치권력이 비변사에 집중됨으로써 가능한 것이었으며, 결국 이러한 현상은 조선시대의 정치를 중앙집권적 관료국가의 정치형태로 階梯 심화시키는 데에 귀착되어 졌다고 할 수 있을 것이다.

이러한 비변사 중심의 정치형태를 해명하기 위해서는 조선후기에 대한 광범한 정치사 연구의 종합 검토가 전제되는 것이지만, 이에 앞서 비변사 자체의 조직 및 정치적 기능과 그 성격 등이 구명되어져야 할 것이다.

이를 위해 먼저 비변사가 존치되는 구조적 요인이 파악되고 비변사의 조직과 직무, 그리고 그 구성원의 역할과 회의운영 및 정책의정 내용 등이 구체적으로 확인되어야 할 것이다.

다음으로 이러한 검토 과정에서, 비변사가 在朝 집권층의 권력유지 수단으로 역할하였다면 反正과 수차의 정변 속에서도 혁파됨이 없이 계속 존치된 이유가 밝혀져야 할 것이며 또 비변사를 운영한 국왕의 입장에서는 이것이 왕권강화 내지 왕조유지책과 어떠한 상관관계가 있는가 하는 것, 그리고 정책의정 과정에서 비변사의 정치적 기능 및 그 효율성 여부 등에 걸쳐 여러 가지 내용들이 해명되어져야 할 것은 물론이다.

한 예로서 비변사와 왕조유지의 관계를 상정할 때, 비변사의 직능강화가 왕권과 신권사이에 상충성이 개재해 있다고 하더라도 왕조존립의 차원에서는 상보적으로 작용한 것으로 볼 수 있으며, 비변사의 권력집중이 많은 반발을 수반하였지만 그 王權相補 기능과 내외 유사시에 효과적인 籌劃機能 등이 미증유의 왜호양란을 겪고도 조선왕조가 붕괴, 교체되지 않은 이유의 하나로 고려될 수 있다는 점등이다.

이와 같은 고려는, 비변사의 핵심구성원이 주로 훈척 또는 집권벌열층이라는 면에서 평시에도 왕권과의 상보성이 유지될 수 있었다는 점과 또한 籌坐, 賓坐라고 불리우는 비변사 회의체가 형식상 의정부 합의체의 대치로 여기어져 왕권을 견제한 것처럼 볼 수 있으나 이는 실제 재상중심 서사제가 아니기 때문에 왕권의 제약이 거의 없었다. 더욱이 비변사는 이 의정부 서사제와 육조 직계제의 두 가지 정치형태를 절충한 듯한 새로운 방식의 통치구조로 볼 수 있기 때문에 비변사의 운용은 왕권의 안정·강화에 계속 기여하게 되었다는 점등을 규지할 수 있기 때문이다.

또한 비변사의 정책결정 과정이 그 의사통합의 방법에 있어 종래 의정부의 논정처결 방식 보다 상당히 기능적이라는 점을 들 수 있는데, 즉 籌邊을 위시하여 일반정무에 이르기까지 당해 諳鍊者나 유관자로써 문무 상하를 가리지 않고 備局 주획에 참여시켜 합의를 도출, 정책을 결정하고 있었기 때문에 이는 실제상황에 효과적으로 대처하는 것일 뿐만 아니라 행정집행에 있어서도 전문적, 능률적 처리가 엿보인다는 점등이다.

이러한 점들은 비변사의 구성원이 어느 정도에서는 근대적 전문 관료층과 같은 유사성을 발견할 수 있게도 한 것인데 이상의 여러 요인들이 비변사가 권설아문의 형태로서 360여 년 간 존속하게된 배경이라고 할 것이다. 다만 이것은 비변사의 파행적 정치세력화 내지 말기적 역기능이 배제된 것을 전제로 한 것은 물론이다.

이러한 비변사를 통한 통치방식은 그것이 행정적으로 긍정적 요소가 상존한다고 하더라도 사림정치의 이상과는 괴리가 있는 것이어서, 비변사의 운용 때문에 권력구조상에서 유기적인 연대가 멀어진 일부 신진 사림계열의 삼사관원들에 의해 비변사의 폐지가 강력히 주장되었던 사실들이 이를 증거 한다 할 것이다.

조선후기 정치사에 있어, 이상과 같이 비변사의 중요한 위치에도 불구하고 그간 이 분야의 연구는 매우 미진한 형편에 있었다.[2] 그

---

2) 重吉萬次, 1936,「備邊司の設置に就きて」『靑丘學叢』23, 23〜81쪽.
  麻生武龜, 1936,「重吉氏の'備邊司設置に就きて'私見を釋明す」『靑丘學叢』24, 120〜130쪽.
  申奭鎬, 1964,「備邊司와 그 謄錄에 對하여」『韓國史料解說集』, 國史編纂委員會, 83〜100쪽.
  陸軍本部編, 1968,「備邊司의 胎動과 軍政의 變遷」『韓國軍制史(近代朝鮮前期編)』, 陸軍本部, 331〜357쪽.
  姜萬吉, 1968,「備邊司謄錄 解題」『韓國의 名著』, 玄岩社, 246〜262쪽(1983年 四刷本).
  李鉉淙, 1970,「備邊司 創設年代攷」『編史』3, 國史編纂委員會.
  李載浩, 1971,「朝鮮備邊司考」『歷史學報』51·52合輯, 23〜41쪽.
  이재근, 1971,「備邊司의 政策決定에 關한 研究」, 서울大學校 行政大學院

동안 조선후기사의 연구경향이 사회경제사나 근대적 요소의 해명 등에 관련, 몇 개의 분야에 집중된 까닭도 있지만 비변사의 장구한 존치기간과 방대한 관계자료 그리고 복합적인 유관내용 등이 비변사 관계의 연구를 지연시킨 것이라고 할 것이다.

어떻든 1930년대 이후 1980년대 초까지 이 분야의 연구는 주2)의 논문에서 보드시 비변사의 설치 연대고찰 및 제도사적 개괄 내용의 한 두 편과 『비변사등록』의 해제류 등 불과 몇 편이 있을 정도이며 본격적인 연구는 거의 없는 실정이었다. 그러나 80년대 이후에는 점차 연구성과가 축적되기 시작하여 아래의 주3)과 같은 연구물이 나오게 되었다.3)

　　　碩士論文, 1~76쪽.
　　　洪奕基, 1983, 「備邊司의 組織과 役活에 대하여」『軍史』 6, 國防部戰史編纂委員會.
3)　潘允洪, 1990, 「朝鮮時代 備邊司 研究」, 국민대 박사학위논문.
　　　＿＿＿, 1990, 「朝鮮後期 備邊司의 政治的 機能에 관한 研究 - 備邊司의 置廢를 중심으로 - 」『傳統文化研究』 제1집, 朝鮮大學校 傳統文化研究所.
　　　＿＿＿, 1991, 「朝鮮後期 政治權力構造 研究 - 備邊司의 組織을 中心으로」『國史館論叢』 22, 국사편찬위원회.
　　　＿＿＿, 1991, 「備邊司의 職務에 대하여」『朴永錫敎授華甲紀念論叢』.
　　　＿＿＿, 1992, 「備邊司의 會議運營」『擇窩許善道先生停年紀念論叢』, 一潮閣.
　　　＿＿＿, 1993, 「壬亂이후 備邊司의 邊事措置와 軍事政策의 議定」『歷史學報』 139.
　　　＿＿＿, 1994, 「備邊司의 財政政策 議定研究」『韓國史研究』 85.
　　　＿＿＿, 1995, 「備邊司의 政治的 位相」『韓國史研究』 91.
　　　＿＿＿, 1997, 「備邊司의 江都保障策 研究」『傳統文化研究』 5, 조선대 전통문화연구소.
　　　＿＿＿, 1999, 「備邊司의 外交政策 議定研究」『朝鮮時代史學報』 8.
　　　＿＿＿, 2001, 「備邊司의 羅禪征伐 籌劃에 대하여」『韓國史學報』 11.
　　　李在喆, 1991, 「光海君代 備邊司의 組織과 機能」『大丘史學』 41.
　　　＿＿＿, 1993, 「仁祖代 備邊司의 運營과 性格」『朝鮮史研究』 2.
　　　＿＿＿, 1994, 「備邊司 變通論 檢討」『朝鮮史研究』 3.
　　　＿＿＿, 1994, 「宣祖代 후반 備邊司體制로의 轉換과 그 限界」『歷史敎育論集』 19.
　　　＿＿＿, 1994, 「孝宗代 備邊司의 運營과 性格」『國史館論叢』 57.

필자는 비변사의 정치적 기능과 그 위상을 조선후기 정치사 연구의 성과와 함께 종합적으로 구명하기에 앞서, 우선 비변사 자체의 실상을 해명하는데 관심을 가져왔다. 이 기초작업이 선행되지 않고서는 비변사의 전반적인 연구가 이루어 질 수 없기 때문이다.

따라서 이 책에서는 비변사의 置廢 과정을 필두로 비변사의 시기별 성격의 고찰과 함께 비변사의 「時期區分」을 試論하여 그 기능의 대체를 먼저 개괄하고 이어 비변사의 조직과 그 특성 및 직무 그리고 운영 실태를 살피며 나아가 비변사의 정치적 기능에 관한 政策議定과 施政調整 등의 사례를 구체적으로 실증함과 아울러 종합적으로 비변사의 위상을 살피려 한 것이다.

이상과 같은 내용은 편의상 다음과 같이 10개 장절로 나누어 서술하게 될 것이다.

먼저 제1장에서는 비변사의 치폐 고찰과 시기구분을 시론하고 비변사 비판논자들에 의한 改廢 논의를 다룰 것인바, 여기에서 비변사 창설에 관한 제설의 검토 및 정리 그리고 시기구분 등을 통해 전반적인 비변사 변천의 개관과 그 기능 및 성격의 일단이 확인될 것이다.

다음 제2장에서는 비변사의 구체적인 조직체계와 직무한계 그리고 구성원의 직무 分掌 등을 상론하게 될 것이며, 이 과정에서 비

______, 1995, 「17世紀 備邊司의 運營과 性格」, 경북대 박사학위논문.

______, 1997, 「17世紀 士林政治期의 備邊司 機能」 『韓國史硏究』 99·100 합집.

______, 2001, 『朝鮮後期 備邊司硏究』, 集文堂.

오종록, 1990, 「비변사의 조직과 직임」·「비변사의 정치적 기능」 『조선정치사(1800~1863)』 하, 청년사.

韓忠熙, 1992, 「朝鮮 中宗 5年－宣祖 24年(成立期)의 備邊司에 대하여」 『西巖趙恒來教授華甲紀念史學論叢』.

鄭弘俊, 1994, 「16~17세기 權力構造 改編과 大臣」 『韓國史硏究』 84.

______, 1996, 『조선중기 정치권력 구조연구』, 고려대 민족문연구소.

李相植, 1994, 「朝鮮 肅宗朝 備邊司의 機能」, 고려대 석사학위논문.

변사의 권력구조와 그 구성원의 정치세력화 현상이 부분적으로나마 밝혀지게 될 것이다.

이어 제3장에서는 앞장에 이어 비변사의 직무범위를 구체적으로 확인할 것이며 아울러 비변사 자체의 司事庶務을 살피고 비변사의 議薦權도 거론될 것이다.

제4장에서는 비변사의 회의 운영실태를 籌坐와 賓坐 및 公事議處 과정을 통해 파악하고 그 公事처리 과정과 회의의 일 사례로서 북한산성 축조사안의 심의 결정과정을 상세하게 예시할 것이다.

제5장에서는 비변사의 시초이면서도 고유업무라고 할 수 있는 변사조치와 군사정책의 의정 사례를 실증적으로 다루어 나갈 것이며 이어 제6장에서는 이와 관련된 江都保障策을 예시하게될 것이다.

제7장에서는 비변사의 정책의정 기능에서 주요부분인 외교정책의 의정내용을 파악하게 될 것이다. 여기에서는 구체적으로 對淸외교 및 對日외교 사안 그리고 軍國機務 사안의 의정실례가 거론될 것이며 제8장에서는 군국기무 사안과 관련된 羅禪征伐 籌劃 내용을 새로 발굴한 寧古塔入送節目를 중심으로 자세히 검토할 것이다.

제9장에서는 비변사의 후반기 재정 議啓權 장악과 관련된 재정정책의 의정사안을 다룰 것이다. 여기에서는 賦役사안, 財用사안, 田農사안으로 나누어 비변사의 啓聞을 자세히 분석하게 될 것이며 이를 통해 재정권의 장악실상을 확인하게 될 것이다.

마지막 제10장은 본 논문의 결론 격으로 비변사의 위상을 정권독단의 權府와 정무 의계·시정 조정의 政廳으로 파악하여 이에 관련된 내용을 다루게 될 것이다. 여기에서 비변사의 권력집중 및 의계권 독점, 의천권의 專擅 등을 의정부 육조 등의 허구화 내지 무력화 양상과 연계하여 비변사의 막중한 권한을 살피게 될 것이며 아울러 비변사의 의정, 조정역할 등 정치적 기능과 위상을 고찰하여 冒頭에 제기한 몇 가지 문제의 해명에 접근할 것이다.

　이상의 연구에서는 비변사와 유기적이며 복합적으로 얽혀있는 인접분야의 사항을 모두 수용하지 못하고 또한 비변사의 여타 세부사항도 연계하지 못한 부분이 많으나, 앞에서 언급한 바와 같이 우선 비변사 자체의 내용을 해명하는데 주력한 所以는 향후 비변사 관계의 본격적인 연구에 그 기반을 다지고자 한 것이기 때문이다.

　본 연구의 기본자료는 물론 『비변사등록』과 『왕조실록』 기타 조선후기의 정법서, 관계 문집류 등이지만 특히 비변사 관계의 새로운 자료인 『謄錄類抄』는 중요한 몫을 하였다. 비변사 연구에 있어 가장 일차적인 사료는 물론 『비변사등록』이지만, 현전 『비변사등록』은 창설이후 임란, 광해년간까지의 초창기 기사가 逸失 不傳하고 광해군 8년(1616)부터는 방대한 기록이 남아 있으나 이 또한 간혹 見失된 부분이 있어서 온전하다 할 수 없다. 따라서 비변사의 초기 내용과 후기의 궐본기사 사항은 2차적인 실록기사를 통해 부분적으로 알 수밖에 없었던 터에 이 『등록유초』는 그 궐락부분을 상당히 보완할 수 있게 해준 것이었다.

　영조년간 비변사에서 정리한 것으로 보이는 이 『등록유초』는 선조 37년(1604)부터 경종 3년(1723)까지 「官職」「驛路」 등의 冊題로 총 10책이 현전하고 있는데 특히 선조 37년~광해군 8년까지의 12년간 기사는 현전 『비변사등록』에 전혀 없고 당시의 실록에도 거의 수록되지 않는 새로운 내용일 뿐만 아니라 그 후의 것도 새로 나타난 내용이 많아 현전 『비변사등록』의 탈락부분을 보완하는데에 있어 매우 귀중한 자료이다.4)

---

4) 備邊司編 「年紀未詳」 10冊 (寫) 41.6×29.2cm 印 : (備邊司) 〈奎章閣藏書 No.15080〉.
　　이 『謄錄類抄』는 「官職」에서부터 「雜令」에 이르기까지 20여항으로 나누어 『備邊司謄錄』을 分類抄記한 것으로 10冊이 現傳한다. 당시 分類한 冊名 가운데서도 落卷이 많고 現存의 마지막 冊數가 〈謄錄類抄 二十九 法制 法禁 雜令〉으로 표기되어 있어 前後를 고려해볼 때 30冊 全帙일 것으로 判斷된다. 〈第1卷〉 「官職」, 〈第2卷〉 「驛路 등 11개항」, 〈第3卷〉 「賦役 一」, 〈第4卷〉 「財用 一 田農一」, 〈第5卷〉 「交隣 三」, 〈第6卷〉 「交隣 四」,

　　이 저서에서 다룬 총 10개장의 내용은 필자가 이미 학회 학술지에 발표한 논문들로서, 이를 저서의 체제에 맞추기 위하여 일부는 제목을 바꿔 편집하였다. 이러한 10여 개 장절의 논문 모태는 물론 필자의 학위논문이다. 각 장의 논문에서 그 서론은 일부 가감한 곳이 있고 본문에서도 내용의 일부가 몇 가지 중복된 부분이 있다. 각기 개별 논문의 논지와 체제를 유지하기 위해서였다.

　　〈第7卷〉「軍政　二」, 〈第8卷〉「邊事　一」, 〈第9卷〉「雜令　一」, 〈第10卷〉「法制・法禁・雜令」 등이 남아 있는데 〈第1 … 10卷〉까지의 卷數 表示는 本來의 表示가 아니라 奎章閣 圖書室에서 藏書 目錄으로 붙인 한 帙 중의 內別番號(1 … 10)이다. 이 史料는 筆者가 『備邊司謄錄』의 類抄임을 확인하였다.

제1장

備邊司의 置廢와 시기별 특징

I. 서 언

이 장은 필자의 조선시대 備邊司硏究 일환으로서 그 緒章에 해당된다. 따라서 비변사의 창설·변천, 시기별 특징 – 시기구분·개폐론·혁파 등 치폐 과정의 정리가 위주될 것이나 시기구분의 시론과 개폐론 부분에서 비변사 성격의 일부가 조망될 것이다.

그 동안 비변사 분야의 연구는 앞의 緒論에서 언급한 바와 같이 창설 시기에 관한 내용과 정치적 기능에 관한 개략적 논고가 몇 편 있을 정도이어서 비변사의 실체를 해명하는 데는 매우 미흡하였다.

또 기왕의 창설관계 논문도 단편적인 실록기사이거나 법전류 등에 의거한 내용이었기 때문에 구체적인 실증이 뒤따르지 않은 한계성이 있었고 정치적 기능의 규정도 법전류 등을 위주로 하였기 때문에 비변사의 방대한 자료와 장구한 존치기간의 내용이 섭렵되지 않아 그 실상을 접근하는데 매우 미진한 바가 있었다.

이 글에서는 이러한 한계성을 극복하고자 실록 및 『비변사등록』 등의 원전사료를 가능한 한 모두 섭렵 천착하여 그 실상을 들어내려고 하였다.

우선 이 장에서는 비변사의 창설과 폐지에 관한 내용을 살필 것이며 그 다음 장에서부터 비변사의 조직·운영·所掌·기능 등에 관한 구체적인 내용이 차례로 설명될 것이다. 따라서 앞에서 제기한 몇 가지 문제점 및 이 장에서 미급된 부분들이 다음 장절에서 계속 유기적으로 보완될 것이다.

---

* 이 논문은 拙稿, 1990, 「朝鮮後期 備邊司의 政治的 機能에 관한 硏究 – 備邊司의 置廢를 中心으로 –」 『傳統文化硏究』 제1집, 朝鮮大學校 傳統文化硏究所, 35~68쪽에 揭載한 내용임. 다만 제목을 바꾸었고

Ⅱ. 備邊司의 創設과 시기별 특징

1. 창설 과정

비변사는[1] 備局 또는 籌司라는 별칭과 같이 備禦籌劃 기관으로 창설되었기 때문에 그 설치동기는 남북변경의 倭胡 내습을 효과적으로 대비하려는 것이 일차적 목적이었다. 그간 이 비변사의 설치동기를 정부내부기구의 解弛頹廢 때문이라거나 군사제도 운영의 모순 즉 군정과 軍令 체계의 동요 때문이라는 견해가 있었으나,[2] 그 보다 앞서 이미 세종조에 왜구와 야인의 대책에 있어 邊事諳鍊者 즉 知邊事者를[3] 변사주획에 참여시킨 선례가 비변사 대두의 한

序言 일부를 수정하였음.

1) 備邊司관계 原典史料는 基本的으로 『備邊司謄錄, 謄錄類抄(奎)15080』, 王朝實錄, 承政院日記, 日省錄, 受敎輯錄, 續大典, 文獻備考, 大典通編, 萬機要覽, 增補文獻備考 등과 奎章閣所藏 備局資料인 備局謄錄拔萃 裁判例 (古) 5120-118, 徵戒例(古)5120-119, 法典例(古)5120-120 法制例 (古)5120-121, 警察例(古)5120-122, 籍沒例(古)5120-123, 處刑例(古) 5120-124, 刑獄例(古)5120-125, 赦免及收贖例(古)5120-126, 禁制及禁酒例 (古)5120-127, 備邊司謄錄拔萃 (奎)25019, 備局謄錄座目(奎)25077, 備邊司郎廳先生案(奎)16014, 備邊司郎廳先生案(奎)17291, 備局草記抄錄 (古)4250 -82, 備邊司貢弊釐整節目(奎)9882, 備邊司節目(奎)16020, 備邊司關文(古) 4255.5- 17, 備邊司路文變通節目(奎)11510, 備邊司路文變通節目 (奎)12321, 筵稟節目(奎)12529, 市弊(奎)15085, 各道監兵水營啓牒錄, 籌允 등이 있고 이밖에 國朝彙言, 續武定寶鑑, 宮闕志, 內外搢紳案, 新補受敎輯錄, 朝野僉載, 文獻撮要 등과 芝峰類說(李睟光), 堂後日記(金宗直), 沖齋集(權橃), 遲川集(崔鳴吉), 南溪集(朴世采), 澤堂集(李植) 磻溪隨錄(柳馨遠), 星湖僿說(李瀷), 順菴集(安鼎福), 列朝通記(安鼎福), 燃藜室記述 (李肯翊), 本末錄(金在魯) 등 許多히 많다.

2) 『韓國軍制史』 및 李載浩 등 앞의 책 參照.

3) 『國朝彙言』 卷6, 史部門 官制. "我朝最重兵曹 故世祖朝 率以知邊事者 爲判書久任之 如金宗瑞 十年不遷 李季仝 柳聃年 以武臣 數十年 一國軍務 皆主之"

모태라 할 수 있다.

　조선초기 군사대책상 병조의 권한은 막중한 것이어서 兵政·軍務는 물론이요4) 변경의 대책 및 군령까지 병조에서 주관하여 의정부 大臣의 의정을 거쳐 국왕이 재결하는 체계로 되어 있었다. 세종원년(1419)의 대마도 정벌시에는 외교상의 특수성 때문에 예조판서가 이 정벌주획에 참여하고5) 동왕 14년(1432)의 평안도 閭延의 야인침략 대책에도 三軍鎭撫所의 장인 都鎭撫가 가담함으로써6) 종래 병판 삼공으로 국한되던 변사주획의 상례가 무너지고 유관타사의 장과 무신까지 참여하게 되었던 것이다.

　이러한 주획운영은 여말선초 都評議使司 제도에 遠因한 것이기도 하지만 어떻든 이러한 선례와 함께 세조때의 정부서사제 폐지7)는 상대적으로 변사협의체를 강화시킬 요인으로 작용되어 유사시 변사주획 구성원을 더욱 확대시켰던 것이다. 즉 정해서정과 경진북정이 단행될 때 宗室 및 諸將까지 참여한 것이8) 이의 예라 할 것이다.

　성종대에 이르러 야인침략이 잦아진 상황아래 동왕 10년(1479) 建州衛 토벌사건 등으로 변사주획회의가 빈번해지고 그 인원도 계속 확대되어져서, 이 무렵부터 병조당상과 의정대신 이외의 지변사 관원들이 주획에 가담하게 되었는바, 이들을 일반적으로 知邊事宰相이라고 부르게 되었던 것이다. 지변사재상이란 변방의 戎務를 諳

---

4) 世祖때에 가서야 兵政은 兵曹에서 總治하고 軍務는 五衛都摠府에서 總括하여 體統을 相維하게 함으로서 軍政을 效果的으로 運用하였다(千寬宇, 1964, 五衛와 朝鮮初期의 國防體制, 李相佰記念論叢, 參照).
5) 『世宗實錄』 卷4, 世宗 元年 己亥, 5月 己酉, 이때 禮曹判書 許稠가 참여하였다.
6) 『世宗實錄』 卷58, 世宗 14年 壬子 12月 丙子, 이때의 都鎭撫는 趙末生이었다.
7) 『世祖實錄』 卷2, 世祖 元年 8月 庚戌.
8) 『世祖實錄』 卷17, 世祖 5年 7月 癸巳.(庚辰北征)
　　『世祖實錄』 卷39, 世祖 12年 5月 丁亥.(丁亥西征)

鍊하고 이에 경력이 있는 자로서 경상·전라·평안·함경도에서 감사 및 병·수사 등의 邊閫을 지낸 종2품 이상의 재상 및 대신을 말한 것이다.

이 지변사재상이 최초로 등장한 것은[9] 성종 13년(1482) 10월 야인 浦堂介의 횡역사건 처리에서였으며 동년 11월에[10] 이어 동왕 22년(1491) 許琮의 야인정벌시라던가 그 후 연산조 때에는 실록에 많이 산견되고 있었다.[11]

그러나 성종 10년(1479) 또는 그 이전 동왕 6년(1475)에 변방 전임고관이 邊政에 참여하기 시작할 때 이미 지변사재상의 기원이 있었을 것이라는 것과, 처음에는 통속적 호칭이었다가 성종 13년 이후에 일종의 관용어로 쓰여졌을 것이라는 견해[12]도 있지만 이 지변사재상은 성종대보다 훨씬 앞선 세종—세조년간에 변사주획 인원을 該曹이외 他司 고관까지 확대시킨 것이 연원이 되어[13] 성종년간에 출현한 것으로 볼 수 있다.

어떻든 앞에서 언급한 바와 같이 세종—세조년간 변사주획의 참여범위 확대와 성종년간 지변사재상의 출현은 후일 비변사 대두의 중요한 배경이라고 할 수 있는 것이다.

다음으로 비변사 태동의 한 요인으로는 군정·군령체계의 모순

---

9) 『成宗實錄』 卷147, 成宗 13年 10月 壬申. "永安道觀察使鄭文炯 馳啓曰 鏡城人甲士李達生等 以靑巖逃歸人 童山刷還事 自願入歸還告曰 蒲堂介等 拔劍擬之 沮吾輩使不得入去 … 兵曹據此啓曰 蒲堂介等 橫逆莫甚 在所當懲 … 明正其罪何如 命示領敦寧以上及知邊事宰相 鄭昌孫韓明澮尹壕 … 議 靑巖向化人 慕義來居 積有世紀 (下略)"

10) 『堂後日記』, 成宗 13年 11月 26日. "以邊事 命召領敦寧以上及知邊事宰相 兵曹堂上于賓廳"

11) 『燕山君日記』 卷17, 燕山君 2年 8月 丙申.
    『燕山君日記』 卷17, 燕山君 8年 1月 壬子.
    『燕山君日記』 卷17, 燕山君 5年 4月 壬辰.

12) 重吉萬次, 앞의 논문, 32~33쪽.
    陸軍本部編, 앞의 책, 333쪽.

13) 註 7, 8 參照.

에 따른 변통 때문에 변사주획 기구가 필요해졌을 것이라는 점이
다. 본래 경국대전에서 군정 군령체계는 병조가 군정을, 오위도총
부가 군령을 담당하여 각기 상호협조로 운용되는 것이었지만[14] 이
오위도총부는 京軍의 군령업무에 한하며[15] 특히 외적을 대처하는
지방군의 용병은 관찰사와 실제 지방군 지휘관인 節度使에 의해
운영되고 그 군령은 병조와 의정부의 합의를 거쳐 국왕이 절도사
에 하달한 것이었다.[16]

따라서 지방군의 용병에 관한 군령의 협의과정에는 변방의 사정
과 전략에 밝은 대신급(후일 지변사재상)이 참여해야만 효과적인
군령을 작성 하달할 수가 있고[17] 또한 군령의 최종 재결자인 국왕
의 마음도 안도시킬 수 있는 것이었다. 이러한 협의과정에서는 또
軍營의 이설이라던가 邊將의 인선, 나아가 광범한 지방 군정문제
까지도 다루게 됨은 필지의 사실이었다. 변방에서 크고 작은 소요
가 있을 때마다 이러한 회의는 자주 열리게 되었고 회동이 잦을수
록 변사암련자의 역할은 증대된 것이어서 이미 언급한데로 결국

---

14) 『新增東國輿地勝覽』 卷2, 京都下 五衛都摠府 徐居正題名記. "國初置義興
　　三軍府 以摠兵政 後改爲三軍鎭撫所 隷於兵曹 … 世祖大王 留意軍政 尤
　　重是任 改鎭撫所爲五衛都摠府 專委軍務 不隷兵曹 … 於是兵曹摠兵政 府
　　總軍務 體統相維 而軍政益明矣"

15) 『成宗實錄』 卷51, 成宗 6年 1月 乙卯. "兵曹啓 前此凡分軍 五衛掌之 在戊
　　子年 始令本曹主之 而五衛不與焉 本曹職在摠治 五衛專管軍薄 請分軍 依
　　舊令五衛掌之 從之"

16) 庚午倭亂(三浦倭亂)時 征討軍의 編成과 軍令体係는 다음과 같다.

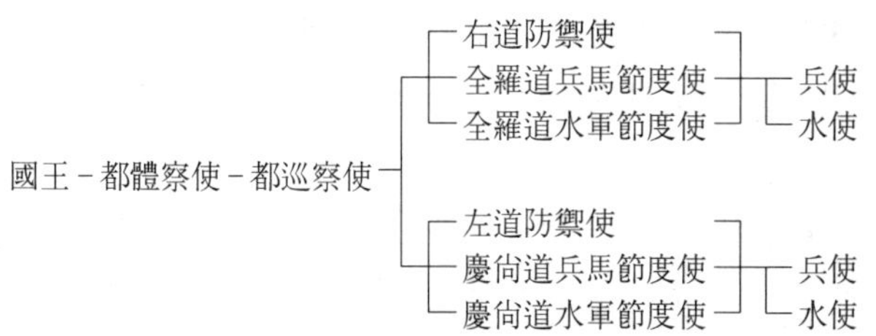

17) 『中宗實錄』 卷22, 中宗 10年 5月 戊子. "大臣所啓 果不可更議于下人 若有
　　一時可否事 則不可不共議也 以知邊事者少 故令廣取博議耳"

지변사재상이라는 이름의 변사주획자가 새로이 등장하게 되었으며, 이들이 회동할 장소가 필요해졌던 것이다.

특히 중종 5년(1510) 4월 庚午倭亂 때에 등장한 防禦廳이라던가[18] 서북야인 대비의 築城司 설치 등은 저간의 사정을 감안할 때 변사주획에서 특별한 조치로 나타난 것이었으며 이러한 사례들이 비변사 창설의 선구가 된 것으로 볼 수 있다.

한편 비변사 설치의 또 다른 배경으로 중종반정후 정치적 상황과 정치운용상의 문제를 주목할 수 있다. 비변사의 설치가 대신이 병사에 未慣하기 때문이라는 기록에서와[19] 같이 변사주획에 지변사자를 참여시키려는 것이 그 초기동기이었음은 분명하다.

그러나 비변사가 당초에 변사협의체로 출발하였다 하더라도 여기에는 정치운용상의 문제가 개재되었을 가능성을 간과할 수 없다. 그것은 반정후 10여 년이 지나 왕권의 신장이 고려될만한 정치적 상황에서 비변사가 등장되었다는 점이며 이것이 양자의 상관관계를 유추할 수 있게 하기 때문이다.

즉 세조때 폐지된 의정부 署事制가 중종 11년(1516)에 부활되자 그 이듬해 6월에 비변사의 조직명칭이 나타난 점, 중종 14년(1519) 소위 기묘사화 후 그 이듬해에 다시 비변사가 재설 강화된 점, 중종 17년(1522)~23년(1528) 사이 주로 삼사관원에 의해 비변사의 폐지가 강력히 주장된 점등이[20] 비변사의 정치적 상황과 유관한 시기 및 내용들이며 후자는 당시 중요한 정치적 논쟁점이기도 하였다.

특히 비변사의 폐지가 논란될 때 中宗은 계속하여 이를 반대, 존치를 지시하였고 기묘사화의 주동자로 일컬어진 南袞・沈貞 등도 비변사의 폐지를 강력히 반대하고 나선 점을[21] 유의할 필요가 있

---

18) 陸軍本部編, 앞의 책, 335~340쪽.
19) 『明宗實錄』 卷16, 明宗 9年 2月 己卯. "諫院啓曰 備邊司者 祖宗朝所無也 始於中宗末年 盖其時 大臣未慣兵事 啓而設之"
20) 本章 Ⅱ의 2項 設置年代의 再論 및 Ⅲ의 1項 邊事籌劃期의 廢止論 參照.
21) 上同.

다. 이와 같은 사실은 비변사의 존치 운용이 왕권강화 내지 재조
집권층의 권한 증대에 관련됨을 의미한 것이며 비변사를 통한 도
학·사림세력의 견제 개연성도 충분히 고려될 만한 것이라고 할
것이다.

　이상에서 살펴본 바와 같이 비변사의 설치 배경은 첫째 국방대
책상의 문제로서 세종－세조조이래 지변사자를 변사주획에 확대
참여시킨 선례와 이의 결과로 나타난 성종대의 지변사재상의 활약,
그리고 중종 초엽 변방의 잦은 소란으로 이에 대처할 필요성과, 둘
째 제도모순의 응변에 관한 문제로서 군정 군령체계의 모순변통에
따른 변사주획기구의 필요성 및 防禦廳·築城司 등 변사대책 기구
의 권설 운영경험, 셋째 정치운영의 문제로서 중종반정 후 왕권안
정 시기와 관련, 정치적 상황 변동 등의 요인이 복합적으로 작용되
어 비변사라는 새로운 기구가 설립되었다고 할 수 있다.

2. 설치년대의 재론

　비변사의 창설은 『芝峰類說』과 『受敎輯錄』·『續大典』 등에 각각
「備邊司之設 始於明宗朝乙卯年」과 「明宗朝刱設」로 기록되어 명종
10년(1555)에 창설된 것으로 알려졌으나22), 당시 중종실록 본문에

---

22) 이 외에도 明宗 10年 乃至 明宗朝 創設로 記錄된 것이 많다.
　　『芝峰類說』 卷4, 官職部 官制.
　　『受敎輯錄』 吏典 京官職 備邊司.
　　『新補受敎輯錄』 吏典 京官職 備邊司.
　　『續大典』 卷1, 吏典 京官職 備邊司.
　　『磻溪隨錄』 卷16, 官職之制 下.
　　『燃藜室記述』 別集 卷6, 官職典故 備邊司.
　　『萬機要覽』 軍政篇 備邊司.
　　『大典通編』 卷1, 吏典 京官職 備邊司.
　　『增補文獻備考』 卷216, 職官考 3 備邊司.

의거하면 중종 5년(경오 1510) 4월 계사(7일)에 비변사 기사가 최초로 등장한다.

이어 중종 12년(1517) 6월 경술(6일)·계축(9일)·신미(27일)에 조직, 개칭이 나타나며, 동왕 15년(1520) 5월 기해(12일)에 복설, 동왕 17년(1522) 6월 갑오(19일)에 備邊司堂上의 「同議啓」,정유(22일)에 「備邊司提調 鄭光弼等啓曰」 및 「傳于備邊司曰」, 「備邊司啓曰」이 연속 등재되어[23] 이 무렵에 독립부서로서의 역할이 시작된 것으로 나타나 있다.

이 가운데 그간 비변사 창설 일자로 거론된 기존의 설은 최초 등장기사인 중종 5년(1510) 4월 7일을 기준으로 한 것과[24], 조직 내용이 최초로 나타난 중종 12년(1517) 6월 6일을 기준으로 한[25] 두 가지가 대표적인 것이다.

전자는 重吉萬次의 설이요 후자는 申奭鎬의 설인데 후자 중종 12년설이 그간에 일부 통용되고 있었으나 『한국군제사』 등[26]에서는 이 두 설을 모두 긍정하는 듯한 입장을 보이고 있다.

이와 같이 비변사의 창설년대는 1510년(중종 5)설을 필두로하여 1517년(중종 12)설과 앞서 거론한 1555년(명종 10)설의 세 가지로 대별되는 바, 그 설치 일자가 여러 가지로 달리 주장된 것은 각기 창설기준에 관한 차이와 후대 정법서 등의 기록 때문이다.

어떻든 비변사라는 직제 명칭이 실록에 최초로 등장한 것은 1510년(중종 5) 4월 7일(계사)이었다. 이 『중종실록』의 절대 연대 기사를 무시한 채 여러 가지 창설년대 주장이 제기된 것은 각기의 기준과 이유가 있을 것이지만 이러한 내용에 대한 재검토에 앞서

---

23) 다음 쪽의 「備邊司 創設 復設 常設 관계 實錄記事」 表 參照.
24) 重吉萬次 앞의 논문, 23~81쪽.
25) 申奭鎬, 앞의 논문, 83~100쪽.
26) 陸軍本部編, 앞의 책, 331~357쪽.
   姜萬吉, 앞의 논문, 246~262쪽.
   李載浩, 앞의 논문, 23~41쪽.

우선 「비변사」라는 기사가 등장한 초창기의 실록자료를 연대기적
으로 빠짐없이 摘示하여 참고하기로 한다.

다음의 〈표 1〉이 그 발췌 기사인데 여기에서 비고란을 두어 몇
가지 설명을 가한 것은 관계기사 출현의 시대상황을 제시한 것과
기사의 특징을 예시하기 위함이다.

〈표 1〉備邊司 創設·復設·常設 관계 實錄記事[27]

年 月 日	順次	關係內容記事	備 考
中宗 5年(1510) 4月 7日 癸巳	①	金壽童曰 … 備邊司 從事官 請以秩 高文臣 差之何如 上皆從之	庚午(三浦) 왜란대책시 *비변사명칭최초등장
中宗 5年 8月 8日 庚寅	②	上命以此諸議 政府府院君以上 該曹 堂上 知邊事宰相(我朝置備邊司 語識 邊事者任之 擇文武宰相 委以籌邊)	〃 (分 註 임)
中宗 12年(1517) 6月 6日 庚戌	③	巡察使安潤德柳聃年來啓曰 前者設立 築城司 以三公爲都體察使 今則只委 臣等 臣等安敢當是任乎 軍國重事 莫 大於此 請委諸大臣 傳曰若有重大之 事 則巡察使當與三公同議處之 卿等 有何不堪勿辭 潤德等仍啓曰 築城司 之名已罷 當改以他號 使三公監領然 後易於辦事也 傳曰所啓事可議于三 公 鄭光弼金應箕申用漑議曰 監領事 臣等啓之似難 然此大事豈敢避嫌 三 公或一人或全數 監領同議措置 以備 邊司稱號爲當	축성사를 비변사로 개편논의

---

27)『中宗實錄』中宗 5年 4月 癸巳, 동년 8月 庚寅,
　　　　〃　　　中宗 12年 6月 庚戌, 癸丑, 辛未,
　　　　〃　　　中宗 15年 5月 己亥,
　　　　〃　　　中宗 17年 6月 甲午, 乙未, 丁酉.

年 月 日	順次	關係內容記事	備 考
中宗 12年 6月 9日 癸丑	④	備邊司從事官朴世憙 以三公言啓曰 已令臣等監領備邊司事 但無名號 以 臣等爲都提調 改巡察使爲提調 從事 官爲郞官何如 傳曰依啓	비변사 조직명칭 등장
中宗 12年 6月 27日 辛未	⑤	改築城司 稱備邊司	축성사를 비변사로 개칭
中宗 15年(1520) 5月 12日 己亥	⑥	上曰今聞復設備邊司 非獨邊事也 京中軍務 亦與兵曹同議措置可也 特 進官金錫哲曰 前者備邊司都提調 以 政丞爲之 今以韓亨允黃衡曁臣差之 臣實非諳鍊 凡事欲與議政府同議 ○傳曰 文武皆可勤勵 而武備則備邊 司堂上 於經筵略聞予敎矣	복설 비국당상 同 議 啓
中宗 17年(1522) 6月 19日 甲午	⑦	領事南袞曰 … 兵曹請選重臣 以任邊 事 召備邊司兵曹堂上 同議何如 許寬 曰 兵曹堂上皆儒者 不知邊事 故北道 書狀或有難處之事 請移備邊司云 ○ 傳曰 … 政丞一員 亦可兼備邊司也	정 승 겸
中宗 17年 6月 20日 乙未	⑧	鄭光弼啓曰 若有急事 則不可不與政 丞議之而報政府 似乎遲緩 庚午政丞 兼備邊司 今亦與政丞同議 …	
中宗 17年 6月 22日 丁酉	⑨	·備邊司提調 鄭光弼 張順孫 高荊山 沈貞 安潤德 韓亨允 啓曰 今次賊倭 之事 衆議各異 … ·傳于備邊司曰 勿遣京軍以其土兵 搜討 ·備邊司啓曰 同知中樞府事李安世 乃勇將且能舟楫 可遣於全羅道 聽觀 察使節度與水使李菶 同力搜討 軍官 十人擇給 又全羅慶尙兩道助防將軍官 各十人擇遣何如	최초의 비변사 계문

이상의 자료는 비변사설립 초창기의 연대기사인바, 중종 17년 이후는 창설시기와 거리가 있기 때문에 생략하였다. 이 표 가운데 '順次'로 표기한 ①~②의 기사가 소위 중종 5년설의 근거이요 ③~④

가 중종 12년설의 근거이다. 이러한 두 가지 주장이 나오기 전에는 앞서 언급한 데로 명종 10년에 설치되었다는 것이 일반적이었다. 이 밖에도 정확한 연대제시가 없이 막연히 明宗朝說, 中宗朝說, 中宗末年說, 그리고 成宗朝說28) 심지어 世宗朝說29) 등이 있으나 구체성이 없고 사실과 거리가 멀기 때문에 여기서는 論外로 한다.

우선 명종 10년설의 내용은『수교집록』이나『속대전』등 법전적 근거에서 나타난 것이지만 이 보다 앞서 결정적으로 영향을 미친 자료는 광해군 6년(1614)에 간행된 李晬光의『지봉유설』이라 할 수 있다. 여기에「我國備邊司之設 始於明宗朝乙卯年 而今則軍國重事 一皆委之」라고 기록되어 있는데 비변사 창설에 관한 이 기사는, 실록이외에 조선후기 官私撰史書, 정법서 등에서 최초로 등장한 것이었다.

『지봉유설』은 비변사 초창기와 가장 가까운 시기에 편찬되었을 뿐만 아니라 주지한 데로 후대 사찬사서 문집류 등에 많은 영향을 미쳤다는 점에서 그 사료적 비중은 큰 것이었다.

그러면 1555년, 명종 10년 이전에 이미 비변사가 설치운영 되어 왔음에도 불구하고 앞의『지봉유설』에 명종 10년에「始設」했다고 명기한 이유는 무엇이겠는가? 우선『지봉유설』을 편찬한 이수광은 선조 18년(1585)에 등과 출사하여 인조 6년(1628)까지 재조기간에 임진왜란과 정묘호란을 겪은바 있는데, 임란때의 경상방어사 趙儆의 종사관을 비롯하여 그 후 병조좌랑·병조참지·병조참의·병조판서 등을 역임한 군무 경력이 있으며30) 특히 그는 일찍이 임란중인 선조 26년 5월에 비국당상을 인견한 자리에 持平으로서 入侍한 적이 있고31) 동년에 獻納으로서 비변사 郎廳을 겸대하여 당시 비

---

28)『孝宗實錄』卷13, 孝宗 5年 甲午 11月 壬寅. "大司成金益熙上疏 其略曰 … 成廟建州之役 權設備邊司 … "
29) 李鉉淙, 1982,『備邊司謄錄』影印本〈複刊辭〉國史編纂委員會.
30) 拙稿, 1975,「芝峰 李晬光의 政治經濟思想」『史學硏究』25, 55~82쪽.
31)『宣祖實錄』卷38, 宣祖 26年 癸巳 5月 壬午.

변사의 실무를 맡은 때가 있었다.[32]

따라서 비변사의 내력과 실체를 잘 알 수 있었던 이수광이 명종 10년에 비변사가 始設됐다고 기록한 것은 아마도 비변사의 상설기구화 내지 그 衙舍建立을 기준으로 한 것이 아닌가 여겨진다. 비변사의 아사건립 년대로는 『宮闕志』 등 각종 문헌에[33] 모두 「明宗十年乙卯建」이라고 되어 있기 때문이다.

후대의 일이기는 하나, 이 명종 10년설에 대하여 順菴 安鼎福은 이의를 제시한 바 있는데, 그는 「答李仲命別紙」에서[34] 명종 10년설을 답습하다가 『列朝通紀』에서는 중종말년에 비변사가 시설된 것으로 「다시 고려해야 할 것」이라고 주장하였다. 즉 「見甲寅(明宗九年) 司諫院啓 中宗末年 始設 今云 是年 (明宗十年) 始設 當更考」라 하여[35] 명종 9년의 사간원 계문에 중종말년에 비변사가 시설되었다는 내용을 들어 「當更考」를 피력하였다. 그가 보았던 명종 9년의 실록기사는 「諫院啓曰 備邊司者 祖宗朝所無也 始於中宗末年 大臣未慣兵事 啓而設之」라는[36] 것으로 보인다. 그러나 안정복은 문제제기만 하였을 뿐 비변사의 창설을 중종말년이라고 강조하지는 않았다. 이 중종말년설에 관련된 명종실록의 기사는 후일 고종때 朴

---

32) 『芝峰集』 行狀.
　　『燃藜室記述』 別集 卷6, 官職典考 備邊司.
　　拙稿, 「芝峰 李睟光의 政治經濟思想」 參照.
33) 『宮闕志』, 都城志. "備邊司 在中部貞善坊 … 明宗十年乙卯建 一在慶熙宮
　　興化門外"
　　『內外搢紳案』. "備邊司在昌德宮敦化門外西 明宗十年乙卯建"
　　『文獻撮要』 卷8, 『增補文獻備考』 職官考 3. "備邊司在今耆老所之南"
　　備邊司의 位置比定에 對해서는 重吉萬次, 앞의 논문, 74~76쪽 參照.
34) 『順菴集』.
35) 『列朝通紀』.
　　『增補文獻備考』 卷216, 職官考 3 備邊司. "臣謹按 備邊司之設 載於十年
　　而今諫院所啓 載於九年 意者 設爲官司 雖自明宗十年始 而備邊之號 已㪍
　　於中廟朝 知邊事之時 特因乙卯倭警 而修明定制歟"
36) 『明宗實錄』 卷16, 明宗 9年 2月 己卯.

容大 등이 편찬한『증보문헌비고』의 비변사 항의 「按」설에도 수록
된 바 있다.

이 밖에도 명종 10년 이전에 비변사가 설립되었다고 하는 기사
는 선조 32년에 형조판서 李憲國에 의해 「備邊司設立 始於中廟朝」
라고 지적된 것과[37] 효종 5년에 대사성 金益熙에 의해 「成廟建州
之役 權設備邊司」라고[38] 제시된 것 등이 있다. 성종대에 비변사가
권설되었다는 내용은 당시 성종실록에서 비변사가 전연 등장하지
않는다는 점에서 주목받지 못하였고[39] 후대에도 재론된 바가 없었
다. 따라서 명종 10년에 비변사가 始設되었다고 하는 것은 衙舍 건
립이나 후대에 정리된 법전상의 기준이지 비변사의 「창설」과는 거
리가 먼 내용이라 할 수 있다.

다음으로 명종 10년설 보다 45년 앞선 중종 5년(1510) 또는 그
이전에 비변사가 설립되었다고 하는 설은[40] 비변사가 문자상으로
최초 등장한 중종 5년의 두 가지 실록기사, 즉 다음에 제시한 ①~
②를 근거한 것으로 보인다. 그러나 이 설의 근거를 庚午倭亂(三浦
倭亂)에 관계하여 ①에 맞추는 듯 하면서도 ①을 확정적 근거로는
사용하지 않았다. 여러 가지 정황이 그렇기는 하나, 전체적으로 보
아 ①이 근거로 보이도록 한 것인데, 어떻든 이것을 중종 5년설이
라고 통칭하고 있다.

그 기사는, 중종 5년 4월 기사(7일)에 왜구대책 문제로 賓廳에서
삼공 및 院相 그리고 지변사재상 등 10여명이 논의한 과정에서 영
의정 金壽童이,

> ① 비변사 從事官을 品秩이 높은 문신으로 임명함이 어떠하겠습니까
> 하니 임금이 이에 좇았다[41]

---

37)『宣祖實錄』卷109, 宣祖 32年 2月 壬子.

38) 註 28 參照.

39) 註 26 參照.

40) 註 24 參照.

41)『中宗實錄』卷11, 中宗 5年 4月 癸巳.

라는 내용과 同月 庚寅(8일) 條의 본문말미 分註에

> ② 我朝에 비변사를 두었는데 문무재상으로 邊事에 諳識이 있는 사람
> 을 택하여 변사주획을 맡기었다[42]

라는 2개조의 기사가 그 전부인데 ①은 실록 본문의 기사이요 ②
는 실록 본문말미의 二行小字 分註 내용이다.

그러나 후일 중종 12년설을 주장한 申奭鎬는 위의 두 가지 기사
로 비변사의 설치를 규정할 수 없다고 정면으로 반박부정하였다.
특히 후자 ②의 分註에 대해서 신석호는

> 이 註는 명종조에 중종실록을 편찬할 때에 史官이 부친 것으로, 이때
> 즉 중종 5년에는 政府六曹와 知邊事宰相이 모여서 변방의 일 을 처리하
> 였지마는, 후세에 비변사를 설치하고 문무재상중 변방 일을 잘 아는 사람
> 을 뽑아서 비변사 관원에 임명하고 변방의 사무를 처리하였다는 것을 참
> 고로 기록한데 지나지 못하는 것이다. 그리고 실록에 중종 5년의 본문중
> 에는 비변사란 문자가 전연 보이지 아니하고 다만 도체찰사를 설치하고
> 좌의정 柳順汀을 이에 임명하여 삼포왜란에 관한 일을 처리하게 한 일은
> 있으나 중요한 일은 모두 의정부 육조 지변사재상의 회의에서 결정하였
> 다. 그러므로 중종 5년에 비변사를 설치하였다는 重吉氏의 설을 인정할
> 수 없는 것이다[43]

라고 지적하며 중종 5년설을 부인한 다음 신석호는 중종 12년
(1517) 6월 경술(6일)에 비변사가 창설되었다고 단언하였다. 그 근
거는 다음과 같은 ③~④의 기사이다.

> ③ 순찰사 安潤德 柳聃年이 와서 아뢰기를 '앞서 설립한 築城司는 三
> 公을 體察使로 삼았습니다만 지금은 다만 신등에게 맡기니 신등 이 어찌
> 감히 이 임무를 감당할 수 있겠습니까? 군국중사가 이 보다 큼이 없으니
> 청컨데 대신에게 맡기십시요'하니 傳하기를 '만약 중대한 일이 있으면 순

---

42) 『中宗實錄』 卷12, 中宗 5年 8月 庚寅.
43) 申奭鎬, 앞의 논문, 84쪽.

찰사는 三公과 더불어 동의하여 처리함이 마땅할 것이다. 경 등이 어찌 감당못하겠는가 사양하지 말라'하였다. 潤德 등이 이어 아뢰기를 '築城司의 이름이 이미 폐지되었으니 마땅히 다른 이름으로 고치어 삼공으로 하여금 監領케 한 연후에야 일의 처리가 쉬울 것입니다'하니 傳하기를 '아뢴 바의 일을 삼공에게 의논토록 함이 좋겠다'하였다. 鄭光弼 金應箕 申用漑가 의논하기를 '監領할 일을 신등이 아뢰기는 어려울 것 같습니다. 그러나 이번 大事는 삼공중 혹 1인이나 혹 전수가 동의조치 해야하며 〈築城司는(필자)〉 비변사로 칭호함이 마땅할 것입니다'하였다.44)

④ 비변사 종사관 朴世熹가 삼공의 말로서 아뢰기를 '이미 신등으로 하여금 비변사를 감령케 하였으나 다만 〈그 임무의 (필자)〉 명호가 없으니 신등은 都提調로 삼고 순찰사를 고치어 提調로 삼으며 종사관을 郞官으로 삼음이 어떠하겠습니까'하니 전하기를 '아뢴대로 하라'하였다.45)

즉 전자 ③은 安潤德 등 한 두 사람이 군국중사를 감당할 수 없으므로 이미 폐지되었지만 築城司와 같은 기관을 설치하여 대신과 함께 동의조치 하자는 건의를 받아들이고 그 기관을 축성사 대신 비변사로 개정한 내용이며, 후자 ④는 비변사의 관원명칭이 규정된 것으로 축성사 때의 도체찰사를 비변사의 도제조로 삼아 삼공이 맡도록 하고 순찰사는 제조로 삼아 지변사재상이 맡으며 종사관은 郞官(郞廳)으로 삼아 문무당하관이 맡도록 결정한 조직편성의 내용이다.

신석호는 이와 같은 두 가지 기록이 비변사 설치에 관한 '最初의 記錄'이며 확정적 근거라는 것이었다. 그는 이어 특별한 사건의 계기가 없는 평상시에 비변사가 설치된 것은 종래 변사주획이 적이 침입하였다는 보고 후에 이루어지므로 그 시기를 놓치는 일이 많아 사전에 준비하기 위함이었다고 한 다음 중종 14년에 폐지, 동왕 15년 복설, 동왕 17년(1522) 전라도 楸子島 및 草島(巨文島) 등지의 왜적내습으로 그 기능이 활성화되어 이때부터 상설기구화 되었다고46) 주장하였다.

---

44) 『中宗實錄』 卷28, 中宗 12年 6月 6日 庚戌.
45) 『中宗實錄』 卷28, 中宗 12년 6月 9日 癸丑.

한편 麻生武龜는 「朝鮮史講座」 '分類史 中央並地方制度史와 軍制史'에서 각각 명종 10년에 남북 변사에 대처하기 위해 비변사를 설치하였다고[47] 하였고 또 중종시에 새로이 비변사가 설립되었으나 명종 9년에 별도로 一局을 설치하여 당상관이 모여 군무를 협의했다는 두 가지의 설을[48] 내놓았다.

이것이 앞서 중종 5년설을 제기한 重吉萬次에 의해 부정되자 다시 '군제상으로는 중종 5년에 창설되었다고 할 수 있으나 官制史的 견지로는 명종 10년에 설치되었다고 보는 것이 타당할 것'이라는 수정설을[49] 제시하기도 하였다.

이상의 제설에서 비변사 창설에 관한 몇 가지 내용을 살필 수 있거니와 각기 주장이 나뉜 것은 다음과 같은 여러 가지 이유가 개재되었기 때문으로 볼 수 있다. 즉,

첫째 창설초기의 「비변사」 기사가 전후 연결 없이 돌출하여 이의 해석을 구구하게 한 점과 『비변사등록』 또한 초기의 기록이 不傳하여[50] 그 경위를 알 수 없게 한 점, 그리고 비변사의 성격과 유사한 방어청, 축성사 등 몇몇 권설아문의 치폐가 같은 시기에 혼재한 점등을 들 수 있고,

---

46) 申奭鎬, 앞의 논문, 88쪽.

47) 麻生武龜, 『朝鮮史講座』 分類史 第四章 備邊司と議政府, 143쪽.

48) 上同.

49) 麻生武龜, 1936, 「重吉氏の「備邊司設置に就きて」私見を釋明す」 『靑丘學叢』 24號, 120~130쪽.

50) 現傳 『備邊司謄錄』은 初期의 記事가 不傳하고 光海君 8年(1616)의 記事부터 始作되고 있다. 다만 備邊司에서 『備邊司謄錄』을 類抄해 놓은 『謄錄類抄』(奎15080)는 앞서 주4)에서도 언급하였지만 宣祖 37年(1604)부터 景宗 3年(1723)까지 官職을 비롯하여 賦役·交隣·邊事 등 分野別로 抄錄되어 있는 새로운 備邊司 資料이다. 宣祖 37~光海君 8年까지의 12년간 記事는 당시의 實錄에도 없는 전혀 새로운 것이 있고, 그 후의 『備邊司謄錄』에 빠져 있는 부분도 이 『謄錄類抄』에 새로 나타난 記事가 많아 『備邊司謄錄』을 補完하는데 매우 貴重한 資料이다. 總 10册 2000面에 達하는 巨帙이다.

둘째 제도사적 측면에서 관제설치의 기준을 어디에다 둘 것이냐 하는 문제, 즉 군무상의 기준을 위주로 할 것이냐 官制上의 기준을 위주로 할 것이냐의 문제점 때문이다. 이 관제상에 있어서도 상설 운영의 始點을 중시한다면 始設과 常設은 전후가 있는 것이기 때문에 始設을 기준으로 할 때는 창설년대가 올라가고 常設을 기준으로 할 경우는 그 연대가 내려 올 수밖에 없다. 이러한 문제는 비변사의 경우에만 국한되는 것이 아니라 다른 관제의 창설에도 적용될 수 있는 것이다.

셋째, 어떠한 관제가 설치된다 하더라도 명실상부한 그 기능의 행사여부를 가늠하고자 하는 관점이 있을 수 있다. 이는 본래 稱名된 독특한 위상여부를 중시하는 면에서 고려될 수 있으나 여기에는 논자의 주관이 상당히 작용될 수 있어 창설년대의 규정에 많은 차이가 나올 수 있다. 또 창설 당시의 단순한 조직과 도중 확대 정비된 조직 가운데 어느 경우를 설립조직으로 적용하느냐에 따라 달라질 수도 있다.

넷째, 임란후에 서술된 여러 사찬사서류와 후기에 편찬된 諸 정법서 등의 비변사 창설관계 내용이 거의 동일하다는 점 때문이다.[51] 앞서 언급한 『지봉유설』을 위시하여 『반계수록』, 『연려실기술』 등과 『속대전』, 『문헌비고』, 『만기요람』 등에 모두 「명종 10년 始設」로 기술되어 있어, 그 이전에 설치된 사실을 관제상의 始設로 볼 수 없게 하기 때문이다.

이상과 같은 여러 가지 이유와 기준 때문에 비변사의 창설년대 규정이 상이하게 나타났거니와 기준에 따라 논란의 여지가 상존해 있다고 할 수 있다. 어떻든 이러한 기준을 전제해 볼 때 앞서 살핀 제설도 많은 문제점을 내포하고 있다 하겠다.

즉, 종래 명종 10년(1555)설은 유명한 史書나 법전 등에 명기되었다 하더라도 그 이전에 설치 운영되어온 비변사의 실체를 도외시 한

---

51) 註 22) 參照.

채 이를 근거로 창설년대를 비정하는 것은 자명하게 틀린 것이다.

중종 5년(1510)설은 실록본문에 최초로 비변사가 명기되어 있고 경오왜란의 대처라는 특별한 계기가 있으며「庚午政丞兼備邊司」라는 후일의 기사가[52] 이를 보완하고 있어 창설 비정에 가장 가깝게 보인다. 다만 이 당시의「備邊司 從事官 請以秩高文臣 差之何如」라는[53] 기사가 전후본말이 없는 돌출기사 이어서 그 전말을 알 수 없게 하며 또한 비변사 종사관의 품질을 높여주자고 하는 내용은 이미 비변사의 존재를 전제한 내용일 수 있기 때문에 그 이전에 설립되었을 가능성도 배제할 수 없어 이 역시「창설」이라고 하기에는 확연하지 않다. 다만 기록의 한계 때문에 이 연대를 더 이상 올라갈 수 없다는 점이 있다.

한편 중종 12년(1517)설은 앞에 제시한 근거기사 ③~④가 전후본말이 나타나 있고 조직관명이 기재되어 있다는 점에서 일부 창설년대로 여겨지고 있었으나, 이미 그 이전에 나타난 中宗 5년 4월 7일 실록본문기사「備邊司從事官 …」를 도외시한 문제점 등이 남아 있다. 또 중종 17년 추자도왜변 등으로 상설되었다고 하는 점도 이에 앞선 기록을 무시한 점과 또 그 후 폐지 복설(중종 36년)이 반복된 바가 있어서 이를 고려하지 않고「常設」이라고 하는 것은 타당성이 결여된 것이다.

이 밖에 麻生武龜의 중종 5년 수정설은 초기 비변사의 실체를 무시하고 병조 武備司의 分掌형태로 취급한 듯한 내용이다. 즉 "중종 5년의 邊釁(三浦倭亂) 대책시 새로이 임명된 도체찰사가 경성에 있으면서 병조사무의 일부를 분담하기 위해 병조 내에 一司를

---

52)『中宗實錄』卷45, 中宗 17年 6月 乙未條의 鄭光弼의 啓文에서 나타난 內容인바, 鄭光弼은 備邊司 創設時期인 中宗 5年 6月부터 同王 14年 2月까지만 해도 兵曹判書-右議政-左議政-領議政을 歷任한 重臣이었으며 特히 中宗 17年에는 備邊司 提調로서 啓文을 올린 것으로 보아 初期 備邊司의 顚末을 누구보다 잘 알 수 있는 인물로 여겨진다.

53)『中宗實錄』卷11, 中宗 5年 4月 癸巳.

설치, 종사관으로 하여금 그 사무를 맡게 하면서 비변사가 생겨났다"는 것이다. 또한 명종 9년 이전의 비변사는 "병조의 삼사(武選司, 乘輿司, 武備司)[54] 외에 一司를 臨設한 것에 불과하다"고 한 것도 구체적인 자료의 뒷받침이 되지 못하고 있다.

이와 같은 麻生의 주장은 본래 자신의 명종 9~10년설을 강조하기 위한 것으로 보이나, 여기에는 비변사가 초기부터 정승이 겸임 監領한 사실이 무시되고, 비변사가 병조 武備司와 같은 예하 사무 부서가 아니라 주획 즉 정책수립 기관이었음을 간과하고 있으며, 당시 폐지논자의 「비변사 독주」 지적에서와[55] 같이 비변사의 정치적 비중도 외면되어 있는 등 사실과 거리가 먼 내용들이다.

이상과 같은 문제점과 몇 가지 검토 과정을 통해서 본 바와 같이 한 두 가지 기준으로 비변사의 창설을 확정하기가 쉽지 않다. 그러나 '定制'보다도 '創設'이란 의미를 먼저 염두에 두고 창설을 굳이 규정할 경우 중종 5년(1510)에 설립되었다고 하는 것이 타당할 것 같다.

요컨대 비변사는 성종대 변방소요를 대처하는 과정에서 출현한

---

54) 『經國大典』 吏典 京官職 兵曹.

　　○武選司 - 武官·軍士·雜職除授·告身·祿牌·附過·給暇·武科.

　　○乘輿司 - 鹵簿·輿輦·廐牧·程驛·補充隊·皂隷·羅將·伴倘.

　　○武備司 - 軍籍·馬籍·兵器·戰艦·軍士·點閱·武藝訓練·宿衛·巡綽·城堡·鎭戌備禦·征討·軍官·軍人差送·番休·給暇·復戶·火砲·烽燧·改火·禁火·符信·更籤.

　　『萬機要覽』 軍政篇 2. 兵曹各掌事例

　　○武備司 - 符信·留防·考察(習操)·論賞·巡審·銷鑰·修築·烽軍接濟. 이 武備司의 業務가 備邊司의 機能과 類似한 점이 많지만, 備邊司는 籌劃(議政)機關이요 武備司는 兵曹의 屬司인 實務官署이므로 掌政과 區別되어야 하는 것이다. 따라서 麻生武龜의 설은 자명하게 오류를 범했다.

55) 『中宗實錄』 卷45, 中宗 17年 7月 申未. "弘文舘副題學徐厚等上疏曰 … 別設備邊司 而又置都提調 與政府相抗 兵曹反爲之退聽 則是軍國重事 委諸權設之司 而政府兵曹 反不得以專之也" 以外의 자세한 內容은 本章 Ⅲ의 1~2項 參照.

지변사재상의 역할이 모태가 되어 1510년(중종 5) 경오왜란 대처시 변사주획을 위한 협의기관으로 처음 權設되었으나 변사의 진정과 조직의 미비 등으로 한산하였다가 그 시기 築城司의 권설운영을 대치하는 과정에서 1517년(중종 12)에 관아조직으로 확대되었으며 1554년(명종 9)에 일종의 의정기관으로 상설화 되고 이듬해(1555) 衙舍가 건립됨으로서 권설관아로 정식 운영되었다고 하겠다.

특히 비변사의 초창기인 중종 15년의 복설 및 기능강화는 당시의 왕권안정책과 정치적 상황에 연관된 정황이 상당히 개재되고 있어서 비변사의 설립이 단순한 변사주획체로서 그치는 것이 아님을 보여주고 있었다.

3. 시기별 특징 －시기구분

비변사의 역할 및 기능 변천은 所掌내용의 파악과 정치적 기능 등이 해명되고 종합적으로 시대적 특징이 밝혀져야만 그 변천의 전반을 확인할 수 있을 것이다.

우선 소장내용상에서 변사대책 역할인 邊事籌劃, 邊政措置, 戰亂對處 등과 정치운용 역힐인 官職議薦, 軍政議處, 財政調整, 地方統制, 外交辦理 등이 있었음을 검토해야 할 것이며 다음으로 정치기능상에 있어서는 정책의 수립 및 통제, 왕권의 상보 또는 제약, 정치 세력화의 작용 등이 있었음을 유의해야 할 것이다. 이를 바탕으로 종합적인 성격을 파악하기 위해 비변사가 역할한 시대별 특징 －시기구분을 규정해야 할 것이다.

이 마지막 내용에 접근하기 위해 먼저 비변사 360여 년의 기간을 제1기 邊事籌劃期, 제2기 軍國機務總領期, 제3기 外交財政掌握期, 제4기 內政專橫期 등 4기로 나누어 볼 수 있는데 이 시기구분을 조직변천 및 발전과정과 연결하여 요약하면 다음의 표와 같다.

〈표 2〉備邊司의 時期區分

區分	時期		組織上	發展上	背景
第1期 邊事籌劃期	1510~1591 （中宗5） （宣祖24）	16C （81年）	形成期	過渡期	南北邊警 頻發 時代 （庚午·乙卯倭變）
第2期 軍國機務 總 領 期	1592~1698 （宣祖25） （肅宗24）	17C （106年）	定型期	活性期	戰時 準戰時 産業復舊時代 （倭胡兩亂·北伐·'受 敎輯錄')
第3期 外交財政 掌 握 期	1699~1800 （肅宗25） （正祖24）	18C （101年）	擴張期	興盛期	對外 和平 交易時代 （社會變動·産業·交易 發展）
第4期 內政專橫期	1801~1865 （純祖1） （高宗2）	19C （64年）	跛行期	退嬰期	政治社會 跛行停滯時代 （勢道政治·民亂勃發）

　이와 같이 비변사의 시기를 4기로 구분한 것은 시대적 배경과 함께 비변사 자체의 역할을 중심으로 한 것이나 여기에는 정치적 상황변동도 물론 고려되었다. 비변사가 최고국정을 요리하는 정치적 기관이었기 때문이다.

　제1기로 구분한 변사주획기의 명칭은 그 내용이 통시대적으로 적용될 수 있지만 당초 변사주획이라는 설립방향과 邊警頻發의 시대적 배경 그리고 창설과정에서 치폐, 복설이 반복된[56] 과도기적 상황을 감안하고 조직상에서 형성기라고 하는 것은 명종 9년의 「例會議啓」 등을[57] 기준한 것이다.

---

56) 中宗 15年의 復設과 中宗 36年 復設을 代表的으로 들 수 있다. 中宗 36年 以後는 廢止된 적이 없기 때문에 따라서 復設이 있을 수 없다.

57) 『明宗實錄』 卷16, 明宗 9年 甲寅 6月 戊子. "備邊司啓曰 金贇所獲倭船所 在物件內 唐物居多 又有禮部官牌 似是作賊之物 故六卿以上 僉議奏達便 否 皆以爲物件 雖是唐物 而非如前年所奏銃筒物 又無生擒者 不能取招 作 賊形止 指論無據 奏達未便 群議皆同 昨日勿令命牌 而邊事處置緊急 故臣 等皆會于備邊司 議論以啓 常時如此事 闕內會議 事甚煩擾 或至留門而出

제2기로 구분한 군국기무총령기는 선조-효종년간의 왜호양란과 북벌 등 전시 또는 준전시적 상황, 그리고 전후복구 등의 시대적 배경과 비변사의 역할이 함께 고려된 것이며, 이 시기에 비변사 기능의 활성화 및 조직의 정형화가 이루어졌다. 특히 인조반정을 계기로 비변사의 정치적 성격이 분명히 들어 나 보인 시기이었다.

제3기 외교재정장악기는 대외 화평시대에 外交辦理 對外貿易, 각종 句管堂上의 재정장악 등을 근거한 구분이며 조직의 확장과 함께 비변사의 흥성시기라 할 수 있고,

제4기 내정전횡기는 세도정치 이후 관직·재정 등 내정의 전횡과 민란 발생 이후 정치 사회의 혼란 현상과 연계된 비변사의 퇴영기 등에 근거한 구분이다.

이와 같은 비변사의 4기 구분에서 각 시기상의 역할과 변천을 살펴보면,

① 邊事籌劃期는 邊事籌劃 → 京中軍務議處 → 一般政務議定,

② 軍國機務總領期는 ① → 軍國機務總領 → 國政總掌,

③ 外交財政掌握期는 ② → 外交辦理 → 財政掌握 → 地方句管,

④ 內政專橫期는 ③ → 人事財政權專橫 → 民生彈壓 → 革罷

로 요약할 수 있다.

여기에서 시기가 지날수록 所掌이 증대되고 역할이 강화됨을 알 수 있거니와 대체적으로 1~2기까지의 전반기는 군국기무적 역할이 주류이며 3~4기의 후반기는 정치행정적 역할이 위주이었음을 일별할 수 있다. 이와 같은 전·후반기의 차이는 자체의 기능변화에 더하여 대외관계의 변동에 따른 소치이었다.

즉 비변사 창설기인 중종 초엽부터 2기까지의 전반은 남북변흔이58) 잦았을 뿐만 아니라 왜호양란을 치루어 냈던 전시상황과 효종

徒非未安 亦駭見聞 今後 例會于備邊司 議啓何如 答曰 依議 不須奏聞"
58) 倭胡兩亂 이외에 그 이전 中~明宗年間의 庚午倭變, 楸子島倭變, 乙卯倭變 등의 큰 倭變과 光海年間의 姜弘立派兵 및 北方 對後金 政策 등 邊

때의 북벌론 그리고 寧古塔派兵(羅禪征伐)59) 등의 준전시체제 형편
이 연속되어 이 시대는 국방강화로 규정할만한 시대이었기 때문이다.

따라서 이 전반기 동안 잦은 군사적 상황의 출현은 역으로 비변
사의 성장 활성화에 중요한 배경이 되었으며 이 때 관행 된 군국기
무의 총령은 후반 대외화평 시대에 내정장악으로 階梯되어 국정을
總掌하기에 이르렀다고 하겠다.

이와 같은 비변사의 변천은 비변사의 조직강화 및 운영의 독주
와도 궤를 같이하고 있었다. 비변사의 구성원은 都提調－提調(堂
上)－郎廳으로 조직되어60) 다른 권설아문과 별반 차이가 없으나
그 구성원의 숫자나 역할 등에 있어서는 시대에 따라 상당히 차이
가 있기 때문이다.

비변사 초창기는 大臣의 監領아래 지변사재상 중심의 협의체로
구성된 듯하고 조직화 될 때는 도제조와 제조 그리고 낭관(낭청)
의 간단한 조직이었다. 都提調는 의정대신이 겸관하고 郎官은 종사
관이기 때문에 제조 중심의 주획체이었음을 알 수 있다. 중종 15년
의 실록 기사에 '備邊司堂上'이라는 호칭이 처음으로 나타나고 이
후 그 구성원은 증치 일로에 있었다.

특히 제2기 冒頭라 할 수 있는 1592년 선조 임란시에는 副提調
가 신설되고 훈국대장이 제조로 예겸되며 당상중에서 有司堂上의
기능이 강화되는61) 등 구성원의 증치와 기능의 강화가 뚜렷이 나
타났다. 비변사에 의한 전시 비상대처와 난후 수습,62) 그리고 광해
군 때의 後金 대비책 등은 괄목할 만한 것이었고 광해군의 비변사
의존도도 매우 높았으며63) 이 때 舟師句管堂上 등의64) 운용으로

事가 많았다.

59) 孝宗 5年 3月의 邊岌派兵과 同王 9年 5月의 申瀏派兵.
　　拙稿, 2001, 「備邊司의 羅禪征伐 籌劃에 대하여－효종조 寧古塔 파병절목
　　을 중심으로－」『韓國史學報』 제11호, 高麗史學會, 123～143쪽 참조.
60)『萬機要覽』軍政篇 1 備邊司 職制.
61) 上同.
62) 李載浩, 앞의 論文, 33～34쪽.

南方備禦 역시 활성화되고 있었다.

또한 이 시기 큰 정치적 변동이었던 인조반정 이후에는 당상수가 확대되었을 뿐만 아니라 그 초기부터 태반이 훈신으로 구성되었으며 3인이었던 유사당상을 1명 증치하여 그 기능을 더욱 강화시켰고 지변사관원이 아닌 대제학까지 제조로 예겸시킨 조치를 단행하였다.[65]

이렇게 확대일로에 있던 비변사의 조직이 반정훈무공신 위주로 구성되어져 간 것은 비변사가 정치적 성격으로 전환되고 그 구성원이 정치핵심세력으로 결체되어짐을[66] 의미한 것이라고 하겠다.

제3기의 숙종-정조년간에도 구성원이 계속 확장되어 졌는데 숙종대에 개성유수, 어영대장 등이 제조를 예겸하고 이후 사도유수·군영대장 등이 거의 비변사 구성원으로 가담되어[67] 변방대비 보다는 王畿保障과 중앙군권을 장악하는 양상으로 바뀌었다. 즉 영조대에 수어사·총융사·금위대장 등이 비국 제조에 예겸됨으로써 이미 선조대 훈국대장이 예겸된 것을 위시하여 五軍營大將 전원이 비변사의 구성원이 되었으며, 정조대에는 규장각을 설치하여 비변사의 견제가 시도된 듯하였으나[68] 여의치 못한 가운데 수원유수·광주유수까지 예겸 구성원에 포함됨으로서 명종때 강화유수가 예겸된 것을 필두로 사도유수 역시 모두 비변사 구성원이 되었던 것이다.

또한 이 기간에 특기할 만한 것은 비변사가 句管堂上制를 운용하여 지방·재정·교역 등 內外政을 主掌하였다는 점이다. 1713년(숙종 39) 八道句管堂上制의 시행은[69] 비변사에 의한 지방통제의

---

63) 光海君 13年 2月에 왕은 備邊司로 하여금 金나라에 대한 防備에 最善을 다할 것을 指示한다.

64) 『備邊司謄錄』第1册, 光海君 9年 丁巳 四月朔 坐目 參照.
   이때 舟師句管은 行刑曹判書 李慶全이었다.

65) 본서 제2장 II절 備邊司의 組織과 特性 참조.

66) 『備邊司謄錄』第3册, 仁祖 2年 甲子 1月~6月朔 坐目 參照.

67) 본서 제2장 II절 1항 〈표 3〉「비변사 조직표」참조.

68) 『正祖實錄』卷13, 正祖 6年 5月 己丑.

본격화라고 할 수 있는데 현직 당상가운데 팔도구관당상 각 1명씩 8명을 임명하고 다시 유사당상 4원으로 하여금 각기 2道씩을 겸관하게 하는[70] 중층적 구관이 시작된 것이다.

여기에서 지방의 군정뿐만 아니라 재정 행정까지 관할 통제하였으며 이 때 유사당상 및 구관당상의 조정역할은 막중한 것이었다. 재정·교역 등에 있어서도 이 기간에 宣惠堂上, 魚鹽勾管堂上, 貢市堂上 등을 운영하여 군사재정 뿐만 아니라, 大同, 錢幣, 市廛, 貿易 등을 광범위하게 관할하고 있었다.[71]

19세기에 접어든 소위 세도정치 기간에, 비변사는 집중되어진 권력으로 여러 정사를 전횡하였고 방대해진 조직은 결국 파행적 운영을 초래할 수밖에 없었다. 비변사 구성원의 自薦自充 및 상피제 해소 등은 조직의 편중성을 더욱 심화시켰으며[72] 영조대 銓郎權이 무너진[73] 이래 규정 외의 守令擇差 등을 강행하고, 재정을 구관하는 선혜·공시당상 등을 통해 三政을 좌우하며, 관서민란을 계기로 그 위용을 더욱 강화시켜 나갔다.

이 마지막 제4기 내정전횡기의 비변사는 在朝戚臣 세력이 주도하고 있었으며 순조-철종년간의 국왕은 이들 외척과의 결탁을 통해서 왕권을 유지한 형편에 있었다. 따라서 이와 같은 현상은 비변사가 왕권을 상보하는 차원을 넘어 왕권을 제약하는 상태임을 의미한 것으로, 후일 대원군의 왕정복고 시도 때에 결국 비변사를 혁파케 하는 중요한 요인이 되기도 하였다.

---

69) 『備邊司謄錄』第65册, 肅宗 39年 癸巳 4月 3日.

70) 上同.
   이 때 備邊司 堂上이 25名이었는데 그 가운데서 8道句管堂上 8名과 各道 兼管 有司堂上 4명 등 총 12名이 관계하고 있었다(숙종 39년 4月朔 坐目 참조).

71) 八道句管堂上制는 본서 제2장 Ⅲ의 3에서 詳論될 것임.

72) 備邊司 堂上은 例兼堂上과 啓差堂上으로 나뉘는데, 啓差堂上은 창설초기부터 司啓로 이루어졌다.

73) 銓郎權이 무너진 것은 有機的인 關係를 가진 三司의 弱化와도 同伴된다.

Ⅲ. 비변사의 改廢論 및 혁파

1. 邊事籌劃期의 폐지론

비변사의 치폐논의는 定制化 과정에서 設官分職의 체통상 문제
와 운영상에서 권중의 혐의에 따른 정치적 대립으로 나타난 것이
었다. 비변사의 창설초기부터 이내 폐지 주장이 연속되어 실제 치
폐가 반복된 적이 있고 조직의 정형시기였던 선조 - 인조대 이후에
는 제도를 개선하여 기능을 약화시키려는 방향이었으며 숙종대 이
후에는 이러한 논의마저 없었으나 정조대에는 폐지보다는 구조적
견제장치의 운용을 시도한 바가 있었는데, 이 세 가지 유형이 비변
사 改廢論의 큰 흐름이라 할 수 있다.

이러한 개폐론에서 일관되게 주장된 것은 설관분직에 어긋난다
는 體統論의 문제이었으며[74] 그 주도는 삼사관원이었으나 삼공도
이에 동조 가담한 때가 있었다. 이 때의 체통론은 명분상에서 중요
한 것이기도 하지만, 실체에 있어서는 강화되기 시작한 비국의 권
능에 제약을 가하려는 것으로 그 최상의 방법은 폐지이었으나 그
렇지 못한 경우, 이를 약화시키려는 것이었다.

초기에는 삼사언관의 주장이 우세하였으나 중간부터는 거론으로
끝나고 만 형편이었는데, 이 치폐론의 성패향방은 곧 권력구조의
향방과 직결된 것이었다. 특히 삼사관원이 사림 淸職 계열이요 비
변사 구성원이 주로 재조 집권층 내지 훈척중심이었음을[75] 감안할

---

74) 體統尊重論은 반드시 備邊司 문제에서만 나온 것은 아닌 듯 하다. 일반
　　적으로 〈廣取廷議〉 때문에 國論이 未定된 狀態에서 提起된 경우도 많다.
　　다음과 같은 事例가 그 例가 될 것이다.
　　大臣請 廣取廷議 雖有得於博詢廣取之意 然當局大臣 不能獨斷 輒取人議
　　發言盈庭 國論莫定 體統不尊 議者憂之(『中宗實錄』 卷 21, 中宗 10年 2月
　　丙申).

때 치폐론의 消長에 따른 양자간의 형세관계도 쉽게 짐작할 수 있는 것이다.

또한 폐지론이 제기될 때마다 당시의 국왕은 항상 이를 반대하여 비변사를 계속 존치하려는 편에 있었는바,76) 이는 王室 - 備局 - 三司 간의 관계에서 국왕이 어떠한 입장이었는가를 보여 준 것이라 하겠다. 그러면, 이상에서 거론한 치폐 문제를 그 초기부터 구체적으로 살펴보기로 한다.

앞에서 언급한 데로 중종 5~12년에 비변사가 창설, 조직되고 그 후 일시 폐지상태로 있다가 동왕 15년에 복설되어 邊事뿐만 아니라 京中군무까지 병조와 함께 동의토록 조치되었는데77) 이 때의 복설 과정은 전말기사가 없어 그 경위를 자세히 알 수 없다. 아마도 변경 무사시에 유야무야한 상태로 있다가 중종 14년 기묘사화 후 경중군무를 비변사에 관할시킬 정치적 필요성이 개재된 것이 아닌가 짐작된다.

중종 17년(1522) 6월 추자도 어란곶 등지의 왜구출몰이 보고되어 이에 대한 대책과정에서 비변사의 역할이 본격화되기 시작하였다. 이 때 최초로 비변사 제조의 啓文이 올려지고 왕은 직접 비변사에 傳旨를 내린 바 있으며 비변사는 司啓로서 왜구 搜討 대책을 올리는78) 등 자못 활발한 역할이 있는 반면 소관 병조는 도외시되

---

75) 成宗代 知邊事宰相 시절의 韓明澮 및 中宗 巳卯士禍 후 備邊司堂上이었던 南袞·沈貞 등과 仁祖反正 후 備邊司 堂上이었던 李貴·金鎏·沈器遠 등이 하나의 例가 된다.

76) 『中宗實錄』 卷45, 中宗 17年 7月 壬申. "答弘文舘曰 … 予意亦以爲備邊提調 雖不可專廢 今爲提調者 半於朝廷 甚爲擾亂 不可不議其餘事 上下當留念也"
　　『中宗實錄』 卷57, 中宗 21年 6月 癸丑. "諫院啓前事又啓曰 … 請革罷 答曰 備邊司設局 果非祖宗之法 然設局已久 今不可革也"

77) 『中宗實錄』 卷39, 中宗 15年 5月 己亥. "御朝講 … 上曰今聞復設備邊司 非獨邊事也 京中軍務 亦與兵曹 同議措置 可也"

78) 『中宗實錄』 卷45, 中宗 17年 6月 丁酉.
　　○備邊司提調 鄭光弼等 啓曰 …

는 형편에 있었다. 이러한 상황에 이르자 홍문관에서는 곧 바로 비변사의 폐지가 주장 된 다음과 같은 상소를 올렸다.

> 대저 軍旅의 일은 마땅히 한 사람이 주장하여야 하는 것인데 만약 여러 사람으로 하여금 그 권한을 나누게 하는 것은 실패할 방법입니다. 지금의 정부는 곧 옛날 冢宰의 임무요 지금의 병조는 곧 옛날의 司馬의 관직이어서 나라에 戎事가 있으면 정부가 의논해서 처리하고 병조가 이를 거행하니 만족하여 실패가 없었습니다. 지금 나라에 邊警이 있어도 정부가 그 책무를 맡지 않고 비변사를 別設하며 또 도제조를 두어 정부와 相抗케 하고 병조는 도리어 退廳하니 이는 군국중사를 權設한 官司에 위임해서 정부, 병조가 도리어 專務할 수 없게 하는 것입니다.[79]

이와 같은 상소는 의정부, 병조의 임무가 비변사에 위임되는 현상을 비판 부정한 것인데 이 내용으로만 보아도 초기부터 비변사의 독주를 연상케 하고 있다. 여기에는 물론 설관분직의 체통론이 전제되어 있으며 이후에 나타난 폐지론도 대체로 이런 식의 명분이 전제되어 있었다.

이러한 홍문관의 주장에 대하여 중종은 즉시 비변사 제조가 조정의 반이나 차지하고 있으니 이를 없애면 도리어 소란이 심할 것이라는 이유로 폐지힐 수 없다고[80] 하였고 이에 관한 심공의 議啓 역시 왕을 동조한[81] 것이었다.

그러나 당시 비변사 제조이었던 鄭光弼 등은 홍문관 상소를 의

○傳于備邊司曰 …

○備邊司啓曰 …

79) 『中宗實錄』 卷45, 中宗 17年 7月 辛未 最初의 備邊司 廢止主張은 弘文館 副提學 徐厚이었다.

80) 註 76 참조.

81) 『中宗實錄』 卷45, 中宗 17年 7月 癸酉. "三公議啓曰 弘文舘疏 臣等向未詳 大抵戎事 兵曹皆宜主之 但兵曹所掌 不止防禦一事而己 恐未專一也 知邊事宰相等 同議施行 似爲不妨 況大事必問於政府 而兵曹判書 爲備邊司堂上 則政府該曹 不可謂不與知也 今此現形倭寇之來 雖不可知 備邊之事 不可忽也 傳曰 知道"

식해서인지 왜적 수토가 끝났다는 이유로 폐지를 자청하자, 이때도 왕은 불가를 전지하고 다만 증원된 당상 인원을 減下하는 선에 서[82] 그치었으며 이어 폐지 논의를 다시 할 수 없도록 하고 오히려 대사가 있을 때 삼공이 의당 비변사를 겸임케 하는 조치를[83] 추가하였던 것이다.

1526년(중종 21년)에 다시 대간의 강력한 폐지 주장이 있었다. 이 때에도 비변사의 별설은 설관분직의 본의와 다르며 후폐가 있을 것이라는 지적과 함께 변사에서 병조의 임무를 강조하고 만일 병조가 독단할 수 없으면 대신과 지변사재상이 共議處置하면 된다는 대안을 제시하면서 까지[84] 비변사의 혁파를 주장하였으나 왕은 비변사의 設局이 오래되었다는 이유로 계속 불허하였다[85]. 그러나 2년 뒤인 중종 23년에 또 다시 폐지론이 재연되어 이때는 전후 3차에 걸친 치폐논쟁이 반복되었던 것이다.

즉, 1차(중종 23년 4월 9일 : 경술) 논쟁에서 사헌부 전원 이름으로 '論議紛然'과 '國論不一' 등의 이유를 들어 비변사의 폐지를 강청하였으나 불허되고, 동지사 洪彦弼의 再啓에서 조야 公論을 들어 빨리 혁파하기를 주장함에 이르러서도 왕은 "邊報에 유념해야 하는 때에 전에 없는 것도 설립해야 할 경우인데 이미 설립된 것을 폐지하자는 이유를 모르겠다"고[86] 하며 반박하였다.

---

82) 『中宗實錄』 卷45, 中宗 17年 8月 辛巳. "傳曰 小有事變 便爲之設局 無事則還罷不可 加設堂上 則減下可也"

83) 上同 8月 乙酉.
  傳曰 弘文舘請革備邊司 豈偶計而言之 加設堂上 可無故革罷矣 今不可更議 若有大事 三公當兼之矣.

84) 『中宗實錄』 卷57, 中宗 21年 6月 癸丑. "臺諫啓前事又啓曰 設官分職 各有所司 故邊事則兵曹主之 而若其不能獨斷之事 則大臣及知邊事宰相 共議處之 而不別設局 祖宗之計慮 豈偶然哉 近爲邊事 設備邊司 凡干邊事 實皆掌之 兵曹判書 雖或參焉 反爲枝葉 而參判以下堂上 專不與知 非但異於設官之本意 亦有後弊 請革罷"

85) 『中宗實錄』 卷57, 中宗 21年 6月 癸丑.

86) 『中宗實錄』 卷61, 中宗 23年 4月 庚戌.

2차(중종 23년 5월 6일 : 병자) 논쟁에서는, 홍언필이 다시 國事 謀議를 대신이 모르는 상태에서 비변사가 독단한 것과 국가 통령이 煩擾하게 된 폐단을 들어 請罷하고 지평 黃憲 역시 武士謀國의 폐단과 紛紜을 들어 이에 동조하였으나, 왕은 비국운영은 群情을 廣問한 것이지 대신을 배제한 것이 아니라 하며 다시 거론치 못하게 하였다.

왕이 '更議'를 못하게 하였음에도 불구하고 홍언필이 다시 대신이 비변사 폐지에 동조하지 않은 것은 그 임무가 대신에게 獨專되는 우려 때문이라고 하였으며, 정언 宋純도 비변사의 公事를 해당 실무자인 병조낭관이 모르고 있는 사실 등을 지적하며 폐지론에 가담하자, 왕은 변보의 처리 지시에 비변사가 먼저 공사를 행한 후 정부에 보고한 것은 잘못이지만 대신에게 收議한 것이라 하고 지금 변사가 있기 때문에 비변사를 폐지할 수 없다고 하였다.[87]

이 논쟁은 朝講시에 전개된 것인데 筵席이 끝나자 왕은 동일 곧바로 비변사 존치 이유를 정원에 傳旨하는 집요함을 보였고 邊報公事에 관한 준례를 回啓하라고[88] 까지 하였다.

이상 2차의 논쟁에서 치폐론의 내용 및 비변사의 초기 실상을 살필 수 있거니와, 다음의 3차(동년 5월 16일 : 병술, 조강시) 논쟁에서는 앞서의 논거가 중복된 면도 있지만 비변사 존폐의 양극적 주장이 개진된 것이었으며 더욱이 비변사 당국자가 대간과 함께 이 논쟁에 참여한 것은 주목 할 만한 것이었다.

---

87) 『中宗實錄』 卷61, 中宗 23年 5月 丙子.
88) 上同.
　　傳于政院曰 今於經筵 臺諫以邊方公事 啓下于該曹及備邊司 而不先示大臣
　　爲未便 元常時邊報公事 則下于該曹或備邊司 該司所當爲之事 則該司爲公
　　事啓之 或有報政府之事 則報于政府而爲之也 且備邊司事 皆以爲未便 但
　　常時則設立 而及其有事之時 罷之未便 故不罷耳 且邊報公事 則當啓下于
　　該司乎 當先示于大臣乎 何以則可乎 其僉議以啓.
　　政院僉回啓曰 如緊急大事 則當卽問于大臣而爲之也 其於常時事例 則啓下
　　于該司 而該司自然爲公事報政府矣 傳曰 知道.

특히 비변사 제조이었고 반정공신이었던 영사 沈貞의 비변사 존
치 주장은 당시 비변사의 정치적 위상을 엿볼 수 있게 한 것이었다.
다음과 같은 당시의 논란을 [89] 통해 그 실상을 확인할 수 있다.

　　장령 黃允峻이 말하기를 '근래에 나라의 일에 대해 말하는 사람이 매
우 많습니다. 변방의 큰 일에 이르면 그 처리 여부를 대신들이 의논해야
하고 임금도 대신의 말에 의거해서 처리하는 것이 당연한 것입니다. 비변
사와 병조에서 의논이 분분하여 일치하지 않고 5품 이상의 무관들에게까
지도 의견을 받으니 이것은 모두 나라의 체모를 잃은 것입니다. (비변사
에 관여한) 이런 사람들을 변방에나 임용한다면 무방하겠지만 어떻게 이
런 사람들에게 나라 일을 도모하도록 하겠습니까. 반드시 대신들과 함께

---

89) 『中宗實錄』 卷61, 中宗 23年 5月 丙戌. "掌令黃允峻曰 近來言國家之事甚
多 至如邊方大事 爲不爲間 大臣議之 而自上亦依大臣之言 而爲之當矣 備
邊司兵曹 謀議紛紜不一 至於五品以上武班人處 亦爲收議 此皆失其國體也
此人等使用於邊方則可矣 豈可使之謀議國事乎 必須與大臣決定 而堅定上
意可也 謀事者多 而大臣雖有所言 自上亦或有不用 故大臣以言事爲難也
領事沈貞曰 近者收議于武臣等 故臺諫如此啓之 然議之於衆 而斷之於己
此乃謨及國人之意也 且以備邊司論議煩多 故啓之 然前亦設立 而方此有事
變之時 革罷不當也 故旣以不可罷 啓之也 南袞在時 侍從亦請罷之 而袞以
不可罷爲言 臣則以白面書生 遭遇昇平不知邊事 而今授重任 在祖宗朝 則
李克均許琮等 長在邊方 備諳邊事 故幸有大事 則如一家之事而爲之 今者
備邊司 非以爲一從其言也 幸以論議來于政府 則臣等所未知之事 可得以知
之 是亦得矣 洪淑前則不知邊事 雖見邊方公事 莫知所爲 自經備邊司堂上
以後 得知邊事 自言曰 自經備邊司後 稍知邊事 備邊司雖有之 固無妨云
凡邊事 兵曹自可措置 然兵曹堂上 亦未必皆知邊事 若委備邊司 而 使之謀
議可否 則必如已任而爲之矣 兵曹所未知之事 問諸人而後爲之 則必多有未
及爲之事 備邊司雖不革罷當矣 頃者 鄭光弼亦曰 備邊司 人雖未便 然非一
從其言也 必報政府後 爲公事 有何弊事 但以備邊司爲冗雜 而議論多出 故
如此啓之 然有可議之事問之 而斷自朝廷 非以一從其言也
正言李潗曰 備邊司平時亦旣設立 而今當有事變之時 罷之 未知 何如也
貞曰 凡邊鄙之事 亦可命牌而問之也 然每爲如是 則闕內至爲紛擾 設備邊
司而爲之 似不擾亂 況如此有邊事之時罷之 甚爲不當
上曰 近日西鄙之事 大臣與兵曹之意各異 故欲廣聞武士之議 與朝廷議之
而令各書所懷以啓 此非收議之比也 大抵國事 人人皆欲議之 似未可也 備
邊司 當時旣已設之 而至於有邊事之時 革之不當"

일을 결정해서 전하의 결심을 확고히 해야 할 것입니다. 나라 일을 도모
하는 사람이 많은데다가 대신이 비록 말을 해도 전하가 더러 받아들이지
않기 때문에 대신들이 정사에 대해서 말하기 어려워합니다'라고 하였다.

영사 沈貞이 말하기를 '요즘 무관들의 의견을 받아 본 것 때문에 대간
이 이렇게 계문하였습니다. 그러나 여러 사람들과 의논을 해보고 결단을
내려야 하는 것입니다. 이것이 바로 온 나라 사람들에게까지 의논을 붙인
다음 도모한다는 것입니다.

그리고 비변사의 의논이 번다하다고 하여 계문한 것이지만 이전에 설
치해 놓은 것을 이렇게 사변이 있을 때에 없애는 것이 합당치 않기 때문
에 없앨 수 없다고 제의한 것입니다. 남곤이 살아 있을 때 侍從官들이 역
시 없애자고 청하였으나 곤은 없앨 수 없다고 말하였습니다.

신은 백면서생으로 태평한 때를 만나서 변방 일은 알지 못하면서 지금
중대한 책임을 맡았습니다. 선대 임금 때에는 李克均, 許琮 등이 오래 동
안 변방에 있어서 변방 일을 잘 알고 있었기 때문에 혹시 큰 일이 생기면
집안 일처럼 하였던 것입니다. 지금 비변사에 대해서 한결같이 의견을 따
르자는 것도 아닙니다. 혹시 논의하기 위해서 의정부에 오면 신 등이 알
지 못하는 일을 알 수 있으니 이것도 소득이 있는 것입니다.

洪淑이 이전에는 변방 일을 알지 못한 탓으로 비록 변방의 文件을 보
아도 어떻게 처리할지 몰랐는데 비변사의 당상관을 지낸 이후로부터 변
방 일을 알게 된 것입니다. 그는 스스로 말하기를 '비변사의 당상관을 지
낸 뒤부터 변방 일을 좀 알게 되었으니 비변사가 있어도 해로울 것이 없
다'고 하였습니다.

대체로 변방 일은 병조기 스스로 조치 할 것이지만 그러나 병조외 당
상관도 반드시 변방 일을 모두 아는 것은 아닙니다. 만일 비변사에 맡겨
서 가부를 토의하게 한다면 꼭 자기의 책임처럼 여기고 처리할 것이지만
병조에서 알지 못하는 일을 남에게 물어서 한다면 아마 미처 하지 못하
는 일이 많이 있을 것입니다. 비변사는 없애지 않아도 좋을 것입니다.

지난번에 鄭光弼도 말하기를 '비변사에 대해서 사람들은 합당치 않다
고 하지만 비변사의 말을 그대로 따르는 것도 아니고 반드시 의정부에
보고한 다음에 문제를 처리하는데 무슨 폐단이 있는가.'라고 하였습니다.
다만 비변사가 너무 번잡하여 의견이 많이 나온다고 해서 저렇게 계문한
것이지만 의논할 일이 있으면 물어 본 다음 조정에서 결단하는 것이지
그 말대로 다 따르는 것은 아닙니다.'

정언 李濚이 말하기를 '비변사는 평시에도 설치하여 놓은 것인데 지금
사변이 있는 때를 당해서 없앤다는 것을 어떻게 해야 되는 것인지 알 수

없습니다'라고 하자 貞은 말하기를 '대체로 변방 일은 命牌를 보내서 불러다가 물어 볼 수 있습니다. 그러나 매번 이렇게 한다면 대궐 안이 몹시 소란스러울 것입니다. 비변사를 설치해서 처리하면 소란스러울 것이 없을 듯하며 더구나 이와 같이 변방에 사변이 있을 때 없앤다는 것은 매우 옳지 않습니다'라고 하였다.

임금이 말하기를 '근일에 서쪽 변방 일에 있어 대신들과 병조의 의견이 서로 다르기 때문에 무관들의 의견을 광범히 들어보려고 조정과 의논을 한 다음 그들이 생각하는 것을 각각 써서 올리게 한 것이다. 이것은 의견을 거두어들이는 것과는 다르다. 원래 나라 일에 대해서 사람마다 모두 논의를 하려고 하는 것은 옳지 않을 상 싶으나 비변사로 말하면 평상시에는 설치해 놓았다가 변방에 사변이 있는 요즘에 와서 없애는 것은 합당치 않다'라고 하였다.

이상에서 본 바와 같이 '國事論議가 紛紜不一하다'는 것과 5품이상의 武班處에까지 收議한 것, 대신의 말이 소용이 없게된 사실 등을 들어 비변사의 폐지를 주장하였으나 沈貞은 기왕의 폐지론까지 포함, 여러 가지 사례를 제시하며 일일이 반박하였다. 즉 비변사 무신에게까지 收議한 것은 중의를 얻고자 한 것이며, 논의가 번다하더라도 이미 설립되었고 변사가 있기 때문에 혁파함은 부당하며, 南袞 역시 혁파불가를 주장했다는 예를 들었다.

또한 성종 때의 李克均·許琮 등이 변사를 備諳했기 때문에 큰일이 있을 때 집안 일 보듯이 했으며 지사 洪淑도 비변사당상을 거쳤기 때문에 변방공사를 처리할 수 있었다는 것과 이러한 유리한 점 때문에 홍숙도 비변사 존속을 옹호했다는 등의 사례를 인용한 것이다. 특히 병조에서도 잘 모르는 일은 남에게 물어서 하기 때문에 미급한 처리가 많은 실정이니 오히려 비변사에 맡기면 자기 일처럼 잘 할 것이라고 하여 비변사의 존립을 적극 지지한 것이다.

이 때에 왕 역시 심정의 주장을 옹호하고 있었다. 주지한 데로 남곤과 심정은 중종반정의 주역이었는데 여기에서 비변사의 정치적 의미가 그 일단이 드러난 것이라고 할 수 있다.

명종조에 들어와서도 비변사의 치폐 논의가 재연되었는데, 이 때

는 三司 주도에 三公이 가담한 것이었다. 특히 간원의 폐지주장은
강경한 것이었으니,

> 비변사를 설립한 후에도 변경에 편할 날이 없었습니다. 비변사의 당
> 상은 무신이 많아 공적을 위한 일거리를 좋아하여 兵端을 자극하고 있
> 으며 대신재상들이 그들의 말을 혹신하며 外夷와 사단을 맺고 있으니
> 이것이 오늘날의 병폐인 것입니다. 議者가 모두 말하기를 '備邊司를 革
> 罷하면 邊境이 편해질 것이다'하였는데 이 또한 소견이 있는 것입니다.
> 근일(2월 병자) 임금께서 당상을 加出하라는 명이 있었는데 그 의미가
> 무엇인지 모르겠습니다. 비변사는 祖宗朝에 없었습니다. 中宗末年 始設
> 時 대신들이 兵事를 알지 못 한 이유로 설치하였다 하나 후일의 폐단이
> 이와 같이 좋지 못한 것을 알 수 없었을 것입니다. 청컨대 祖宗故事에
> 따라 비변사를 혁파하시고 兵政은 병조로 하여금 통할케 하십시오. 만일
> 戎務로서 난처한 일이 있으면 삼공으로 하여금 議定케 하시고 무신으로
> 서 변사를 잘 아는 사람은 병조나 정부의 부름을 기다렸다가 동참시켜
> 의논케 하십시오.90)

라고 하며 비변사가 오히려 변경문제를 야기시킴으로서 편할 날이
없다는 것이었다. 이러한 폐단을 없애기 위해 비변사를 혁파해야
하며 병무는 병조와 정부에 귀속시키고 그 대신 知邊事者를 필요
할 때 불러 동의케 하면 될 것이라는 주장이었다.

이러한 간원의 주장에 대하여 史臣의 논평은91) 부정적이었으니
비변사라는 제도가 문제된 것이 아니라 主兵하는 사람이 문제라고
하여 비변사의 혁파를 반대하는 입장이었다.

이 이후에도 당시의 영의정 沈連源 및 尙震·尹漑 등 삼공이 비
변사가 별설된 후 朝議가 편안하지 못하다 하여 삼사의 혁파주장
에 동조한 적이 있다.92) 이와 같이 삼공의 비국폐지 동조는 의정부

---

90) 『明宗實錄』 卷16, 明宗 9年 2月 己卯.
  『增補文獻備考』 卷216, 職官考 3 備邊司.
91) 『明宗實錄』 卷16, 明宗 9年 2月 己卯. "諫院憤主兵者之自用 乃請罷備邊
  司 然其害主兵者 而不在於備邊司 雖罷備邊司 而主兵者猶在 則其害猶在
  也"

기능의 약화 현상에 따른 반발로 볼 수 있거니와 의정부 입장에서
본 저간의 실정은 다음과 같은 「政府故事」에 잘 드러나 있다.

> 祖宗朝 고사에 군국의 큰 일과 육조의 서무를 모두 정부에 위임하여
> 매양 삼공이 廳舍에 앉아 있으며 육조의 관리들이 각각 그 임무를 가지
> 고 朝房으로 와서 모였다. 임금의 재가가 내린 公事가 있으면 舍人 이하
> 가 방을 나누어 일을 의논하여 정승의 재결을 얻는 연후 해당 관서에서
> 그 일을 시행하였다. 세조조에 이르러 비로소 육조에서 일을 결정하는 법
> 을 폐하니 이로부터 정부의 권한은 점점 가벼워졌으며 명종조에 이르러
> 비로소 비변사를 설치하고 선조조에 이르러서는 군국의 중요한 일을 비
> 변사에 일임하니, 이로부터 대신들이 출근을 의정부로 하지 않게 되어 정
> 부에서 일을 보는 제도가 드디어 폐하게 되었다. 이 때문에 겨울과 여름
> 두 차례 있는 百官의 褒賞, 譴責과 百司의 參謁과 望闕禮 또는 〈중국에
> 보내는〉 방물을 꾸릴 때와 제향때의 書戒를 받는 때 이외에는 (의정부
> 가; 필자) 항상 빈 관청이 되었으니 탄식할 일로 보지 않을 수 없다.[93]

이상의 내용은 비변사의 설치운영으로 정부의 體統이 무너지고
의정부의 권능이 줄어지며 동시에 의정부가 형식적 기구로 전락된
것을 지적한 것이다.

초기부터 비변사의 폐지론이 제기될 때마다 국왕은 이를 반대,
비변사의 존치를 지시하였는데 이와 같은 국왕의 비변사 옹호는
관직 체통상에 문제가 있다 하더라도 제2의 정부형태인 비변사에
의해 國事가 처결되기 때문에 통치상의 문제는 없었던 것으로 볼
수 있으며, 결국 정치운용상의 변형소산이라고 할 수 있을 것이다.

이와 같은 형편에서 三司 주도의 비변사 폐지론이 강경하게 그
리고 부단히 전개되었다는 것은 삼사의 언관기능이 아직 활발하고
또한 비변사에 의한 삼사의 제약도 크게 작용되지 못하였음을 보
여준 것이라고 할 것이며, 이는 사림정치의 명분론이 앞서 있다는

---

92) 『明宗實錄』 卷20, 明宗 11年 正月 己亥. "昔在祖宗朝 凡邊方備禦之事 專
　　委兵曹 中宗朝 丁丑年間 別設備邊司 厥後朝議以爲未便 故罷之"
93) 『燃藜室記述』 別集 6, 官職典故 議政府.

것을 의미한 것이기도 하다.

그러나 실상에 있어서는 國王-備局 사이의 연계에 의한 정치운용이 시작된 것이라고 볼 수 있으며, 이러한 점에서 왕실과 비국 양자간의 상보성을 배제할 수 없게 하고 있다.

한편 비변사의 초창기에 이러한 폐지론의 연속은 단순히 제도사적 측면으로 볼 때, 권설아문이 상설화 되는 과정에서 나타난 과도기적 갈등현상이라고 볼 수 있다.

2. 軍國機務總領期의 개폐론

비변사의 제2기 초반이라고 할 수 있는 인조반정이후의 개폐론은 초창기의 혁파주장과 달리 상당한 내용상의 차이가 있다. 원칙적으로 비변사의 폐지를 주장함에는 다름이 없지만, 이미 확고한 위치에 있는 비변사의 상황과 관련, 조직의 개선이나 견제장치의 운영을 통해 비변사의 권한을 분산 또는 약화시키려는 방향이었다.

인조반정을 성공시킨 공신들은 주지한 데로 훈척과 사림의 두 계열인 바, 반정초부터 비변사의 권능에 제동을 걸며 의정부의 裁決선례를 회복시키려 한 것은 주로 삼사사림 계열이었다. 이에 대해 당시 영의정 李元翼은 '中古에 議政府 署事制가 폐지된 것은 까닭이 있었던 것이며 국가의 큰 권한을 대신들이 다시금 독단할 수 없다'고[94] 하며 과거 相臣들의 의향과는 달리 비변사 폐지에 연관된 서사제 부활을 반대하였다.

그러나 인조 원년에 집의 金長生은 계속 조종의 옛 법을 회복하여 국사를 모두 정부대신에게 통속시키고 국왕의 결재를 받아야

---

94) 梧里遺事.
　　『燃藜室記述』 別集 6. 官職典故 議政府.
　　『增補文獻備考』 卷216, 職官考 3 議政府. "中古以來 三公不坐政府 聽國政
　　久矣 仁祖癸亥初 中興功臣等 欲復擧都堂故事 李元翼曰 不可 中古廢此事
　　有所由也 國之大權 人臣不可復擅"

한다고[95] 주장하였다. 물론 무위로 돌아갔지만 다만 인조 2년에
왕이 비변사 당상의 太多함에 동조하면서 다음과 같은 당상의 減
下 조치가 나타나기는 하였다.

> 근래에 비변사는 다만 청사에 합좌하는 일이 드물 뿐만 아니라 긴요한
> 일 또한 回啓하지 않으니 반드시 당상이 너무 많은 까닭이다. 예로부터
> 나라의 일을 꾀하는 선비란 불과 두어 사람에 지나지 않는 법이다. 대신
> 들은 검토하여 (비변사 당상을: 필자) 減下하도록 하라.[96]

이와 같은 인조의 傳敎는 비변사 낭청이 올린 비국운영에 관한
계문의 회답 형식이었다. 이때의 비변사 당상의 감원 조치 때(인조
2년 4월 17일) 같은 반정 일등공신이면서도 李貴 金瑬 등은 비국
에 남아있었고 崔鳴吉 등 6명은 감원별단에 올라 있었으며 실제
최명길은 즉시 감하되어 비국을 떠난 적이 있다.[97] 반정 후 비변사
구성원은 대부분 공신계열로 遞代되었는데 똑같은 공신이면서도
이와 같이 선택적 감원조치가 이루어진 것은 비국지배세력의 재편
과정임을[98] 알 수 있게 하거니와 어떻든 인조 3년에는 비변사를
떠난 崔鳴吉이 홍문관 행부제학 신분으로 비변사의 改廢 문제를
본격적으로 제기하였던 것이다.

---

95) 『增補文獻備考』 卷216, 職官考 3 議政府. "仁祖元年 執義金長生疏曰 光廟
   以後 諸司各出提調 以分大臣之權 其所聽政 入草記啓下而己 願復祖宗之
   舊 使國事皆統於大臣 而面決於聖衷"
96) 『備邊司謄錄』 第3册, 仁祖 2年 甲子 4月 17日.
97) 『備邊司謄錄』 第3册, 仁祖 2年 甲子 4月 18日. "啓曰 … 又承聖敎 不勝惶
   恐 就堂上中 仍存減下人員 別單書啓 但李曙申景禛 武將中 熟諳兵事 因
   爲隨參無妨 敢稟 答曰 知道 金尙容李曙申景禛沈器遠 勿爲減下"
   別單
   柳根 韓浚謙 李貴 以上正一品 仍存.
   李廷龜 金瑬 吳允謙 沈悅 以上例兼仍存.
   徐渻 李時發 金藎國 張維 以上有司堂上仍存.
   張晚 在外 金尙容 鄭曄 李慶全 沈器遠 崔鳴吉 金慶徵 以上減下.
98) 『備邊司謄錄』 第3册, 仁祖 2年 甲子 5月朔 座目 參照.
   이때 崔鳴吉 등은 備局座目에 나타나지 않는다.

최명길은 비변사를 폐지하되 唐宋 등의 옛 제도를 모방하여 「門下省」으로 고칠 것을 인조 3년에 주장하였다가 여의치 않자 또 다시 동왕 15년에 내용을 바꾸어 한편으로는 「樞密院」 또는 麗末의 「評議使司」 형태로 바꿀 것을 제시하였다.99)

문하성으로 고칠 경우, 관직은 삼공이 「門下省事」를 兼領하고, 찬성·참찬이 「知事」를 겸하며 능력 있는 두 사람을 택하여 「門下省 左右僕射」로 부르고 有司의 일을 맡게 하며, 舍人 檢詳으로 당하중에서 計慮才望이 있고 후일 大用할만한 자를 뽑아 「門下給事中」을 겸하며 낭청의 일을 대행하게 하자는 것이었다.

---

99) 『中宗實錄』 卷8, 中宗 3年 乙丑 3月 壬戌.
　　『燃藜室記述』 別集 卷6, 官職典考 備邊司.
　　『增補文獻備考』 卷216, 職官考 3 備邊司.
　　『遲川集』 疏.
　　○我朝自廢署事之法 三公無論政之所 於是別設備局 以宰臣爲堂上 以武班之識字者爲郎廳 以爲酬應邊務之地 其制略似宋朝之樞密院而朝家政令 無所裁斷 不得不並歸備局 自贊成參贊 爲養病之地 舍人檢詳 爲妓樂之司 其舛謬甚矣 宜邊祖宗之法 復設署事之規 然後政令出一而紀綱立矣 必欲分大臣之權 則宜倣唐宋舊制 將備局改稱門下省 以三公兼領門下省事 贊成參贊 兼知事 又擇諳練治體者二員稱門下省左右僕射 俾行有司之任 舍人檢詳 擇堂下有計慮才望 堪日後人用者 兼門下給事中 代行郎廳之事 則名號旣重 事權自別 庶有朝廷體面矣. (遲川集 乙丑疏)
　　○西漢之治 專任三公 及其季葉 王莽遂成簒奪之謀 東漢懲之 三公位望 雖尊而其權頗輕 政事皆決於尙書 東漢之治 不及西漢者此也 至於唐宋之際 專任同平章事 而三公爲冗官 雖與古制不同 而政令之所出 刑賞之所施 用捨之所由 皆出於一 以今言之 則所謂平章事者 不過如今備局有司之任 署事之規 中廢已久 誠難猝復 亦須稍加裁酌 使謀國論政之地 略有精神運用之權 然後國事方可爲 今之備局 卽宋之樞密之制 而權設之地 事多苟艱 人視之反不如六曹臺閣之重 如是而求治 臣見其愈勞無效也 臣之愚意 易其稱號 如古者中書樞密 或前朝評議之稱 而有司堂上二員 擬望受點 專掌本司之任使其聲望出於三司兩銓之右 其他堂上 依大明官制 稱以參預機密 亦爲政目 下批如知製敎兼春秋之例 凡有朝家制作 三公爲摠裁 有司堂上爲主掌六卿及樞密諸臣 共加參討 如是統尊而事有法度 漢之丞相府 本朝之署事廳 唐之中書 宋之樞密 合以爲一 旣無權重之嫌 又無地輕之歎 而國事有康濟之望矣. (遲川集 丁丑疏)

한편 中書樞密이나 評議使司로 바꿀 경우, 유사당상 2명을 擬望하여 낙점 받아 본사의 업무를 專掌하게 하고 그 聲望이 삼사나 兩銓보다 낳도록 하며, 기타 당상은 明 관제에 의거하여 「參豫機密」이라 칭하되 知製敎兼春秋의 예와 같이 單望으로 뽑고, 朝家制作에 있어서는 삼공이 총재가 되고 유사당상이 주장하며 六卿 및 추밀 제신이 함께 의논하면 된다는 것이었다.

이와 같이 전후 2차에 걸쳐 주장된 최명길의 비변사 개폐론은 원칙적으로 비국의 혁파를 기도한 것이지만 이에 이르는 방법으로 정부서사제와 비국기능의 합리적 내용을 취택하여 권중혐의를 없애고 정부의 체통도 살리려는 절충안의 형태라고 할 수 있다.

제도적으로는 漢의 丞相府, 唐의 中書省, 宋의 樞密院 등을 모형으로 하고 의정부 署事廳制度를 참작한 종합적인 구상이었는데, 이 가운데서도 서사제도의 회귀성이 엿보인 것이 주목된다. 또한 도평의사사식의 개편 경우 그 유사당상의 성망이 삼사나 兩銓보다 나아야 한다는 내용은, 당시의 상황에서 훈무신의 배제이거나 삼사 兩銓 제도의 수용 또는 제약 등 복합적 의미가 내포된 것이라고 볼 수 있다.

한편 효종-숙종 년간에도 이와 유사한 개편론이 제기되었는데 金益熙의 「政堂」과 朴世采의 「中書堂」 그리고 李端夏의 「政房」(政府直房) 등이 그 대표적인 내용이다. 전자 최명길의 구상이 많이 원용된 듯 하지만 실현 가능성을 더 염두에 둔 것으로 보였다.

효종때의 대사성 김익희는 비변사를 政堂으로 개칭하여 六曹長貳로 하여금 각기의 일을 대신에게 稟定하게 하고 군국기밀은 병조에 주장시키라는 일반적인 것이며[100) 박세채는 비변사를 중서당

---

100) 『孝宗實錄』 卷13, 孝宗 5年 甲午 11月 壬寅.
　　　　大司成金益熙上疏曰 … 名曰備邊 而科擧判下妃嬪揀擇等事 亦由此出 名
　　　不正 言不順 莫此爲甚 臣之愚意 莫如革罷 備邊司 改稱政堂 使六曹長貳
　　　各以其事 稟定於大臣 以復祖宗之舊 … 若曰 備局旣罷 軍國機密於何委
　　　重則此乃本兵之職也 掌六師平邦國者 其權位地望 獨不如備局一有司乎 若

으로 고쳐 만들어 대신들이 날마다 그곳에 나가 올라오는 사무를
결재하게 하고 삼공이 육부를 나누어 맡되, 큰 일은 합의품달하면
된다는 것이었으나[101] 이 역시 署事尊統에 관련된 일반적인 내용
이라 할 수 있다.

  그러나 이단하의 경우에 있어서는 정부의 체통을 존엄하게 하면
서 동시에 변사에 專責이 있는 兩得의 절충 개편론이었는데 다음
의 내용에서와 같이 매우 현실적이며 구체성을 띄고 있었다.

  비국은 본래 정부의 한 소속관서인데 도리어 이것이 정부가 되어 버리
고 정부는 한갓 그 이름만 있을 뿐 아무런 실권이 없게 되어 좌우찬성은
항상 그 벼슬자리를 비워 두고 좌우참찬과 舍人檢詳은 비록 인원은 차
있어도 전연 맡은 일이 없어 마치 소용없는 벼슬같이 되었으니, 名實의
서로 맞지 않음이 이와 같으므로 백가지 법도가 모두 따라서 폐해집니다.
  臣의 생각으로는 지금의 비변사 장소를 정부의 直房으로 만들고, 그
곁에 한 방을 또 비변사로 만들어 정부와 더불어 통하게 하고, 좌우찬성
의 자리를 비워두지 말게 하며 참찬과 함께 일시의 인물을 뽑아서 삼공
을 도와 정치를 의논하게 하고, 검상은 오로지 형옥만을 살피게 한다면
조종조의 옛 제도를 회복할 수 있을 것 입니다.
  모든 中外의 일은 대단히 긴급한 일이 아니면 바로 정부에 보고하지
말게 하며, 다만 육조에 보고하되 육조에서 스스로 결단하기 어려운 일이
있으면 의정부에 와서 稟하게 할 것이요, 비변사 당상은 병조판서와 양국
대장과 총융사가 예겸하게 하여 오로지 변방의 일만 맡게 하고, 지방에서
도 모든 변사에 관계된 것은 역시 모두 비변사에 보고하게 하십시오. 육
조판서와 비변사 당상은 정부가 자리를 여는 날 반드시 모여서 큰 일을
상의한 뒤에 각기 관서로 돌아가게 하고, 비국의 낭청은 그대로 본사에
속하게 하여 文郞廳은 없애고 司祿은 大典에 의하여 1명을 더 뽑되, 승문
원 정자를 옮겨 임명하여 검상과 함께 혹 붓을 잡고 啓辭를 草하기를 舍
人과 같이 하게 하십시오. 이렇게 하면 정부가 文簿나 처리하는 곳이 되
지 않을 것이며, 체통이 존엄해 질 것이요, 변방의 일도 오로지 책임지운
곳이 있으므로 반드시 실효가 있을 것입니다.[102]

  夫三代兩漢 文武固不異途 自唐以來 始區而別之 官職班序 亦不得不分.
101) 『燃藜室記述』別集 卷6, 官職典考 議政府.
  先改備邊司 爲中書堂 使大臣坐其中 署決所上諸務.

이상과 같은 李端夏의 개편론은 비변사의 존재를 인정하되 그 權重을 약화시키는 방법으로 정부 直房에 편입, 의정부의 통속하에 두려는 것이었다. 결국 의정부의 권한을 회복시키려는 것이 전제된 내용이기는 하나 일시에 비변사를 혁파할 수 없는 현실을 인정한 듯 매우 조심스러운 대안이었다.

그러나 이 시기 현종 - 숙종년간에 의정부가 文簿나 처리한 곳으로 지적된 것은 이미 의정부와 비변사의 위상이 뒤바뀌어 있었음을 알려준 것이어서 비변사 개편론이 어떤 식으로 등장하건 간에 청납될 수 없는 상황으로 진전되고 있었다.

李端夏는 전기 金盆熙 朴世采 등과 아울러 당대의 文望있는 사림이거니와 이 시기를 끝으로 비변사의 폐지론마저 나타나지 않고 오히려 비변사의 구성원이 계속 증치되는 실정에 있었다. 또한 삼사 언관의 비국 개선책이 어느 것이거나 간에 성공하지 못했다고 하는 것은 상대적으로 대간의 기능이 취약했음을 뜻하는 것이기도 한 것이다.

英正시대의 비변사 직권도 강화일로에 있었거니와, 특히 정조가 즉위(1776년)하자 맨 먼저 戚宦를 소탕하려 한 것은[103] 비변사를 장악하고 있는 외척 세력를 염두에 둔 것으로 볼 수 있다. 선왕 영조는 그 말기에 외척과 결탁하여 왕권을 유지한 형편이었고, 정조도 세손으로 대리청정하던 때에 외척의 견제를 받았기 때문에 이러한 상태를 벗어나지 않은 한 왕권을 신장시킬 수 없는 입장이었다.

영조 38년(1762) 사도세자 사사 사건시 가해자였던 戚里 金龜柱 일파인 洪啓喜, 尹淑(僻派) 등도 비변사 당상이었으며,[104] 영조 51

---

102) 『畏齋集』 劄子.

　　『燃藜室記述』 別集 卷6, 官職典考 備邊司.

　　『增補文獻備考』 卷216, 職官考 3 備邊司.

103) 『正祖實錄』 卷13, 正祖 6年 5月 乙丑.

　　御極之初 首先掃蕩 每念戚宦二字.

104) 『備邊司謄錄』 第142册, 英祖 38年 壬午 9月朔 坐目.

　　左參贊 尹汲은 以前부터 계속 堂上이었으나 洪啓喜는 그간 堂上에 빠

년(1775) 정조가 세손으로 대리청정할 때에 이를 방해했던 洪麟漢 (時派) 등도 외척으로서 비변사의 고위제조이었다. 105)

이렇게 외척세력이 비변사를 장악하고 있으면서 왕권을 제약하고 있는 상황에서 정조는 척신세력 제거뿐만 아니라 비변사의 견제를 구조적으로 고려치 않을 수 없었을 것이다. 즉위 초에 규장각을 신설한 것이나106) 동왕 9년 壯勇衛의 설치107) 등은 그 시도이었다고 할 수 있지만, 그 역할은 당시의 정치구조상에서 한계가 있을 수밖에 없었다.

즉 전자 규장각은 제도적으로 경연·언관의 기능이 없는 抄啓文臣의 보좌에 불과하였고, 후자 장용위는 이미 영조때에 오군영대장이 모두 비변사 구성원으로 예겸된 상태에서는 친위강화나 華城外營의 역할 그 이상이 될 수 없었기 때문이다. 정조 17년과 동왕 19년에 수원·광주유수까지 비변사 당상으로 예겸되어 군영뿐만 아니라 사도유수까지 모두 비변사의 관할하에 들어간 사실은108) 저간의 사정을 더욱 증거케 해준 것이다.

정조때의 정치적 의미를 가진 규장각 등 새로운 기관의 설치가 왕권의 신장을 위한 제도적 보완장치이었음은 분명하나, 기록상 비변사를 견제한다는 명분이 있는 것은 아니었다. 당시의 정치상황과 정조의 말처럼 「予之本意 別有在焉」109)이라는 내용 등에서 외척과

    져있다가 行護軍으로 이때 다시 堂上에 오른다.
105) 『備邊司謄錄』第138册, 英祖 36年 庚辰 2月朔 坐目.
    『備邊司謄錄』第157册, 英祖 51年 12月朔 坐目.
    『備邊司謄錄』第157册, 正祖 元年 1月朔 坐目.
    이때 洪麟漢은 行副司直으로서 처음 備邊司 堂上에 오른 이후 正祖가 即位하기 直前까지 左議政으로서 備邊司 高位提調로 있었으나 正祖即位年 坐目에는 나타나지 않는다.
106) 金龍德, 1957, 「奎章閣考」『中央大論文集』2 參照.
107) 李泰鎭, 1985, 『朝鮮後期의 政治와 軍營制의 變遷』韓國研究叢書 第53輯, 韓國研究院, 262~296쪽.
108) 『萬機要覽』軍政篇 1 備邊司.
109) 『正祖實錄』卷13, 正祖 6年 5月 乙丑.

연계된 비변사의 제동이라고 보게 되는 것이다.

이와 같은 상황에서 규장각의 설치가 신진세력의 등용 육성에 따른 새로운 정치세력의 구축에 상당히 기여했다고[110] 하더라도 결과적으로 비변사를 제약하는 데는 큰 역할이 되지 못하였으며, 장용위의 설치도 친위 및 화성의 군권에는 많이 작용하였으나 중앙군영을 압도할 만한 위치에 있지 못했다는 점에서 모두 그 설치 의미가 제한적일 수밖에 없었다.

한편 앞서의 숙종초엽 이후부터 비변사 개폐론마저 제기되지 않은 것은 비변사가 이미 숙종조의 『수교집록』에 등재되고(동왕 24, 1698) 영조대의 『속대전』에 일품관아로 등재된 상황이었기 때문에 비변사가 국정을 總掌, 권중의 혐의가 많더라도 체통에 관련하여 그 존폐자체를 거론할 수 없게 된 것이었다.

3. 비변사의 혁파과정

19세기에 들어선 순조대 이후 60여 년간은 비변사의 내정전횡기라고 할 수 있는 마지막 기간이다. 내적으로 이미 관행된 비변사 구성원의 自薦自充과 비변사 내에서의 상피제 해소 등은 정치세력의 집중을 용이하게 하였거니와 핵심세력의 비변사 요직독점은 물론이요 비변사의 무정수 인사운영은 이 기간에 軍職 중심의 당상을 폭증하게 하였으며[111] 경외관직의 議薦權도 규정외의 일반 수

---

110) 李載浩, 전게논문, 36쪽.
111) 『備邊謄司錄』 第193册, 純祖 2年 壬戌 3月朔 坐目.
　　　金祖淳의 경우 純祖即位 以後부터 備邊司의 核心堂上으로 有司堂上 舟橋司勾管 京圻勾管 등을 兼하였는데 이 때에 다시 貢市 勾管이 追加되었다.
　　　『備邊司謄錄』 第248册, 哲宗 12年 辛酉 10月朔 坐目.
　　　이 때의 備邊司 堂上의 수는 무려 52名에 達했다. 前記 純祖 2年 3月 坐目에 19名인 것에 比하면 엄청난 增加이며 더욱이 52名 가운데 上護軍 護軍 등 軍職堂上數가 27名에 이르는 軍職暴增現狀을 보이고 있다.

령급까지 미치고 있는 실정이었다.

정무의계에 있어서는 비국 고위제조나 유사당상이 各司의 핵심 세력이었고 臺諫까지 허구화 과정에 있어서 거의 제한을 받지 않았으며 이 시기 국왕은 비변사에서 논정한 정책을 다만 형식적으로 재가할 정도이었다. 정무관할에 있어서도 이미 各司의 변통업무가 반드시 비변사에 거치게 되는 법제적 규정이 있어112) 비변사의 강력한 통제력이 행사되고 있었다.

이러한 현상은 척신 세도정치 기간에 민란에 대처한다는 명분으로 더욱 심화되었고 국왕의 권한은 위축되어 오히려 비변사에서 영향력을 행사한 외척과 연계하여 왕권을 유지하는 형국이었다.

이와 같은 상황에서 고종이 즉위(1863. 12)하자 權柄은 趙大妃와 大院君에 의해 장악되고 곧 바로 비변사의 혁파가 착수되었다. 척신 세력의 제거를 통한 왕권강화 정책이었음은 물론이다. 360년 이상 최고 政廳의 역할을 하며 정치세력의 온상처라고 할 수 있었던 이 비변사의 혁파시도는 가히 혁명적인 것이었다.

비변사의 혁파는 일조에 단행할 수 없는 것이어서 1단계로 비변사의 임무 기능을 분리 박탈하여 정무는 의정부로 귀속시키고 군무는 삼군부에 이관시키어 비변사를 文簿 만을 맡은 형식적 기구로 전락시키었다가 2단계로 비변사의 명칭마저 永廢시키는 것이었는데, 이 때 먼저 비변사 혁파의 방향이 지시되고 다음으로 혁파에 따른 分掌節目이 마련 入啓된 후 마지막으로 폐지 교시의 과정을 거친 것이었다.

고종 원년(1864) 정월 13일 당시 수렴청정 중인 大王大妃(趙大妃)가 삼공과의 次對에서 '정부와 籌司가 아울러 廟堂이라고 칭하는데 비변사에서 文簿만을 거행함이 어떠하겠는가'하자 영의정 金左根은 수 백년 동안 유래한 일이니 그 정당여부를 물러가서 신중히 상의해

---

112)『續大典』吏典 雜令條에 〈各司事關變通 而不由廟堂直啓者 官貝罷職〉이라는 규정이 이미 올라 있었다.

보겠다는 부정적 입장이었으나 좌의정 趙斗淳은 최명길의 故事를 들어 지당한 일이라고 하며 물러가서 爛商更稟하겠다고 하였다.113)

　이때 과거 최명길의 비변사 폐지론이 인용된 것은 이미 혁파방향이 설정되었음을 뜻한 것이었다. 여기에서 척신세도 세력의 비변사 옹호를 엿볼 수 있거니와 이 사건이후 김좌근은 삭직되고 조두순은 영의정으로 승진된바 있다.114)

　이러한 개폐지시 이후 1개월 만인, 같은 해 2월 11일 召對時에 다음과 같은 구체적인 정부·비변사의 분장절목이 입계되었다.115) 이로써 비변사의 혁파가 단행된 것이다. 그 구체적인 조치는 다음과 같다.

　　○지금 諸務가 分掌된다 하더라도 문부거행 등은 비국이 주관한다.

　　○啓稟·行關·捧甘 등의 일로 정부에 속한 것은 의정부의 일로 칭하고 비국에 속한 일은 비변사의 일로 칭한다.

　　○모든 京外 啓稟이나 論報는 각기 소관조건을 따르되 정부, 비국의 것을 구별하여 請裁한다.

　　○各項狀啓膽報 및 기타 文牒 또한 소관에 따라 보고한다.

　　○京司 및 外道 文簿가 비록 정부 소관의 것이라도 아울러 비국에 來納하였는데 전부터 정부에 例報한 것은 전과 같이 정부에 直納한다.

　　○筵稟과 啓辭 또한 정부와 비국이 그 소관을 나누어 각기 膽錄을 만들어 비치한다.

　　○정부에서 전부터 거행한 것은 그대로 거행한다.

---

113)『高宗實錄』卷1, 元年 甲子 1月 13日.
　　大王大妃曰 政府籌司 竝稱廟堂 而文簿則只自備邊司擧行 極涉如何 自今以後 各爲擧行可也 左根曰 朝廷機務之籌司專管 而政府則獨不與聞 果如慈敎矣 然而屢百年 流來之事 筵退後謹當相議停當矣 斗淳曰 故相臣崔鳴吉 屢以籌司設施後 政府之爲閒司爲言 至發於章奏矣 今承慈敎 至當至當 筵退後 爛商更爲稟定矣.
114)『高宗實錄』卷1, 元年 甲子 6月 15日.
　　金左根은 뒤에 領敦寧으로 바뀌었다(高宗 3年 2月 15日).
115)『高宗實錄』卷1, 元年 甲子 2月 11日.

○정부 비국을 막론하고 廟務는 같은 것이니 비국 제당상이 아울러 정부사무를 겸관한다.

○비국 유사당상은 정부 유사를 겸칭하고 文武備郞 또한 정부 郞廳을 예겸한다.

○薦望 대상자 가운데 統制使 · 平安兵使 · 北兵使 · 會寧府使 · 義州府尹 · 東來府使 · 江界府使 · 濟州牧使는 비변사에서 거행하고, 西北監司 · 四都留守는 의정부에서 거행한다.

○將望 및 巡撫 · 巡邊 等使는 前에 따라 비변사에서 啓差하고, 宣撫 · 按覈 · 慰諭 · 察理 等使 및 繡衣의 抄啓는 정부에서 거행한다.

○의정부의 印信 一顆를 만들어 비국 인신 예에 따라 비국에 同置 하고 문부를 만들 때 관할을 나누어 사용한다.

○諸般事務로서 기왕 비국에서 주관한 것은 아울러 비국 吏隷가 전관 거행한다.

○정부 書吏 五窠를 감액하여 忠勳府 · 戶曹 · 糧餉廳 · 長興庫에 임시로 소속시키어 자리를 기다렸다가 陞資시킬 대비를 하며 감액한 五窠의 料布는 비국 書吏에 移付한다.

○정부 書史의 料布가 본래 至薄하여 輪回 충당하였는데 지금 書吏 5인이 비국에 이속한 후에는 政府吏 10인은 전과 같이 하지 않는다.

○議政府所管은 幸行 · 陵廟 · 勸獎 · 祀典 · 辭命 · 使行 · 典禮 · 朝會 · 貢獻 · 科制 · 水旱 · 學校 · 印章 · 民戶 · 田政 · 賦稅 · 糶糴 · 貢市 · 蠲減 · 救荒 · 優恤 · 倉廥 · 漕運 · 移轉 · 堤堰 · 徭役 · 支供 · 官職 · 體統 · 任免 · 薦擧 · 褒賞 · 殿最 · 按廉 · 赦宥 · 刑獄 · 法禁 · 罪罰 · 議讞 · 財用 · 摘奸 · 魚鹽 · 班儀 · 祿俸이다

○備邊司所管은 事大 · 交隣 · 邊事 · 關防 · 城池 · 紀綱 · 操飭 · 烽燧 · 驛路 · 漂頹 · 討捕 · 船隻 · 松田이다.

이상 15개조의 시행세칙과 2개항의 所管分掌 내용에 보듯이 국정 전반은 이제 의정부에 귀속되고 비변사는 사대 · 변사 등에 관한 고유임무가 문부거행 정도로 남아 있게 된 것이다. 여기에서 중요한 것은 시초부터 비변사의 주요 인사권이 박탈되어간 점이다.

종래 비변사에서 행해 왔던 서북감사나 사도유수의 薦望權을 의정부에서 거행토록 한 점과 특히 선무사 안핵사 및 암행어사 등의

抄啓權이 의정부에 이관된 것은 종래에 비하여 왕권강화의 중요한 요소라고 할 수 있는 것이다.

비변사에 존속시킨 통제사 등의 변장 천망권은 비변사의 고유업무에 관련된 것이기도 하지만, 변장까지의 천망권을 일시에 박탈할 수 없는 과도적 조치로 결국 1년 뒤 비변사가 완전히 폐지될 때까지 한시적인 것이었다.

이 외에도 시행세칙에서 文簿나 筵稟·啓辭·公文書 등의 한계까지 세밀히 구분하고 있으며 관원명칭에 있어서도 비변사 유사당상을 정부 유사당상으로 바꾸어 겸칭하게 하고 文武備郞을 政府郞廳으로 예겸하는 대안이 명시되어 있다. 그 동안 의정부의 印信마져 없었던 것과 특히 구걸하다 시피 한 의정부의 서리를 비변사에 이속 시킨다는 내용은 두 관아의 사정을 엿보게 하는 흥미로운 내용이다.

어떻든 이와 같은 세세한 분장절목에 이어 의정부와 비변사의 소관을 명기하고 그 한계를 분명히 조치하였는데, 앞에 摘記한 내용에서와 같이 의정부는 幸行에서 祿俸에 이르기까지 44개 항목에 달한 관직 재정 형정 등 핵심 국정을 소관토록 하였고 비변사 소관은 事大에서 松田까지 13개 항목 정도의 邊事 등에 관한 제한된 것이었다. 事大·交隣·關防·城池 등의 소관은 비변사의 변사 고유 임무이기는 하나, 여기에는 이미 정치적 기능이 배제된 것이었다.

비변사 개폐가 지시된 이후 비변사 의계는 거의 자취를 감추었다. 다만 혁파될 때까지의 1년여 기간에 불과 3~4회의 의계가 있을 뿐인데, 동래부사가 올린 通信使의 行期·禮單 등에 관한 것과116) 慶源府의 越境求材事117) 그리고 公忠(忠淸) 감사가 올린 上黨山城修治事118) 등 그야말로 순수 변사의 안건이었다. 이는 비변

---

116) 『高宗實錄』 卷1, 元年 甲子 3月 17日.
　　　『高宗實錄』 卷1, 元年 甲子 6月 13日.
　　　『高宗實錄』 卷1, 元年 甲子 6月 22日.
117) 『高宗實錄』 卷1, 元年 甲子 9月 13日.

사가 법적으로 혁파되기 이전에 이미 정치적 기능이 모두 상실되었음을 의미한 것이다.

또한 이 기간에 銓曹注擬 즉 銓郞權이 부활되어(고종원년 6월 16일) 兩銓의 역할이 활발하였는데,119) 이는 비변사에 형식적으로 남아 있는 변장 천망권마저 무위로 만든 것이라고 볼 수 있다. 고종 즉위 후 최초로 행해진 都目政事에서 「喬木之世家 何如也 股肱之重寄 何如也 不必多誥 其各念之事 分付兩銓」120)이라는 조치는 전랑권의 보장인 동시에 喬木世家의 배제이었다.

이상과 같은 비변사의 분장절목 입계와 전랑권의 부활은 비변사 제도를 사실상 혁파한 것이지만 법적으로는 1년 뒤인 고종 2년(1865) 3월 28일에 대왕대비의 교지에 의해 법적으로 완전히 혁파 절차를 거치었다. 이 때 宗簿寺와 宗親府를 합병한 예를 명분으로 비변사와 의정부를 합하여 一府로 한 것인데 그 혁파 조치는 다음과 같다.

> 의정부는 곧 대신이 백료를 董率하고 서정을 규찰한 곳이어서 그 중한 바가 타사에 비해 특별한 것이다. 京外의 사무를 한결같이 위임한 비변사가 어느 때에 창설된 것인지를 알 수 없으며 事體가 자연스럽지 못함이 있어서 지난번 문부만 맡도록 나눈 것이었는데 이 또한 옛 제도를 복구하려는 것에서 나온 것이다. 지금 정부가 이미 중하고 새로워졌으니 이에 좇아 정부와 비국을 한결같이 宗簿寺와 宗親府를 합병한 예에 의거하여 역시 合하여 一府로 하고 비국은 정부의 朝房으로 삼아 大門의 楣間에 刻揭하며, 廟堂의 편액은 大廳에 옮겨 걸고 비국인신은 완전히 소각하라. 啓目이나 文簿는 그 頭辭를 모두 정부로 쓰고 모든 體統沿革의 절차에 관계된 것은 古規를 참작하고 대신과 정부당상이 商確 議定하여 별단으로 입계하라.121)

---

118) 『高宗實錄』 卷1, 元年 甲子 10月 3日.
119) 『高宗實錄』 卷1, 元年 甲子 6月 16日.
120) 上同.
121) 『高宗實錄』 卷1, 2年 乙丑 3月 28日.

　이렇게 하여 비변사는 그 官名 官衙 印信까지 모두 폐지되고 일부 사대 교린 등의 文簿 소임은 의정부의 朝房으로 편입 승계되었으나 여기에는 앞에서 언급한 것처럼 이미 정치적 기능이 부여되지 않은 것이었다.

　비변사의 後身이라 할 수 있는 이 政府 朝房은 都相, 堂上, 公事員으로 조직되고 공사원 主務로 운영되었다. 도상은 비변사의 제조나 도제조 격으로 원임의정이 맡았고, 공사원은 郎廳 격이었다. 신설된 朝房의 도상에는 鄭元容 등 원임의정 4명이, 당상에는 洪在喆 등 49명이, 공사원은 梁柱里 등 9명이 임명되었는데122) 숫자상으로는 종전의 비변사 구성원과 별 차이가 없는 방대한 조직이었으나 사대교린 등의 문부만을 맡은 직임이었으며, 이 직무는 후일 갑오경장(1894)으로 폐지될 때까지 존속하였다. 따라서 비변사의 고유기능 일부는 비록 문부만 거행하였다 하더라도 1894년 갑오경장 때 까지 남아 있는 셈이었다.

Ⅳ. 결　어

　이상에서 살펴 본 바와 같이 비변사는 조선후기 정치운용의 핵심기관이요 정치세력의 집중처이었다. 당초에는 변사주획이 爲先된 기관으로 출발하였으나 정치적 의미가 내포되면서 발전하였기 때문에 군국기무 총령을 계기로 국정전반까지의 의계권을 쉽게 확대할 수 있었으며 결국 국정을 總掌하는 범정부적 의정기구로 발전하게 되었던 것이다.

　여기에는 정부체통의 허구화가 수반되고 대간이나 전랑권 등의

---

122) 申奭鎬, 전게논문, 91쪽.

무력화가 전제된 것이었다. 따라서 비변사의 존치기간인 조선후기의 전시기는 제도적 정치운용장치는 명분으로 남아 있고 실제에 있어서는 비변사의 정치운용이 擬制的으로 전개된 시대라고 할 수 있는 것이다.

비변사의 태동은 성종이래 잦은 변사주획과 지변사재상의 출현, 중종조의 변경대책과 반정이후의 정치적 상황 등이 작용되었으며, 중종 5년(1510) 경오왜란을 계기로 최초 등장하였으나 별 역할이 없다가 동왕 12년(1517)에 제도적으로 권설되었다. 이 이후 치폐가 반복되는 과정을 거쳐 명종 9년 (1554)에 議啓權이 항례화되고 동왕 10년(1555) 을묘왜변 이후 衙舍의 건립 및 임진왜란의 대처 등으로 비변사의 운영과 기능이 본격화되기에 이르렀다.

비변사는 통시대적으로 다음과 같은 세 가지의 역할과 기능이 있었다. 邊事대책의 역할로서 변사주획과 변정조치, 전란대처 등이 있었으며, 정치운용 역할로서 관직의천과 군정 및 재정조정, 지방통제, 외교 辦理 등이 있었고, 정치기능상으로는 정책의 수립 통제, 왕권의 상보 또는 제약, 정치세력화의 작용 등이 있었다. 첫 번째 변사대책의 내용은 비변사의 고유역할이라 하겠으나 두 번째 정치운용의 내용은 비국 본래의 기능에 더하여 국정을 총장하는 정치행정적 역할이었으며 마지막 정치세력화의 내용은 비변사의 긍정－부정 양면적 또는 파행적 정치기능이라고 할 수 있다.

이러한 비변사의 기능과 관련하여 그 360여 년의 존치기간을 시대별로 구분하면 대체적으로 다음과 같이 4기로 나눌 수 있다. 중종 5년(1501)～선조 24년(1591)까지의 81년간을 제1기 邊事籌劃期로, 선조 25년(1592)～숙종 24년(1698)까지의 106년간을 제2기 軍國機務總領期로, 숙종 25년(1699)～정조 24년(1800)까지 101년간을 제3기 外交財政掌握期로, 순조 1년(1801)～고종 2년 (1865)까지의 64년간을 제4기 內政專橫期로 구분 할 수 있는바, 이는 비변사의 조직 변천상에서 形成期·定型期·擴張期·跛行期 그리고 발전과정상에서 過渡期·活性期·興盛期·退嬰期 등 각기 4단계의 시기구획과 궤를 같이한 것이다.

이와 같은 구분은 필자의 시론으로 追補의 여지가 남아있으나 우선 이 시대구분 및 칭명에서 비변사의 시기적 특징과 기능을 일별할 수 있을 것이다. 물론 이 구분의 기준이 임진왜란이나 인조반정, 숙종대의 『수교집록』 편찬시기 그리고 세도정치 등의 역사적 사건과 연관되지만, 이러한 사건들을 계기로 하여 비변사의 기능도 특징적으로 나타났다. 비변사가 정치적 기구라는 점에서 당시의 시대상황과 분리될 수 없음은 당연한 것이었다.

비변사의 막중한 권한행사는 초기부터 강력한 비판과 폐지 주장을 초래하게 하였다. 개폐주장의 명분은 설관분직에 어긋난다는 體統論이었으나 여기에는 정치세력의 이해가 내포된 것이었다. 폐지론은 대부분 삼사 사림계열에서 제기되었고 이에 반대한 존치주장은 국왕과 재조 집권층 특히 훈척중심으로 나타났다. 국왕은 거의 일관되게 비변사를 옹호한 입장이었으나 재조 집권층에서는 때에 따라 상반된 견해를 보이기도 하였다.

이러한 과정에서 國王-備局 간의 상보성을 알 수 있게 하거니와 비변사가 독주하고 파행운영이 들어 나기 시작한 영조말엽 이후는 이 양자간의 관계가 무너져 국왕이 비변사에 의탁하는 양상을 보이기도 하였다.

비변사의 폐지론은 초기 강경 폐지론과 중기 온건 개폐론으로 나눌 수 있는바, 제도적으로 볼 때 전자는 권설아문이 상설화 되는 과정에서 체통론의 갈등으로 나타난 것이었고 후자는 비변사의 기능을 분산 약화시키고 서사권을 회복시키려는 의도가 많은 것이었다.

後者 개편론에서 주목되는 것은 崔鳴吉의 「門下省」, 「樞密院」, 「評議使司」식의 개편론인데 이 방안은 金益熙의 「政堂」, 朴世采의 「中書堂」, 李端夏의 「政府直房」 등의 개편론에 영향을 준 듯 하고 특히 고종초 비변사 혁파시에는 바로 이 최명길의 개편론이 직접

인용된 것이었다.

순조대 이후 비변사의 전횡과 왕권의 제약은 세도정치의 판도가 바뀐 고종즉위를 계기로 하여 그대로 온존할 수 없었다. 권병을 잡은 조대비와 대원군이 고종 즉위 초에 이 비변사의 혁파를 착수했기 때문이다. 비변사에 고위 軍職으로 포진하고 있는 척신 세력의 제거가 제시되었음은 물론이다.

고종 2년(1865) 3월에 혁파된 비변사는, 고종 즉위 초부터 폐지 방향이 지시되고 이에 따라 비변사의 分掌節目을 入啓하여 대부분의 권한을 의정부로 귀속시키고 변사에 관한 문부만을 존속시켰다가 마지막으로 의정부에 합하여 一府를 만듦으로써 완전히 혁파하는 단계를 거치었다.

이때 정지적 기능이 捨象된 비변사의 고유업무는 의정부 朝房으로 편입되어 문부 만을 관리하였으나 갑오경장때의 관제개혁으로 이마져 모두 폐지되었던 것이다.

제2장

비변사의 조직과 구성원의 직무

I. 서 언

　조선후기 정치사 분야의 연구는 근래에 사림 및 붕당정치 등의 부문에서 많은 진전이 있었으나 정치운영 및 권력구조의 핵심이라 할 수 있는 비변사 분야는 앞서 언급한 데로 그 동안 거의 다뤄지지 않은 실정에 있었다. 이러한 연구경향의 편재는 비변사와 관련된 부분을 거의 공백상태로 남기게 하는 결과를 초래하였다.

　필자는 이러한 비변사의 문제에 관심을 갖고 그 동안 연이어 졸고를 발표하면서 비변사의 정치적 기능의 일단을 고찰한 바 있다. 특히 앞서의 논고에서 비변사의 연구방향과 시대적 성격에 따른 '시기구분'을 시론하여 향후 이 분야의 연구에 그 기반을 삼고자 하였다.[1]

　이 장에서는 비변사의 조직부분에 한정하여 그 조직체계와 구성원의 分掌 직무의 내용이 주로 고찰될 것인데, 조직 사항에서는 편제·변천·특성 등을 다루고 분장직무 사항에서는 각급 구성원의 선임절차·직무내용·정치적 기능 등을 종합적으로 검토할 것이다. 이와 같은 내용은 본서의 前章에 연속된 부분으로서 비변사 조직의 구체적인 체계와 그 성격을 파악하기 위한 것이다.

---

* 이 논문은 拙稿, 1991, 「朝鮮後期 政治權力構造研究－備邊司의 組織을 中心으로－」『國史館論叢』 제22집, 國史編纂委員會, 37~71쪽에 揭載한 내용임. 다만 제목을 바꾸었음.

1) 拙稿, 1990, 「鮮後期 備邊司의 政治的 機能에 관한 研究－備邊司의 置廢를 中心으로－」『傳統文化研究』 1, 朝鮮大學校 傳統文化研究所, 35~68쪽. 이 論文은 1988년에 脫稿되었으나 揭載紙의 사정으로 '90년도에 발간되었다. 이 책 제1장 Ⅱ의 3 참조.
　備邊司의 關係資料와 參考論文은 본서의 緒論 참조. 특히 備邊司 관계의 새로운 資料인 『謄錄類抄』(奎 No.15080)에 대하여도 여기에서 언급한 바 있다.

Ⅱ. 비변사의 조직과 특성

1. 기구의 조직

비변사는 일반 권설아문의 예와 같이 提調－郞廳으로 조직되고 그 구성원도 위계 임무에 따라 都提調－提調－郞廳－胥吏로 구분된다. 副提調 이상이 당상관으로 임명되므로 이를 총칭하여 備邊司 堂上이라고 하며, 이 비변사 당상은 다시 議政官格인 재상급의 소수 고위제조와 政務官格인 판서급의 다수 일반제조로 구별된다. 『비변사등록』의 坐目에 고위제조와 「당상」을 구분하여 명기한 것처럼 전자 소수 고위제조는 備邊司諸宰이며, 후자 다수 일반제조는 통상 備邊司堂上으로 호칭되는 것이다.

비변사 당상은 그 선임절차에 따라 啓差堂上과 例兼堂上으로 구분되며, 직무분장에 따라 또 有司堂上과 勾管堂上으로 나뉘어진다. 유사당상은 비변사의 상임구성원이며, 구관당상은 군정·재정·지방행정 등을 관장하는 전관구성원이라 할 수 있는 바, 이 두 직책의 보임자는 비변사의 중심적 직무를 행사하였다.

이러한 비변사 제조－당상의 선임은, 제조 제도가 겸직으로 운용된 것이기 때문에 겸임이 기본이지만 그 선임과정에서 兼差·啓差·例兼·分差 등의 임명절차가 나뉘어 있었다.2) 兼差는 비변사의 고유기능에 관련된 知邊事官員(지변사재상)의 겸임이며, 啓差는 제한 없이 司啓로써 차출된 것이고, 例兼은 직위에 따른 당연직 겸직자이며, 分差는 기성 구성원의 司務分擔 때에 나누어 맡는 보임 절차이다.

여기에서 계차당상은 비변사의 변사주획에 유관한 적임자의 선발이 지향된 것이었으나 그 계차 대상의 제한이 별로 없기 때문에

---

2) 『萬機要覽』 軍政篇 1, 備邊司 總例.

비변사의 정치세력화 과정과 밀접한 관계가 있었다. 후기로 갈수록 훈척이나 재조 집권층의 군직 보임자가 이 계차당상의 경우에 해당되었음을[3] 유의할 필요가 있다.

계차당상을 위시한 제조 당상급이 無定數로 구성되는 것에 비해 당하의 실무 행정관격인 郎廳은 12명의 정원제로 조직되었다. 이 낭청은 文郎廳 4명과 武郎廳 8명으로 구성되었으며 종 6품으로 임명되는데, 문낭청은 武備司郎官의 예겸 및 侍從의 계차로서 선임되고, 무낭청은 혹 參外官이 예겸하기도 하며 仕滿(15朔)되면 승진이 보장되어 있었다.

胥吏는 43인으로 구성되었으며 吏屬書吏의 경우 各道營吏 각 2인이 選上되었으나 후기『만기요람』기록에는 京吏로 바뀌었다. 이 43명은 書吏 16명·書寫 1명 庫直 2명·使令 16명·大廳直 1명 文書直 1명·守直軍 3명·撥軍 3명 등으로 그 소임이 나뉘어 있었다.[4]

비변사의 조직에 관한 전반적인 내용을 살피기에 앞서 우선『속대전』등에 명기된 법전적 조직내용을 살펴 보기로 한다. 먼저『속대전』의 기록에는

> 도제조는 시원임의정이 겸하며 제조는 정한 숫자가 없어 계차하고 이·호·예·병·형조의 판서와 양국(훈련도감, 어영청; 필자)대장 및 양도(개성, 강화; 필자) 유수, 그리고 대제학이 예겸한다. 제조 가운데 4원을 有司堂上이라 칭하며 〈副提調가 있으면 예겸한다〉 8원을 八道句管堂上으로 겸차한다[5]

라고 되어 있다. 이와 같은 내용은『속대전』편찬 시기인 영조 22년

---

3)『備邊司謄錄』坐目에서 다음과 같은 몇 가지를 代表的으로 參考할 수 있다.
　『備邊司謄錄』第3册, 仁祖 2年 4月朔 坐目.
　『備邊司謄錄』第157册, 英祖 51年 12月朔 坐目.
　『備邊司謄錄』第250册, 哲宗 14年 12月朔 坐目.
4)『萬機要覽』軍政篇 1, 備邊司 總例.
5)『續大典』吏典, 正一品衙門 備邊司.

(1746)까지의 조직이라고 할 수 있으며 여기에는 공조판서가 제외된 5조판서가 예겸제조로 명기되어 있지만 이미 광해군 9년(1617) 정월의 비국 좌목에 공조판서가 올라 있고6) 그 이전에도 공조판서가 비국당상에 계차되고 있어서 결국 육조판서 모두가 예겸 또는 계차를 막론하고 비변사의 구성원이었음을 알 수 있다.

『대전통편』(정조 10, 1786)에는 『속대전』 이후의 증보사항에서 "금위대장·수어사·총융사가 제조에 예겸되며 時原任 대신의 아들은 許遞하여 예겸하지 못한다"7)라고 예겸제조의 증치 내용과 상피규정을 追記 하였다. 여기에서 5군영 대장이 모두 비변사의 구성원으로 편입되었음을 나타내주고 있으나, 『비변사등록』의 좌목에는 올라 있지 않은 것으로 보아 준구성원의 성격임을 알 수 있다. 『대전회통』(고종 2, 1865)에는 비변사가 혁파되어 '今屬議政府'라고 전제되었지만 여기에 비국 구성원의 자격과 앞서 빠진 낭청 사항 등이 보충되었는바,

> 도제조는 정1품이요 제조는 종2품 이상이며 부제조 1원은 정3품이다. 낭청은 12원으로 종6품이요 문낭청 4원 가운데 1원은 兵曹武備司 郎官이 예겸하고 3원은 시종으로 계차하며, 무낭청 8원은 혹 參外로 겸하기도 하는데 참외로시 무낭청이 된 자는 仕滿 15朔에 6품으로 승진된다.8)

라고 명기되었다. 이상과 같은 법전의 내용에서는 비변사 조직의 대체정도가 나타나 있으나 『만기요람』에서는 조직의 변천 등이 다음과 같이 상당히 구체적으로 기록되어 있다.

> 명종 을묘(명종 10, 1555)에 비변사를 설치하였는데 일명 籌司라고 하며, 중외군국기무를 總掌하였다. 도제조는 시원임 의정이 예겸하고 제조는 宰臣으로서 知邊事者로 겸차하며 정수가 없다. 또 이·호·예·병 4조

---

6) 『備邊司謄錄』第1册, 光海君 9年 1月朔 坐目.
7) 『大典通編』吏典, 正一品衙門 備邊司.
8) 『大典會通』吏典, 正一品衙門 備邊司.

판서 및 강화유수가 제조를 예겸하며, 유사당상 3원은 제조 중에서 知軍
務者를 계차한다. 낭청 12원은 3원이 문신이요, 1원은 병조 武備司郎廳이
겸하며 8원은 무신이다.

선조 임진(선조 25, 1592)에 비로소 부제조를 두고 통정 가운데 병무
를 諳鍊한 자로서 계차하였는데 李廷龜·朴東亮이 최초로 임명되었다.
뒤에 훈련대장이 제조에 예겸되었다.

인조 갑자(인조 2, 1624)에 유사당상 1원을 증치하고 병술(인조 24,
1646)에 대제학이 제조에 예겸되었다.

숙종 을묘(숙종 1, 1675)에 형조판서가, 신미(숙종 17, 1691)에 개성유
수가, 기묘(숙종 25, 1699)에 어영대장이 아울러 제조에 예겸되었다. 계사
(숙종 39, 1713)에 비로서 八道勾管堂上 각 1원을 뽑았으며 유사당상 4원
으로 하여금 각기 2도를 겸관하게 하였다. 그 후에 各道勾管堂上 8원을
實堂上 가운데서 分差하였다.

영종 정묘(영조 23, 1747)에 수어사·총융사가, 갑술(영조 30, 1754)에
금위대장이 제조에 예겸되었다. 정종 계축(정조 17, 1793)에 수원유수가,
을묘(정조 19, 1795)에 광주유수가 또한 제조에 예겸되었다.9)

이상의 내용을 통해서 비변사의 대체적인 조직변천과 각급 구성
원의 선임절차를 개관할 수 있으나, 앞서의 법전과 이『만기요람』
의 내용에는 모두 비변사의 창설기인 중종 년간의 비국 조직 사항
이 빠져 있고 광해년간 이래 현전『비변사등록』의 실제좌목 사항
과도 例兼堂上이나 勾管堂上 등의 내용이 차이를 나타내고 있다.
어떻든 우선 상기 몇 가지 자료를 종합, 도표화(〈표 3〉)하여 비국
조직의 대강을 일견하여 보기로 한다.10)

비변사 조직표에는 都提調 – 提調 – 郎廳의 직제가 명종 10년
(1555) 이후에 편성된 것으로 표시되었으나 이는 후기 법전 및
『만기요람』 등의 기준이며 사실은 그 이전 중종 12년(1517)부터
이미 이 조직이 편제되었던 것이다.11)

---

9)『萬機要覽』軍政篇 1, 備邊司 總例.
10) 이「조직표」는 속대전, 만기료람 등의 法典류에 근거한 것이며 실제운영
    상에는 직명의 先後가 차이가 있다.
11)『中宗實錄』卷28, 中宗 12年 6月 癸丑.

〈표 3〉 備邊司 組織表 (『續大典』·『萬機要覽』·『大典會通』 準據)

職名			資格	品階 인원	選任	施行								
						明宗 10	宣祖 25	仁祖 2	仁祖 24	肅宗 1	肅宗 17	肅宗 25	肅宗 39	英祖 23
都提調			時原任議政	正一 1	例兼	都提調								
提調	啓差		宰臣中知邊事者	從二 無定數	兼差啓差	提調								
	例		判書	正二 4~5	例兼	吏戶禮兵				刑判				
			留守	從二 1~4	例兼	江華留守					開城留守	水原留守〈正祖17〉 廣州留守〈正祖19〉		
			大將	從二 1~5	例兼		訓練大將					御營大將		守禦使摠戎使禁衛大將 (英祖30)
調	兼		大提學	從二 1	例兼				大提學					
副提調			通政中知軍務者	正三 1	啓差		副提調							
有司堂上			提調中知軍務者	從二 3~4	啓差	有司 3員		增置 1員						
勾管堂上			備局堂上中	從二 (8)	分差									八道勾管
郞廳			侍從參外官	從六 12	啓差兼職	郞廳								
胥吏			營吏京吏	43	選上差出	書吏16·書寫1·庫直2·使令16·大廳直1·文書直1·守直軍3· 撥軍3.								

* 品階欄에서 '從二'는 從二品 以上임.

* 인원欄의 숫자는 最初와 最終 숫자가 함께 표시된 것임.

* 이 表의 '施行'은 中宗~明宗實錄內容과 相異한 部分이 있음.

비변사의 창설 초기에 삼공이 비변사를 감령하였으나 名號가 없다는 이유로 삼공 중의 한 사람을 도제조로 삼고, 巡察使를 고치어 提調로 삼으며 從事官을 郞官(郞廳)으로 삼는다는 다음과 같은 조치가 그 시발이었다.

비변사 종사관 朴世熹가 三公의 말(言)로써 아뢰기를 '이미 신 (삼공: 필자)등이 비변사의 일을 감령하고 있으나 다만 명호가 없으므로 신 등을 도제조로 삼고 순찰사를 고치어 제조로 삼으며 종사관을 낭관(낭청: 필자)으로 삼음이 어떠하겠습니까?'하였다.12)

이 기록은『중종실록』중종 12년 6월 계축(9일)조로서 비변사의 조직사항에 관한 최초의 내용이기도 한 것인데, 이것은 중종조 당시 築城司를 비변사로 개칭할 때에 축성사의 都體察使를 비변사의 都提調로 고치는 과정에서 나타난 것이었다.13)

이와 같은 조직사항은 기묘사화 후 중종 15년(1520) 비변사의 복설시에 特進官 金錫哲이 "전자 비변사의 도제조는 정승으로 삼았습니다."라는 14)내용에서도 이 제도의 시행이 확인되고 있으며 「備邊司堂上」도 동왕 15년에 "傳曰 … 武備則 備邊司堂上 於經筵略聞予敎矣"15)라고 한 바와 같이 그 운영사례가 이미 나타나고 있었다. 낭청의 운용도 이 시기 이후에 활발한 듯하여 명종 5년에는 낭청 王希傑을 함경도에 파견하여 虜情을 탐문하게 하는16) 직접적인 기록이 나타나고 있었다.

이상에서 본 바와 같이 비변사의 都提調-提調-郎廳의 직제가 중종 년간의 창설초기부터 조직 운영되어 왔음에도 불구하고『만기요람』에 '明宗 乙卯(명종 10)'로 기록된 것은 아마도『속대전』등의 법전과 그 이전『지봉유설』등의 사서류에 비변사의 창설이 '明宗 乙卯'로 기록된 내용을 祖述한 것이 아닌가 여겨진다. 따라서『만기요람』등의 기록에 의한 비국직제의 시점은 옳지 않은 것이며, 일부에서 상기『만기요람』에서 명시된 내용에 의거하여 "都提調-提調-郎廳의 직제가 명종 10년~선조 25년 사이에 제정된 듯

---

12) 위와 같음.
13)『中宗實錄』卷28, 中宗 12年 6月 庚戌.
14)『中宗實錄』卷39, 中宗 15年 5月 己亥.
15) 위와 같음.
16)『明宗實錄』卷10, 明宗 5年 3月 庚戌.

하다"고 주장하면서도 동기간의 실록에 "전연 보이지 않는다"하여
이를 또 부인한 듯한 견해는[17] 사실과 매우 상위한 것이다. 이 기
간의 『명종실록』 기사만 하더라도 다음 같은 비변사 관계의 구체
적 내용이 허다하게 명기되어 있기 때문이다.

① (明宗 元年 9月 庚辰條) 傳于政院曰 申光漢啓意似當 領府事三公兵
曹堂上備邊司堂上 命招議之 政府與備邊司兵曹堂上 會議于賓廳 啓
曰 臣等將水使啓本與申光漢啓辭 軍官所陳之辭 反覆參見而思之 其
非信使明矣 若日本使臣 則接戰時 豈不以書契示之乎 假如信使 來於
不當來之路 而且與之接戰 則當以賊倭論也.

② (明宗 2年 8月 癸巳條) 備邊司啓曰 漂到唐人 勿令進捕事 曾已行移
而全羅兵使 靈光郡守等 不遵朝廷之令 遂捕下陸唐人 請推考.

③ (明宗 5年 3月 丁卯條) 遣備邊司郎廳 王希傑于咸鏡道 探問虜情.

④ (明宗 5年 8月 丁丑條) 下備邊司公事于政院曰 下人等 如是論賞爲
當 而如邊將及監司兵使等 亦可論賞 問于備邊司.

⑤ (明宗 5年 8月 戊寅條) 備邊司 李芑 沈連源 尙震 李薇 張彦良 金舜
皐 李名珪 李光軾 啓曰 臣等聞 在成宗朝 滿浦越邊居胡人八九家 滿
浦僉使許混 開諭入送受賞加 今觀平安道啓本 則固非滿浦僉使之功也
兵使監司 善爲開諭入送矣 然賞格專在上裁.

⑥ (明宗 6年 正月 戊戌條) 傳曰 昨昨月變非常 考諸天人祥異書及文獻
通考 則屬兵氣 人抵亥年 例有邊釁云 其令備邊司兵曹 同議將帥可當
之人 啓之.

⑦ (明宗 7年 6月 申亥條) 以濟州牧使金忠烈倭變書狀 下于政院曰 近
者三殿之來 自上疑之 今乃如此 至爲奸詐 防禦諸事 三公備邊司兵曹
同議以啓.

⑧ (明宗 21年 4月 甲戌條) 大提學 朴忠元三啓曰 備邊司提調 例以知邊
事宰相爲之 而小臣未有踐歷之處 茫然不知邊事 而叨參提調及爲有司
… 伏望命遞本職及兼帶備邊司提調 答曰 本職不可遞 而兵判亦當爲
備邊司提調 宜當 勿辭.[18]

---

17) 申奭鎬, 1964, 「備邊司와 그 謄錄에 대하여」 『韓國史料解說集』, 國史編纂
委員會, 88~89쪽.
18) 여기에 摘記한 史料는 明宗 年間의 내용만 제시한 것이며 그 以前 中宗

이상 摘示한 몇 가지 사료는 명종 초기의 비변사 활약상을 보여
준 내용이다. 명종 6년 이후에도 관계기사가 허다하나 한 두 가지
만 예시하였다. 위의 사료에서 ①는 왜인이 일본 信使를 빙자하여
왕래한 문제의 처리 내용이요, ②는 漂到한 중국인의 체포압송을
금지하는 비변사의 啓聞이며, ③은 비변사 낭청을 함경도에 파견하
여 虜情을 탐문하게 하는 조치이다. 이어 ④는 변장 및 감병수사
등의 論賞 문제에 관한 비변사의 公事이고, ⑤는 비변사 구성원의
滿浦越邊居住 胡人의 開諭 문제에 관한 合啓이며 마지막의 ⑧은
비변사 제조 및 유사의 교체 내용이다. 상기 자료의 ③에 낭청이
나타나고 ⑧에 제조 및 유사 등의 직제 명칭이 분명히 등장하고 있
어서 이 제도의 운용이 기정사실이었음을 알 수 있을 뿐만 아니라
더욱이 이 보다 앞서 중종 년간에 이미 비변사의「提調」·「堂上」
직명이 비변사의 활약상과 함께 허다히 산견되고 있었다.[19]

이렇게 볼 때에, 비변사의 都提調-提調-郎廳의 직제는 명종 을
묘(1555)이전에 이미 제정 시행된 것이 자명하며 다만 선조 25년
임진왜란 이후에 副提調가 포함된 직제 운용의 내용은『만기요람』
등의 내용과 상위가 없다. 따라서 선조 임란 이후에는 都提調-提
調-副提調-郎廳의 직제가 변동이 없이 운용되고 있었으며 이 직
제 내에서 유사당상이나 예겸당상 등의 증치, 그리고 각종 구관당
상의 分差 등은 비변사의 司勢擴大의 과정이었다.

2. 조직의 확대

비변사의 조직은 아문이 권설된 중종 년간에 기틀이 잡히어 명
종 10년 이전까지는 都提調 1인·啓差提調 2~3인·例兼提調 5
인·郎廳 12원 등 도합 20명 내외로 구성되었으나,[20] 이후 임진왜

年間의 備邊司關係史料도 물론 許多히 많다.
19) 다음의 〈표 4〉初期 備邊司堂上 名單表 참조.
20) 앞의 〈표 3〉備邊司 組織表 참조.

란 및 인조반정 그리고 숙종대의 구관당상 운영, 영조 말엽과 순조대 이후 척신 세도시대 등의 정치적 상황변동과 관련하여 그 조직이 계속 확대되었고 최대의 경우 낭청을 포함 66명까지 이르는[21] 방만한 조직이 나타나기도 하였다.

이러한 비변사 조직의 확대운영은 계차제조의 무정수 운영 규정과[22] 예겸제조의 수시증치가 그 소지를 마련하고 있었으며 여기에는 물론 유사시 및 전란대처나 정치적 상황변동 p등의 요인이 개재되어 있었다.

특히 임진왜란을 계기로 副提調 1원이 신설되었을 뿐만 아니라 훈국의 대장을 예겸제조로 증치하는 등 제도적 확대가 시작되었는데 난중인 선조 25년 12월 을해조의 '今日 備邊司堂上 全數引見'[23] 기사에 좌의정 尹斗壽 이하 16명의 명단이 올라 있는 것으로 보아 임란대처 과정에서 일시에 계차제조의 확대가 이루어진 것으로 보인다.

임난시 최초의 비변사당상 전수 인견 때에 당하인 응교·지평·정언 등의 삼사 일반직임이 포함되어 있었으며, 선조 26년 7월 진주성전투 대책시의 비변사당상 인견시에도[24] 尹斗壽 이하 7명이 기록되었으나, 이때 역시 정언·주서·검열 등의 일반 당하관이 함께 입시하였다.

선조 27년 정월 城外倭賊 처치사를 회계할 때는 柳成龍 이하 7명0의 合啓가 있었고[25] 동년 10월 降倭의 外方 分處事를 上啓할 때는 당상수가 배로 늘어[26] 沈守慶 이하 15명으로 나타나 있었다. 어떻든 이것은 전란 중의 비변사 제조가 15명 내외임을 보여준 것으로, 이를 중종 17년 6월에 최초로 등장한 6~7명의 제조와 비교하여 볼 때 2배 이상이 증가되었음을 알 수 있게 한 것이다.

---

21) 『備邊司謄錄』第250册, 哲宗 14年 12月朔 坐目.
22) 『續大典』·『大典通編』·『萬機要覽』·『大典會通』등의 備邊司 項 參照.
23) 『宣祖實錄』卷33, 宣祖 25年 12月 己亥.
24) 『宣祖實錄』卷40, 宣祖 26年 7月 戊辰.
25) 『宣祖實錄』卷47, 宣祖 27年 1月 庚辰.
26) 『宣祖實錄』卷56, 宣祖 27年 10月 癸丑.

다음의 〈표 4〉는 중종 17년부터 선조 27년까지의 실록등재 비국 당상의 명단인 바, 이를 통하여 당시 제조의 증감 내용 및 인적구성의 면모 등을 일견할 수 있을 것이다.[27] 그러나 이 표의 내용에 앞서 중종 12년에도 '備邊司從事官 朴世熹'라는 직명이 나오고,[28] 동왕 15년에는 韓亨允·黃暨·金錫哲 등 3인이 비변사 도제조에 차출되었다는[29] 기사가 있고 이때에 '備邊司堂上'이 경연에서 武備를 略聞한 바 있었다.[30]

다음의 표에서 본 바와 같이 창설 초기 중종~명종 년간부터 비변사 제조에 훈척 세력 및 그 일파가 當局하고 있다는 것은 변사주획 이외에 비변사의 정치적 역할과 방향을 알게 해 준 것이다.

또한 임란 때의 확대된 구성원은 당인이 눈에 띄나 편중됨이 없이 군국기무를 처리할 만한 거조적 계차이어서 비변사가 주도한 전시 비상 체제이었음을 엿볼 수 있게 하고 있다.

어떻든 임란을 계기로 배가된 계차제조는 평시 광해 년간에도 그대로 답습 운용되었으며 오히려 임란시 보다도 더욱 증치된 때도 있었다. 광해조의 비변사 역할은 북방 對後金 정책과 관련하여 매우 활발하였다. 동왕 9년 정월의 비변사 坐目을 보면 당상의 총수가 임란때 보다도 더 많은 22명 이르고 있었으며[31] 이 22명 가운데 例兼인 도제조·병판·예판·호판 등 4명을[32] 제외하면 나머지

---

27) 『中宗實錄』卷45, 中宗 17年 6月 丁酉.
　　　『中宗實錄』卷65, 中宗 24年 3月 壬戌.
　　　『中宗實錄』卷104, 中宗 39年 9月 戊申.
　　　『明宗實錄』卷10, 明宗 5年 8月 戊寅.
　　　『宣祖實錄』卷33, 宣祖 25年 12月 己亥.
　　　『宣祖實錄』卷40, 宣祖 26年 7月 戊辰.
　　　『宣祖實錄』卷47, 宣祖 27年 1月 庚辰.
　　　『宣祖實錄』卷56, 宣祖 27年 10月 癸丑.
28) 『中宗實錄』卷28, 中宗 12年 6月 癸丑.
29) 『中宗實錄』卷39, 中宗 15年 5月 己亥.
30) 위와 같음.
31) 『備邊司謄錄』第1册, 光海君 9年 1月朔 坐目.

지 18명은 모두 계차제조로서 초기 6~7명의 계차제조에 비하여 근 3배에 달하는 증가를 보이고 있었다.

〈표 4〉初期(中宗~壬亂) 備邊司堂上 名單表

時 期	備邊司提調(堂上)	備 考
中宗 17年 6月 丁酉	鄭光弼(領中樞府事, 南衮後任領相) 張順孫(兵判) 高荊山(戶判) 沈貞(左參贊, 反正 3等功臣) 安潤德(工判) 韓亨允(判尹) 崔漢洪(武臣, 反正 2等功臣)	7名 反正功臣 2名 포함
中宗 24年 3月 壬戌	安潤德(左參贊) 韓亨允(刑判) 申公濟(戶判) 柳灌(兵參判) 尹任(兵參議)	5名 外戚 尹任 포함
中宗 39年 9月 戊申	洪彦弼 尹仁鏡 成世昌 丁玉亨 曹潤孫 尹熙平 禹孟善	7名, 洪彦弼은 備局폐지 논자임
明宗 5年 8月 戊寅	李芑(領相) 沈連源(左相) 尙震(右相) 李薇 張彦良 金舜皐 禹孟善	8名, 李芑는 尹元衡 일파임
宣祖 25年 12月 己亥	尹斗壽(左相) 尹根壽(行禮判) 崔滉(右贊成) 金應南(副提學) 韓應寅(工判) 李恒福(兵判) 李誠中(戶判) 鄭崑壽(西川君) 具思孟(行吏參判) 李德馨(大司憲) 成渾(右參贊) 李準(全城君) 李賓(同知中樞) 成壽益(昌山君) 申點(同知中樞) 柳夢鼎(右副承旨)	16名, 備局堂上全數引見, 壬亂對策啓達.具宬(應敎)柳夢寅(持平)黃克中(正言) 同時 入侍
宣祖 26年 7月 戊辰	尹斗壽(左相) 鄭琢(左贊成) 具思孟(吏參判) 沈忠謙(兵參判) 成壽益(昌山君) 張雲翼(同副承旨) 白惟咸(直提學)	7名, 晉州城戰鬪對策上啓.柳夢寅（持平）趙存性（正言）南以信（注書）金尙篤（檢閱）沈炘（〃）同時 入侍
宣祖 27年 1月 庚辰	柳成龍 崔滉 金應南 李德馨 申點 崔泳 沈忠謙	7名, 城外倭賊處置事回啓
宣祖 27年 10月 癸丑	沈守慶 柳成龍 崔興遠 鄭崑壽 崔滉 金命元 金應南 韓準 金晬 李恒福 申點 沈忠謙 趙儆 尹先覺 成泳	15名, 降倭外方分處事上啓

* ( )는 備邊司堂上의 당시 本職임.

* 實錄의 備邊司啓聞 및 堂上引見 기사에 의거 작성.

---

32) 앞의 〈표 3〉에 나타난 바와 같이 吏曹判書와 江華留守가 포함된 6명의 例兼提調가 있으나, 이 坐目에는 올라 있지 않았다.

〈표 5〉備邊司 坐目例 (光海君 9年 1月朔 坐目)

本職	姓名	記載事項	本職	姓名	記載事項
領中樞府事	李恒福	在外			
領議政	奇自獻	21日 出江原道			
左議政	鄭仁弘	在外			
領敦寧府事	鄭昌衍	病未肅拜			
右議政	韓孝純	呈辭			
堂上			郞廳		
晉原府院君	柳根		右通禮	梁克選	
行知中樞府事	朴弘耈		司正	韓謙	
兼兵曹判書	朴承宗		軍資正	李涵一	
文昌府院君	柳希奮		司果	李馨遠	初二 日昌州軍器失火及碧
兼工曹判書	李尙毅				潼郡守越邊敗獵事形止擲
兼禮曹判書	李爾瞻				奸出歸
驪川府院君	閔馨男		兵曹正郎	李用晉	武備司例兼
行護軍	李廷龜	奏請使 赴京	副司正	吳翻	
判中樞府事	李慶全		司勇	卞有憲	平安道北道軍餉次知
行司直	李守一		司勇	邊濬	黃海道徙民推刷次知
知中樞府事	成佑吉		司勇	申景橋	慶尙道
戶曹判書	李冲		訓練主簿	朴英	全羅道
禮曹判書	沈憻	江華 勾管			逆律奴婢次知
兵曹參判	李覺	北道徙民推刷句管	司勇	宣世綱	咸鏡江原道
大司憲	南瑾	奴婢勾管, 水原〃	副司果	韓璟	京畿公洪道
戶曹參判	崔瓘	有司, 北道軍餉〃			
行護軍	柳潤	奏請副使 赴京			

* 고위제조인 정인홍 및 한효순과 당상인 이이첨은 黨禍를 입어 坐目에서 塗抹
되었다.

또한 이 시기부터 유력당인(북인)의 고위제조 진출이 두드러지기 시작하였는데[33) 다음의 당시 좌목실례에서 그 몇 가지 예를 확인할 수 있을 것이다.

위의 坐目例表〈5〉에서 상단의 영중추부사 李恒福을 필두로 영의정 奇自獻, 좌의정 鄭仁弘, 영돈령부사 鄭昌衍, 우의정 韓孝純 등 5인은 비변사 도제조를 비롯하여 고위제조이다. 그 다음으로 '堂上' 표시 아래에 당시의 비국당상 명단이 쓰여 있으며 본 좌목표의 우측에 마지막으로 '郞廳'을 표기하고 그 아래 비국 실무 하급자인

---

33) 鄭仁弘 · 李爾瞻 등을 指目할 수 있다.

낭청의 명단이 표기되어 있다.

이상의 좌목에 오른 李恒福 이하 5인은 대신급의 비국 고위제조이며 '堂上'으로 표기된 17인은 비국의 일반당상인데 여기에는 예겸토록 되어 있는 이조판서와 강화유수의 직명이 올라 있지 않았다.

예조판서가 江華를 勾管한 것으로 기록된 것을 보면 아마 중복겸직 때문이 아닌가 여겨진다. 유사당상은 1인으로 기록되어 있으나 각종 구관당상과 낭청의 세부분장 내용 등은 당시 비변사의 所掌 확대와 직능의 활성화를 나타내는 것이라 하겠다.

인조반정 이후에는 상기 광해군 때의 당상수 보다도 더욱 증가하여 동왕 2년 4월삭 좌목의 경우 총 24명의 낭상이 좌목에 올라 있으며 특히 이 가운데는 반정공신인 金瑬・李貴・李曙・申景禛・沈器遠・崔鳴吉・金慶徵 등 勳武臣이 대거 포진하고 있었다.[34]

이와 같은 사실은 비변사가 변사주획체의 성격에서 정치적 기구로 바뀌어 감을 보여준 내용이며 비변사에 의한 國政總掌의 면모가 인적구성 및 이 시기의 政務議啓 등에서도 현저히 드러나고 있었다.

그러나 병자호란 후인 인조 16년과 동왕 말년(인조 27)의 경우에는 각각 16명과 14명으로 축소되고 있으며 효종 즉위를 전후한 시기에도 별 차이가 없었다.

비국 당상의 숫자상 증감이 반드시 비변사의 기능이나 세력관계에 영향을 준 것은 아니지만, 때에 따라 비변사 기능의 일부가 소강상태를 보여준 사례와 동반하기도 하였다.[35]

이와 같이 비변사당상의 감소는 효종・현종・숙종 년간에도 계속되어 대체적으로 16~17명 선을 유지하고 있었다. 제1차 寧古塔

---

34) 『備邊司謄錄』 第3册, 仁祖 2年 4月朔 坐目.

35) 籌坐(備局會議)와 賓坐(賓廳會議)가 頉稟으로 廢坐되는 것은 때에 따라 매우 비번하였다. 肅宗 39년 6월에서 9월까지의 총 24회의 賓坐日次 가운데 단지 5~6회 정도가 起坐되었을 뿐이다.
　　『備邊司謄錄』 第66册, 肅宗 39年 6月 5日~9月 30日 頉稟記事 參照.

派兵 즉 나선정벌시인 효종 5년 3월의 경우는 18명 선이었지만, 己亥禮訟時인 현종 1년 3월은 16명, 숙종 1년 五家統事目 제정시는 17명, 동왕 39년 4월 八道句管堂上制의[36] 시행 때 역시 17명이었다.

경종 즉위년에는 21명의 증가가 있었으나 영조 년간에는 다시 16~17명 정도이었으며 동왕 38년 世子賜死時에는 29명으로 증가하였고, 동왕 말년(영조 51년, 12월) 무렵에는 더욱 증가하여 35명 선에 달하였다. 정조시대에는 다시 감소되어 20명 내외로 운용되었으며 이와 같은 수준은 순조 초중엽까지 계속되었다.[37]

세도정치가 본격화되었던 순조 중엽부터는 30명 선이 넘기 시작하였으며 헌종 3년 정월의 경우[38] 37명에서 차차 40명 선을 상회하다가 외척세도 말기인 철종 14년 12월의 경우 당상의 숫자만으로도 무려 54명에 이르고 있었다.

특히 이 철종 말기의 경우[39] 척신 세력인 안동 김씨가 20명에 달하고 있으며 숫자상의 비중뿐만 아니라 有司 및 勾管堂上 등 비변사의 요직을 독점하는 형세에 있었다.

이때 金興根과 金左根은 각각 판중추부사 및 영의정으로서 비변사의 고위제조이었으며 계차당상으로서 행판중추부사 金炳冀는 舟橋司有司를 예겸하였고 행지중추부사 金炳國은 湖西勾管이었으며 행지중추부사 金炳學은 貢市 담당이었다. 이외에도 金炳德은 예조판서로서 비변사의 關西勾管堂上이었으며 호조참판 金輔鉉은 유사당상이었을 뿐만 아니라 堤堰을 勾管하고 있었다.

이와 같은 것은 비변사의 제조당상이 일당 소수 세도가문으로 집중된 사례이거니와 이렇게 증가된 몫은 대부분 계차로 이루어진 것이었으며 또 군직 중심으로 운영된 특색을 보였다.[40]

---

36) 본서 제2장 Ⅲ의 3 句管堂上의 職務항 참조.
37) 본장 말미의 備邊司 坐目例表 〈표 8〉~〈표 9〉 참조.
38) 『備邊司謄錄』 第225册, 憲宗 3年 1月朔 坐目.
39) 『備邊司謄錄』 第250册, 哲宗 14年 12月朔 坐目.
40) 이때의 軍職系統 堂上은 36명이나 되어 過半을 차지하고 있었다.

한편 예겸제조의 증원 역시 비변사 기구의 확대에 크게 작용하고 있었다. 이 예겸제조는 각조판서를 위시하여 4도유수 및 5군영대장, 그리고 제학 등 경관 문무요직이 해당된 것이었으며, 이러한 직책으로만 볼 때에도 비변사에 의한 일반행정권 및 중앙군권의 장악 사실을 쉽게 알아 볼 수 있게 하고 있다. 이 예겸제조의 증가 추세는 18세기 말엽 정조대까지 이어졌으니 임란 이전에 5명이었던 것이 임란 이후 정조때까지 10명이 증원되어 도합 15명 선이 되기에 이르렀다.

임란 전에는 이·호·예·병조의 4조판서와 강화유수가 예겸제조로 운용되었으나 임란 중에 신설된 훈련대장이 예겸으로 증치되기 시작하여 인조 24년에는 대제학이 추가되고, 숙종 1년에는 형조판서가, 동왕 17년에는 개성유수, 동왕 25년에는 어영대장 등이 계속 예겸조치되었다.

영조 년간에는 수어사 및 총융사(영조 23년) 그리고 금위대장(동왕 30년) 등 오군영대장이 모두 비변사 구성원으로 예겸되었으며 정조 년간에도 4도유수 가운데 나머지 수원유수(정조 17년)·광주유수(동왕 19년)가 全數 예겸됨으로써 1795년(정조 19)에 이르러서는 四都留守·五軍營大將 전원이 비변사의 구성원으로 가담되어 있었다.[41] 이와 같이 유수·대장의 전원 포함은 王畿保障權이 비변사에 귀속되어졌음을 의미하며 이러한 예겸제조의 수시증치는 계차제조의 무정수 운영규정과 함께 비변사 조직확대의 구조적 요인이었을 뿐만 아니라 비변사의 기능강화 및 그 세력비중을 알 수 있게 한 것이었다.

유사당상의 경우, 종래 3원이었던 것이 인조반정 이후 1원이 추가 증원되어 인조 2년이래 총 4원으로 운영되었는데 이 역시 비변사의 조직 확대일 뿐만 아니라 비변사의 기능강화를 수반하게 한 것이었다. 특히 이 유사당상은 비변사의 사무를 상임, 전관하고 정

---

41) 『萬機要覽』 軍政篇 1, 備邊司 總例. 앞의 〈표 3〉 參照.

책의정상에서 중요한 가교 역할자 이었으므로 일반 계차제조의 증원과는 비교할 수 없는 위치에 있었다.[42]

구관당상은 비변사당상 중에서 分差한 것이므로 조직상의 확대와 관련된 것은 아니나 비변사의 직무확대와 직권 강화에 중요한 요소이었다.

광해군 시대의 舟師勾管堂上[43]이나 인조대의 南漢山城勾管堂上,[44] 현종대의 堤堰司堂上[45] 등이 운영되었지만 숙종조의 宣惠堂上(숙종 7년), 八道勾管堂上(동왕 39년), 魚鹽勾管堂上(동왕 42년) 등의 운용은[46] 비변사의 재정권 장악과 밀접한 관계가 있는 것이었으며, 영·정조 년간에도 貢市堂上·濬川司堂上·舟橋司堂上 등이[47] 계속 확대되어져 경제분야의 구관영역이 비변사에서 필요로 할 경우 거의 제한 없이 운용될 정도이었다.

3. 조직의 특징

비변사의 조직은 그 초기에 본래의 변사주획에 부응할 만한 知邊事官員[48] 중심으로 편성되었으나 명종 9년의 상설과정에서[49] 변사뿐만 아니라 경중군무까지 의계토록 조치되고 예겸제조가 증치되면서 부터는 판서급의 일반 정무관원이 점차 가담되었으며 임

---

42) 본서 제2장 Ⅲ의 2, 有司堂上의 職務 참조.

43) 『光海君日記』卷38, 光海君 3年 2月 壬申(鼎足山本).

44) 『謄錄類抄』官職, 仁祖 12年 2月 23日.

45) 『謄錄類抄』官職, 顯宗 4年 8月 7日.

46) 본서 제2장 Ⅲ의 3, 勾管堂上의 職務 참조.

47) 위와 같음.

48) 成宗朝 이래 登場한 '知邊事宰相'을 指稱한다.

重吉萬次, 1936, 「備邊司の設置に就ぎで」『靑丘學叢』23, 23~81쪽.

陸軍本部 編, 1968, 「備邊司의 胎動과 軍政의 變遷」『韓國軍制史』, 近世朝鮮前期篇, 331~357쪽.

49) 본서 제1장 Ⅱの 1, 備邊司의 創設過程 참조.

진왜란을 대비하면서 부터는 지변사관원의 제한적 특색이 상실된 거조적 조직으로 바뀌었다.

인조 초에는 반정 훈무신들이 조직의 주체를 형성하여, 변사주획이라는 본래의 성격은 명분으로 잔존된 채 정치적 성격의 조직으로 변화되어 갔다. 숙종대 이후는 사회경제적 여건의 변동과 함께 각종 구관당상의 증치 分掌으로 재정관장의 조직이 확대되었을 뿐만 아니라 5군영대장 및 4도유수 등의 예겸화로 중앙군권을 장악한 조직으로 크게 변질되었다.

어떠한 관아가 權設이거나 常設이거나 간에 그 설치 명분과 목표가 정해 있기 마련이지만, 조직 구성원의 성향과 기능이 그 기관의 성격을 향도 또는 규제하는 면이 있어서, 이러한 상태로 일정기간을 경과하면 본래와 다른 조직의 모습으로 정형화될 수 있고, 이때의 조직은 다시 구성원의 역할을 다른 방향으로 제약하는 속성이 있기 때문에 당초의 조직 성격과는 상당히 다른 형태로 변질될 수 있다.

비변사의 조직은 바로 이러한 측면이 뚜렷하게 나타나는데 다음과 같은 몇 가지 특징에서 이를 확인할 수 있다. 즉 비변사의 조직은 기본적으로 권설아문의 경우에 준례한 것이지만, 일반 권설아문이 정치적 성격이 별로 없이 특정사안을 처리하기 위해 소수 예겸 제조로 운용된 것에 비하여 비변사의 조직은 당초부터 정치적으로 권중협의가 논란된 가운데[50] 當局者로서 다수 제조로 운영되기 시작하였고[51] 그 선임방법도 例兼·啓差·分差 등의 방법이 혼용된 차이점이 있었다.

또 앞에서 언급한 바와 같이 구성원의 수시증감이 가능했던 점, 그리고 상설 제도화된 이후에도 권설적 조직형태를 계속 유지하고 있었다는 점, 또한 그 구성원의 본직은 자주 바뀌어도 비국겸대직은 그대로 유지되는 경직성 구성체계로서 한번 비국 구성원이되면

---

50) 본서 제1장 Ⅲ, 備邊司의 改廢論 참조.
51) 『中宗實錄』 卷45, 中宗 17年 6月 丁酉.

2~30년간 장기 재임한 경우가 많았다는 점을 들 수 있다.

그리고 구성원의 문무 비율에 있어 문신 위주이지만 초기에는 지변사 문신이 많았고 중기 이후에는 일반 문신이 많았으며 특히 정변 이후나 세도시기에는 훈무신과 외척이 조직의 주류를 형성하고 있었는데 이러한 점들은 비변사의 성격과 관련된 운영상의 특징적인 면이라고 할 것이다.

이러한 특징의 대부분은 비변사 구성원의 정치세력화 현상과 밀접한 관계가 있다고 하겠으나, 행정적인 측면으로 볼 때 일종의 전문관료층 배출에 기여한 셈이 되었고 시정상에서 능률성이 제고되는 측면을 간과할 수 없다. 종합적으로 볼 때 이상의 모든 특징은 비변사의 정치적 위상과 직결된 문제들이라고 할 수 있다.

이 장의 마지막에 제시한 備邊司坐目例表〈4, 5, 6, 7, 8, 9, 10, 11〉은 비변사 기능의 변화와 관련하여 시대별로 몇 가지 摘出한 조직 명단인 바 이를 통해서 그 조직의 증감과 당상의 인적사항을 일별할 수 있을 것이다.

Ⅲ. 備局 구성원의 分掌 직무

1. 提調堂上의 직무

비변사의 제조는 品秩과 임무에 따라 都提調와 提調 그리고 副提調로 구분되며 차출형식에 따라 例兼提調와 啓差提調로 분류된다.

권설아문은 도제조아문과 제조아문으로 나뉘어지는바, 이는 所掌의 중요도나 사무의 緊歇에 따른 것으로 大典에 규정되어 있으며 도제조아문은 정일품으로, 제조아문은 종일품 이하 당상관으로 제수되는 것이 원칙이었다.[52]

비변사는 도제조아문이기 때문에 정일품 時原任 의정대신급이 도제조와 고위제조에 임명되며 나머지 제당상은 종일품 이하 문무당상으로 제수하여 비국의 사무를 부응하게 한 것이다.53)

도제조는 비변사의 변사주획이나 정무의논에 있어 議政의 임무를 맡고 있으며 정일품 대신급의 여타 고위제조도 이를 대행 또는 겸행하였다. 따라서 도제조를 위시한 대신급의 고위제조는 정무 의정의 역할이 있었으며 나머지 일반제조는 정무협의의 임무를 띠고 있었다.

이러한 정무의 협의 및 의정 과정에서 핵심적 역할을 한 것은 제조 가운데 유사당상이었으며 부제조는 文簿를 장악하였고54) 당하 낭청은 이를 보조하였다.

비변사의 제조는 그 자체를 구분해 볼 때 정일품 대신급의 고위제조와 종일품 이하의 일반제조로 나뉘어 진다. 도제조를 위시한 고위제조는 통상 2~6인으로 좌목에 나타나고 있으며 도제조는 時原任議政이 예겸하나 나머지 고위제조는 시임의 삼공으로 제수된 때 보다도 영중추부사 등의 군직으로 충당된 때가 더 많았다.

일반제조는 『비변사등록』의 좌목에 「堂上」으로 표기되어 있으며 여기에는 이·호·예·병·형조의 판서 및 사도유수, 오군영대장 등의 예겸제조와 여타 各司 長貳 및 軍職 등의 계차제조로 혼성되었다. 이 일반제조 가운데 유사당상이 물론 포함되어 있으나 그 직무

---

52) 『中宗實錄』 卷7, 中宗 4年 2月 戊辰. "以各司提調事 及抽出各品伴人 充定皁隷事 命議于三公 從右議政柳順汀之議 其議曰 祖宗朝 參酌各司所掌緊歇 或置提調 或置都提調 載在大典 一依大典除授爲當 雖都提調衙門 幷以正一品除授 無副提調 亦妨事體 正一品一員 旣爲都提調 則其次宜以從一品以下除授 使爲之副 正合事體"

53) 『續大典』 吏典, 正一品衙門 備邊司.
   『萬機要覽』 軍政篇 1, 備邊司.

54) 『備邊司謄錄』 第3册, 仁祖 2年 1月 9日.
   『謄錄類抄』 官職, 仁祖 2年 1月 9日. "啓曰 自壬辰事變以後 通政中諳委兵務之員 則本司副提調差下 以資謀議矣"

의 중요성 때문에 특별히 三望의 啓差로 임명되었으며 부제조 역시 일반제조에 속하지만 별도의 계차로 이루어졌다. 그러나 각종 구관당상은 일반당상 가운데서 자체적으로 分差한 것이었다.

앞에서 언급한 바와 같이 계차당상이 무정수로 운영되었기 때문에 의정대신급의 고위제조이거나 그 이하 일반당상이거나 간에 그 계차제조의 인원수는 수시 증감되었는데 대체적으로 邊釁 전란 및 정변시 등에는 그 수가 증가되었고 내외 평온시에는 감소한 것으로 나타나 있다. 따라서 일반적으로 볼 때 유사시의 제조의 역할은 인원의 증가와 함께 변사주획이 위주이었고 평상시에는 그 인원수가 보통의 수준으로서 일반정무의 의계를 맡고 있었다. 다만 정변시 등 특별한 정치적 변동시에 堂上의 수가 많이 증가한 것은 비변사가 정치권력의 집중처이었기 때문이다.

일반제조 가운데 계차제조는 군무를 포함한 정무협의에 있어서 중심적 역할을 하였으며 예겸제조는 그 보완적 위치에 있는 것으로 보이나, 이러한 현상은 획일적인 것이 아니어서 예겸제조가 유사당상을 맡은 경우가 있고 또한 例兼과 啓差를 번갈아 가며 제조로 久任한 경우가55) 있음을 볼 때 擇差上의 구분보다도 인망이나 세력관계에 더 비중이 있었던 것임을 알 수 있다.

부제조는 이미 언급한 바와 같이 선조 25년 임진왜란 후에 처음 설치하였으며, 정삼품 통정 중에서 병무에 諳鍊하고 聲望이 있는 자를 啓差하여 籌坐時에 자료를 제공하였고 邊務를 동의하게 한 것으로 보아 비변사의 서무를 처결한 것이 그 임무이었음을 알 수 있다.56)

최초의 부제조는 임난시에 계차된 李廷龜와 朴東亮이었으며 이

---

55) 仁祖代에 備邊司堂上으로 長期在任했던 李景奭의 경우를 例로 들 수 있다.
56) 『備邊司謄錄』 第3册, 仁祖 2年 1月 9日.
　　『謄錄類抄』 官職, 仁祖 2年 1月 9日.
　　『燃藜室記述』 別集 6, 官職典故 備邊司.
　　『萬機要覽』 軍政篇 1, 備邊司職制.

들의 文名으로 볼 때에 문부를 주장함은 분명하나, 일반적으로 병조참지가 준례로 差下된[57] 것은 변사실무에 더 큰 비중이 있었음을 알 수 있다.

특히 부제조 재임 중에 官階가 승급되면 바로 유사당상을 예겸하여[58] 비변사 운영의 핵심 역할을 맡도록 한 것은 비록 계급이 낮은 통정이라 하더라도 비국 구성원의 중요한 위치이었음을 보여준 것이었다.

그러나 이 부제조에 병조참지가 준례로 임명된다 하더라도 인조 2년에 병조참지이었던 張維가 부제조 差下의 司啓 때에 不允된 경우가 있었으며[59] 현종 4년 堤堰司 복설시에는 비변사 부제조이었던 閔鼎重이 제언사 당상에 바로 차하됨을[60] 볼 때 그 운용의 기준은 때에 따라 가변적이었음을 알 수 있다.

예겸제조는 비변사 회의인 籌坐에 참석하여 계차제조와 함께 정무를 협의하는 것이 임무이나 형식상으로 볼 때에 앞에서 언급한 바와 같이 비변사 운영의 중심적 구성원은 아니라고 할 수 있다.

그러나 예겸당상 이전에 계차당상이었던 경우라던가 계차당상으로 재임 중에 본직이 예겸에 해당하는 자리로 바뀌면 동시에 예겸당상으로 되기도 하며, 예겸당상으로 재임하면서 유사당상이나 구관당상을 맡은 경우도 있어서 이 또한 획일적으로 그 위상을 규정지을 수 없다. 이러한 사례는 인조 때 李景奭의 경우에서 잘 들어나는 바, 그의 비변사 예겸당상의 자리인 이조판서의 제수시기는 인조 23년 10월이나 이 보다 7년 앞서 부제학의 직명으로 처음 비국 당상에 오르면서(인조 16년 3월) 이후 부제학·대제학·이조참

---

57) 『燃藜室記述』別集 6, 官職典故 備邊司.
　　『萬機要覽』軍政篇 1, 備邊司 總例 및 職制.
58) 『續大典』吏典, 正一品衙門 備邊司.
　　『大典會通』吏典, 正一品衙門 備邊司.
59) 『備邊司謄錄』第3册, 仁祖 2年 1月 9日. "兵曹參知張維 依近例 副提調差下 同議邊務何如 答曰不允."
60) 『備邊司謄錄』第23册, 顯宗 4年 8月 16日.

판·예조판서·우참찬 등의 직함으로 간단없이 비국당상에 재임하였고 유사당상을 역임하였을 뿐만 아니라 이어 우의정·판중추부사·좌의정·영의정(효종 즉위 8년)에까지 오른 후에도 계속하여 비변사의 제조 및 도제조 등을 역임하였다. 그가 사망하기 직전인 현종 12년 9월에도 영중추부사로서 비변사의 도제조 자리에 있었다. 이러한 이경석의 경우로 보면 인조 16년(1638)부터 현종 12년(1671)가지 33년 동안을 啓差·例兼·有司를 가릴 것 없이 모두 역임하였고 相臣과 최고군직으로서 도제조까지 지냈던 것이다.61)

이와 같은 예는 이경석 1인에 국한되지 않은 일반적 현상이었으며, 따라서 외형적인 비변사 구성원의 선임형식이나 분장 임무 여하가 비국에서의 핵심 여부에 하등 관계가 없는 것으로 나타나 있다.

초기 명종때부터 이·호·예·병조의 사조판서가 비국의 예겸제조로 가담된 것은 인사·재정·외교·군사 등의 주요정무가 비변사에 이관되어 감을 의미한 것이었으며 강화유수를 위시한 사도유수의 포함과 훈국대장을 위시한 오군영대장의 예겸조치 역시 王畿保障과 중앙군권의 비변사 귀속화라고 할 수 있고 특히 지변관원과 거리가 있는 文衡의 예겸화는 예조판서와 함께 사대교린 등의 외교문서 제찬을 포함하여 외교정책의 주도 때문이라고 할 수 있다.

다만 육조판서 중 초기에 형·공 양조판서가 예겸에 제외된 것은 비변사의 고유직무와 연관성이 적기 때문으로 보이지만, 뒤에 형조판서의 예겸조치는 비변사의 정치세력화와 관련이 있는 듯하며62) 공조판서는 일반 계차제조로서 유사당상을 역임한 사례도 있었다.63)

---

61) 『備邊司謄錄』 第5冊. 仁祖 16年 3月朔 坐目부터 『備邊司謄錄』 第 30冊. 顯宗 12年 9月朔 坐目까지 參照.

62) 『備邊司謄錄』 第33冊. 肅宗 3年 10月 5日.
    『謄錄類抄』 官職. 肅宗 3年 10月 5日. "上曰 刑獄重地 必多有可議之事 而 刑判不得出入 於登對之時 在前亦或有備局兼帶之時矣 刑曹判書 別爲兼帶 備局堂上 可也."

63) 『謄錄類抄』 官職. 宣祖 37年 윤 9月 8日. "有司 望知事盧稷 工曹判書尹曒

강화유수의 예겸 경우는 府의 昇降에 따라 예겸이 좌우되기도[64] 하였으며 대제학의 예겸은 최초로 인조 24년에 李植이 차하될 때 그 문형직임의 특색보다 오히려 그의 비변사 사무의 '無所不知'의 이유가 司啓에서 제시된[65] 것을 볼 때에 비변사의 경력이 더 중시된 것 같았다.

『만기요람』에는 대제학의 예겸이 인조 24년(1646)으로 되어 있으나 그 이전 동왕 16년에 대제학의 직함이 이미 좌목에 올라 있었다.

군영대장의 예겸화는 비변사의 고유기능상에 '宰事'라는 지적과 함께 좌목에도 올라 있지 않는 준 구성원의 성격이지만, 현종때 영의정 鄭太和가 양대장(훈련대장 및 어영대장)을 비국당상에 차하한 것은 "어떤 뜻이 있다"(其意有在)라고[66] 한 것처럼 비변사의 권한강화에 밀접한 관계를 갖고 있었다.

이상과 같은 비변사의 제 당상은 그 차출대상이 삼공 및 의정부 이상을 비롯하여 6조·3사·3관·한성부 등 중요 경관직과 중추부·돈녕부 등의 고위군직 및 원임대신에 이르기까지 폭넓게 걸쳐 있으므로[67] 가히 정부 各司를 망라한 인적구성이라 할 것이다. 이러한 조직구성은 비변사가 범정부적 기능행사로 귀결될 구조적 요인이었다고 할 수 있다.

禮曹判書許筬"

64) 『備邊司謄錄』 第5册, 仁祖 16年 1月 26日.
65) 『謄錄類抄』 官職, 仁祖 24年 8月 11日.
　　이 司啓가 있을 때까지 李植의 비변사 經歷은 인조 2년 吏曹正郎 재직시 備局 郎廳으로 비변사에 관계한 후 堂上에 오른 뒤에도 비국당상으로 啓差(인조 19)되고 계속하여 吏曹參判·大提學·刑曹判書·大司憲·禮曹判書·吏曹判書·行護軍·知敦寧府事 등의 관직으로 비변사의 坐目에 거의 빠짐없이 등장하였다.
66) 『備邊司謄錄』 第28册, 顯宗 10年 8月 16日.
　　『謄錄類抄』 官職, 顯宗 10年 8月 16日.
67) 備邊司坐目 綜合 參照.

2. 有司堂上의 직무

유사당상의 임무는 비변사의 ‘凡百機務를 專掌酬應’하는[68] 것이
었다. 구체적으로 문서왕복이나 호령 또는 분부의 일을 맡으며[69]
비변사의 公事를 전관처리하고[70] 의천에 관여하며[71] 유관병무를
구관하는[72] 등 그 임무가 번다하였다.

이와 같이 많은 사무관장 때문에[73] 타아문과 달리 초기부터 3員
에 이르는 복수유사를 운영하였고[74] 인조 2년에 다시 1원을 증치
하여[75] 총 4員의 유사당상을 운영하였던 것이다.[76]

유사당상은 제조 중에서 병무를 잘 아는 자를 계차한 것으로 되
어 있으나 이것이 항례로 준행되지는 않은 것 같으며 그 선임에 있
어서도 삼망을 갖추어(선조 초) 受點差下 하였으나 인조 19년부터
는 구두 또는 草記에 의해 단망으로 선임하기에 이르렀다.[77]

---

68) 『備邊司謄錄』 第1册, 光海君 10年 2月 18日. “啓曰 本司 凡百機務 有司堂
上 專掌酬應.”
69) 『備邊司謄錄』 第6册, 仁祖 19年 1月 13日.
　　『謄錄類抄』 官職, 仁祖 19年 1月 13日.
70) 『備邊司謄錄』 第1册, 光海君 10年 윤 4月 29日.
　　『謄錄類抄』 雜令 一, 乙酉(肅宗 31) 11月 13日.
　　『燃藜室記述』 別集 6, 官職典故 備邊司.
71) 『備邊司謄錄』 第43册, 肅宗 15年 2月 5日.
72) 『備邊司謄錄』 第3册, 仁祖 2年 2月 4日. “浚謙所啓 先王朝 有以備邊司堂
上 兼統制使勾管 軍兵重事 必勾管者然後 事有頭緒矣 上曰 以有司堂上
次知分軍 可也”
73) 『備邊司謄錄』 第2册, 仁祖 2年 2月 28日.
　　『謄錄類抄』 官職, 仁祖 2年 2月 28日. “啓曰 本司有司堂上 所管機務至煩”
74) 『明宗實錄』 卷32, 明宗 21年 4月 甲戌.
75) 『萬機要覽』 軍政篇 1, 備邊司 總例 및 職制.
76) 有司堂上 4員이 모두 運營되지 않은 경우도 많았으며 ‘本司 久無有司堂
上’이란 記事도 자주 등장한다(『備邊司謄錄』 第6册, 仁祖 19年 1月 13日
및 『謄錄類抄』 官職, 仁祖 19年 1月 13日).
77) 『謄錄類抄』 官職, 宣祖 37年 윤 9月 8日.
　　『燃藜室記述』 別集 6卷, 官職典故 備邊司. “備邊司有司堂上 自宣廟朝(備

이와 같이 초기 단망으로 유사당상을 선임한 것은 비변사의 독주와 관련된 것으로 이러한 선발이 관행 된 인조대 이후의 비변사 권한을 짐작하게 해 준 내용이기도 하다.

유사당상의 직무가 번다하기 때문에 선조 37년 柳根의 경우는 많은 겸대직으로 인하여 유사당상에서 遞差된 적이 있으며[78] 인조 2년 徐渻·張維 등은 兩司 장관이 되자 비변사에 隨參하지 못하였다.[79]

또한 유사당상에 재임 중 摠管이 된 자는 총관을 계차하여 유사당상만을 專察하게 하는 조치도 있었는데 인조 2년에 金藎國이 이에 해당하여 총관이 解免되고 유사당상을 전찰한 바 있으며[80] 현종 때의 金佐明은 도총관에 제수되었다가 칙사의 문서수응의 일로 다시 유사당상으로 바꾸어 임명된 경우가 있었다.[81]

이와 같은 내용은 유사당상의 직무전찰을 위한 조치이었으며 유사당상은 잠시라도 자리를 비울 수 없기 때문에 만일 實職이 이동될 때는 草記로써 군직에 일시 회부하여 근무하게 하되 2일 이상을 넘기지 못하도록 한 조치도 있었다. 이것은 정조 23년(1799)에 항례가 되었다.[82]

유사당상은 문서왕복과 호령분부의 전책이 있으므로 조금이라도 상찰하지 않거나 지체하면 추고를 받게 되어 있으며[83] 심지어 직무에 합당한 인물이 없을 때는 죄적에 있는 사람도 特敍하는 경우가 있었다.[84]

유사당상의 직무 가운데 公事 처리의 권한은 막중한 것이어서,

考作光海朝) 備三望受點 自仁祖辛 巳十九年 始以草記單望 啓下"

78) 『謄錄類抄』 官職, 第3册, 仁祖 37年 윤 9月 8日.

79) 『備邊司謄錄』 第3册, 仁祖 2年 2月 28日.
　　『謄錄類抄』 官職, 仁祖 2年 2月 28日.

80) 위와 같음.

81) 『謄錄類抄』 官職, 顯宗 5年 5月 18日.

82) 『萬機要覽』 軍政篇 1, 備邊司 職制.

83) 『備邊司謄錄』 第5册, 仁祖 16年 4月 13日.

84) 『備邊司謄錄』 第7册, 仁祖 20年 10月 22日.
　　『謄錄類抄』 官職, 仁祖 20年 10月 22日.

특히 긴급공사를 처리할 상황에서 大臣의 부재로 의정을 받지 못할 경우, 유사당상이 대신에게 직접 찾아가 收議하여 처리하였으며 심지어 대신과의 ‘私議’를 통하여 공사를 조치하기까지 하였다[85].

이와 같은 유사당상의 긴급공사 처리 형태는 유사당상의 권한뿐만 아니라 비변사의 정치적 기능이 강화됨을 보여 준 것이며, 일면으로는 의정부의 무위함이 전제된 것이라고 하더라도 이러한 유사당상의 공사처리 형태는 정책의정상에서 일정한 능률성이 엿보인 내용이기도 하다.

긴급공사 처리에 있어서 이러한 유사당상의 ‘收議擧行’은 관직의 천에 있어서도 ‘就議差出’이라는 權道的 형태로 작용되었다. 이것은 유사당상의 인사권 專擅을 의미한 것이기도 하거니와 한 예로 훈련대장의 改差時에 비변사에서 의천하도록 되어 있음은 물론이나 이를 유사당상이 주관하여 대신이 行公하기 전에 대신에게 찾아가 의논하여 차출한 경우를 들 수 있다.

숙종 15년에는 이러한 과정을 거쳐 훈련대장과 어영대장이 삼망으로 의천되었고, 광주유수는 의천하지 않고 곧 바로 삼망으로 擬望하기까지 하였던 예가 있다.[86]

유사당상은 이러한 정책결정 및 관직 의천의 역할뿐만 아니라 여타의 겸직도 많았다. 비변사당상이 통제사 구관을 겸하는 예에 따라 유사당상이 이를 次知分軍토록 조치되어 있어서[87] 군병중사를 겸대하였을 뿐만 아니라 서울의 賑政을 함께 관계하고 [88] 선혜청의 당상을 겸대하며[89] 동래의 硫黃貿納이라던가 軍器 潛商 문제 등을 거론 조치하고[90] 八道勾管堂上制 시행과 동시에 유사 4인이

---

85) 『備邊司謄錄』 第59册, 肅宗 34年 9月 20日.

86) 『備邊司謄錄』 第43册, 肅宗 15年 2月 5日.

87) 『備邊司謄錄』 第3册, 仁祖 2年 2月 4日.

88) 『謄錄類抄』 官職, 仁祖 15年 윤 4月 9日,
　　本司有司堂上 京兆賑政俱係.
　　『備邊司謄錄』 第23册, 肅宗 4年 8月 7日.

89) 『備邊司謄錄』 第42册, 肅宗 14年 3月 15日.

각기 2도를 겸관하며91) 貢市堂上의 겸대 등 군무 및 재정 나아가 지방통제에 이르기까지 중요한 겸대직무가 매우 많았다.

이상과 같은 유사당상의 겸대직 확대는 인조~숙종년간 비변사의 정치적 기능 강화에 작용된 것일 뿐만 아니라 당시의 사회경제적 변동과 함께 이에 부응된 조치로도 볼 수 있다.

특히 숙종 39년의 팔도구관당상 제도가 시행될 때에 유사당상 4인으로 하여금 팔도구관당상 8인과 서로 상의토록 하고 유고시 代察을 위해 각각 2개 道를 겸찰토록 조치한 것은, 그것이 유고시 대찰이라는 보완적 측면이 있다 하더라도 그에 앞서 '相議' 92) 하게 한 점에서 결국 유사당상에 의하여 팔도구관당상이 조정된 것을 보여 준 것이었다.

따라서 유사당상의 이 겸찰 2道兼帶와 선혜·공시 등의 당상겸대는 비변사가 지방의 군정, 행정권의 확대장악은 물론 경외의 재정·대외 무역 등에 이르기까지 그 직무가 확대되어졌음을 보여준 것이었다.

여기에서 유사당상이 동료 司堂上까지 통제한 일면을 엿볼 수 있으며 司事를 專掌하기 때문에 위로는 의정대신들과 처결할 공사를 상의 조정하며 아래로는 낭청을 통할하는 등 상하 가교적이면서도 중요한 위치에 있었음을 알 수 있다.

이러한 유사당상에 차출된 대상은 초기의 병무 암련자 계차원칙 때문에 동지중추부사 및 지돈녕부사·부호군 등의 군직과 육조당상 가운데 병조의 판서·참판·참지 등이 많았고 외교와 재정 등에 관련하여 예조·호조·한성부 등의 당상관원도 差下 빈도가 많았다.93)

이상의 정부·各司의 당상이 비변사의 유사당상에 선임되는데 있어서 어떠한 비율이 적용된 것 같지는 않으며 시대적 상황에 따

---

90) 『謄錄類抄』 官職, 顯宗 6年 10月 5日.
91) 『備邊司謄錄』 第65册, 肅宗 39年 4月 3日.
92) 위와 같음.
93) 仁祖 이후의 備邊司坐目에 이러한 경우가 많았다.

라 대제학이나 훈척으로 봉군된 인물들도 비국 유사당상에 선임된 예가 많았다. 이 훈척 출신의 유사당상은 후기로 내려 갈수록 많고 군관 등의 겸대가 많았는데[94] 이는 비변사 관원의 핵심 세력화와 연관된 부분이라 하겠다.

3. 勾管堂上의 직무

구관당상은 비변사당상의 分掌 업무 가운데 군정·재정·지방행정 등 특수한 사무를 전관하여 처리하였다. 숙종때에 법제화된 八道勾管堂上制가 그 대표적인 것이기는 하나, 기타 각종 구관사항이 그 시말이 분명하지 않은 채 좌목이나 『비변사등록』 본문에 많이 산견되고 있다.

광해군 9년 정월 좌목에는 팔도구관당상제가 시행되기 전 강화 및 수원 등의 구관이 나타나 있고 이어 北道徙民推刷勾管이라던가 奴婢勾管·北道軍餉勾管 등이 명기되어 있으며[95] 비변사의 말기 경우이지만 순조~철종 년간에는 각도구관 및 貢市·舟橋司·堤堰 등의 구관사항이 좌목에 많이 나열되어 있다.[96]

현종 때의 진휼청당상이나 숙종때의 선혜청당상 같은 것은 비변사 당상의 겸대직이므로 구관의 성격인 것이며 공시나 제언도 마찬가지의 경우이었다. 기록에 명시된 몇 가지 구관당상의 사례를 통하여 이의 전말을 살펴보기로 한다.

兩南舟師勾管堂上은 광해군 3년에 李時發의 啓下가 실록에 보이며[97] 동왕 9년 4월의 비변사 좌목에 행형조판서 李慶全이 舟師勾管으로 명기된 것으로 보아,[98] 광해 년간에 이미 비변사에 의한 주

---

94) 備邊司의 末期로 접어든 純祖朝 이후에 이러한 경우가 많았다.
95) 『備邊司謄錄』 第1册, 光海君 9年 正月朔 坐目.
96) 『備邊司謄錄』 第250册, 哲宗 14年 12月朔 坐目.
97) 『光海君日記』 卷38, 光海君 3年 2月 壬申.
98) 『備邊司謄錄』 第1册, 光海君 9年 4月朔 坐目.

사구관이 운용되었음을 알 수 있으며 인조 18년의 실록기사에는 비국의 문낭청 3인을 삼남에 분견하여 舟師를 점검한 사례가 있어서,99) 이 주사구관은 계속적으로 시행되었음을 알 수 있다.

강도구관당상은 명종때부터 강화유수가 비변사의 예겸제조이었음에도 불구하고 광해군 9년 정월의 좌목에 별도로 등재되어 있으며 숙종 32년에 '備邊司堂上中 別出江都勾管堂上 專管江都事'라는 내용이 당시 강화유수이었던 閔鎭遠의 계문에 나타난 것으로 보아100) 별도의 구관제 운영이 있었음을 알 수 있다.

남한산성 구관당상은 인조 12년에 나타나는 바, 당시 李曙가 남한산성의 역을 10여 년 맡아오던 중 病遞되어 명호가 없어지자 비변사 당상 자격으로서 남한산성구관을 맡게 하고 신임 수어사 沈器遠을 도와 照舊兼察하게 하는 조치에서 나타난 것이었다.101)

제언사당상은 숙종 4년 제언사 복설과 함께 賑政勾管을 겸하여 운영하였으며 영조 7년에 개편될 때에는 비변사의 제조와 낭청이 제언사의 제조와 낭청을 겸대하였고,102) 선혜당상은 숙종 7년에 병조판서가 겸대하기 시작하였으며, 동왕 14년에는 비변사 유사당상으로 진정을 주관하고 있던 徐文重이 선혜당상을 겸대한 예가 있었다.103)

八道勾管堂上 제도는 비변사의 구관당상제에서 특징적인 내용으로, 숙종 39년(1713) 4월 3일에 시행되었다.104) 그 내용은 지방 팔도사무를 兼察하기 위해 비국당상을 각도 1명씩 총 8명을 분배하여 구관토록한 제도이다. 이들 8명의 구관당상은 해당 도의 각종 장계와 文簿 등 대소사무를 專管接應하였다. 유사당상은 이들 구관

---

99) 『仁祖實錄』 卷40, 仁祖 18年 1月 丙辰.
100) 『備邊司謄錄』 第58册, 肅宗 33年 9月 6日.
101) 『備邊司謄錄』 第4册, 仁祖 12年 2月 23日.
102) 『堤堰典故』 및 『燃藜室記述』 別集 6, 官職典故 備邊司.
103) 『備邊司謄錄』 第42册, 肅宗 14年 3月 15日.
104) 『備邊司謄錄』 第65册, 肅宗 39年 4月 3日.

당상과 상의하며 지방사무를 처리하였는데 특히 구관당상의 유고시에는 代察까지 겸대하였다. 유사당상 4인이 구관당상 8인을 각기 2인씩 중층으로 겸찰토록 한 내용이다.

결국 구관당상은 지방을 맡고 유사당상은 다시 구관당상을 장악하고 있는 제도로서 지방 통제의 이중구조 장치라고 볼 수 있는 특징적인 내용이다. 이것은 비변사에 의한 지방통제가 본격적이며 치밀한 구조로 운영되고 있었음을 의미한 것이라고 할 수 있다.

처음 시행될 때의 팔도구관당상은 한성부판윤 閔鎭厚가 경기도를 구관하고 동지중추부사 尹趾仁이 평안도를, 호조판서 趙泰耆가 함경도를, 행의정부좌참찬 崔錫鼎이 경상도를, 행예조판서 金宇杭이 전라도를, 이조판서 宋相琦가 충청도를, 형조판서 李健命이 황해도를, 이조참판 李晩成이 강원도를 각각 맡았으며 유사당상 4인이 각각 2개 도를 겸찰한 내용은, 겸병조판서 趙泰采가 경상·강원 양도를 맡고 지중추부사 朴權이 평안·충청도를, 행부호군 權尙游가 함경·전라도를 맡은 것이었다. 이 겸찰 2도가 지역적 연결이 없이 각기 서로 거리가 있는것은 그 이유가 명시되지 않았으나, 짐작컨데 도세에 따른 겸무 정도의 안배로 보여진다.

그러나 유사당상의 '兼察兩道' 조치는 시행된지 4개월 여만에 유사당상의 機務積滯 이유로 폐지되고 그 대신 유사당상 4원 전원이 8도 사무의 전체와 팔도구관당상 전원을 '通融管察'하는 제도로 바뀌어 시행되었는데 이와 같은 조치는 겸찰의 완화로 보이지만 어떤 면에서는 유사당상의 구관당상에 대한 통제조정력의 확대 현상으로도 볼 수 있는 것이다.

이와 같은 팔도구관당상 제도는 향촌조직에 관한 숙종 원년(1675)의 「五家統事目」 제정에105) 이어 비변사에 의한 지방통제의 보장이 제도화된 것임을 보여준 것이다.

즉 종래의 국왕 – 감사로 이어지는 단선적 지방통제 사이에 비변

---

105) 『備邊司謄錄』 第31册, 肅宗 1年 9月 26日.

사의 구관 조정이 더해진 것으로 기왕의 암행어사 제도 등이 부정기적 감찰이라고 한다면 이 팔도구관당상제는 정기적 상례조정이라고 할 수 있으며, 단순한 행정체계상으로 볼 때는 상당히 고도화된 통치구도라고 볼 수 있으나, 결국 비변사의 정치적 기능의 강화와 유관한 제도로 귀착되는 내용이었다.

沿海魚鹽勾管堂上은 숙종 42년(1716)에 비변사 당상 가운데서 수석 유사당상인 행의정부좌참찬 閔鎭厚가 포함된 3원이 分差되어106) 연해어염을 구관한 것인데, 앞서 언급한 五家統事目의 제정 시에는 논의가 일치되지 못하여 오랫동안 完定이 되지 못하였으나,107) 40년이 지난 뒤 팔도구관당상 및 이 연해어염구관당상 제도의 시행과 특히 「諸道魚鹽收稅節目」을108) 제정함에 있어서는 어떠한 분란의 기사도 보이지 않고 있다.

또한 이 연해어염구관당상이 임명된지 2개월만에 각도의 漁場·鹽盆·漁箭·船隻·貿販 등에 걸친 종합적이고 세밀한 「魚鹽收稅節目」이 제정 시행되었다는 것은 구관당상의 역할에 관한 심도를 알 수 있게 한 것이다. 더욱이 대동법이 전국에 걸쳐 실시된 이후 어염수세의 비중이 매우 커지고 있는 상황에서, 비변사가 이를 종합적으로 구관했다는 것은 비변사에 의한 재정장악 면모를 여실히 보여준 내용이라 하겠다.

이와 같은 비변사의 재정분야 구관은 영·정조 년간에 더욱 확대되어 공시당상과109) 준천사당상 및 주교사당상 등이110) 비변사

---

106) 『備邊司謄錄』 第69册, 肅宗 42年 11月 26日.
107) 『備邊司謄錄』 第31册, 肅宗 1年 9月 26日. "啓曰 五家統事目 緣論議不一 久未完定 今始相議停當 別單書入之意 敢啓"
108) 『備邊司謄錄』 第69册, 肅宗 43年 1月 18日.
109) 『備邊司謄錄』 第155册, 英祖 47年 1月 26日. "傳曰 貢市堂上 皆在外云 金應淳許遞 其代鄭弘淳 爲貢市堂上 其令領來 … "
110) 『大典會通』 卷4, 兵典 濬川司, "英宗朝 庚辰創 … 一員以備邊司堂上 啓差"
    『大典會通』 卷4, 兵典 舟橋司, "正宗朝 庚戌創 …"

의 구관당상으로 포함되기에 이르렀다.

이러한 구관당상의 운용과 때를 같이 하여 정조 10년 1월 5일에 書入된 貢市人詢瘼條와[111] 그 밖의 「戶曹鑄錢節目」·「工匠應行節目」등의 제정은 앞서의 「諸道魚鹽收稅節目」과 함께 조선후기 사회 경제분야의 중요 사항을 알 수 있게 하고 전후 250여 종이 넘는 事目·節目·別單 등의 제정 사실은 비변사의 이 방면에 관한 권한과 역할을 충분히 알 수 있게 해 준 것이라고 할 수 있다.[112]

또한 경제분야에서 중요한 역할을 한 구관당상이 영조말 이후 세도정치기간에 대부분 외척의 몫으로 돌아갔다는 것은 외척의 비변사 장악을 뜻한 것이기도 한 것이다.

4. 郎廳의 직무

비국낭청은 비변사의 사무를 보조한 실무원으로 그 업무가 '最苦'라 할 만큼 매우 많았다. 문무로 나뉘어 총 12원으로 구성되었으며 그 遞任은 당상과 같이 司啓 형식의 自薦自充이었다.

兵曹 武備司郎廳의 예겸을 제외한 文郎廳 3원은 侍從 문신 즉 4館 중에서 명칭이 있는 자를 택차하였는데[113] 전임 낭청이 후임자를 추천할 때 관직에서 물러난 사람도 포함하여 각각 3명씩을 추천하면 단망의 司啓로 재가 받으며 武郎廳 중 參下의 4원은 曹司의 유사당상이 해당 관아에서 올린 3인의 후보를 大臣이 '爲'자로 결재한 단망으로 임명되었다.[114]

낭청의 임기는 참하 낭청이 10개월, 參上은 15개월이며 임기가 차면 참하는 6품으로 승진시키고 참상 이상은 즉시 관계를 올려

---

111) 『備邊司謄錄』 第168册, 正祖 10年 1月 5日.
112) 姜萬吉, 1968, 「備邊司謄錄解願」 『韓國의 名著』, 玄岩社, 261~262쪽.
113) 『備邊司謄錄』 第70册, 肅宗 43年 6月 3日. "今正月二十六日 文郎廳三窠 作爲參下官所帶 擇四館中 有名稱者"
114) 『萬機要覽』 軍政篇 1, 備邊司 職制.

주거나115) 무낭청의 경우는 외직수령으로 제수시키는 것이 상례이었다.116)

만일 중임되어 仕滿될 때도 초임때와 마찬가지의 특전이 부여되었으며,117) 낭청이 대간직에 전임될 경우는 겸임하지 못하게 하였다.118) 사만시의 논상이라던가119) 上直郞廳이 사유 없이 궐직할 때의 추고는 물론이러니와120) 병으로 不進하여도 추고하는121) 등 직무에 따른 상벌이 엄하였다.

낭청의 임무는 다양하여 籌坐운영의 보조를 비롯하여 啓文草記・謄錄作成・收議・句管堂上 次知(사무보좌) 등 비변사의 고유업무에 대한 실무뿐만 아니라 邊事偵探・漂海人審問・戰況把握 등 군정업무와 外方 유사시 査覈, 魚鹽・屯田・松山 등의 摘奸, 그리고 몽고까지 파견되어 貿牛에 종사하는 등 그 직무가 매우 다양하고 많았다.

우선 비변사 회의인 주좌의 開坐시에 낭청은 番을 들어 참석자를 기명하고 당상관에게 공문서를 회람시키며122) 대신의 의견을 정리하여 계문을 작성하고 비변사 회의내용을 謄錄하며 특별한 일이 있을 때는 대신의 처소까지 파견되어 직접 문의하고123) 중요 防守方略의 商確時는 재외 원임대신에게 나아가 문의하는124) 등

---

115) 『謄錄類抄』官職, 光海君 9年 4月 16日.

116) 『謄錄類抄』官職, 顯宗 13年 5月 15日

117) 『萬機要覽』軍政篇 1, 備邊司 職制

118) 다만 例外的인 事例는 宣祖 26년에 獻納의 職에 있던 李睟光이 編纂事務 때문에 郎廳을 兼任한 적이 있다(『燃藜室記述』別集 6, 官職典故 備邊司).

119) 『備邊司謄錄』第1册, 光海君 10年 2月 8日.

120) 『宣祖實錄』卷55, 宣祖 27年 9月 庚申.

121) 『備邊司謄錄』第5册, 仁祖 16年 2月 18日.

122) 『萬機要覽』軍政篇 1, 備邊司 職制.

123) 『備邊司謄錄』第61册, 肅宗 37年 3月 13日, 四大臣處所 送郎廳 二人.

124) 『備邊司謄錄』第61册, 肅宗 37年 3月 13日. "以本司郎廳 問議於在外原任大臣之意 啓達矣"

그 역할이 매우 중요하였다. 이와 같은 일은 문낭청이 주로 한 것이었으며, 정조 5년에 낭청의 어전입시를 특별히 조치한 것을[125) 보면 후기로 갈수록 그 정치적 위치도 증대되었던 것으로 보인다. 이러한 일을 수행한 문낭청은 그 인원마저 소수인데다가 그들의 能文 때문에 兼春秋 등의 직무에 차출된 경우가 많아 더욱 여가가 없는 '最苦'의 상태이었다.

인조 2년 문낭청이었던 李植은 당시 비변사의 중요사안이었던 李适誅討의 사적을 찬록한 일을 맡게 되자 겸춘추의 직무를 그만두기까지 한 일이 있다.[126)

司堂上의 구관업무에 낭청의 次知 또한 허다하여 광해조 때에 이미 北道軍餉次知와 徙民推刷次知, 逆律奴婢次知 등이 좌목에 명기되고 있었으며 이는 무낭청의 소임이었다.

邊釁과 전란시에는 虜情을 탐문한다거나 전황을 파악하는 등 그들의 활약 또한 자못 큰 것이었다. 전자는 명종 5년 3월에 비변사 낭청이 함경도에 파견되어 노정을 탐문한 것이 그 한 예이며,[127) 후자는 왜란 중인 선조 27년 10월 도원수 權慄의 巨濟海戰親督事를 자세히 알기 위해 비변사의 낭청을 급파한 예가[128) 그것이다.

선조 27년 5월에는 經略 등 東征將官의 慰解事를 비변사 낭청이 영의정 柳成龍에게 비밀 啓草로써 직접 제시한 경우가[129) 있기도 하였다. 또한 낭청은 비변사의 중요업무 중의 하나인 漂海人의 問情에 있어 그 査問을 직접 담당하였을 뿐만 아니라 이 표도인들의 체류·회송 등의 조치를 맡아 하였으며,[130) 외방에 사건이 있을 때마다 수시 파견되어 이러한 임무를 수행하였다.

---

125) 『萬機要覽』 軍政篇 1, 備邊司.
126) 『備邊司謄錄』 第3册, 仁祖 2年 6月 3日.
127) 『明宗實錄』 卷10, 明宗 5年 3月 丁卯.
128) 『宣祖實錄』 卷56, 宣祖 27年 10月 乙巳.
129) 『宣祖實錄』 卷51, 宣祖 27年 5月 戊戌.
130) 『萬機要覽』 軍政篇 1, 備邊司.

각지 둔전에 파견되어 監牧官의 私利를 적간하도록[131] 조치된 것이라던지 昌州 軍器失火 및 碧潼郡守의 越邊畋獵事를 적간하고[132] 各色 濫數保率 등을 조사하여 定役하며,[133] 捧留穀數를 反庫하여 별단을 작성하고[134] 연해에 매년 분견되어 松山·冢墓·冒耕·煮硝·鹽盆·作契·築堰·換貿 등의 여러 일을 상세히 조사하여 보고한 것[135] 등을 그 몇 가지 사례로 들 수 있다.

換貿에 있어서는 국내뿐만 아니라 심지어 몽고에까지 들어가 貿牛한바 있었는데 인조 16년 6월 비국낭청 成釴이 몽고에까지 가서 소를 무역하였는데 이때 소 181두를 사 들여와 평안도의 열읍에 농우로 분급한 예도 있었다.[136] 이때 낭청의 몽고왕래의 도정을,

> 瀋陽에서부터 서북행 16일에 烏桓王國에 도착하고 이어 3일에 乃蠻王國에 이르렀으며 또 동북행 4일에 者朔道王國에 도착하였고 또 북행 3일에 蒙胡達王國에 다달았으며 또 東行하는 중에 投謝土王國·所土乙王國·賓土王國 등에 이르렀다.[137]

고 하여 근 1개월 만에 烏桓王國 등 滿蒙北塞의 일곱 왕국을 거친 것으로 나타나 있다. 이것은 17세기 초엽 塞外夷狄의 편린을 알 수 있게 한 자료이기도 하다.

---

131) 『宣祖實錄』卷46, 宣祖 26年 12月 乙丑.
132) 『備邊司謄錄』第1冊, 光海君 9年 1月朔 坐目.
133) 『備邊司謄錄』第15冊, 孝宗 3年 10月 3日.
134) 『備邊司謄錄』第21冊, 顯宗 2年 1月 15日.
135) 『備邊司謄錄』第69冊, 肅宗 42年 1月 27日. "司啓辭 本司郎廳柳聖基趙隆 安眠島及邊山摘奸以來矣 聞柳聖基之言 則安眠島 元定直七十三名外 閑雜人一百七戶 爲先驅出 能櫓軍 百餘戶 亦令地方官 刻期驅出 辛卯以後 入葬二十一塚 草殯三十處 亦爲刻期堀移 堤堰處 元復戶定給外 幷令還陳 埋炭三十五處 皆爲塡土 復戶田在山上者 與山下冒耕田 相換以給 松雜木 偸斫者 分輕重科罪 而其中水營煮硝 市所用末端木 斧痕雖甚狼藉 本營文書不計株數 只以把數載錄 無以覈得實狀 … "
136) 『仁祖實錄』卷36, 仁祖 16年 6月 庚子. "備局郎廳成釴 以貿牛事入蒙古 … 貿牛一百八十一頭而還 命分給平安道列邑 以資耕農."
137) 『仁祖實錄』卷36, 仁祖 16年 6月 庚子,

　이상에서 제시한 낭청의 직무는 몇 가지의 사례에 불과한 것이나 정치·군사·경제 등의 국정 중요 분야에 있어 비변사의 기능과 상관하여 많은 역할이 있었음을 알 수 있다.

　특히 낭청 역임자가 통정 이상의 승진에 유리한 경우가 많고[138] 또 비국에 久任한 사례가 많은[139] 것은 그들의 전문관료화 및 정치세력화의 두 가지 측면에서 모두 주목할 만한 것이었다.

Ⅳ. 결　어

　비변사의 조직은 최초 관계기사(중종 5년 4월 계사)에 의하면 三公監領 - (知邊事宰相) - 從事官의 체계로 운용된 듯 하지만 조직 관계기사(중종 12년 6월 계축)에 따르면 都提調 - 提調 - 郎官의 직제로 편성되었음을 알 수 있다.

　이러한 조직은 권설아문의 일반적 준례인 것이나 비변사의 경우는 정치적 기능이 수반되기 때문에 특별한 의미를 갖는 것이었다.

　都提調 - 提調 - 郎官(廳)의 직제는 중종조 이후 명종~선조 초엽까지 운용되었으며, 명종 10년에 비변사의 衙舍가 독립되고 특히 임진왜란 중에 副提調가 신설됨으로써 선조 25년(1592) 이후에는 都提調 - 提調 - 副提調 - 郎廳의 직제로 고정되기에 이르렀다.

　비변사의 창설이 『지봉유설』이나 『속대전』·『만기요람』 등의 정법서에 '明宗乙卯'(10년, 1555)이었다는 기록 때문에 상기 중종시의 조직은 도외시된 형편이었으나, 이는 사실과 다른 것이다. 비변사제조 및 낭청 명의의 활약기사가 당시의 실록기사로 허다히 나타나고 있기 때문이다.

---

138)　『謄錄類抄』官職, 光海君 9年 4月 16日.
　　　『謄錄類抄』官職, 顯宗 13年 5月 15日.
139)　『謄錄類抄』官職, 仁祖 24年 8月 11日.

비변사 당상은 비변사의 提調·副提調 등을 총칭한 것이며, 사무 분장에 따라 (一般)堂上·有司堂上·勾管堂上 등으로 분류되고 선임방법에 따라 啓差堂上·例兼堂上 등으로 구분되며 당하 실무원인 郎廳도 文郎廳과 武郎廳으로 나누어 있었다.

계차당상은 비변사 자체의 司啓로서 문무관의 구별 없이 선임되기 때문에 비변사당상의 정치세력화 과정에 크게 작용한 것이었으며 특히 이 계차당상의 무정수 운영규정은 비변사의 司勢 확대에 많은 영향을 미친 것이라 할 수 있다.

예겸당상은 판서·유수·문형·군영대장 등 문무경관 요직의 겸직이기 때문에 비변사의 정치적 기능이 확대강화 되는 제도적 장치라고 할 수 있으며, 정수 운영이지만 필요에 따라 증치가 가능하였고 또 그렇게 계속 운영되어졌던 것은 비변사 구성원의 세력강화 내지 비변사의 범정부적 권한행사와 밀접한 관계가 있는 것이었다.

비변사 존속의 전기간을 그 기능의 시대적 성격과 관계하여 변사주획기·군국기무총령기·외교재정장악기·내정전횡기 등 4기로 구분한 것은 앞에서 언급한 바 있거니와, 이 시기 구분이 그 조직 발전상에 草創·定型·擴張·跛行 등 4단계와 궤를 같이 한 것은 물론이었다.

제1기 邊事籌劃期(1510~1591, 중종 5~선조 24)는 조직의 형성 시기로서 이 기간의 초엽에 都提調－提調－郎廳의 직제가 기틀이 잡혔으며 명종 9년에 일반 정무의계가 주좌에서 정례화되고 익년의 아사건립과 함께 비변사는 상설기관의 조직으로 그 운영이 본격화되었다.

관원은 都提調 1·提調 6~8·郎廳 12원 등으로 구성되었는데, 10여 명 내외의 당상은 초기에 知邊事文臣 및 훈구대신 등으로 계차되었으나 명종조부터는 이·호·예·병조의 사조판서 및 강화유수가 비국당상으로 예겸되기 시작하였고, 이때 이미 3원의 有司堂上이 운용되고 있었다.

이들 조직구성원의 임무는 변사주획이 기본이지만 차츰 경중군무를 의계하고 정무 일부까지 議定하게 됨으로써 비변사가 의정부와 비견한 위치에 이르게 된 것이었다.

제2기 軍國機務總領期(1592~1698, 선조 25~숙종 24)는 조직의 정형시기로서 이 시기의 초기인 임란때에 副提調가 신설되어 비변사의 조직이 都提調－提調－副提調－郎廳의 직제로 정형화되었으며 새로 설립된 훈국의 대장이 예겸되고 인조 2년의 유사당상 1원 증치에 이어 동왕 24년 대제학의 예겸, 숙종 1년의 형조판서 예겸, 동왕 17년 개성유수의 예겸 등이 계속 이루어져서, 이미 정형화 된 조직과 그 구성원에 의해 전란대처 등 군국기무를 총령하고 나아가 국정전반을 의정하는 최고아문으로 등장하게 되었던 것이다. 따라서 이 시기에 의정부의 허구화가 수반됨은 물론이었다.

제3기 外交財政掌握期(1699~1800, 숙종 25~정조 24)는 비변사 조직의 확장시기로서 숙종 25년 어영대장의 예겸을 위시하여 수어사와 총융사(영조 23), 금위대장(영조 30) 등 군영대장과 수원유수(정조 17), 광주유수(정조 19)까지 예겸함으로써 왕기보장의 오군영대장과 사도유수가 모두 비국 구성원으로 확대편입 되었다.

이와 같은 사실은 비국의 정국주도 현상이 뚜렷이 부각된 정치적 측면이라고 할 수 있지만, 이보다 더욱 특징적인 것은 이 시기에 八道勾管堂上·魚鹽勾管堂上·宣惠堂上·貢市堂上·舟橋司勾管堂上 등 각종 구관당상이 分差되어 외교·재정 등을 장악하는 구성원의 확대가 현저하였다는 점이다.

이 시기에 선행한 비변사의 제2기를 전시·준전시의 대처 및 전후복구 등 국방강화의 시대적 배경이었다고 한다면 이 제3기는 대외화평이라는 시대적 배경이 있었으며 뿐만 아니라 이 시기 사회변동 및 상품경제 발달 등에 부응하여 비변사의 조직도 교역·재정 등을 관장한 구성원이 증치 되었음을 알 수 있다. 이러한 현상은 비변사의 재정권 확장이란 측면에서 주목되는 것이지만, 이를

통해서 조선후기 사회경제 발전단계의 한 측면을 엿볼 수 있기도
한 것이다.

　제4기 內政專橫期(1801~1865, 순조 1~고종 2)는 조직의 파행
시기로서, 이미 확장된 조직이 그 구성원의 숫자상에 있어서 군직
중심의 啓差가 더욱 누증되고 유사·구관 등의 요직당상이 외척이
나 재조벌열 세력에 의해 독점되는 현상이 뚜렷하였다.

　전반적으로 비변사의 조직은 정치세력의 핵심조직으로 바뀌어
온 양상을 띠었거니와 이 마지막 시기는 비변사의 핵심구성원에
의해 인사·재정·지방행정 등 주요 내정 사안이 專擅되고 왕권과
의 상보성도 결여되어 결국 비국의 혁파를 자초한 파행성의 노출
시기라고 할 수 있다. 이와 같은 현상은 19세기 초중엽 정치사회의
퇴영현상과도 밀접한 관계를 갖고 있는 것이라 하겠다.

　이상으로 비변사의 시대적 성격을 조직의 변천과정과 대조하여
보았거니와, 비변사가 의정부를 압도하는 새로운 아문으로 상설되
고 최고국정을 의정하는 기관이 되었음에도 불구하고 시종 권설아
문의 조직형태를 유지하였다는 것은, 設官分職의 체통상 문제가 있
기도 하였지만, 그 권설아문적인 조직운영이 다음과 같은 유용한
측면이 있었기 때문으로 볼 수 있다.

　즉 행정적 측면에서 볼 때에 유사시 임기응변의 정책적 효용성
과 관원의 적절한 임용과정에서 관직의 전문성을 제고할 수 있었
고, 정치적 측면에서 볼 때에 재조 관원이나 신진세력의 정계진출
이후, 어떤 경우에도 비변사의 존재는 유용하였다는 점이다. 이 후
자의 경우는 비변사를 비판하고 있던 일부 사림계층이 비변사의
당국자가 된 뒤에는 그렇지 않았다는 사례에서 익히 유추할 수 있
게 하고 있다.

　한편, 備邊司堂上은 비변사의 提調－副提調를 총칭한 것인데 이
를 몇 가지 기준으로 구분하면 다음과 같다. 구성원의 위계에 따라
대신급의 고위제조와 판서 이하 당상급의 (一般)提調로 나뉘어지

고 사무분장에 따라 (一般)堂上·有司堂上·勾管堂上 등으로 구분
되며 선임방법에 따라 啓差堂上·例兼堂上 등으로 분류된 것이다.
당하인 郎廳도 文·武郎廳으로 구별되며 여기에도 兼職과 啓差의
두 가지가 있었다.

계차당상은 비변사의 司啓로서 문무 구별 없이 선임되고 무정수
운영으로 규정되어 있기 때문에 비변사의 세력확대에 크게 작용한
것이었다.

예겸당상은 5조판서(工判 제외)·대제학·사도유수·오군영대
장 등의 겸직으로 일시에 예겸된 것은 아니었으며 군영대장의 경
우는 비변사 좌목에 오르지 않은 준구성원의 성격이라 할 수 있지
만 범정부적 권한행사와도 밀접한 관계가 있는 운영체제이었다.

비변사당상은 대개 10~20명 정도로 조직운영 되었으나 정치적
상황에 따라 40명을 상회한 때가 있었으며 세도정권 말기에는 군
직 중심으로 무려 5~60명에 달하는 폭증현상을 보인 때도 있었다.
낭청은 문 4, 무 8의 12명 정원으로 운영되었고 서리는 43명으로
정해 있었다.

18세기 말엽 이후인 영조 말기나 순조~철종 말기의 경우는 비
변사 인원의 상하 총 합계가 100명을 육박하거나 이를 넘은 적이
있었으니, 이것은 외형적 구성원의 숫자상으로만 보아도 타아문과
서로 비교할 수 없는 막강한 형세이었음을 보여준 것이라 하겠다.

비변사의 조직구성원은 그 초기에 변사주획에 부응할 만한 문신
중심의 知邊事宰相과 정치적 성격을 띤 일부 훈척 무신 등으로 편
성되었는데, 이것은 비변사의 위상에 그 단서를 보여주는 것이었다.

예겸제조가 증치되고 임란 등을 대처하면서부터는 그 구성원이
문무 구별 없이 거조적으로 편성되었으나 인조 초에는 반정 훈무
공신들이 대거 계차되어 조직의 주체를 형성하였고, 이후 재조 벌
열층은 비변사당상을 久任하는 것이 상례로 되어 있었다.

이러한 점은 신진관원의 비국 진출을 거의 봉쇄한 것을 뜻한 것

으로 말기 척신세도 시대에는 외척세력이 비국을 석권할 정도이었다. 이와 같은 사실은 비국 구성원이 어느 때이건 당대의 권력구조의 중추임을 나타낸 것이었다.

비국 구성원 가운데 핵심적 역할을 한 것은 소수의 고위제조 및 유사당상과 구관당상이었다. 4원의 유사당상은 비변사의 모든 機務를 專掌酬應하는 직책으로 비변사의 公事를 專管議處하고 관직의 천에 관여하며 유관병무를 주장하였다.

이 유사당상은 비변사의 제조 중에서 三望으로 계차되었으나 비국의 정치적 기능이 강화되기 시작한 인조대부터는 口頭 또는 草記에 의해 단망으로 선임되기까지 하였다. 긴급공사를 의처할 때에 주좌나 빈좌에서 대신의 부재로 의정 받지 못할 경우에는 이 유사당상이 대신에게 나아가 私議 또는 收議로써 처리할 정도로 그 권한을 막중하였다.

구관당상은 비변사의 군정·재정·교역 등의 사안을 주장하고 지방의 군정 및 행정 등을 통제·조정하는 경제분야의 전관구성원이었다. 숙종대의 八道句管堂上 제도가 대표적이라고 하겠으나 그 이전의 舟師勾管·徙民推刷勾管·軍餉勾管 등과 堤堰·魚鹽·貢市·舟橋司 등의 구관 및 진휼청당상·선혜청당상 등이 이에 속하며 비변사의 재정장악에 기여한 구성원이었다.

낭청은 비변사의 실무당하관으로 주좌나 빈좌운영의 보조를 비롯하여 啓文草記·謄錄作成·政策收議·勾管堂上次知 등 비변사의 정치적 역할에 실무자일 뿐만 아니라, 邊事偵探·漂海人審問·전황파악보고 등의 군정업무와 외방유사시 査覈 및 魚鹽場·屯田·松山 등지에 파견되어 摘奸하는 일, 그리고 換貿에 종사하여 몽고까지 파견되어 貿牛한 경우에서 보듯이 그 유형이 다양하고 그 업무가 '最苦'로 표현될 만큼 과중하였다. 仕滿되면 승진이 보장되고 어전 입시가 조치되는 등 비변사의 정치세력화 과정에서 그 기반적 위치이었다.

〈표 6〉 備邊司 坐目例(인조 - 효종대)

仁祖 2年 4月 (仁祖反正後)		仁祖 16年 1月 (丙子胡亂後)		孝宗 5年 3月 (羅禪征伐時)	
領 議 政	李元翼	領 議 政	李弘胄	領中樞府事	李敬輿
領中樞府事	鄭昌衍	左 議 政	崔鳴吉	領敦寧府事	李景奭
左 議 政	尹昉	右 議 政	申景禛	領 議 政	鄭太和
右 議 政	申欽	堂	上	判中樞府事	趙翼
堂	上	判中樞府事	金藎國	左 議 政	金堉
晉原府院君	柳根	兵曹判書	具宏	延陽府院君	李時白
兼禮曹判書	李廷龜	戶曹判書	沈悅	右 議 政	具仁垕
西平府院君	韓浚謙	禮曹判書	韓汝稷	堂	上
兼兵曹判書	金瑬	吏曹判書	李顯英	兼兵曹判書	元斗杓
延平府院君	李貴	綾川君	具仁垕	行吏曹判書	李厚源
玉城府院君	張晚(16일 減下)	工曹判書	李時白	戶曹判書	李時昉
完豊君	李曙	都承旨	尹暉	行江華留守	鄭世規
判敦寧府事	金尙容	副提學	李景奭	議政府左參贊	沈之源
行戶曹判書	沈悅, 例兼	右尹	呂爾徵	議政府右參贊	南銑
行知中樞府事	徐渻, 有司	吏曹參判	全湜	禮曹判書	鄭維城
行吏曹判書	吳允謙, 例兼	大司諫	李景曾	漢城府判尹	李浣
行大司成	鄭曄	刑曹參判	任絖	刑曹參判	申埈
刑曹判書	李時發, 有司		〈16명〉	行護軍	蔡裕後
知中樞府事	申景禛			吏曹參判	李時楷
漢城府判尹	金藎國, 有司				〈18명〉
韓平君	李慶全(16일 減下)				
兵曹參判	沈器遠				
吏曹參判	崔鳴吉(16일 減下)				
工曹參判	金慶徵(16일 減下)				
行大司諫	張維, 有司				
	〈24명〉				

〈표 7〉 備邊司 坐目例(현종-숙종대)

顯宗 1年 3月 (己亥禮訟時)		肅宗 1年 9月 (五家統事目制定時)		肅宗 39年 4月 (八道句管堂上施行時)	
領 議 政	鄭太和	領 議 政	許積	領中樞府事	尹趾完
延陽府院君	李時白	領中樞府事	鄭致和	行判中樞府事	崔錫鼎
領中樞府事	沈之源	行判中樞府事	鄭知和	行判中樞府事	李畬
行判中樞府事	元斗杓	左 議 政	權大運	領議政	李濡
右 議 政	鄭維城	右 議 政	許穆	行判中樞府事	徐宗泰
堂	上	堂	上	行判中樞府事	金昌集
行議政府右參贊	宋時烈	行禮曹判書	閔熙	行判中樞府事	尹拯
行戶曹判書	許積	工曹判書	柳赫然	行判中樞府事	趙相愚
行禮曹判書	尹絳	戶曹判書	吳挺緯	堂	上
吏曹判書	洪命夏, 有司	議政府右參贊	吳始壽, 有司	兼兵曹判書	趙泰采, 有司,
兵曹判書	鄭致和	刑曹判書	閔熙	行漢城府判尹	閔鎭厚
刑曹判書	李浣	兵曹判書	金錫胄, 有司	行議政府左參贊	崔錫恒
禮曹參判	李 相	吏曹判書	尹鑴	行禮曹判書	金宇杭
吏曹參判	李應蓍, 有司	刑曹判書	尹深	行 司 直	李彦綱
益 興 君	洪重普, 有司	兵曹參判	申汝哲	戶曹判書	趙泰耇
漢城府左尹	柳赫然	工曹參判	沈梓	工曹判書	金鎭圭, 有司
前弘文館副提學	俞榮	吏曹參判	睦來善	吏曹判書	宋相琦
		禮曹參判	洪宇遠	知中樞府事	李基夏
	〈16名〉		〈17名〉		〈17명〉

〈표 8〉 備邊司 坐目例 (경종 - 영조대)

景宗卽位年 12月 (景宗卽位時)		英祖卽位年 10月 (英祖卽位時)		英祖38年 閏5月 (世子賜死時)	
領中樞府事	李濡	左 議 政	李光佐	領中樞府事	金尙魯
領 議 政	金昌集	右 議 政	柳鳳輝	行判中樞府事	趙載浩
行判中樞府事	李頤命	堂	上	行判中樞府事	申晩
行判中樞府事	金宇杭	行知中樞府事	洪萬朝	領議政	洪鳳漢
行判中樞府事	權尙夏	行副護軍	沈檀	行判中樞府事	鄭羣良
行判中樞府事	趙泰采	行吏曹判書	李肇,有司	左 議 政	尹東度
左議政	李建命	行兵曹判書	趙泰億,有司	堂	上
右議政	趙泰耈	行副司直	權𨟪	行司直	金聖應
堂	上	議政府左參贊	金演	行工曹判書	李昌誼
行兵曹判書	崔錫恒	議政府右參贊	金一鏡,有司	行議政府參贊	李鼎輔
行知敦寧府事	宋相琦	工曹判書	沈壽覽	行司直	洪象漢
行戶曹判書	閔鎭遠	禮曹判書	李眞儉	刑曹判書	尹汲
行司直	金錫衍	戶曹判書	吳命恒,有司	漢城府判尹	南泰齊
漢城府判尹	李弘述	同知中樞府事	金重器	行副司直	李益輔
吏曹判書	權尙游	漢城府右尹	李森	禮曹判書	申晦
行司直	李晩成	戶曹參判	李眞儒	刑曹判書	金尙翼
刑曹判書	趙道彬	司憲府大司憲	李明彦	戶曹判書	金相福
禮曹判書	李觀命		〈16명〉	行副司直	具善行
知中樞府事	權𨟪			行副護軍	李之億
議政府右參贊	李宜顯			兵曹判書	金陽澤
刑曹參判	洪致中			吏曹判書	金致仁
江華府留守	洪啓迪			行副司直	崔鎭海
	〈21명〉			行副司直	韓汝稷
				行副司直	曺命采
				行副護軍	李章吾
				禮曹參判	鄭弘淳
				行成均館大司成	徐命臣
				行承政院都承旨	李彝章
				行副司直	朴相德
				吏曹參判	洪麟漢
					〈29명〉

〈표 9〉 備邊司 坐目例 (영조말년 – 정조즉위년)

英祖 51年 12月 (英祖末年時)				正祖 卽位年 1月 (正祖卽位時)	
領中樞府事	李相福			領敦寧府事	金陽澤
領敦寧府事	金陽澤			右 議 政	金尙喆
行判中樞府事	金尙喆			領中樞府事	李溵
行判中樞府事	李溵			右 議 政	鄭存謙
行判中樞府事	李思觀			堂	上
左 議 政	洪麟漢			兼禮曹判書	蔡濟恭
堂	上			行知中樞府事	具善復
行知中樞府事	李景祐	行副司直	鄭尙淳	行 司 直	具允鈺
行 司 直	具善復	行副司直	尹泰淵	行工曹判書	徐命善
行兵曹判書	蔡濟恭	吏曹參判	尹得養	行戶曹判書	鄭弘淳
行議政府左參贊	鄭弘淳	同知中樞府事	金華鎭	行兵曹判書	洪樂性
行刑曹判書	朴相德	行副司直	權導	刑曹判書	鄭尙淳
行吏曹判書	徐命應	行副司直	徐有隣	吏曹判書	李徽之
行 司 直	洪章吾	行副司直	金相翊	行副司直	張志恒
行 司 直	洪樂性	行副司直	徐命善	漢城府左尹	尹得養
淸 川 君	金鍾正	行副司直	李溭	同知中樞府事	李漢膺
行副司直	趙重海	行副司直	洪良漢	行副司直	金華鎭
行副司直	李重祐	行成均館大司成	金魯鎭	吏曹參判	沈履之
戶曹判書	具允鈺	行副司直	金養厚	漢城府右尹	金魯鎭
禮曹判書	趙曮	戶曹參判	鄭一祥	行副司直	徐浩修
行副司直	尹東暹		〈35명〉	開城府留守	徐有慶
議政府右參贊	鄭存謙			江華府留守	金鍾秀
行副司直	李潤成			行承政院都承旨	洪國榮
					〈25名〉

<표10> 備邊司 坐目例 (순조–헌종대)

純祖 12年 7月 (洪景來亂 後)		純祖 33年 11月		憲宗 3年 1月	
領中樞府事	李時秀	領 議 政	李相璜	領中樞府事	李相璜
行判中樞府事	徐龍輔	左 議 政	沈象奎	行判中樞府事	沈象奎
領 議 政	金載瓚	領中樞府事	鄭晩錫	右 議 政	朴宗薰
左 議 政	韓用龜	堂	上	堂	上
右 議 政	金思穆	行判中樞府事	李義甲	領敦寧府事	趙萬永
			(關西勾管)		(舟橋有司, 京畿勾管)
堂	上	行禮曹判書	金在昌	行判中樞府事	李義甲
					(關西勾管)
領敦寧府事	金祖淳	行吏曹判書	朴宗薰	行判敦寧府事	金逌根
兼兵曹判書	沈象奎		(貢市)		(湖西勾管, 貢市)
判敦寧府事	趙尙鎭	行戶曹判書	趙萬永	行知中樞府事	金在昌
行上護軍	曺允大	(京畿勾管, 舟橋司有司)		行知敦寧府事	鄭尙愚
行知敦寧府事	韓晩裕	行知敦寧府事	鄭尙愚	行上護軍	金敎根
行禮曹判書	李集斗	行上護軍	洪奭周	行戶曹判書	李止淵
行上護軍	南公轍	(有司, 湖西勾管)		(有司, 嶺南勾管)	
行吏曹判書	朴宗來	知中樞府事	洪義俊	行上護軍	徐俊輔
行戶曹判書	李勉兢	行大護軍	朴周壽	行知中樞府事	洪義俊
行司憲府大司憲	金履度	守判中樞府事	李止淵	行吏曹判書	徐耕輔
工曹判書	朴宗慶		(嶺南勾管)		(湖南勾管)
議政府左參贊	李肇源	廣州府留守	例兼	行禮曹判書	趙寅永
刑曹判書	李相璜	行大護軍	南履翼		(有司, 貢市)
知訓鍊院事	李得濟	知中樞府事	李勉昇	司憲府大司憲	金鏴
江華府留守	洪義培	知中樞府事	宋冕載	工曹判書	金學淳
行承政院都承旨	韓致應	議政府左參贊	徐能輔	行大護軍	金履載
工曹參判	李浩		(海西勾管)	議政府左參贊	沈能岳
行 護 軍	林漢浩	知中樞府事	李光文	兵曹判書	金蘭淳
行 護 軍	趙弘鎭		(湖南勾管)	漢城府判尹	權敦仁
禮曹判書	洪奭周	知中樞府事	朴綺壽	知中樞府事	金箕殷
行 護 軍	金基厚	議政府右參贊	金箕殷	守判中樞府事	申在植

〈26명〉	行大護軍　　李翼會	（關東勾管）
	行大護軍　　趙寅永	行大護軍　　鄭元容
	（有司, 北關, 貢市）	（有司, 北關勾管）
	兵曹判書　　徐耕輔	水原府留守　徐有榘
	（例　兼）	行大護軍　徐憙淳(有司,堤堰)
	刑曹判書　　柳相亮	刑曹判書　　李光文
	（例　兼）	廣州府留守　朴岐壽
	漢城府判尹　鄭基善	知中樞府事　曹鳳振
	（有司）	議政府右參贊　宋冕載
	行大護軍　　李紀淵	行大護軍　李翼會, 海西 勾管
	（有司,堤堰）	行大護軍　　洪命周
	行護軍　　　李惟秀	禮曹參判　　朴永元
	（例　兼）	行護軍　　　李完植
	刑曹參判　　李鐵求	行護軍　　　金弘根
	（例　兼）	江華府留守　李寅泰
	江華府留守　金箕常	漢城府左尹　柳相弼
	（例　兼）	開城府留守　南履炯
	開城府留守　鄭相榮	〈37명〉
	（例　兼）	
	〈30명〉	

〈표 11〉 備邊司 坐目例 (哲宗 14年 12月朔 坐目)

本職	姓名	本職	姓名	本職	姓名
領中樞府事	鄭元容				
行判中樞府事	金興根				
領議政	金左根				
右議政	趙斗淳				
堂	上				
行判中樞府事	金炳冀	行大護軍	金箕晩	水原府留守	南秉吉
(舟橋司有司 例兼)		行大護軍	南獻敎	(例 兼)	
行知中樞府事	金炳國	行大護軍	趙得林	行大護軍	宋近洙
(湖西勾管)		(嶺南勾管)		行大護軍	金應均
行知中樞府事	金炳學	行大護軍	李 耦	行大護軍	任百秀
(貢市)		行大護軍	曺錫雨	行大護軍	李宜翼
行知中樞府事	洪在喆	守判中樞府事	趙然昌	知中樞府事	洪鍾序
行知中樞府事	尹致秀		(貢 市)	行 護 軍	李裕膺
行議政府右參贊	金輔根	行大護軍	申錫愚	行 護 軍	許 棨
行上護軍	李敦榮	行大護軍	李根友	(例 兼)	
行上護軍	李景在	行大護軍	任百經	行 護 軍	任泰瑛
(京畿勾管)		行大護軍	俞章煥	(例 兼)	
行上護軍	金學性	行大護軍	李寅皐	行 護 軍	金永爵
判敦寧府事	鄭基世	行大護軍	金炳雲	開城府留守	金翊鎭
(湖南勾管)		刑曹判書	沈宜冕	(例 兼)	
行上護軍	洪鍾應	禮曹判書	金炳德	江華府留守	鄭憲秀
行上護軍	金大根		(關西勾管)	(例 兼)	
行議政府右參贊	趙得林	廣州府留守	李源命	戶曹參判	金輔鉉
(關東勾管)		(例 兼)		(有司堤堰)	
行吏曹判書	洪說謨	行大護軍	洪裕吉	刑曹參判	金炳地
行上護軍	金炳喬	行大護軍	申錫禧	〈54명〉	
行知敦寧府事	尹致定		(海西勾管)	(郎廳省略)	
行兵曹判書	徐載淳	行大護軍	金炳㴤		

비변사의 직무범위

I. 서 언

이 장에서 다룰 비변사의 직무는 법제상의 내용과 실제상의 운용이 서로 차이가 있어 이를 확연히 구분할 수 없는 한계성이 있다. 비변사가 권설될 무렵의 초창기 직무는 변사대비 관아라는 칭명처럼 邊事籌劃이 위주이며 『속대전』이나 『만기요람』 등의 규정에는 중외의 軍國機務를 總領하는 것으로 되어 있으나 비변사의 직무실상은 이를 훨씬 넘어선 것이었다.

즉 초창기부터 변사뿐만 아니라 일부 정무까지를 議處하고 임진왜란 이후에는 국정을 議定하는 최고관아로 행세하였으며 특히 인조반정 이후부터는 國政總掌 뿐만 아니라 권력의 최고기구로 바뀌어 가고 있는 형세이어서 그 직무 기능의 한계를 뚜렷하게 규정할 수 없기 때문이다.

이와 같은 비변사의 직무를 파악하기 위해서는 다음과 같은 두 가지 유형 즉 협의적인 자체 司事庶務와 광의적인 국가 정책의정의 내용을 종합 검토하여야 할 것이다. 그러나 이 두 가지 것을 합치어 보면 비변사는 법제적 최고 관아인 의정부의 政事에서부터 육조 各司의 서무에 이르기까지 거의 미치지 않은 것이 없을 정도로 광범위한 것이 되어 가히 無所不至의 직무와 기능을 행사한 것으로 볼 수 있다. 이러한 점은 우선 비변사의 본래 직무라고 할 수 있는 변사·군정사안 자체가 간단한 것이 아니며 군국기무의 총령이라는 것도 어느 때이건 당대의 정치정무와 불가분의 관계에 있고 또한 외교·경제·사회 등의 문제와도 복합적으로 연관되어

---

* 이 논문은 拙稿, 1991, 「備邊司의 職務에 대하여」『韓國史學論叢 上, 朴永錫教授 華甲紀念論叢』, 853~873쪽에 揭載한 내용임.

있어서 어떻든 간에 상호 관련성이 많다는 점과, 여기에 더하여 왕권과 비변사간의 상보관계 그리고 정치권력의 비국집중화 현상 등으로 비변사의 정치적 기능이 확대일로에 있었다는 배경 때문이다.

따라서 비변사의 직무는 이러한 상황 때문에 그 한계를 명확히 구분하기가 어려운 것이다. 그러나 본고에서는 이러한 전제를 감안하면서도 당시에 명시된 몇 가지 자료를 종합, 이를 근거하여 비변사의 직무범위를 파악하고 司事庶務의 구체적인 내용과 議薦權의 행사 내용을 함께 살펴서 비변사 직무의 대체를 밝히고자 한 것이다.

Ⅱ. 비변사의 직무범위

비변사의 직무는 『속대전』에 명기된 바와 같이 中外의 군국기무를 총령한다고 되어 있으나, 이것은 의정부와의 官職體統上 구분이며 임란이후부터는 사실상 국정전반을 총괄하는 범정부적 직무를 행사하고 있었다.

의정부가 『경국대전』에 總百官·平庶政·理陰陽·經邦國이라는 내외중사의 총체적인 의정과 庶政總理로 규정되고 그 세부적 掌政, 掌事는 육조 각사에 구분되어 있으나1) 조선시대의 관제 병렬성2) 때문에 이 정부, 각사간의 사무 한계가 모호한 점이 많다.

즉 조선조 관제가 周官六翼의 사무분장처럼 관아별로 규정되어 있기 때문에 宮中·府中의 구분이 애매할 뿐만 아니라 정부·각사간의 소관 한계도 분명하지 않고 또 의례·법제 등도 일괄적으로

---

1) 『經國大典』 吏典 京官職 衙門.
2) 拙著, 1986, 『朝鮮時代史論講』, 敎文社, 34쪽.

규정되어 있어서 각관의 소장이 확연히 구별되지 않으며 그 소임을 구분한 법전의 규정 역시 행정법전적 성격으로 되어 있기 때문에 그 한계가 명확하지 않다는[3] 점이다.

이러한 형편에서 전시 비상체제하의 경우에는 특수한 권설아문에 諸務가 집중되기도 하며 평시에도 정치세력의 여하와 권력구조의 향방에 따라 중요 정책의 議啓는 그 소관한계가 불분명한 경우가 많았다.[4]

특히 임진왜란시에 전란대처의 군국중사를 총령하면서부터는 더욱 이러한 경우가 되었고, 이것은 곧 비변사를 국가권력의 핵심기관으로 부상하게 한 중요배경이 되었던 것이다.

이러한 제도상의 문제와 임란이후 전시체제의 장기화 및 비변사 당상의 정치세력화 등은 조선후기로 내려올수록 내외중사의 의계를 비변사의 직권으로 繫屬시키는 요인이 되었던 것이다.

법전상에는 각급 아문의 소관사항이 명기되어 있지만, 일반적으로 각 아문의 임무는 고유 단독임무와 공동 협조임무 그리고 임시 특별임무 등으로 나눌 수 있는데, 전자는 통상적 자체임무로 타사의 간섭이 별로 없으나 공동이나 임시임무는 법전적 직무라고 하더라도 사안의 성격에 따라 외부의 간여나 영향력 아래 이행되는 경우가 많다.

이러한 庶政의 混淆 경우는 물론 設官分職의 체통에 어긋나는 것으로 이를 시정하려는 입장이 수시로 있었으나[5] 정치적 상황이나 능률과 관련된 행정적 준례 때문에 이러한 시정요구는 무위로 돌아가는 것이 상례이었다.[6] 비변사는 바로 이 후자의 경우와 예

---

3) 田鳳德, 1968,『韓國法制史研究』, 서울대 出版部, 參照.
4)『謄錄類抄』肅宗 6年 10月 9日. "近日 國家政令多門 權摠不一 乖舛已甚 … "
5) 拙稿, 1990,「朝鮮後期 備邊司의 政治的機能에 관한 硏究—備邊司의 置廢를 中心으로—」『傳統文化研究』1, 朝鮮大 傳統文化研究所, 52~62쪽.
6) 同上.

에서처럼 타부서의 직무에 영향을 미치거나 심지어 타사의 사안까지 직·간접으로 장악한 것이었다.

이와 같은 비변사의 역할은 그 세세한 사례가 『비변사등록』이나 실록 등에 구체적으로 등재되어 있으나 3백 여년 동안의 무수한 사안 그리고 방대한 원전자료를 빠짐없이 확인하여 이를 분류 해명하기란 결코 쉬운 일이 아니다. 물론 이러한 면이 비변사의 실체를 파악하기 어렵게 한 요인이라 할 수 있으나 이 장에서는 『비변사등록』의 일별과 함께 다음과 같은 몇 가지의 자료 원용과 그 분석을 통해 비변사 직능의 대체를 살피고자 한 것이다.

비변사의 직무를 살핌에 있어 초창기의 내용은 관계자료가 不傳하거나 미흡하고 임진왜란 이후 전시체제하의 所掌은 비변사가 범정부적으로 역할하였기 때문에 그 고유한 직무가 무엇인지를 파악할 수 없게 한 한계성이 있다.

따라서 여기에서는 임난후 복구가 어느 정도 이루어지기 시작한 선조 말엽에서부터 숙종 초엽까지의 비변사의 제2기[7] 후반과 숙종 때 이후 영·정조 년간까지의 비변사의 제3기에서[8] 그 전반 내용을 주 검토대상으로 하였다.

특히 이 기간은 비변사의 조직이 정형화되고 그 발전과정에서 활성 내지 흥성기에 해당된 시기로 보여져서[9] 이 시기의 비변사 직무 내용은 조선시대의 비변사를 대표적으로 규정할 만하기 때문이다.

비변사의 소장직무 파악에 긴요한 자료는 우선 대원군 집권시 비변사 혁파가 거론될 때 제시된 당시 『고종실록』의 비변사 소장항목과 순조년간에 간행된 『만기요람』의 비변사 소장항목, 그리고 영조

---

7) 拙稿, 1990, 「朝鮮後期 備邊司의 政治的機能에 관한 硏究 - 備邊司의 置廢를 중심으로 - 」 『傳統文化硏究』 1, 朝鮮大傳統文化硏究所, 49~52쪽.
　　＿＿＿, 1991, 「朝鮮後期 政治權力構造硏究 - 備邊司의 組織을 中心으로 - 」 『國史館論叢』 22, 國史編纂委員會, 38~39쪽.
8) 同上.
9) 본서 제1장 Ⅱ의 3, 備邊司의 時期別 特徵 참조.

넌간에 비국에서 간행된 것으로 보여진『등록유초』10) 등의 분류내
용 등을 들 수 있는 바,『고종실록』의 비국소장 분류내용은 시기적
으로 가장 늦은 것이어서 비변사의 종합적인 의계사항이 포괄적으
로 망라되어 있고,『만기요람』은 주지한 대로 조선후기의 대표적
정법서라는 점과,『등록유초』는 시기가 올라가지만 당시의 비국 임
무를 당국자가 類分 정리한 직접 사료이기 때문에 비국임무를 파악
하는데 있어 이 세 가지 자료는 매우 요긴한 것이라 할 수 있다.

그러나 전체적인 비변사의 직무와 정치적 성격을 가름하고자 할
때는 비국 직무 사항의 해명 위에 비변사당상 특히 유사당상이나
구관당상 등의 정치적 위상 및 구체적 역할,11) 그리고 비변사의 의
계로 결정된 각종 節目·事目·別單 등의 분석이 종합적으로 병행
되어야 할 것이며 이 모든 것이 이해되어야만 그 직무의 범위나 성
격을 보다 확실하게 구명할 수 있을 것이다.

그러나 앞에서 언급한 바와 같이 본고에서는 그 직무의 대체파
악을 전제한 것이기 때문에 우선 비변사 직무를 일별하기 위해 대
원군 섭정시 비변사의 혁파과정 때에 적시된『고종실록』의 비변
사 所掌 항목부터 살펴보기로 한다.

여기에서 비변사의 소장항목이 총 56개항으로 분류 적기되었는데,
冒頭의 幸行을 비롯하여 陵墓 및 勸獎 그리고 祀典·辭命·使行·典
禮·朝會·貢獻·科第·水旱·學校·印章·民戶·田政·賦稅·糶糴
·貢市·蠲減·救荒·優恤·倉廨·漕運·移轉·堤堰·徭役·支供·
官職·任使·薦擧·褒賞·殿最·按廉·赦宥·刑獄·法禁·議讞·財
用·摘奸·魚鹽·班儀·祿俸·事大·交隣·邊事·關防·城池·紀綱
·操飭·烽燧·驛路·漂頹·討捕·船隻·松田 등 56개항이 그것이

---

10) 備邊司編「年紀未詳」10册(寫) 41.6×29.2cm印(備邊司)〈奎 No.15080〉이
　　『謄錄類抄』는〈官職〉에서부터「雜令」에 이르기까지 20여항으로 나누어
　　『備邊司謄錄』을 分類抄記한 것으로 10책이 現傳한다. 이 資料의 價値는
　　앞에서 이미 言及하였으므로 생략한다.
11) 拙稿, 1991, 앞의 글「朝鮮後期 政治權力 構造研究」, 53~64쪽.

다.12) 이 항목으로 볼 때 대체적으로 중앙의 정부·육조·각사에서부터 지방의 감·병·수영의 직임에 이르기까지 각관의 고유 또는 유관임무가 비변사와 거의 중복되지 않음이 없음을 알 수 있다.

이와 같은 항목분류는 대원군이 섭정하면서 비변사의 혁파를 위해 일차적으로 政務와 軍務를 분리코자 할 때에 위의 56개 항목 중「幸行」에서부터「祿俸」까지의 43개항은 의정부의 所掌으로 복귀시키고「事大」부터「松田」까지의 13개항은 文簿 거행을 위주로 해서 비변사가 계속 관할토록 한 것에서 제시된 것인데, 당시 비변사의 소장으로 존속된 후자 13개항은 비록 정치적 기능이 없어진 채 문부거행으로 제한된 것이기는 하나 창설초기 비변사의 설치 목적에 부합된 고유임무라고 할 수 있다.

이상의 총 56개항을 협의적으로 제한하여 그 직무를 행사한다 하더라도 비변사의 직무 영역이 국정 전반을 거의 포괄한 것이 되지만, 여기에 더하여 위의 각 항목 사안에 부수되거나 유관된 업무까지를 비변사에서 통제한 것이 많았으니 비변사의 관할은 가히 無所不及의 경우라고 할 수 있는 것이다.

다음으로『만기요람』에 실린「備邊司所掌事目」은 비변사의 직무를 협의적으로 기록한 듯하고 특히 비변사의 운영과 관계된 항목을 제시한 것으로 볼 수 있는데 여기에는 총 22항목으로 분류 정리되어 있다.

즉 擬望·軍操·災實分等·還餉·松政·留都·西北襦紙衣及木棉去核·漂到人·貝役夜票·擔柩軍及駕牛·草料·各司能書·使行銀·箭竹題給·海松子題給·落幅紙題給·慶尙全羅木·虎豹皮及方席·空名帖·諸道謄報·郎廳規矩 등의 사안 처리 임무가 그것이다.13)

이것은 앞서 본『고종실록』의 분류 항목과 몇 가지 같은 것도 있지만 대부분 지엽적으로 제한된 것이 많고 항목 숫자도 축소되어

---

12)『高宗實錄』卷1, 高宗 元年 2月 11日.
13)『萬機要覽』軍政篇 1, 備邊司 所掌事目.

있으며 司의 운영에 관계된 듯한 세부적 또는 부분적인 직무 내용이라 할 수 있다. 특히 이 분류에서는 관직 의천권인 「擬望」을 제외하면 정치적 기능과 관계된 것이 없는 것이 특징이다.『만기요람』이 순조 초엽에 정리되었음을 고려해 볼 때, 이 시기는 비변사의 구성원이 대폭 증가하고 비변사의 직권이 전횡되고 있을 때임에도 불구하고 이와 같이 비변사의 직무가 제한적으로 정리된 것은 아마도 비변사에서 의계로서 처리한 제 사건을 모두 포함시키지 않고 비변사 자체의 서무를 위주로 정리한 것이기 때문으로 보인다.

한편 『등록유초』의 분류 항목은 크게 編册 제목으로만 보아도 20여 가지나 된다. 즉 官職·驛路·畜牧·烽燧·漕轉·轉運·任使·祭享·敎化·養士·禮樂·朝會·內外官相見及居處·賦役·財用·田農·交隣·軍政·邊事·法禁 등의 항목이 그것이다. 여기에서 조회나 內外官相見及居處 등의 항목은 의계사항이 아니며 주로 비국 회의에 관한 사항이기 때문에 비국소장 사항이라고 볼 수 없는 것이다.

이 『등록유초』는 방대한 『비변사등록』을 중요사항 위주로 분야별로 나누어 抄記한 내용이다. 이것은 일종의 기사본말체적 형식이 가미된 비국 사료로서 간행 년도가 명기되어 있지 않지만 그 최초 기사가 선조 37년이며 최종기사가 경종 3년에 끝나는 것으로 보아 영조년간에 정리된 것으로 보여진다.

이는 방대한 『비변사등록』을 고람의 편의를 위해 類抄한 것 같은데 숙종때 『朝野記聞』을 편찬한 전례도 있지만 영조년간의 제도 정리와 관련, 『문헌비고』 등의 정리와 같은 맥락에서 초기한 것으로 보이기 때문에 당시의 안목으로 분류된 매우 의미있는 자료이다.

현재 전해지고 있는 것은 落帙의 10권뿐이나 원래는 30권으로 된 巨帙일 것으로 여겨지기 때문에 現傳 10권의 册題所掌 관계항목보다 2~3배 또는 그 이상 추가될 것으로 판단된다.

따라서 최소 4~50개의 항목을 상정한다고 하더라도 거기에 연관된 작은 항목이 또한 수십항을 넘을 것이기 때문에 전질의 경우라면 수천항의 사건처리에 관한 항목이 편목 되었을 것임을 쉽게 추정할 수 있다. 이는 구체적 숫자를 헤아릴 필요도 없이 내외각사의 임무가 거의 이 가운데 포함되었을 것을 의미한 것이기도 하다. 이러한 사정을 미루어 보더라도 비변사의 의처 사안이 헤아릴 수 없음을 쉽게 상정할 수 있다.

Ⅲ. 비변사의 司事庶務

이상의 몇 가지 자료에서 비변사의 전반적인 직무를 일별할 수 있거니와 비변사 자체의 서무는 『만기요람』의 '所掌'항목과 『등록유초』의 제2권 '驛路, 畜牧 …' 등에 수록된 사항에서 이를 확인할 수 있다. 이를 열거하여 비국의 구체적인 서무내용을 먼저 살펴보기로 한다.

擬望: 의망은14) 관리추천의 직무로서 주로 비변사의 本務에 연관된 방어임무의 경외문무관 선발권한이다. 자세한 것은 후술하겠지만 남북변방 요지의 감·병·수사나 중앙의 군영·유수부 그리고 암행어사, 순찰사, 遠接使, 선혜·진휼당상 등 특별관직의 擬望權을 행사한 직무이다.

軍操: 군조는 지방의 군사조련을 비변사에서 통제하는 것이다. 비국의 변사대비 임무로서 水上 操鍊이거나 陸上 조련이거나 간에 諸道에서 춘추에 품의하는 장계가 도착하면, 각도의 사정을 감안하

---

14) 이 項目은 本章 Ⅳ항의 「備邊司의 議薦權」과 重複되나 廣義的으로 볼 때 備局庶務에도 該當된 것이므로 먼저 여기에 摘記하며 그 자세한 內容은 다음 Ⅳ항에서 다루어질 것이다.

여 그 실시여부를 비변사에서 覆啓로 결재를 받아 처리한 것이다.

이 조련은 봄철은 2월에, 가을은 8월 안에 실시하는 것으로, 삼남과 경기의 수상조련은 합동으로 실시하며 가을에는 各營의 前洋에서 시행하는 것이 원칙이었다. 이 때에 합동조련의 정지 또는 各營 前洋操 시행여부 및 춘추 어느 한 철만의 시행여부, 그리고 격년 시행여부 등을 비변사에서 결정하였으며 조련책임관인 감·병·수사의 연습완료 보고서가 지연될 때는15) 비변사에서 이를 문책함으로써 조련의 구속력을 강화시키고 있었다. 또한 조련시에 군졸에게 주는 상포 등을 비변사에서 마련 분급함으로써16) 실질적인 관할력을 행사한 것이었다.

災實分等: 각도의 재실분등에 관한 上啓를 처리하는 내용으로, 비변사에서 지체함이 없도록 각도에 독려하고 그 보고서를 품의 처리한 뒤에 원본과 審議上奏書를 모두 謄書하여 上奏하도록 규례를17) 정하였으며 후기로 내려올수록 이 직권을 강화시켜 나갔다.

還餉: 환향은 군량용의 환곡으로서 分留를 비변사에서 조치하며, 영조 46년에는 제도의 묵은 환곡을 開倉하기 전에 풍흉을 참작하여 수량을 배정, 문서로 보고하여 수납하도록 할 것을 규례로 정하였다.

한편 각도 還餉의 수납과 미납에 대한 보고가 일제히 도착한 뒤에 미납된 지방의 수령과 변장은 성적을 매기어 논상하며18) 이 모든 조치는 연말에 마감하고 비변사에서 상주하여 처리하였다. 이

---

15) 『萬機要覽』 軍政篇 1, 備邊司 所掌事目.
　　만일 春月 1月 10日, 秋月 7月 10日을 넘을 때의 問責은 正祖 21년(179)에 規例로 정하여진 것이다.
16) 『萬機要覽』 軍政篇 1, 備邊司 所掌事目.
17) 規例로 定해진 것은 正祖 7년과 同王 21년의 두 가지 기록이 있다(『萬機要覽』 軍政篇 1, 備邊司 所掌事目).
18) 末位, 2等, 3等에 該當되면 『大典通編』에 의거 抄記하여 成績을 매긴다. 自備糧穀이 10석 미만이 되는 守令도 成績을 매기고 首位에 해당되면 賞을 실시한다(『萬機要覽』, 同上).

환향은 앞의 재실분등과 함께 비변사의 재정적 역할 중의 일부분에 해당된 직임이다.

松政: 송림행정은 비변사에서 엄중히 검찰하는 직무인데 각종 용도의 재목을 비변사에서 직접 벌채를 주관하여 내어주는 것이라던가 戰船用 재목을 비롯하여 운송선, 강화에서 왕이 타는 亭子船, 석재운반선, 나룻배, 훈련도감의 비상대기선 등의 조선 재목과 外都庫나 氷庫用의 목재 그리고 사옹원의 輪臺版, 사복시의 馬槽版, 제언의 水筒木 등을 직접 조치하고 이외의 용도가 생기면 그 다소를 불문하고 모두 품의하여 실시토록 한 소임이다.

留都: 국왕의 행행시, 예를 들어 寧陵이나 齊陵, 厚陵 및 溫陽 등지에 거동할 때에 비변사가 留都의 책임을 지며 대신은 비변사에 머물러 있고 왕의 행차가 여러 날이 될 때에는 당상이 윤번으로 비변사에 번을 들어 유도의 업무를 관장한 직임이다.

西北襦紙衣 및 木綿去核 : 서북 양도의 襦衣・紙衣[19) 및 씨를 앗은(去核) 목화의 수납 등을 비변사에서 관장하는 것으로 해마다 비변사의 유사당상이 견본을 보고 수납하며 이를 운반할 때에는 4組의 刷馬로 나누어 하고 금군으로 호송케 하는 임무도 아울러 지고 있었다.[20)

漂到人: 표도인의 査問과 송환을 비변사에서 담당하는 것으로 그 사문은 대외 정보 파악에 매우 중요한 비중이 있었으며[21) 송환에 있어서는 해로이거나 육로이거나 간에 표도인이 원하는 대로 송환시키되, 호송하는 제반 절차를 시달하고 식량・물품 등의 지급을 관장하는 직임이다.

---

19) 襦衣는 무명 저고리로서 안팎이 생무명이고 솜을 놓은 것인데 표준 무게는 3근이며, 紙衣는 종이로 겉을 받치고 무명으로 안을 받치면 4근 정도이다(『萬機要覽』, 同上).

20) 咸鏡道 및 平安道의 襦・紙衣의 운반과 무명의 씨를 앗은 목화의 납부 내용이 『萬機要覽』에 상세히 記錄되어 있다.

21) 『謄錄類抄』 第8卷, 邊事一.

예를 들어 전라도에서는, 표도인이 해로로 송환되기를 원하면 회송되는 공문을 기다릴 것 없이 바로 보내고 뒤에 보고하도록 한다거나(정조 3년 1779년에 규례로 정하여 짐), 또 표착한 중국인이 육로로 돌아가기를 원하는 자는 내지인이면 다른 咨官을 정하여 호송하고 외지인이면 의주부의 역관이 호송하여 만주 봉성에까지 가서 인계해주고, 중국에 보내는 문서는 금군을 정하여 의주로 내려보내는 등의 임무이다. 이 표도인 심문은 비변사의 중요임무의 하나로서 이를 통하여 대외 정세를 파악하고 대책을 세우며 중국·일본·남만 나아가 그곳에 왕래하다가 조선에 표류한 서양인의 심문을 통해 서양의 사정도 파악한 것이다. 이와 같은 사례들은 조선후기 사신왕래 및 貿書 등과 함께 대외 知見을 넓히는 역할에 기여하였다.22) 이 표도인 심문 사항은『만기요람』소장 항목에는 적시되지 않았으나『등록유초』에는 집중적으로 정리 抄記되어 있다.23)

員役夜票: 各司 員役의 야간 통행증을 비변사에서 頒給, 교환하여 주는 것으로 정례에 의하여 반급한 임무이다. 이 夜票는 式年마다 당번이 되는 훈련도감이나 어영청에서 거두어들이는 것이며 이는 각기 해당되는 司에서 帖을 만들어 예하 營門으로 보내고 영문에서는 手決 후 첩을 만들어서 비변사에 보내면 묵은 것은 새것으로 바꾸어 주며 만일 분실하였을 때는 笞 50대를 친 후 새로 만들어 준 것이었다.

擔柩軍 및 駕牛: 상여를 메는 軍丁과 운구할 소(牛)를 비변사에서 담당하여 지급하는 것으로, 喪輿軍을 지급하는 경우와 소를 지급하는 경우는 자품에 따라 다르다. 즉 동반 2품의 실직을 지낸 사람으로 임지 사망 또는 서울에서 객사한 사람 및 판서급 이상으로 휴가중 지방에서 사망한 자는 모두 상여군을 지급하고, 수령 변장

---

22) 拙稿,「朝鮮後期 對歐羅巴 認識」『國史硏究』3, 朝鮮大學校 國史硏究所, 1982, 77~96쪽.
23)『謄錄類抄』第8卷, 邊事一.

으로 임지 사망자 또는 登科 객사자, 특명수행중 지방사망자, 지방
유생의 성균관 사망자 등에게는 소를 지급하는데, 이러한 상여군의
경우는 비변사에서 草記로서 시행하였다.

草料: 擺撥馬나 刷馬 등의 馬草代를 지급하는 업무로서 대상자
는 평안도·황해도·송도의 軍校가 공무로 서울에 올라온 사람이
거나 함경도인으로 초시에 합격한 뒤 과거보러 왔다가 돌아가는
사람, 진상품을 운반한 마부 및 호송자, 서울에서 공무로 내려간
사람들이 시급한 일로 역마를 이용할 경우는 병조에 지시하여 待
令토록 한 일이다.

各司能書: 각사의 能書 즉 글씨 잘 쓰는 사람을 조치한 것인데,
이는 각사에서 모두 규례를 준수하여 廟堂에 공문으로 보낸 뒤에
묘당에서 결정 송치할 것을 비변사에서 草記하여 국왕의 허가를
받게 한 것이다.[24]

使行銀: 사행은의 통제는 비변사의 주요직임 중의 하나이다. 사
행은은 八包商人이 소지하게 되어 있으나 여타 使行의 소지가 많
아 그 통제가 어려운 실정이었다. 중국에 사신이 들어갈 때에 물론
팔포상인 외에 다른 사행도 사행은을 소지할 수 있으나[25] 영조 5
년(1729)에 비국의 지시가 아니면 팔포상인 이외에는 은화를 더
보내지 못한다는 규정이 정해져[26] 팔포상인 위주의 사행은 운영이
비국에 의해 조정, 통제되어 나갔다.

箭竹題給: 중앙과 지방의 군영수요에 충당되는 箭竹은 그 지급
을 비변사에서 행하는 것인데 대(竹)를 생산하는 읍과 진에서 해
마다 정한 규례에 의해 받아 올린[27] 것을 청구에 의해 참작 지급
한 업무이다. 중앙에서는 군기시와 각 영문이 上司에 청구하고 지

---

24) 正祖 20年(1796)에 王命으로 決定되었다(『萬機要覽』, 同上).
25) 柳承宙, 1970,「朝鮮後期 對清貿易의 展開過程」『白山學報』8, 參照.
26) 英祖 5년(1729) 右議政 李集의 上疏가 允許된 것이다. 『萬機要覽』, 同上.
27) 每年 바치는 量은 忠清道가 784浮 97箇이며 全羅道가 302浮이다.
　　『萬機要覽』, 同上.

방에서는 삼남 이외의 각도 영문, 병수영, 방어영 및 수령이 본사에 청구한 것을 비변사에서 조정하였다.

樺皮題給: 樺皮(벚나무 껍질) 역시 중앙과 지방에서 청구가 있을 때 비변사의 저장품을 참작 지급하는 것인데 함경감영과 남병영·북병영에 할당 공출시킨 것으로 충당하고 그 수량은 각 100同으로 하되 저장품이 소진되면 수시로 공출시킨 임무이다.

海松子題給: 海松子(잣)은 畿輔와 關防에 파종할 용도로 매년 9월경 경기 이외의 각 도에서 공출한 것을[28] 비변사에서 청구에 따라 참작, 그 지급을 지시하는 임무이다. 예조에서 능묘에 파종할 일이 있을 때도 비변사에 보고하여 取用하게 한 것이다.

落幅紙 題給: 科場試所의 落幅紙를 규례에 의하여 비변사가 거두어들이는 일이며 경중 각사 및 각 영문과 지방의 감·병·수영 및 방어영에서 청구가 있으면 이를 題送한 업무이다. 중앙의 科場에서는 원 수량의 2/3를 거두어들이고 지방 향시에서는 8/10을 받아들이는데 會試의 과장에서도 초시 때와 같이 낙폭지를 거두어들이고 朱草紙·東當紙도 함께 거두어들이며, 비변사의 서리가 이 일을 전담한 것이다.

慶尙·全羅木: 비변사의 낭청 紗帽代 및 員役 被服代, 기타 부득이한 공용으로 수요되는 무명(木)은 모두 경상감영에서의 射軍木과 전라좌·우수영에서의 休番木으로 충당하는 것인데 정조 6년(1782)에 이 규례를 정하여 시행하였다.

虎豹皮方席: 비변사에서 사용하는 호표피 방석을 3년마다 각도의 감병수영에 통문을 발송하여 상납토록 한 것인데 각영 마다 1장씩이며 경기는 수영에만 공출시키었다.

空名帖: 공명첩의 통제, 특히 사용 여분에 대한 부정을 막기 위한 조치를 비변사에서 관장한 것으로 각도에서 청구해 간 공명첩으로서 사용여분은 대장에 올린 뒤에 소각하게 한다거나 빈민구제

---

28) 水營에서는 5斗씩을 供出한다. 『萬機要覽』, 同上.

를 위하여 발행한 것이 팔리지 않고 진휼청에 남아 있는 것은 비변사로 올려 보내게 하여 유사당상이 총 수량을 대조 확인한 후 물에 풀어 없애게 한 업무이다.

諸道謄報: 지방에서 올라오는 보고문 가운데 謄報가 없는 곳은 비변사에서 엄중 주의케 함으로써[29] 제도등보의 총괄을 비변사에서 관장한 것이다.

郎廳規矩: 비변사의 낭청이 각사의 장기 임직자가 어전에 입시할 때 함께 입시하도록 특명으로 조치된 것[30] 등을 포함한 낭청관계의 내규 사항이다.

驛路: 역로 사항은[31] 본래 병조의 소관이지만 비변사의 고유임무와 관련되어 撥傳公事의 처리 등 郵驛 政事에 직간접 간여하는 것으로 그 처결사항이 매우 많았다.

몇 가지를 구체적으로 확인해 보면 방어사의 조방장·별장 등의 騎卜馬를 각 1필로 제한한 것과 責出品馬의 폐단 시정[32] 등을 비롯하여 병조 給馬의 통제 및 撥馬遞送[33]이라던가 발마의 里程 및 인원조정[34] 그리고 撥將의 발전공사 偸取엄금[35] 및 발마 飛傳의 중도지체 때 당해 감사의 추고[36] 등이 선조-광해년간의 주요내용으로 주로 파발에 관한 내용이 많았다.

인조대에는 役馬價布의 규정[37]이라던가 人馬糧料의 지급규정[38]

---

29) 英祖 44年(1768)에 王命으로 措置되었다. 『萬機要覽』, 同上.
30) 正祖 5年(1781)에 特命으로 規例가 定해졌다. 『萬機要覽』, 同上.
31) 이 驛路 항부터는 『謄錄類抄』의 所掌分類 내용이다. 『謄錄類抄』第2卷, 驛路 牧畜 등 參照.
32) 『謄錄類抄』第2卷, 驛路 牧畜, 宣祖 37年 2月 23日.
33) 『謄錄類抄』第2卷, 驛路 牧畜, 宣祖 37年 4月 10日.
34) 『謄錄類抄』第2卷, 驛路 牧畜, 宣祖 37年 6月 9日.
35) 『謄錄類抄』第2卷, 驛路 牧畜, 光海君 10年 4月 13日.
36) 『謄錄類抄』第2卷, 驛路 牧畜, 光海君 10年 윤 4月 28日.
37) 『備邊司謄錄』第3册, 仁祖 2年 1月 16日.
   『謄錄類抄』第2卷, 驛路 牧畜, 仁祖 2年 1月 16日.
38) 『謄錄類抄』第2卷, 驛路 牧畜, 仁祖 15年 3月 29日.

및 海站의 撥軍 운용문제[39]의 조치, 그리고 備馬立撥의 규정과[40] 파발 지연의 시정[41], 급하지 않은 公事의 私書撥馬 부송금지[42] 등을 의계 처리하였고, 효종대에는 擺撥價所用 諸色軍收布 및 雇馬稅 還償 문제 등의 조치,[43] 各驛殘廢의 시정조치[44] 및 각역 인마양료의 폐단 등을 강구하고[45] 파발지체시 비변사의 문낭청을 파견하여 적간토록 조치하였으며,[46] 西路狀啓의 중간 任意析見 방지책[47] 등을 강구하였다.

현종때에는 북경행차 卜物 및 칙사시와 管餉 運餉時의 刷馬조치[48] 등을 위시하여 補把馬 즉 칙사시 추가필요한 마필의 변통[49]과 高山 지대의 파발 곤란조치,[50] 雇貰馬價의 조치[51] 등이 있었다.

숙종때에는 陵行卜馬 부족시 선혜청에서의 雇立 조치라던가[52] 각역의 폐막을 시정하고[53] 馬政에 관련된 營將·察訪의 부정을 조처하였으며[54] 雇立馬의 폐단[55] 및 사행의 쇄마 및 仍把(사행이 심양 도착 후 방물을 실은 쇄마)의 북경폐단 등을 조치함과[56] 아

---

39) 『謄錄類抄』 第2卷, 驛路 牧畜, 仁祖 15年 4月 1日.
40) 『謄錄類抄』 第2卷, 驛路 牧畜, 仁祖 15年 4月 7日.
41) 『備邊司謄錄』 第5册, 仁祖 16年 8月 23日.
　　『謄錄類抄』 第2卷, 驛路 牧畜, 仁祖 16年 8月 23日.
42) 『謄錄類抄』 第2卷, 驛路 牧畜, 仁祖 20年 10月 3日.
43) 『備邊司謄錄』 第13册, 孝宗 卽位年 12月 15日.
　　『謄錄類抄』 第2卷, 驛路 孝宗 卽位年 12月 15日.
44) 同上.
45) 『備邊司謄錄』 第14册, 孝宗 1年 10月 9日.
46) 『備邊司謄錄』 第14册, 孝宗 1年 11月 21日.
47) 『備邊司謄錄』 第15册, 孝宗 3年 12月 7日.
48) 『備邊司謄錄』 第17册, 顯宗 5年 3月 3日.
49) 『備邊司謄錄』 第28册, 顯宗 10年 12月 27日.
50) 『謄錄類抄』 第2卷, 驛路 畜牧, 顯宗 15年 1月 7日.
51) 『謄錄類抄』 第2卷, 驛路 牧畜 顯宗 15年 7月 27日.
52) 『備邊司謄錄』 第32册, 肅宗 2年 2月 17日.
53) 『備邊司謄錄』 第41册, 肅宗 13年 1月 2日.
54) 『備邊司謄錄』 第41册, 肅宗 13年 1月 2日.
55) 『備邊司謄錄』 第43册, 肅宗 15年 3月 28日.
56) 『備邊司謄錄』 第43册, 肅宗 15年 윤 3月 18日.

울러 평황양도의 칙사 영접시 쇄마급가의 곤란을 비변사 所營 遼東木으로 보용하는 조치57) 등이 잇따랐다. 또한 赴京馬馱價를 규정하고58) 別星所帶의 人馬定數 및 數外 加把者를 엄단 조치하며59) 藩臣의 乘轎弊端을 시정하고, 兩西의 草料를 조치하며,60) 제주의 장계를 都會官이 부송하여 역로로 올리게 하는 조치61) 등 마정 및 역마폐단의 의처사안이 많았다.

본래 이러한 역로관장 사안은 앞서 언급한 대로 병조 소관이지만 이상에서 본 바와 같이 중요 역로 사안을 비변사에서 구체적으로 의계 처리하였는데 선조-광해군 때는 邊報와 관련하여 파발운용 사안이 많았고, 인조-효종대는 마정에 관련된 役馬價布, 人馬糧料 등의 사안, 使行刷馬의 조치, 雇貰馬의 문제 등 우역의 재정적 사안 등을 의계 처리하였으며, 숙종 때에는 주로 각역폐막의 시정이나 사신·칙사왕래시의 쇄마 조치 사안 등 시대적 상황과 관련된 사건들이 많이 의처되었다. 영조조 이후에도 대략 이러한 유형의 내용들이 많이 조치되고 있었다.

畜牧: 이 축목 사안은 목장운영과 馬·牛政에 관한 비국소관 사항으로서 인조년간의 예를 들면 대마도 貿牛의 금지 조치62)라던가 宗室·士夫의 納馬를 비국당상이 親監捧納하며 경상, 전라 所定 마필의 作木上納 문제 및 西路運糧의 폐단 등을 조치한 것이었다.63) 또한 경기 각역의 마필을 비국에서 분급하며 田結馬로서 驛用者를 비국당상이 親監烙印하여 환납을 막고64) 전결마를 站驛에 분급조치65)하며 서로 운량마가와 관련한 貿馬의 조치와 運粮馬의 難得을

---

57) 『備邊司謄錄』 第43册, 肅宗 15年 12月 29日.
58) 『備邊司謄錄』 第44册, 肅宗 16年 2月 17日.
59) 『備邊司謄錄』 第48册, 肅宗 20年 8月 14日.
60) 『備邊司謄錄』 第51册, 肅宗 26年 2月 26日.
61) 『備邊司謄錄』 第53册, 肅宗 29年 6月 7日.
62) 『謄錄類抄』 第2卷, 驛路 畜牧, 仁祖 15年 10月 22日.
63) 『備邊司謄錄』 第5册, 仁祖 16年 8月 14日.
64) 『備邊司謄錄』 第5册, 仁祖 16年 9月 11日.

공명첩으로 募得하게 하며66) 私馬의 灣上持往 조치, 군병 資裝 馬價木의 마련, 牛疫看儉67) 등의 의계조치 직무가 있었다.

효-현종년간에는 사복시의 養馬草價에 대한 선혜청의 題給米를 줄이며68) 祭享 및 宴禮 소용의 羊價가 倍重하므로 사행중 역관을 별도로 뽑아 給價 무역하게 하고 이것을 양서 및 각도에 분양토록 한 조치와69) 典牲署 貢物主人의 희생양 進拜 고충을 들어주고70) 北馬出來를 금지하며71) 軍兵馬料를 줄여 지급하고72) 사복시의 馬草貢物價米를 변통하였다.73)

숙종년간에는 비국당상이 사복시 제조와 함께 각처 목장마 및 濟州山馬의 捉上數를 상의 결정하고 목장의 둔전화로 인한 그 폐단의 시정과 각처목장의 養松문제 등을 처리하였으며74) 각역 馹騎馬의 폐단시정,75) 內廐馬의 병폐처리 및 會寧開市貿來時 비변사의 마필 파송이라던가76) 첨사의 監牧官 겸관 폐단 등을 시정 조치하였다.77)

또한 강화 장봉도의 放馬·放羊 혼합폐단의 시정 의처는78) 강화도의 馬政에 비변사의 관심이 세밀함을 보여준 것이었으며, 육진수령이 개시에서의 淸馬를 私買하는 행위를 시정한 것과 서북 개시

---

65) 『備邊司謄錄』第5册, 仁祖 16年 9月 13日.
66) 『備邊司謄錄』第6册, 仁祖 19年 3月 14日, 3월 19日.
67) 『備邊司謄錄』第6册, 仁祖 19年 12月 24日.
68) 『備邊司謄錄』第14册, 孝宗 1年 9月 29日.
69) 『備邊司謄錄』第15册, 孝宗 3年 7月 21日.
70) 『備邊司謄錄』第17册, 孝宗 5年 5月 1日.
　　『謄錄類抄』第2卷, 驛路 牧畜, 孝宗 5年 5月 1日.
71) 『備邊司謄錄』第17册, 孝宗 5年 10月 14日.
72) 『備邊司謄錄』第30册, 顯宗 12年 5月 20日.
73) 『備邊司謄錄』第30册, 顯宗 12年 7月 26日.
74) 『備邊司謄錄』第36册, 肅宗 8年 7月 12日.
75) 『備邊司謄錄』第37册, 肅宗 9年 1月 3日.
76) 『備邊司謄錄』第41册, 肅宗 13年 4月 22日, 9月 12日.
77) 『備邊司謄錄』第45册, 肅宗 17年 7月 3日.
78) 『備邊司謄錄』第46册, 肅宗 18年 4月 23日.

시 戰馬 賣得을 건의하는[79] 등 國境互市에서의 戰馬求得 사안이 심도있게 의처되었다.

또 각 목장의 牧子役 苦重으로 인한 散亡 대책의 강구라던가[80] 각처 목장의 적간문제,[81] 목장내의 경작지에 대한 土豪奸民의 買占私賣 방지책[82] 등이 비변사에 의해 의처되었는데 이러한 사안의 처리는 목장지대에서 서로 모순되는 禁松·屯田·馬政 삼자간의 조화를 지향하고 이의 조정을 추구하는 것으로 나타났다.

烽燧: 봉수는 邊報를 급히 알리는 수단으로서 비변사의 주요직무이다. 물론 이 봉수업무는 병조의 武備司가 관장하도록 제도화되었으나 임진왜란을 계기로 비변사가 그 통제를 전담하다시피 한 것이다.

봉수에 관한 비변사의 의계처리를 살펴보면 失誤로 인한 炬火放砲者의 처벌[83]이라던가 특히 沿海瞭望을 비변사에서 신칙하고 임란이후 퇴락한 봉수대의 복설,[84] 그리고 서북봉수의 비행을 적발할 때 비변사의 낭청을 파견하여 군병 및 기계 등을 點考하며 봉수운영에 관한 應行節目을 마련하고[85] 外洋瞭望을 위해 鎭堡 신설을 의계 시행하며[86] 北路烽燧摘奸 별단절목을 제정하고[87] 誤炬의 치죄라던가[88] 山嵐海霧로 인한 烽火不通을 馬撥로 대치하는 문제[89] 등을 의처하였는데 봉수운영의 제도적 조치에 많이 관계

---

79) 『謄錄類抄』第2卷, 驛路 牧畜 肅宗 27年 2月 8日, 7月 29日.
80) 『備邊司謄錄』第52册, 肅宗 28年 1月 15日.
　　『謄錄類抄』第2卷, 驛路 牧畜, 肅宗 28年 1月 15日.
81) 『謄錄類抄』第2卷, 驛路 牧畜, 肅宗 28年 12月 18日.
82) 『備邊司謄錄』第53册, 肅宗 29年 7月 26日.
83) 『謄錄類抄』第2卷, 驛路 畜牧, 宣祖 37年 11月 6日.
84) 『謄錄類抄』第2卷, 驛路, 仁祖 15年 3月 30日.
85) 『備邊司謄錄』第31册, 肅宗 1年 4月 4日.
　　『謄錄類抄』第2卷, 驛路 牧畜, 肅宗 1年 4月 4日.
86) 『備邊司謄錄』第33册, 肅宗 3年 1月 16日.
87) 『備邊司謄錄』第38册, 肅宗 10年 2月 23日.
88) 『備邊司謄錄』第40册, 肅宗 12年 5月 13日.

된 것이었다.

또한 烽燧絶火處를 査覈하여 당해 수령이나 火臺將 등의 부정을 논죄하고 북로봉수의 허소 등을 조치하며 90) 圻輔重地인 독산에 煙臺를 가설하며91) 북로봉수 적간관의 별단을 제정하고92) 抱冤僞炬의 적발치죄93)라든가 북로봉수가 즉시 전래되지 않은 문제 등을 대처하고94) 서해제도 – 황해도 도서의 봉수를 변통 除減하는95) 등 주로 봉수운영에 관한 것을 비변사에서 의계처리하였다.

漕轉: 조전임무는 원래 호조소관이나 이 사안은 邊政의 대상인 연해 船人의 문제라던가 조운시에 兵船을 이용하는 일 그리고 운반된 營穀의 都民賑救 등의 문제 등을 비변사에서 의계 조치한 것이다.

그 몇 가지 사례를 들어보면, 전세의 私船賃載를 금지시킨다거나 地土船으로 운반이 어려울 때는 賃船을 이용하되 강화의 경우 강화선인에게 授價하여 운송하도록 하고 그 운임으로 자활토록 조치한 것이라던가96) 統營租 2만석을 京江으로 운송하여 輕價 발매로 道民을 賑救하려 할 때 그 2만석의 漕轉 방법을 비변사가 구체적으로 제시한 것 등을 들 수 있다.

특히 이 통영조의 운송에 있어서 비변사의 조치는 매우 구체적인 것이어서 효종 때의 경우를 예를 들면 1만석은 통영의 통제사(鄭鎰)가 담당하고 나머지 1만석 중 4천석은 경상감사가 담당하며 6천석은 전라좌수사가 분반하여 수송하되 격군은 통영에서 給價賃送토록 한 조치가97) 그 한 예인 것이다.

---

89) 『備邊司謄錄』 第40册, 肅宗 12年 10月 25日.
90) 『備邊司謄錄』 第43册, 肅宗 15年 7月 12日.
91) 『備邊司謄錄』 第43册, 肅宗 16年 4月 25日.
92) 『備邊司謄錄』 第48册, 肅宗 20年 2月 1日.
93) 『謄錄類抄』 第2卷, 驛路 畜牧, 肅宗 27年 3月 26日.
94) 『謄錄類抄』 第2卷, 驛路 畜牧, 肅宗 27年 4月 14日.
95) 『備邊司謄錄』 第51册, 肅宗 28年 11月 1日.
96) 『謄錄類抄』 第2卷, 漕轉 孝宗 2年 9月 20日.

한편 貢物價의 충급과 기민의 구제를 위하여 양남미곡의 及時運來를 구체적으로 강구하기도 하였는데 즉 7만석의 미곡을 수송함에 있어 京江船隻은 모자라고 兩湖船隻은 田稅大同을 水運하고 있으니 各鎭浦 병선의 春操를 생략하는 대신 이를 경강으로 운송하게 하는[98] 것을 그 예로 들 수 있다.

또한 漕轉 관계의 절목을 비변사에서 많이 제정하였는바, 태안 安眠倉의 신설 및 運轉 절목의 제정과[99] 同新倉 應行節目의 제정,[100] 그리고 평안도 運米事目 마련[101] 등의 내용을 볼 때 그 조치가 매우 구체적인 것이어서 이 방면에 관한 비변사의 심도있는 의계 사항을 엿보게 하고 있다.

任使: 비변사에서 각사 하인의 員數와 給料 등을 조정하는 것으로, 선조 때는 自司 하인에게 지급한 步兵價布의 감필 즉 木二疋을 一疋으로 감하는 문제를 병조와 相抗하여 본래대로 유지시키려[102] 하였고 步兵價布의 감급으로 인한 비국 하인의 散去를 조치하는[103] 등 주로 자사하인의 대우 처리가 많았다.

인조－효종 년간에는 他司의 員役充定과 散料 등을 조정하는 조치가 많았다. 인조 때의 경우 왕자, 대신의 사령이나 皂隸의 定送 및 典獄署의 守直皂隸 定給 등의 일을 비변사에 移文함으로써 비변사가 각사하인의 원수를 조정하였고[104] 홍세에 각사의 서리 사령 등 원역을 裁減 조치하였으며[105] 引路 皂隸의 인원수를 비변사가 별단으로 書啓 조치하였다.[106]

---

97) 『謄錄類抄』 第2卷, 漕轉 孝宗 9年 12月 17日.
98) 『備邊司謄錄』 第37册, 顯宗 9年 1月 13日.
99) 『備邊司謄錄』 第37册, 顯宗 10年 2月 10日.
100) 『備邊司謄錄』 第39册, 顯宗 10年 4月 2日.
101) 『備邊司謄錄』 第40册, 顯宗 12年 2月 1日.
102) 『謄錄類抄』 第2卷, 任使 宣祖 37年 1月 14日.
103) 『謄錄類抄』 第2卷, 任使 宣祖 37年 3月 12日.
104) 『謄錄類抄』 第2卷, 任使 仁祖 21年 9月 19日.
105) 『備邊司謄錄』 第9册, 仁祖 23年 12月 13日.
106) 『備邊司謄錄』 第10册, 仁祖 24年 12月 30日.

효종때는 各司員役에 대한 充定과 散料의 조정[107] 등이 있었으며 또 外方營鎭의 諸色使喚 및 노비를 비변사가 除給한 것,[108] 그리고 皂隷雇立價 및 書吏料布 등을 비국이 품의하기도 하였다.[109]

숙종 때에도 궐문 수직군 및 衙門分軍과 雇價를 비변사에서 재감[110]하였고 왕자·대신·부원군 등의 引陪 加出도 裁損하는 등 각사원역의 변통에 비변사가 구체적으로 대처하였다.

祭享: 이 제향사안은 본래 예조 典享司 및 호조의 소관이지만 비변사에서는 주로 전망자의 致祭[111]라던가 畜牧에 관련된 희생용의 牛·羊·獐·鹿 등의 사항을 의계 처리한 직임이 있었다.

예를 들면 비변사에서 屠牛를 엄금한다거나 三法司에서 屠販輩의 적발, 치죄 못한 것을 문제로 제기하며, 각도의 감사가 禁肉을 이행하지 못한 것을 적발 조치하는 일[112], 제향소용의 黃大牛價 앙등 및 牛畜 盡斃 등의 사태에 임시로 腥角 등을 대치하는[113] 조치, 그리고 獐·鹿·豕의 難得을 作脯로 대용하여 민력을 줄이자는[114] 것과 農牛盡斃時 鄕校釋奠의 희생도 獐羊으로 돌리며[115] 宗廟月令에 민폐가 많고 고가(1首價 90여필)인 天鵝도 生雁으로 바꾸어 쓰자는 것[116] 등을 비변사가 주장 시행한 것이다.

또한 中脯 防納人의 陋穢肉 상납을 시정[117]하고 宗廟薦新의 黍稷도 변통하여 대동의 예에 의거 수가상납을 조처하며 선혜청으로 하여금 貿得 진봉케 함을 건의하는 소임도 있었다.[118] 능묘의 제향

---

107) 『備邊司謄錄』第15冊, 孝宗 3年 1月 16日, 1月 23日.
108) 『備邊司謄錄』第15冊, 孝宗 3年 9月 13日.
109) 『備邊司謄錄』第17冊, 孝宗 5年 5月 6日.
110) 『謄錄類抄』第2卷, 任使 肅宗7年 3月 15日.
111) 『謄錄類抄』第2卷, 祭享 仁祖 15年 8月 23日.
112) 『謄錄類抄』第2卷, 祭享 仁祖 15年 11月 25日.
113) 『謄錄類抄』第2卷, 祭享 仁祖 15年 8月 3日.
114) 『備邊司謄錄』第5冊, 仁祖 16年 2月 13日.
115) 『備邊司謄錄』第5冊, 仁祖 16年 3月 7日.
116) 『備邊司謄錄』第5冊, 仁祖 16年 3月 11日.
117) 『備邊司謄錄』第18冊, 孝宗 7年 2月 26日.

물종도 호조가 마련하나 擅便할 수 없다 하여 묘당에서 재량하자고 주장하였으며119) 이와 관련하여 결국 비변사가 제향응입 수량을 결정하되 선혜청과 호조로 하여금 상의케 한 것을 取考하여 그 수량을 마련하였는데120) 이것은 비변사가 초기에 희생 牛羊의 濫屠를 금한 것에서부터 종국에는 제향물종과 응입수량까지를 직접 통제하여, 이 부분에 대한 호조와 선혜청의 기능이 비변사에 의하여 제약, 통제되었음을 보여준 예라 할 것이다.

養士: 비변사에서 관할한 養士 사안은 習射·武學·軍役 등과 자체 지급한 箭竹의 송부 등에 관한 것이다. 閑遊武士의 習射 및 弓箭修補 능력의 제고 그리고 箭竹 優送 등의 사안이 인조년간에 자주 보이고,121) 落講校生의 武學 降定과 江華·廣州校生의 군역 汰定 문제처리122) 및 松都校生의 남잡한 冒錄에 대해 免講을 불허하는 조치123) 등이 이루어진 것은 양사와 군역의 조화를 기한 비변사의 직무로 볼 수 있다.124)

또한 성균관의 折受地인 전라도 靈光諸島-角里島의 中間見失을 복구하는 문제에 있어 비국이 사문하고 경솔히 복구할 수 없다는125) 주장과 함께, 일반 백성을 먼저 교도하지 않고 갑자기 군역에 몰아 넣으면 이는 網民의 경우가 됨으로 불가하다고126) 하여 비변사가 養兵과 養民의 조화를 도모한 입장을 보이고 있었다.

禮樂: 예악사안에 관한 비변사의 역할은 인조때의 경우 이괄의

---

118) 『備邊司謄錄』 第25冊, 顯宗 6年 9月 6日.
119) 『備邊司謄錄』 第53冊, 肅宗 29年 6月 24日.
120) 『備邊司謄錄』 第53冊, 肅宗 29年 7月 6日.
121) 『備邊司謄錄』 第5冊, 仁祖 16年 9月 18日.
122) 『備邊司謄錄』 第38冊, 肅宗 10年 6月 15日.
123) 『備邊司謄錄』 第38冊, 肅宗 19年 2月 8日.
124) 拙稿, 1982, 「順菴 安鼎福의 鄕村自衛論 硏究」『軍史』 5, 國防部戰史編纂委員會, 209~219쪽 參照.
125) 『備邊司謄錄』 第7冊, 仁祖 20年 1月 30日. 이때는 反對로 復舊하자는 主張이 있었다.
126) 『謄錄類抄』 第2卷, 養士 孝宗 9年 11月 23日.

난이 평정되자 인조의 환도하례를 주장한[127] 것과 왕의 廟社樂 복
설요구를 비변사가 기근을 이유로 반대하고 풍년시에 시행하자는
것,[128] 그리고 遇災 避殿時는 撤樂하여 북을 치지 말 것[129] 등을
들 수 있으며 특히 신설 향교의 제기 및 제복 등의 措備를 비국이
중앙에서 갖추어 보낸[130] 것으로 보아 예악의 의식보다는 그 실행
시기의 조정 및 비품관계의 조치 소임이 많았음을 알 수 있다.

Ⅳ. 비변사의 議薦權

   비변사에서 관여한 관직의 운영사례는 크게 두 가지로 나눌 수
있다. 첫째 비변사에서 議薦 備望한 관직 사안과 둘째 관직의 운영
에 관계한 사안을 들 수 있다.

   우선 비변사에서 행한 관직의 의천 비망 소임은 문무의 경외직
가운데 외직은 변방중지의 감·병·수사와 통제사 등의 의천권을
행사한 것과, 경직은 사도유수·군영대장 그리고 使行·御史·巡撫
使·討捕使 등 특명 또는 겸대직의 의천권을 행사한 것이며, 다음
으로 관직운영 관여는 吏典과 兵典에 규정된 운영 내용뿐만 아니
라 나머지 四典에서의 관계사항도 비변사가 관여 처리한 내용을
들 수 있다.

   지방관의 비변사 천망 규정은 임난때부터 행해졌다고 현전 『비
변사등록』 冒頭인 광해군 9년 기사에 명시되었으나[131] 임난 훨씬

---

127) 『備邊司謄錄』 第3册, 仁祖 2年 2月 23日.
128) 『備邊司謄錄』 第9册, 仁祖 23年 9月 29日.
129) 『備邊司謄錄』 第50册, 肅宗 25年 6月 6日.
130) 『備邊司謄錄』 第53册, 肅宗 29年 5月 29日.
131) 『備邊司謄錄』 第1册, 光海君 9年 3月 5日. "啓曰 兵曹啓辭 慶尙右兵使
   令備邊司議薦事 傳敎矣 各道兵水使 注擬差出 乃是該曹之責 亂後 雖有

이전인 명종 20년에도 삼공과 비변사가 함께 의계하여 서북지방의
변장 변수를 차출한 사실이 있고 심지어 인물난으로 備三望이 어
려울 경우 單望注擬까지 있었던[132] 사실로 보아 일찍이 비변사의
창설초기부터 이러한 천망권을 행사한 것으로 볼 수 있다.

　이와 같이 비변사가 그 창설초기부터 변장 변수의 의천권을 행
사한 것은 비변사의 본래 임무와 관련하여 변사주획 뿐만 아니라
변사대책의 실질적 권한을 행사하였던 것을 의미한다. 이는 상기
각급 관직의 의천권이 원래 吏・兵銓曹의 직무이었으나 비변사가
설립되고 그 기능이 강화되면서부터 그 의천권이 비변사에 이관되
었던 것으로 보여진다.

　이・병전조가 상기 각관의 의천에 있어서 '依近例 令備邊司議薦
何如 傳曰允'이라는 기록과 같이 절차를 거치기는 하였지만 이는
비변사에 그 의천권이 귀속되었음을 말하여 준 것이며 이와 같은
사례는 또한 다른 관직의 의천에도 영향을 미치게 된 것이어서 이
를 매개로 하여 비변사의 권한이 강화되어 갔던 것이다.

　비변사에서 의천권을 행사했던 관직은 『비변사등록』이나 『등록
유초』 등의 원전사료에 모두 기록되어 있으며 『속대전』 吏典 薦擧
條나 『만기요람』의 비변사 擬望條에도 올라있고 특히 고종 원년
(1864) 비변사의 혁파 과정에서 入啓된 「備邊司分掌節目」의 의천
대상 관직의 정리는 이 부분의 최종 기사라는 점에서 그 전말을 명
확히 보여준 것이라고 하겠다. 즉,

　　　천망 대상자 가운데 통제사 평안병사 북병사 회령부사 의주부윤 동래
　　　부사 강계부사 제주목사는 비변사에서 거행하고 서북감사 사도유수는 의

　　　備局薦望之規 而元非舊例也"
　　　『備邊司謄錄』第1册, 光海君 9年 3月 14日. "啓曰 因兵曹啓辭 釜山僉使
　　　令備邊司議薦事 允下矣 近來 監兵水使 自本司議薦 已失朝家設官分職之
　　　本意"
132) 『明宗實錄』卷31, 明宗 20年 9月 丁酉.
　　　『明宗實錄』卷31, 明宗 20年 9月 乙亥.

정부에서 거행한다.

將望 및 巡撫 巡邊 等使는 前에 따라 비변사에서 啓差하고 宣撫 按覈 慰諭 察理 等使 및 繡衣의 抄啓는 의정부에서 거행한다.133)

이 議薦分掌 내용은 1년 뒤 비변사가 혁파된 고종 2년(1865)에는 그 구분마저 없어지고 의천권은 모두 의정부와 銓曹로 복귀된 것이었지만, 여기에서 그간에 행해졌던 비변사의 의천대상 규모가 잘 드러나고 있었다.

비변사에서 그간 의천해 왔던 관직은 다음과 같이 몇 가지 종류로 분류할 수 있는데,

첫째 남북변경의 요충지를 맡고 있는 변장 변곤으로서 서북감사 통제사 평안병사 북병사 회령부사 의주부윤 동래부사 강계부사 제주목사 등의 변방 관직과,

둘째 왕도근기의 보장지를 관할하고 있는 경관으로서 강화유수를 비롯한 개성 광주 수원의 사도유수 및 훈국대장을 위시한 오군영의 將臣과,

셋째 중외에 특명으로 파견되는 순무사 순변사 선무사 안핵사 慰諭使 察理使 암행어사 등의 사신과,

넷째 대외교섭과 무역을 주장하는 使行 및 灣上, 萊府 등지의 관직으로서 對外別遣 사신 및 첫번째와 중복되지만 의주부윤 동래부사 등의 관직으로 그 종류를 나눌 수 있다.

이러한 의천권의 행사는 시기적으로 선후의 차이가 있어 일시에 이루어 진 것은 아니었으나 그 의천대상으로 만 보아도 비변사의 인사권 장악과정과 그 추이를 알 수 있게 한 것이었다.

이상에서 거론한 관직 외에도 점차 일반 수령급까지 비변사 의천권이 확대되고 있었다는 사실은134) 이를 더욱 증거해 주고 있는

---

133) 『高宗實錄』 卷1, 高宗 元年 2月 11日.

134) 初期의 議薦關與는 이미 中宗 17년에 具體的으로 나타나며(『中宗實錄』 卷7, 中宗 17年 正月 甲寅條 참조) 乙卯, 壬辰倭亂 이후 光海年間부터는 本格的으로 나타난다. 이 議薦權의 掌握過程은 稿를 달리하여(본서 제3

것이다.

한편 비변사의 관직운영 관여는 이·병 전조의 소관 사안뿐만 아니라 호, 형전 등의 법전적 임무에서의 관계사안도 많이 포함되어 있어서 가히 통법전적으로 관여하고 있는 셈이었다.

즉 관직의 沿革·體統·政格·變通 등의 운영기초에서부터 경외의 수어·방어관원 그리고 이·병 전조에 규정되어 있는 薦擧·除授·資級·瓜滿·殿最·考課·襃貶·責罰·給暇·相避·厭避·久任·仍任·勘斷 등과 주군의 연혁·승강 및 使星·御史 등의 문제를 의계하지 않는 바가 없을 정도이었다.

또한 비변사의 관직운영과 유관한 것으로 호전 분야인 祿俸·惠廳·救荒·換貿·堤堰·納粟·移轉 등과 예전 분야인 起復·國恤·科試 등과, 형전 분야인 獄囚·責罰, 그리고 공전분야인 印符 등에 이르기까지 광범하게 관여하고 있었다.

이상과 같은 비변사의 관직운영 관여를 살펴보기에 앞서 우선 『등록유초』에 등재된 선조 37년부터 숙종 말까지의 관계사항을 내용 항목별로 정리해 보면 다음의 〈표 12〉와 같다.

비변사의 관직운영 및 관직의계 항목을 법전 특히 『대전회통』의 六典所掌 사항과 비교해 보면 吏典의 31개 항목 중 경관직·외관직·천거·서경·증시·상피 등 거의 3할을 간여하고 있으며, 戶典의 29개 항목 중 경비·호적·제전·전택·무농·창고·지공·어염·수세·조전·세공·장권·진헌·요부 등 14~5개 항목, 禮典 62개 항복 중 생도·오복·조의·사대·봉사·용인·장권·혜휼·도승 등 9개 항목 이상을 간여하고, 兵典의 53개 항목 중 경관직·외관직·군관·역로·초료·제도병선·시위·유방·구휼·성보·병선·봉수 등 12개 항목 이상, 刑典 39개 항목 중 포도·장도·금제·공천·사천 등 5개 항목 이상이며, 工典 14개 항목 중 도량형·재식 등 2개항 이상을 간여하고 있는 것으로 나타나있다.

장 Ⅳ 및 제10장 Ⅱ) 상술될 것이다.

따라서, 吏曹의 3대 업무인 文選·勳封·考課의 政事가 거의 비변사의 의처직무에 포함되어 있고 호조의 호구·공부·전량·식화 등의 5대 정사도 식화 외에 거의 관여하고 있으며 예조의 예악·제사·연향·조빙·학교·과거의 6대 정사 가운데 특히 예조 속사인 典客司의 임무는 邊政과 관련된 사신 칙사 왜야인 영접 등의 임무가 비변사에 이관된 듯한 양상이었고 병조의 무선·군무·의위·우역·병갑·기장·문호·관약의 8대 정사 가운데 무선·군무·우역·병갑 등의 정사는 거의 비변사에 전담되다시피 한 것이었다.

〈표 12〉 備邊司의 官職運營 – 議啓主要項目表

本來所管	備邊司의 官職運用 議啓事項					
	宣祖	光海君	仁祖	孝宗	顯宗	肅宗
吏曹		殿最 六鎭 (薦擧)	*州郡 (沿革, 陞號) **官職 (沿革, 北路, 體統, 政格, 軍門, 江都, 軍政, 學校, 器械, 戶布木) *方伯 (西路, 久任) 使星(宗戚) 責罰(體統) 守令(擇差) 御史(薦擧) 資級	*守令 (仍任) 相避 六鎭 驛路 (北道) 資級 (勅使) **官職 (沿革) *政格 (備局, 防禦)	*資級 (政格) *方伯 (關防, 相避) *政格 (備局, 守令) 責罰 (方伯) 邊倅 守令 (仍任) 官職	巡撫 *守令(沿革, 法典) **官職(軍門, 變通, 動勞, 沿革, 相避, 交差) *薦擧(政格) 雜職(制置) 事目 *政格 考課(六鎭) 方伯(久任) 松都 瓜滿 給暇(北道) *資級 邊將(厭避)
戶曹			惠廳(救荒) 救荒(換貿) 員役		祿俸	*救荒(官職　祿俸) 堤堰(僧軍) **納粟(資級)
禮曹		*起復		國恤	科試	

兵曹	*防禦 (收斂) 軍政		兵使(惠恤) 軍餉(西路) *營將(沿革,自辟,幕佐) 防禦(印符) *閫帥(政格) 自辟 制置 備局(器械) 方伯(政格) 祭享(畜牧)	*閫帥 (移鎭) 扈駕廳	*營將 *討捕 (沿革) 鎭堡 (沿革)	遷轉 禁旅(遷轉) *防禦(沿革 陞號) *邊將(江都) 軍校(錄用) *山城(政格) 屯田(邊守) *討捕(竊發) *扈駕廳 武擧 統制(關防) 海防(陞號) 閫帥(軍門 體統)· 營將(交差) 邊禁(北道) *軍門(海防) 江都 把摠 捉虎(資級)
刑曹						刑獄(責罰)
工曹	印符					*印符(陞號)

( )는 關聯事項임
* 표는 2-4회 議啓
** 표는 5회 이상 議啓

특히 병조속사인 武選司·乘輿司·武備司의 임무는 비변사에 전부 흡수된 듯하였으며 무비사의 임무는 더욱 그러한 양상이었다. 무비사는 군적·마적·병기·전함·점열군사·훈련·무예·숙위·순작·성보·진수·비어정토·군관·군인차송·번휴·급보·급가·시정·복호·화포·봉수·개화·금화·부신·갱첩 등의 임무를 전관하도록 법제화되었는데[135], 비변사는 이 모든 것을 직접적으로 관할한 것이었다.

刑典 39개 항목 중에는 『등록유초』의 '官職'에 분류된 것이 주로 포도를 비롯하여 장도·금제·공천·사천 등 소수 항목이나 형조의 주요 정사인 법률·의헌·사송·노예 가운데 사송을 제외한 나머지는 부분적이지만 대체적으로 비변사에서 의계하고 있었다.

工典 14개의 소관 항목 가운데는 비변사의 의처 사항이 도량형·재식·시장 등 가장 적게 나타나 있으나 工曹의 산택·공장·영선·도야의 정사 가운데 산택과 관련된 松政은 비변사의 중요 업무에 속해 있었다.

이상과 같이 다양하고 많은 비변사의 관직운영, 일반 의계 사항은 各曹 各司의 자체업무를 제외한 주요 의계사항이 거의가 비변사에 이관되어 의정권의 집중 및 施政의 통제가 비변사에 귀속되는 것으로 나타나 있다. 이와 같은 사실은 정부 各司와 비변사간에 체통상 혼란이 야기되고, 나아가 각샤의 독립성이 제약됨을 보여준 것이지만, 이것은 역으로 비변사의 정치적 비중이 강화됐음을 뜻한 것이며, 특히 인사권의 장악 및 내외 관직의 운영에 깊이 관여한 것은 비변사가 권력 구조의 핵심에 처해 있었다는 것을 보여준 내용이라 하겠다.

V. 결 어

비변사의 법전상 직무는 중외의 군국기무를 총령한 것으로 되어 있으나 그 직무의 포괄성과 아문의 성격 때문에 가히 범정부적 직무를 행사한 것으로 나타났다. 비변사가 본래 변사대비의 주획기구로 출발하였다 하더라도 창설초기부터 정치적 기능을 함께 하고

---

135) 『續大典』 兵典, 『大典會通』 兵典.

있어서 변사뿐만 아니라 군정 나아가 국정전반을 의정하는 최고관
아로 발전하였기 때문에 의정부를 비롯한 각사아문의 직무와 구별
하기 어려운 점이 많았던 것이다. 이러한 면은 비변사를 타아문의
직무와 확연히 구분할 수 없게 한 요인이라 하겠으나, 이는 반대로
비변사가 가히 무소부지의 직무를 시행한 것으로도 볼 수 있게 한
것이다.

이러한 비변사의 방만한 직무 범위는 다음과 같은 몇 가지 자료
에서 잘 드러나 있다. 즉 대원군 섭정시 비변사의 혁파가 논의될
때 당시 '備邊司所掌'으로 제시된 幸行·陵墓·勸獎·祀典·辭令·
使行·典禮·朝會·貢獻·科第·水旱·學校·印章·民戶·田政·
賦稅·糴糶·貢市·蠲減·救荒·優恤·倉廩·漕運·移轉·堤堰·
徭役·支供·官職·任使·薦擧·褒賞·殿最·按廉·赦宥·刑獄·
法禁·議讞·財用·摘奸·魚鹽·班儀·祿俸·事大·交隣·邊事·
關防·城池·紀綱·操飭·烽燧·驛路·漂頹·討捕·船隻·松田 등
의 사안과 같이 그 직무소관이 주요 국정에 걸쳐 무려 56개항에 이
른 것과 『만기요람』의 소장항목에도 擬望·軍操·災實分等·還
餉·松政·留都·西北襦紙衣及木棉去核·漂到人·貟役夜票·擔柩
軍及駕牛·草料·各司能書·使行銀·箭竹題給·樺皮題給·海松子
題給·落幅紙題給·慶尙全羅木·虎豹皮及方席·空名帖·諸道謄報
·郎廳規矩 등으로 규정된 것, 그리고 『등록유초』의 현전 자료의
분류 항에 나타난 驛路·官職·驛路·畜牧·烽燧·漕轉·任使·祭
享·敎化·養士·禮樂·朝會·內外官相見及居處·賦役·財用·田
農·交隣·軍政·邊事·法禁 등의 내용에서 보듯이 비변사 직무의
방만함을 쉽게 알 수 있을 것이다.

다만 여기에서 前者「幸行-松政」등 56개항은 비변사의 의계사
항을 포함한 전반적인 직무범위라고 할 수 있고 後二者「擬望~郎
廳規矩」와 驛路 이하는 비변사 자체의 서무가 위주인 듯한 내용으
로 볼 수 있다. 비변사의 직무를 자세히 파악하기 위해서는 이러한

내용을 그 운영실상과 함께 종합적으로 검토하여야 할 것임은 물론이다.

이상에서 제시한 것은 비변사의 직무를 항목으로 세분하여 구체화시킨 것이지만 그 직무와 기능을 포괄하여 볼 때는 人事議薦權 및 政策議定權 그리고 施政統制權 등의 직무로 대별할 수 있고 이를 또 분야별로 나누면 군사를 비롯하여 정치 재정 외교상의 직무 등으로 분류할 수 있다. 그러나 이 사안들이 상호 유기적 관련성이 있을 때는 그 구분 또한 모호하여 결국 범정부적인 직무로 볼 수밖에 없게 된 것이다.

이와 같은 점은 관직의 체통 문란과 아문의 職任混淆를 가져온 것이어서 이의 비판시정이 제기되었음에도 불구하고 비변사의 존치운영은 계속되었다. 이것은 결국 設官分職의 제도적인 것은 명분으로 남게 되고 실제의 정치운용은 비변사 중심으로 행해졌음을 의미한 것으로 이는 조선후기의 특이한 정치현상이라고 할 수 있다.

요컨대 조선후기에 이러한 비변사 중심의 정치현상이 계속되었다는 것은 왕권과 정치세력사이에 상호보완이었던 것과 나아가 정책결정과 행정조정상에 있어서 모두 비변사가 필요하게 작용되었기 때문이라 할 수 있다.

제4장

비변사의 회의운영

I. 서 언

II. 비변사의 회의형태 -籌坐와 賓坐-

III. 비변사의 公事處理

IV. 附 : 회의의 일사례 -북한산성 축조사안-

V. 결 어

I. 서 언

조선후기는 주지한 대로 붕당정치의 발달 때문에 집권세력의 교체가 빈번하였으나, 정치권력과 밀접한 관계에 있던 비변사가 계속 존치 운영되었다는 것은 종래 의정부-삼사 등의 제도로 相維牽制되던 정치현상에 비변사의 운영을 통한 새로운 통치형태가 등장하였음을 뜻한 것이며, 이는 또한 권력구조상에서 비변사의 존재가 필요하였음을 말하여 준 것이기도 하다. 비변사에서 집중적으로 議啓 처리한 여러 가지 政事는 바로 당시의 시대상을 드러낸 준 것이며, 이를 통해 사회발전의 면모와 시기별 특징을 파악할 수 있게 하고 있다. 예를 들어 비변사가 창설된 이래 그 중심적 의계사안과 정치적 기능 등을 통해서 보면 비변사의 기능은 대략 세기별로 변사주획기, 군국기무총령기, 외교재정판리기, 내정전횡기 등 4기로 구분할 수 있다는 점이다.[1]

이러한 시기별 특징을 규정짓기 위해서는 비변사에서 議定한 국정전반을 모두 파악하여 이를 정밀하게 유형화 시켜야 할 것이나 이 章에서는 이에 이르는 전제로서 비변사에서 행해진 의정 과정, 즉 회의운영 실태를 먼저 살펴보고자 한 것이다.

여기에서는 備邊司會議를 籌坐와 賓坐로 나누어 그 회의 절차와 公事의 처리과정을 검토하고 그 회의의 한 사례를 예시하여 구체적인 회의과정을 확인하게 될 것이다. 이 장의 내용은 前稿에[2] 연

---

* 이 논문은 拙稿, 1991, 「備邊司의 會議運營」『韓國史學論叢 擇窩許善道先生 停年紀念論叢』, 一潮閣, 456~475쪽에 揭載한 내용임.

1) 본서 제1장 II의 3, 「備邊司의 時期別 特徵」 참조.

2) 拙稿, 1990, 「朝鮮後期 備邊司의 政治的 機能에 관한 研究 - 備邊司의 置廢를 中心으로 - 」『傳統文化研究』1, 朝鮮大學校 傳統文化研究所, 35~68쪽.

속된 부분이며 또 後稿에 이어질 「備邊司의 政策議定」과 「備邊司의 位相」등의 연구에 그 가교적인 것이지만, 이외에 정치운영 실상 등도 본고를 통해 함께 파악되도록 유념하였다.

Ⅱ. 비변사의 회의형태 -籌坐와 賓坐-

비변사의 회의는 自體衙舍에서 행하는 備局起坐와 궐내에서 행하는 賓廳次對의 두 가지가 있다. 전자를 籌坐, 후자를 賓坐라고하며 이를 備邊司會議라고 총칭할 수 있는데 비변사의 公事 의처는 이러한 주좌와 빈좌에서 이루어진 것이다. 여기에서 군국중사를[3] 위시한 제반 啓本의 의정이 어떻게 이루어지는가를[4] 살피는 것은 곧 주좌나 빈좌의 실상을 파악하는 것이 될 것이다.

籌坐는 비변사 당상에 의해 비국에서 時時開坐[5] 또는 逐日開坐 되며[6] 賓坐는 대신과 비국제당상이 대궐에 相集會同하여 일차가

___, 1991, 「朝鮮後期 政治權力構造 研究 - 備邊司의 組織을 中心으로」 『國史館論叢』 22, 國史編纂委員會, 37~71쪽.

___, 1992, 「備邊司의 職務에 대하여」 『朴永錫敎授華甲紀念韓國史學論叢』, 853~873쪽.

3) 『備邊司謄錄』 第1册, 光海君 9年 11月 28日. "啓曰 本司軍國重事 皆稟裁 於相臣 而今者無故大臣無一員 見在諸道時急書狀 未久覆啓之意 敢啓 答曰 本司諸堂上 頻頻會坐 緊急公事 即爲回啓 分付各道"

4) 『備邊司謄錄』 第8册, 仁祖 22年 1月 5日. "啓曰 … 近來本司大小公事 無不稟裁於領相 商確定奪"

5) 『備邊司謄錄』 第5册, 仁祖 16年 3月 21日. "啓曰 傳曰 今日備局起坐 爲之 於何時 而誰某來參耶 問啓事傳教矣 近因大臣有病 久未開坐 只本司堂上 時時開坐"

6) 『萬機要覽』 軍政篇 1, 備邊司 會議. "本司起坐 不拘齋日 逐日來會 古規也"

정해진 例會開坐의 형태인데, 전자는 비국의 고유업무에 관한 것이 많고 후자는 최고국정을 의정하는 것이 상례이었다.

주좌 즉 비국회의는 대신이 會坐한 후에 비국 제당상이 隨參하여 開坐하며7) 이 때에 낭청은 번을 서서 출석을 점검하고8) 유사당상은 논의해야 할 草記를 대신에게 회람시키며 회의를 시작한다.9) 이 회의에는 기로소의 대신당상 및 보국당상 등은 참석하지 않으며10) 국왕은 회의시 諸臣의 勤慢을 살피었다.11)

주좌의 경우 大小公事를 모두 相臣에게 稟裁하게 되어 있으므로12) 대신이 없으면 개좌하지 못한 것이 원칙이다.13) 이러한 품재요건 때문에 사안의 결정을 상신에게 미루는 경향이 있어서, 이것이 한때 비국무용론으로 지적되기도 하였다.14)

그러나 緊急公事가 발생하여 대신유고로 인한 개좌 불능시에는 이러한 상규에 구애되지 않고 유사당상이 즉시 대신에게 나아가 收議하여 공사를 처리하기도 하였는데,15) 특히 각도의 시급한 書狀을 回啓할 때나 긴급한 賑政을 처리하려 할 때에 이러한 경우가 많았다.

빈청차대 즉 賓坐(廟堂)는 대궐에서 행해진 비변사 최고회의 형태로서, 당초에는 매월 3일, 13일, 23일로 정해진 10일 간격의 월 3회 개좌로 例會되었으나 숙종 24년부터는 이 규례를 개정하여 매

---

7) 『備邊司謄錄』 第3冊, 仁祖 2年 4月 18日. "本司規例 大臣會坐然後 諸堂上 隨參"
8) 『萬機要覽』 軍政篇 1, 備邊司 職制.
9) 위와 같음.
10) 『萬機要覽』 軍政篇 1, 備邊司 會議.
11) 『燃藜室記述』 別集 6, 官職典故 備邊司.
12) 『備邊司謄錄』 第1冊, 光海君 9年 11月 28日.
13) 『燃藜室記述』 別集 6, 官職典故 備邊司.
14) 위와 같음.
15) 『備邊司謄錄』 第5冊, 仁祖 16年 3月 21日. "大臣有病 久未開坐 只本司堂上 時時開坐 而如有回啓之事 則有 司堂上 就大臣家 相議搆草以啓矣 『備邊司謄錄』 第59冊, 肅宗 34年 9月 20日"

월 5일, 10일, 15일, 20일, 25일, 30일의 월 6회로 개좌 회수를 대폭 늘렸다.16)

월 3회 개좌시에는 원임대신도 입시하였으나 월 6회로 개정된 이후에는 국왕의 특명이 아니면 원임대신은 출석하지 않게 하였다.17)

이 빈좌에 참석한 관원은 의정대신 및 비국 고위제조를 비롯하여 비국제당상과 將臣 등이며, 장신은 병을 稱頉하지 못하도록 되어 있다. 그러나 병이 나으면 구두로 의정대신에게 보고하며, 부득이한 사정이 있을 때는 직접 朝房에 나와서 사유를 말하고 불참하기도 하였다.18)

대신이 유고가 있어 불참할 때는 그 사유를 상세히 屆出하여야 하며 입시대신 모두가 유고로 불참할 때는 유사당상이 그 사유를 송달하고 만약 시무할 대신이 없을 때라도 廢坐되지는 않았다. 이 경우 유사당상이 상의한 뒤에 함께 奏達함을 허용하였는데, 정조 9년부터 이것이 상규화되었다. 빈좌가 열리면 대신 뿐만 아니라 비국당상 역시 출석여부를 屆出하였으나 有故屆를 내지 않는 경우도 종종 있었다.19)

빈청차대는 최소 3명 이상의 출석이 없으면 개좌할 수 없으므로 이 때는 命牌로 소집하여 개좌하였다.20) 결석자를 명패로 불러들인 것은 牌招察任이라고 하며 개좌를 강행하려 할 때는 이러한 절차를 거친 것이지만, 만일 패초에도 불구하고 行公하지 않을 때는 從重推考하여 파직까지 하는 엄한 제재를 가하였다.21)

---

16) 『萬機要覽』 軍政篇 1, 備邊司 會議.
17) 위와 같음.
18) 위와 같음.
19) 위와 같음.
20) 위와 같음.
21) 『備邊司謄錄』 第63冊, 肅宗 37年 7月 17日. "大臣備局堂上引見時 上曰 籌司堂上 非虛帶之任 而行副司直洪萬朝 一向控辭 無意行公 昨年大臣陳請罷職 而只命從重推考矣 北咨之後 乍出行公 而旋又引疾 其間豈無病間之時 而警飭之後 猶夫如是 事體極爲未安 罷職"

패초대상은 영의정에서부터 비국제당상에 이르기까지 모두 적용
되었다. 인조 19년 5월의 경우 영의정 洪瑞鳳이 비국대신당상 인견
에 불참하자 榻前에서 긴중한 일을 결정한다 하여 命招된 일이 있
었다.[22] 또 숙종 7년 5월의 경우에는 賑政料理와 군제변통의 중요
한 일을 稟定하게 되어 있는 회의임에도 불구하고 비국의 고위제
조인 영돈녕부사 金萬基, 영돈녕부사 閔維重, 병조판서 李耦, 공조
판서 申汝哲, 형조판서 朴信圭 등이 모두 출석하지 않아 패초된 일
이 있으며[23] 심지어 유사당상이 결석한 경우도 있어서[24] 때에 따
라 빈좌의 예회가 순조롭지 못한 경우가 많았던 것으로 보인다.

　패초된 관원의 유고사유는 칭병이나 출타, 在外의 경우가 대부분
이었으나 당해관원의 본직중시 즉 본직시무를 우선하는 이유도 있
었다. 월 6회의 번다한 예회는 실직의 본무에 충실할 수 없는 것이
어서 이것이 闕席의 이유일 때도 있지만, 어떻든 잦은 패초 현상은
일견 빈좌의 권위가 沮喪된 것으로 볼 수 있다. 그러나 패초가 잦았
다고 해서 반드시 빈좌의 권위가 실추된 것은 아닌 것 같았다. 이것
은 반대로 비국당상의 세력신장 결과로도 볼 수 있는 양면성이 있
기 때문이다. 숙종 때의 다음과 같은 사례를 유의할 필요가 있다.

　　금년(숙종 37년, 필자) 7월 15일 대신과 비국당상을 임금이 引見할 때
　임금이 말하기를 "비변사 당상은 일없는 직무가 아니다. 行副司直 洪萬朝
　가 말만 앞세우고 성의 없이 안건을 처리하니 작년에 대신이 파직을 건
　의했는데도 다만 從重推考를 명했을 뿐이다"하였다. 北咨가 있는 후로 자
　주 공무에 나왔으나 병을 핑계삼았는데 그 사이에 어찌 아프지 않았겠는
　가만 벌을 받은 후에도 오히려 그대로이니 事體가 대단히 좋지 못하여
　파직하였다. 영의정 徐가 계문하기를 "비변사당상이 숫자가 많으나 근래
　의 회의에 참석한 사람이 매우 적고 중간에 혹 나오라는 명령이 있어도

---

22) 『備邊司謄錄』第6册, 仁祖 19年 5月 15日.

23) 『謄錄類抄』雜令 1, 肅宗 7年 5月 23日.

24) 『備邊司謄錄』第62册, 肅宗 37年 5月 15日. "司啓辭 本司堂上禮曹參判金
　　鎭圭 見帶有司之任 專管文書 而近日連不參坐 事甚未安 禮曹參判 卽爲牌
　　招察任何如 答曰允"

성원을 채울 수가 없어 회의를 개최할 때와 일차의 引對時에도 다만 3~4
인원이거나 입시에도 거의 없었습니다. 대신들이 일체 모일 때에 그 사이
에 정세가 불안함이 있더라도 실제로 병이 있는 사람이거나 다른 연고 없
이 나오지 않는 사람이 또한 많이 있습니다. 비록 매번 추고할 수 없어서
일이 매우 어렵게 됩니다. 신들이 비록 자주 齊會하더라도 어찌 매일 건의
할 수 있을 것이며 여러 재상들의 근무가 부지런하지 않음이 이와 같으니
각기 직무에 힘써야 한다는 뜻으로 보아도 의무에 잘못 되었습니다. 지금
임금의 교시에 따라 감히 보고하니 지금부터 본사의 제당상은 실제 병으
로 공무를 보지 못한 사례를 제외하고는 모두가 회의에 참석해야 한다는
것을 신칙함이 어떠하겠습니까"하니 좌의정 김이 말하기를 "지난 가을 北
咨가 있는 다음에 모인 사람이 혹 7~8인 정도이었는데 점점 이전과 같지
않습니다. 이러한 해이함을 때때로 신칙을 가해야 것이 마땅할 것 같습니
다"하니 임금이 말하기를 "별도로 신칙 함이 옳다"하였다.[25]

   이와 같이 빈좌의 참석을 강조하였음에도 불구하고 이후 賓廳齊
會가 순조롭지 못하자 숙종 39년에는 呈辭나 受由 및 病故를 제외
하고 未肅拜員까지도 모두 즉시 패초로서 입시토록 조치한 바 있
었다.[26] 영조때는 명패를 어긴 위패자를 賀班에 참여하지 못하게
하는가 하면 위패자 대신 재외유신을 許遞하거나 재경 무고인을
備擬케 하는 조치도 있었고[27] 정조때에는 將臣 李敬懋가 부득이한

---

25) 『備邊司謄錄』 第63册, 肅宗 37年 7月 17日. "今(肅宗 37年 - 筆者) 7月 15
   日 大臣備局堂上 引見時 上曰 籌司堂上 非虛帶之任 而行副司直洪萬朝 一
   向控辭 無意行公 昨年大臣陳請罷職 而只命從重推考矣 北咨之後 乍出行公
   而旋又引疾 其間豈無病間之時 而警飭之後 猶夫如是 事體極爲未安 罷職
   領議政徐 所啓 籌司堂上 員數雖多 近來每坐 進參之人 甚少 間或有出令而
   不得備員 開坐之時 日次引對 或只數三四員 入侍絶無 諸宰齊會之時 其間
   雖有情勢不安 實病難强者 而無他故 不進之人 亦多有之 雖不得每煩請推
   事體殊甚未安 臣等雖頻數齊會 何能日進謀謨 而諸宰之不勤於仕進如此 甚
   非所以各思飭勉之義也 今因聖教 敢以常欲陳達者仰達 自今本司諸堂上 除
   實病公頉外 一齊參坐之意 申飭何如 左議政金曰 昨秋北咨之後 來會者或至
   七八員 而漸不如前 馴至解弛 時加申飭 宜矣 上曰 另加申飭 可也"
26) 『備邊司謄錄』 第65册, 肅宗 39年 2月 10日.
27) 『備邊司謄錄』 第154册, 英祖 46年 11月 2日.
   『備邊司謄錄』 第155册, 英祖 47年 2月 22日.

사정으로 빈청 회의에 결석하자 명패로 불렀음에도 나오지 않은 적이 있다. 이 때 국왕은 "비록 비변사의 당상을 시켜 패초하였지만 패를 바치고 출석하지 않은 것은 기강을 해치는 한심한 일이다"하고 즉시 의금부에 명하여 체포 처리케 한 바 있었다.28)

이상과 같이 패초로서 빈좌의 개좌를 강제하기도 하지만 정당한 사유가 있을 때는 합법적으로 폐좌되었다. 당초 10일 간격의 월 3회 빈좌가 숙종 24년부터 5일 간격의 월 6회로 늘려진 이후 이러한 폐좌 현상이 많이 나타났는데 물론 월 6회를 모두 개좌한 때도 있지만 그렇지 않고 월 1~2회 내지 전연 회의가 열리지 않은 폐좌의 경우도 많았다.

빈좌일차를 폐좌하고자 할 때는 頉稟으로 가능하며 탈품의 경우, 國忌齋戒日의 相値 등 원칙적으로 『경국대전』의 예전에 명시된 「各司不得開坐日」에 따른 것이지만,29) 빈좌에서는 上候未寧이나 靜攝時,30) 그리고 시급한 품정 사안이 없을 때31) 또는 大臣有故時,32) 方物封裹時33) 등에 이르기까지 다양하였다.

숙종 39년 6월부터 9월까지 4개월 동안의 경우 총 24회의 빈청 일차 가운데 다만 5~6회 정도의 起坐가 있었을 뿐인데 이 때의 탈품 사유를 예로 들면 아래의 표와 같다.34)

---

28) 『萬機要覽』 軍政篇 1, 備邊司 會議.
29) 『經國大典』 禮典 雜令.
   『大典會通』 禮典 雜令.
   「各司不得開坐日」: 宗廟社稷大祭齋戒日, 國忌齋戒日及正日, 親臨擧動日, 大殿誕辰前後各一日, 王妃誕辰日, 王世子生辰日 親祭齋戒日及正日 祈雨祭齋戒日, 日月食日, 停朝市日, 諸科殿試開場日, 罪人行刑日.
30) 『備邊司謄錄』 第66册, 肅宗 39年 7月 15日. "今日賓廳日次 而上侯方在靜攝中 故來會本司之意 敢啓 答曰知道"
31) 『備邊司謄錄』 第70册, 肅宗 43年 10月 25日. "今日賓廳日次 而無時急稟定之事 來會本司之意 頉稟 答曰 知道"
32) 『備邊司謄錄』 第61册, 肅宗 37年 4月 20日.
33) 『備邊司謄錄』 第70册, 肅宗 43年 10月 30日.
34) 『備邊司謄錄』 第66册, 肅宗 39年 6月 5日~9月 30日 頉稟記事 參照.

<표 13> 備邊司의 頉稟廢坐 事例表 (숙종 19~29년 경우)

6月 5日	別無稟定之事	8月 5日	大臣有故
6月 10日	別無大端稟定之事	8月 10日	〈開坐〉
6月 15日	上前開折相値	8月 15日	大殿誕日相値
6月 20日	大臣出在城外	8月 20日	宗廟擧動相値
6月 25日	大臣出在城外	8月 25日	國忌齋戒相値
6月 30日	大臣出在城外	8月 29日	卜相相値
7月 5日	領議政改遞	9月 5日	〈開坐〉
7月 10日	大臣未肅拜	9月 10日	都目政事相値
7月 15日	〈開坐〉	9月 15日	〈開坐〉
7月 20日	〈開坐〉	9月 20日	生進放榜相値
7月 25日	〈開坐〉	9月 25日	〈開坐〉
7月 30日	私忌相値	9月 30日	堂上不在

이 표에서 본 바와 같이 특별히 품정할 사안이 없다거나 대신이 부재하며 大殿誕日이나 國忌齋戒의 상치 등 여러 가지 이유로 빈청일차가 거의 연월연회 폐좌되는 경우도 있었다. 이것은 시대적 상황이 빈좌를 예회해야 할만한 여건이 아니었을 이유도 있겠으나 당상부재 등의 탈품 사유는 빈좌의 예회가 해이된 것으로도 볼 수 있다. 그러나 빈청 일차가 여의치 못할 경우 그 대신 비변사 衙舍에서 회의를 개최하였으며,[35] 국왕의 환우로 폐좌될 경우에는 그 나아짐을 기다렸다가 유사당상 1인이 별도로 請對하는 것이라던가[36] 계속 정섭중일 때는 일차를 연기하여 개좌한 예,[37] 중죄자 추국으로 인한 폐좌 경우라도 委官외의 대신은 비국에 회좌하여 기무를 책응토록 조치한 것[38] 등에서 볼 때 빈청기좌를 의도적으로 피하는 것은 아닌 것 같았다.

---

35) 『備邊司謄錄』第66册, 肅宗 39年 10月 25日.
36) 『備邊司謄錄』第66册, 肅宗 39年 11月 20日.
37) 『備邊司謄錄』第66册, 仁祖 39年 7月 30日.
38) 『備邊司謄錄』第3册, 仁祖 2年 3月 24日.

영조년간에는 계속하여 탈품폐좌가 많이 나타났다. 이러한 상황
과 관련하여 영조 9년에 왕은,

> 요사이 賓廳次對가 오랫동안 없었고 本司會合도 역시 드무니 어찌 비
> 국을 설치하여 次對를 행한 깊은 뜻에 부합되겠는가? 앞으로는 國忌日이
> 아니면 차대를 정지하지 말게 하라.[39)]

는 하교가 있는 것으로 보아 빈좌의 폐좌는 시기에 따라 상당히 잦
았던 것으로 보인다. 그러나 국기일이라도 비변사 회의인 주좌는
상관없이 起坐된 것이 상례이었는데, 영조년간에는 이러한 주좌마
저 중지됨이 많았다.[40)] 정조 2년에는 한때 주좌도 齋戒相値 때는
정식으로 폐좌되었으나 동왕 18년에 다시 종전대로 돌리었는데,

> 이 이후로도 백성의 일에 관하여 稟議해서 처리할 것이 있으면 비록
> 齋戒日을 당했더라도 草記해서 答信토록 하고 이것을 상규로 정하여 民
> 事를 소중히 다루라.[41)]

고 하는 것에서 주좌도 강화하였음을 알 수 있다. 이러한 주좌나
빈좌의 탈품폐좌를 최소한 줄이기 위하여 당초부터 이의 보완조치
는 강구되어 있었다. 즉 비변사 당상에게는 즉시 起復하고[42)] 상피
법을 폐지하는[43)] 것 등이 그 예가 될 것이다. 특히 상피법의 폐지
는 차대나 주좌운영이 강제된 면이 있지만 이것은 도리어 비변사

---

39) 『增補文獻備考』 卷216, 職官考 3, 備邊司.
   『燃藜室記述』 別集 6, 官職典故 備邊司. "英祖九年 敎曰 近者次對曠濶 本
   司起坐亦稀 豈設備局 定次對之盛意哉 自今非國忌 則次對無敢奪停"
40) 『燃藜室記述』 別集 6, 官職典故 備邊司.
41) 『萬機要覽』 軍政篇 1, 備邊司 會議.
42) 『備邊司謄錄』 第2冊, 光海君 10年 5月 18日. "備忘記 前贊成朴承宗 勳舊
   重臣 關國家輕重 今當上國徵兵 彊事孔棘之日 宜從金革之典 已經發引 卽
   今起復 備邊司堂上啓下 使之規劃邊上 策應之事 此意言于備邊司"
43) 『萬機要覽』 軍政篇 1, 備邊司 職制.

구성원의 정치세력화 결과로도 볼 수 있는 측면이 많다. 다음의 내용에서 그러한 상피관계의 전말을 살필 수 있을 것이다.

本司에서는 본시부터 忌故로 인한 휴가를 주지 않으며 또한 친족관계로 인하여 서로 직위를 기피하는 법이 없다. 숙종 32년에 형조판서 徐文裕가 당상이 되었을 때 좌의정 徐宗泰가 坐次가 거북스럽다 하여 箚子를 올리므로 증거될 만한 사례를 조사하도록 명하였다. 승정원에서 "이것은 드물게 있는 일입니다"라고 진언하자 다시 서리를 불러 물으니 "일찍이 先王朝에 故相臣 金壽恒이 대신의 직에 있고 그의 형 고상신 金壽興이 호조판서로 있었는데, 비변사에서 회합하였을 때 체면상 거북스럽다 하여 大臣은 房中으로 피한 적이 있습니다. 조정에서의 반열은 각기 직위의 순서대로 앉은 것이니 김수흥이 대신이 된 뒤에는 대신으로 들어간 순서를 따져서 앉게 되므로 서로 기피하고 꺼리는 일이 없었습니다."하였다.

정종 20년에 우의정 尹蓍東이 진언하기를 "비변사의 당상 李冕膺이 '父子가 함께 坐目에 들어 있으므로 거북스럽다'하여 아직까지 시무를 하지 않으므로 본사의 등록을 조사하여 보았더니 과거에도 이러한 사정이 많이 있었으나 전례에 따라 시무하였습니다. 주의를 시켜 책임을 다하게 하도록 하여 주십시오"하니 왕은, "먼 과거의 전례는 그만두고라도 곧 현재의 영의정으로서도 부자가 일시에 시무한 예가 있으니 엄하게 주의시켜 시무하도록 하라"하였다.[44]

이상에서 본 바와 같이 비변사당상의 상피제 폐지는 그 시기를 정확히 알 수 없으나 대략 숙종년간에 운영된 것으로 보이며, 정조년간부터는 父子相避가 폐지된 것이 분명하나 그 이전 영조때부터 이미 사적관계의 상피가 인정되는 것 같았다.[45] 이와 같은 상피제도의 폐지는 주좌나 빈좌를 강제한 것일 뿐만 아니라 비변사 구성원의 세력집중과도 밀접한 관계를 갖고 있는 것이었다.

---

44) 위와 같음.
45) 위와 같음.

Ⅲ. 비변사의 公事處理

비변사의 公事는 각도의 書狀이나 상소 그리고 주요안건 등을 비변사에서 出草하여 개좌시에 대신에게 회람, 논의 결정한 후 成 帖하여 입계하는 것을 말한다.46) 공사 회계시는 유사당상이 상신 에게 품결하여 기초하고 여러 제조에게 通議, 논의가 일치된 연후 에 입계하며,47) 공사 출납은 모두 政院을 경유하였다.48)

公事는 상례공사와 긴급공사로 나누어지는데, 전자는 주좌나 빈 좌에서 상례대로 논의 품달되는 것이지만 후자는 예회일차가 아니 더라도 격외로 임시 처리되는 경우가 많았다. 이 긴급공사는 예회 개좌시에 의정대신이 유고 등으로 결석할 경우 군국중사의 긴급한 일, 또는 賑政 救活 등의 시급한 일을 품정하고자 할 때에 행해지 는 것이며, 이 경우 유사당상이 직접 대신에게 나아가서 就議商確 하여 上奏 처리한49) 특별한 공사처리였다.

이와 같은 공사처리 방법은 긴급사건시에 수시로 이행된 듯하

---

46) 『備邊司謄錄』 第2册, 光海君 9年 4月 6日. "啓曰 本司凡公事回啓之時 有
　　司堂上　稟決於相臣而起草　通議於諸提調　論議一致　然後入啓『備邊司謄
　　錄』第56册, 肅宗 31年 12月 9日"
　　備局公事 必先出草 回示諸大臣諸堂上 然後成帖入啓

47) 위와 같음.

48) 『備局謄錄拔萃』 法典例, 奎章閣圖書〈古〉5120-120. "今九月十五日　大臣備
　　局堂上引接入對時 右議政金所達 … 近來紀綱解弛　治道不成　皆由放法典
　　之廢而不行　內而六部法司　外而方伯守令　皆接考大典及續典　一一遵行　無
　　敢違越至放　政院則乃是喉舌之職　公事出納　皆由於此　設置六房　意有在矣
　　亦令各房承旨　常時接考法典而明習　京外狀聞草記之有違放法典者　一一檢
　　察啓達　朝家命令　或有違於法典者　亦執奏　乃是惟允之責　此道近來亦廢閣
　　未聞誠甚慨然　以此嚴飭中外　使之修擧法典宜矣　上曰依爲之"〈英宗己巳
　　（英祖 25年）9月 16日〉

49) 『備邊司謄錄』 第59册, 肅宗 34年 9月 20日.

나 구체적으로는 숙종조에 관례화된 것으로 다음과 같은 조치가
그 시발이었다.

> 숙종 무자년(34년, 1708) 9월에 (빈청일차에서) 대신의 자리가 차지 않
> 은 데다가 영의정 또한 성밖으로 나가 있었기 때문에 묘당이 비어있어
> 긴급한 공사를 처리할 수가 없었다. 이 때에 비국유사당상 趙思遇가 병술
> 년(숙종 32)에 閔鎭厚가 재가얻은 전례에 의거하여 호조판서와 함께 대
> 신의 집으로 나아가서 가히 시행할 일을 상의해서 곧 품하여 거행할 것
> 을 청하니 임금이 이에 따랐다.50)

이 내용에서 보면 유사당상의 就議商催은 숙종 34년으로 보이나,
이 보다 3년 전인 숙종 31년에 이미 "긴급공사가 있을 때는 유사당
상이 원임대신을 面議하여 속히 품달하라"는 국왕의 조치가 있었
다. 이때 제조이었던 閔鎭厚는,

> 유사당상으로 行公할 자가 다만 2원 뿐이며 신은 약방에 대령하고 있
> 고 병조판서 兪得一은 試射에 나가 올 수 없습니다. 명령을 거행하려 하
> 니 원임대신이 또 우상에게 가서 상의하라 합니다. 草記는 知道로서 비하
> 되었으니 前頭에 이에 따라 마땅히 거행해야 될 것 같습니다. 다만 비국
> 공사는 반드시 먼저 出草하여 제대신과 제당상에게 회시한 연후에 成帖
> 하여 入啓하는 것입니다만, 지금 이미 正書한 것이 많으나 우의정 李가
> 물러나 성외에 있으므로 아직 司中에 유치되어 있다고 하니 이것을 우선
> 파격하여 입계해도 무방할것 같아 감히 계달합니다.51)

라고 하자 왕은 입계해도 좋다고 하였다. 여기에서 파격입계라고
한 것은 대신에게 계본의 내용을 사전에 회시함을 생략해도 좋다
는 내용이므로, 이는 입계절차의 상례를 크게 벗어난 것이라 할 것
이다. 또한 긴급한 상황이라고 하더라도 비변사의 草記를 신뢰해

---

50) 『燃藜室記述』 別集 6, 官職典故 備邊司.
51) 『備邊司謄錄』 第56册, 肅宗 31年 11月 13日.
　　『謄錄類抄』 雜令 1, 乙酉(肅宗 31) 11月 13日.

온 의미가 전제된 것일 수도 있다. 이와 같은 조치는 장신 즉 군영 대장 등을 의천함에 있어서 유사당상이 대신에게 나아가 就議差出한 예와[52] 함께 비변사의 정치적 권한이 크게 신장된 결과였다.

한편 회계시의 搆草, 書入 과정에서는 각종 疏章의 내용 가운데 대동소이한 것이라던가 중첩된 것, 그리고 절실한 정도를 가리어 정리한 일들을 병행하였다. 특히 陳弊上疏 등의 경우 대부분 부역이라던가 軍政, 量田, 隣族, 校生 등의 사안이 많아 그 내용이 서로 비슷하고 중복되어 회계할 때의 견해차이 및 전후의 중첩 때문에 지방관이 이를 거행할 때에 많은 혼란을 야기한 실정이었다.[53]

이와 같은 중복됨과 혼란의 사례를 막기 위하여 비변사가 이를 정리한 것인데 시행할만한 내용을 뽑아 제목을 붙여 한 책으로 작성, 회계하고 유사한 내용은 재론하지 않으며 새로운 것을 商確回啓하였던 것이다. 이와 같은 사정은,

> 外方의 상소는 많은 폐단을 낱낱이 거론함으로 말이 중복되고 그중에 혹 緊關한 일과 그렇지 않은 것까지 모두를 朝廷에서 순례대로 회계하니 결국 시행할 수 없게 되며, 한갓 煩鎖하기만 하고 끝내는 휴지로 돌아가고 말게 되니 착실한 것이 못됩니다. 상소 내용중에 절실한 것을 조목별로 뽑아 정리한 다음, 별도로 한 건씩을 선정하여 거행하는 것이 마땅할 것 같습니다.[54]

라는 것에서 잘 나타나 있다. 이와 같은 회계안건의 조정을 '抄出分類條列'이라 하며 이는 비변사에서 施政의 우선 순위를 조정한 것에서 나타났다. 효종 1년부터 이러한 계본의 조정사례가 자주 등장하였으나 각관의 所陳이 계속 산만하여 그 조정은 여의치 못한 듯 하였지만, 이는 시정의 통제, 조정에 있어 비변사의 역할이 많

---

52) 『萬機要覽』 軍政篇 1, 備邊司 所掌事目.
53) 『備邊司謄錄』 第14册, 孝宗 元年 6月 23日.
  『謄錄類抄』 雜令 1, 庚寅(孝宗 元年) 6月 23日.
54) 위와 같음.

았음을 보여준 것이다.

효종 4년에는 위와 같은 산만한 것을 빈청의 啓辭로 다음과 같은 3가지 유형의 '抄出分類條列'을 구체화하였는데, 그 첫째는 왕이 체념할 내용이며, 둘째는 시행해야 할 내용, 셋째는 외방에서 거행해야 할 내용 등으로 크게 분류한 것이었다.55) 그러나 정원에서 抄出한 별도의 내용은 타지에 열서하고 아울러 원래의 계사를 함께 써넣으면 된다는 傳旨가 있어56) 이와 같은 분류내용이 획일적으로 시행되지는 않은 듯 하였다.

또한 비변사의 未回啓本도 시행에 응할 수 있는 것만을 초출하여 그 가부를 논의한 다음에 啓稟하겠다는 것이 허락되고 粘目(증빙서류를 첨부한 啓目)으로 일일이 覆啓하는 것을 생략하며 즉시 시행여부를 논한 다음 그 疏章의 요지를 별단으로 초출하여 입계하겠다는 것 등이 받아들여지게 되었다.

전자 미회계본의 초출은 다음과 같은 사례에서 잘 드러나고 있다. 즉 현종 갑인(15년, 1674) 冬에서 숙종 경신(6년, 1680) 春까지 비변사에 啓下된 내용 가운데 즉시 회계되지 않은 24건과 上言 1건 등 총 25건의 미회계본이 있었다. 이 가운데 상소 1건은 분실되었으며 나머지 23건 중 이미 타관의 所言으로 시행된 것이거나 시기가 지나 追議할 수밖에 없는 것, 또는 事宜에 맞지 않아 채택할 수 없는 것 혹은 상소자가 犯逆刑戮되어 거론될 수 없는 것 등, 처리할 수 없는 것이 13건이나 되고 상언 1건은 '三角山定界之禁'의 내용으로 비변사에서 이미 입계처결한 것이어서 복계할 수 없는 것이었다. 나머지 10건 가운데서도 한 두 가지 정도가 채택할 만한

---

55) 『備邊司謄錄』 第16册, 孝宗 4年 2月 13日. "以賓廳啓辭傳曰 多官所陳 頗爲汗漫 其中可以體念者 可以施行者 可以自外擧行者 抄出分類條列 稟處可也"

56) 『備邊司謄錄』 第16册, 孝宗 4年 2月 13日.
　　政院啓曰 以賓廳啓辭 抄出分類條列事 令廟堂擧行何如 傳曰 自本院抄出 別條件 列書他紙 幷與原啓辭以入 則自當發落矣

것이었으므로 결국 비변사가 시행할만한 것만을 초출하여 입계한 사안이었다.57)

후자 疏章要旨의 별단초출의 경우는 비변사가 外方狀聞으로 連次回啓할 것 가운데 관방형편이나 폐단변통 등의 항목은 신중을 기해 확정하고 수십건 누적된 疏章은 粘目으로 일일이 복계하려면 말이 번잡하므로 그 요지를 별단으로 초출하고 그 시행여부를 논한 다음에 계문한다는 것이었다.58)

이와 같은 회계처리의 방침은 비변사의 정무행사에 있어 매우 기능적이고 능률적인 것으로 보여, 시정의 실질적 처리에 크게 기여한 바라고 할 수 있다. 그러나 各司의 回啓公事는 3일내의 거행이 원칙이지만, 현종때부터는 이 시한이 이완된 듯 하여 정원의 신명분부가 있었으며,59) 중대변통 사안은 예외로 하나 회계기한 3일을 넘기지 말라는 것이 숙종대에 계속 강조되어졌음을 볼 때60) 이상에서 언급한 비변사의 조정역할도 때에 따라 기복이 있었던 것으로 보여진다.

---

57) 『謄錄類抄』 雜令 1, 庚申(肅宗 6) 12月 25日.

58) 『備邊司謄錄』 第57册, 肅宗 32年 2月 28日. "啓曰 本司未回啓外方狀聞 今方連次回啓 而其中關防形便及 弊端變通等項 以待從容確議 至於疏章 多至累十度 如欲以粘目 一一覆啓 則語多煩複 亦涉支蔓 恐有妨於靜攝中睿覽 謹以別單抄出疏章要旨 仍論其許施與否 劃一條列 以入之意敢啓 答曰 知道"

59) 『備邊司謄錄』 第20册, 顯宗 元年 3月 21日. "回啓亦於三日內擧行事 令政院申明分付何如 上曰政院申明分付 恪別擧行可也"

60) 『備邊司謄錄』 第37册, 肅宗 9年 2月 27日. "今二月二十六日 晝講入侍時 上曰 凡各司回啓公事 必於三日內爲之事 前後下敎 意非偶然 去冬又爲申飭 終無惕念奉行之事 其中事係大端變通者 不可容易覆啓 而至於徇例議處公事亦且累日稽滯 殊甚未便 今後則必於三日內 回啓之意 政院知委 各別申飭 各司俾無 如前稽緩之弊可也
　　『備邊司謄錄』 第72册, 肅宗 45年 8月 25日. "上言回啓無過三日 … 自今以後 無論京外大小事件 凡係覆達處置者 舊則從其先後 新則定其期日 一依祖宗朝舊規劃 卽論聞之意 請令政院 知悉檢飭 俾無如前玩愒之地何如 令曰依達"

한편 入啓文書는 중외의 章箚로서 응당 諸司를 경유하여 복계할 것은 一司가 복계한 후에 粘紙를 떼어내어 타사에 이송하고 혹 粘目公事가 있어서 응당 他曹에 넘겨 복계할 것이 있으면 그 元啓를 유치하고 별도로 楷書로서 成貼하여 보내는 것이 규례였다. 그러나 이 방법은 문서가 번다하고 어람에도 불편한 것이었다. 또 고례에 따라 각아문의 공사 때에 啓目으로 사용해 온 것을 임란후부터는 草記로 사용할 것이 규례로 정하여졌으나, 그러나 이 초기방법은 너무 任便한 습관이라 하여 정원의 주장에 따라 다시 계목의 방법으로 돌려진 바 있었다.[61]

이상과 같은 서식의 문제는 정원이 고례서식에 어긋난다 하여 일부 규제한 면이 있으나 앞의 '抄出分類條列' 사항과 함께 비변사의 주장이 통용되고 있었으니, 다음과 같은 사례에서 그 내용을 확인할 수 있다.

> 금일 본사당상 개좌시에 粘目 11度와 啓辭 6度를 정원으로 正書하여 보냈는데 정원에서는 제당상 개좌 때의 啓辭를 '備邊司 啓曰'이라 함은 불가하니 이것을 '備邊司堂上意啓曰'이라고 고쳐 써서 올리라고 하였습니다. 臣 등은 모두 비변사 제조로서 承命開坐하였으니 '備邊司啓曰'이라고 함이 어찌 불가하다고 하겠습니까. 별도로 새로운 규칙을 내어 이와 같이 지휘한 것은 전에 없던 일입니다. 또 비록 本司의 啓辭형식이 타당하지 않는다 하더라도 정원이란 곳은 다만 啓本을 거두어 받을 뿐인데 還出給에 있어 이러한 경우는 또한 전에 없던 일이니 사체가 극히 편안하지 못합니다.[62]

---

61) 『謄錄類抄』 雜令 1, 丁丑(仁祖 15) 4月 28日. "啓目本朝入啓文書規例 中外章箚 應經諸司覆啓者 一司覆啓後 去其粘紙 移送他司 或有粘目公事 應爲移他曹覆啓者 則留其元啓目 別爲楷書成粘而送之 以此文書煩多 而御覽亦不便 臣等之意 章箚中 如吏曹回啓 而應送兵曹者 則吏曹回啓 勿爲拔去 仍於末端粘目 回啓粘目中 應送他曹者 勿爲楷書成帖 以元公事移送 使之粘連回啓 則不但文書簡易 凡公事首末一披 可以瞭然矣 且祖宗古例 各衙門公事 皆以啓目爲之 今草記之規 亂後謬例 事甚苟簡 自今以後 凡有忘遽之事 則皆用啓目 以除諸衙門任便之習 何如 答曰依啓"

62) 『備邊司謄錄』 第5册, 仁祖 16年 2月 29日.

이러한 비변사의 건의에 대하여 왕은 이를 인정하고 승지의 所爲가 경솔하다고 批答한 것을63) 보면 籌坐운영이나 그 서식에 있어 비국과 정원간의 갈등이 노정됨을 볼 수 있거니와, 결과는 비국의 입장 강화로 나타난 것이었다.

그러나 이와 같이 비변사의 입지가 강화되었다 하더라도 비변사의 上啓를 일방적으로 재가한 것만은 아닌 것 같았다. 인조때 비변사가 올린 逋欠査處草記의 경우, 領相과 다시 상의하라는 조치가 있자, 비변사에서는 막중한 이해관계사이기 때문에 비변사가 擅論할 수 없어서 당초부터 영상과 상의했다는 이유로 본래의 내용을 재차 그대로 계문한 바 있다. 이 때 왕은 逋欠을 견감하는 일은, 호강에 유리하고 궁민에게는 무익한 것이라 하며 또 다시 검토하라는 지시를 내렸다.64) 이와 같은 사례는 그 이면에 비국과 호강과의 결탁이 감지되는 내용으로서 국왕이 이를 견제한 의도가 엿보인 것이기도 하다.

한편 비변사 공사의 외방거행 기간은 인조대 이래 遠道가 50일 이내, 中道는 30일 이내, 近道는 20일 이내에 곧바로 거행되어 왔는데,65) 이것은 적체의 환을 없게 함이었다. 만일 이 기간내에 거행하지 않으면 사안의 경중에 따라 파직 또는 추고하였으며 혹 그 사이에 즉시 거행하지 않을 일이 있으면 該道에서 頉稟하도록 하였다.66)

이러한 行公文書의 전달은 비변사가 통제하였으며 특히 內局, 정원, 병조 등의 시급한 문서는 비변사가 맡아 傳致하였는데 이 때의 撥路弊端의 시정 역시 비변사의 소관이었다.67)

---

63) 위와 같음.

64) 『備邊司謄錄』 第8册, 仁祖 22年 1月 5日.

65) 『備邊司謄錄』 第20册, 顯宗 元年 3月 21日. "以備邊司公事言之 曾在仁廟朝 遠道五十日 中道三十日 近道二十日內 卽爲擧行 俾無稽滯之患 如不擧行 則重者罷職 輕者推考 而其間或有未卽擧行之事 則自該道頉稟矣"

66) 위와 같음.

67) 『謄錄類抄』 驛路.

Ⅳ. 附 : 회의의 일 사례 -북한산성 축조사안-

　이상에서 비변사의 公事處理 과정을 살펴보았거니와 여기에서는 비변사에서 行公한 入啓 稟處의 한 가지 사례를 통해 籌坐운영의 일면을 살펴보기로 한다. 비변사의 계본처리는 각사와 마찬가지로 3일 이내이지만, 이는 대체적으로 陳弊疏章 등에 관한 일반적인 것이며 방수 방략 같은 중요 군국기무 등의 사안은 시한에 얽매이지 않고 충분한 논의를 거친 다음에 결정한 것이었다.

　변사, 교린, 내정 등에서 중요 사안과 각종 별단의 확정은 매우 신중하게 처리하였다. 이러한 경우 난상숙의를 거치고 재외 원임대신에게 문의하는 등 회의기간만 해도 수개월이 소요되는 때가 있었다.

　이 가운데 손꼽을 만한 것은 도성의 방수 방략에 관련된 북한산성의 축성사안을 예로 들 수 있다. 이 사안이 안건으로 채택되는 楊前下敎는 숙종 36년(1710) 10월 26일이었으며,[68] 이것이 楊前定奪된 것은 이듬해 3월 25일이었으니[69] 만 5개월의 회의기간이 소요된 셈이었다.

　이때 빈좌의 논란기사가 『비변사등록』에 올라있는 것만도 총 11회에 걸치고 있으며 문자로는 약 3만자에 달하는 방대한 것이었다.[70] 史書에 등재된 기사가 口語를 요약 정리한 문서체임을 감안

　　『備邊司謄錄』 第25册, 顯宗 6年 4月 20日. "凡各司文書 因撥上傳送者 必令關由本司 而雖內局政院兵曹 時急文書 亦令送于本司 傳致宜當 以此分付擧行何如 答曰允"

68)『備邊司謄錄』 第60册, 肅宗 36年 11月 26日. "藥房受灸入侍時 弘福北漢兩處中 築城當否 在外大臣處 遣備局郎廳 議以來事 楊前下敎"

69)『備邊司謄錄』 第61册, 肅宗 37年 3月 25日. "今三月二十五日 大臣備局堂上引見入侍時 北漢築城 來四月始役事楊前定奪"

70)『備邊司謄錄』 第60~61册 中, 肅宗 36年 10月 26日, 同年 11月 9日, 同 12月 7日, 肅宗 37年 2月 13日, 同年 2月 15日, 同 2月 16日, 同 3月 13日,

할 때 그 토의과정의 방만함을 짐작할 수 있을 것이다.

더욱이 이 북한산성의 수축문제가 거론되기 시작한 효종 10년 (1659)부터 재론되었던 숙종 18년(1692), 또 가부가 논의된 동왕 30년(1704) 등, 안건이 확정되기 이전의 3~4차의 거론기간과 산성 이 완성된 후 이듬해 임금이 행차할 때까지 전후 총기간을 합하면, 단일사안의 처리·완료 기간이 무려 3대에 걸친 50여 년이나 소요 되었음을 알 수 있다.71)

이 가운데서 축성안건이 최종적으로 확정되기까지 5개월 사이의 회의 상황을 일견해 보면, 국왕의 의견을 위시하여 在外 원임대신 으로부터의 收議, 그리고 대신과 備局諸宰·堂上 간의 난상토론, 빈청차대 석상에서의 반복문답 등이 연속되고 있어서, 이 사안의 처리는 비변사 회의운영의 한 실태를 잘 보여준 경우라 할 것이다.

이 회의에서, 都城防守에 관한 전략적인 문제는 그 이해득실이 구체적으로 개진, 논란된 가운데 대체적으로 재외 원임대신과 조정 문신들은 축성안에 부정적이었고 이에 반하여 무신출신의 비국 고 위제조와 무장들은 적극 찬동한 입장이었다.

당시 축성반대론자인 봉조하 南九萬, 영중추부사 尹趾完, 이조판 서 崔錫恒, 우의정 金昌集 등은 '脫有緩急 都民難容 地勢不利 人心 流離'등을 내세워 불가 내지 연기를 주장하였으나72) 찬성론자인 행판중추부사 李濡, 병조판서 閔鎭厚, 총융사 金重器, 부사과 李宇 杭 등은 반대논자의 상기 이유를 구체적으로 반박하면서 축성의 당위성을 계속 강조하고 있었다.73)

숙종은 이때 이미 축성당위를 先定하고74) 회의에 임한듯 하여

    同 3月 25日, 同 3月 27日, 同 3月 28日 등 參照.
71) 『增補文獻備考』.
    『北漢誌』.(奎.3299, 聖能撰 1冊 24張)
72) 『備邊司謄錄』第60冊, 肅宗 36年 11月 9日, 同年 12月 7日, 肅宗 37年 3月 13日.
73) 위의 책, 肅宗 36年 12月 7日, 肅宗 37年 3月 13日.
74) 『備邊司謄錄』第60冊, 肅宗 36年 12月 7日. "聖上 先定大計 廷臣亦多有當

처음부터 비국낭청을 재외 원임대신에 파견하여 문의하게 하였고[75] 비국당상과 총융사를 현장에 직접 보내어 답사결과를 보고하게 하는 등[76] 적극적으로 반대론자의 이견을 조정하기에 힘썼다. 그러나 반대가 계속되자[77] 국왕은 "결단코 포기할 수 없다"라고 축성의지를 못박고[78] 결국 빈청회의에서 都城役事를 확정하였던 것이다.

이 과정에서 국왕과 비국제조의 연결아래 최고국정이 결정되어졌음을 알 수 있는 바, 당시 비국 수석 유사당상이었던 병판 閔鎭厚가 축성구관당상으로 임명되고 비국 예겸당상이었던 총융사 金重器가 董役하기로 조치된[79] 후 북한산성의 거대한 役事가 시작되기에 이르렀던 것이다.

요컨대 이 축성사안 의정은 그것이 방수 방략 등 비변사의 고유업무라고 하더라도 武弁堂上이 회의를 주도하고 비국제당상이 이를 협조하는 형태로 회의가 진행되었으며, 결국 군국중사의 의정에 있어서 비국 핵심당상의 역할이 막중함을 보여준 내용이었다.

또한 이 북한축성 論定時에 축성의 당위뿐만 아니라 전반적인 방수 방략이 비국의 諸臣에 의하여 개진되었는데 숙종 37년 2월 15일에 別錄一册으로 입계된 「各陳防守之策」이[80] 그것이다. 이것은 비국당상 뿐만 아니라 曾經將任諸臣까지 각자가 書進한 것으로 근 만여자에 달하는 많은 분량의 내용이다. 임진왜란 때의 守城과 淸野戰術을 그리며 시작된 이 내용은 난후 신설된 훈련도감 등 삼군문과 속오군 등을 비판하고 鎭管體制의 복구가 주장되며 호란의 반성 등이 서두에 개진되어 있었다.[81]

築之論"
75) 위의 책, 肅宗 36年 11月 26日.
76) 위의 책, 肅宗 36年 12月 7日.
77) 위와 같음, "原任大臣 以爲決不可築云"
78) 위와 같음, "上曰 今次北漢 決不可棄"(肅宗 36年 12月 7日).
79) 『備邊司謄錄』 第61册, 肅宗 37年 2月 12日.
80) 『備邊司謄錄』 第61册, 肅宗 37年 2月 15日.

현종대를 전후하여 對淸, 對日關係가 화평시대로 접어든 이후 근반세기가 지난 숙종 중엽에, 이와 같이 前代의 국방문제를 정리한 바탕위에 당대의 방수 방략이 비변사 구성원에 의하여 강구되었다는 것은 당시 비변사 구성원의 국방관을 알 수 있게 할 뿐만 아니라 이때 제시된 내용을 통해서 당시 17세기의 군사 사회상의 일면도 살펴 볼 수 있게 하고 있다.

이때의 방수 방략은 당시 비변사 당상이었던 韓城君 李基夏, 행부호군 閔鎭厚, 공조판서 李宇杭, 예조판서 李墩 등이 書進한 것인데 그 몇 가지 내용을 적기하면 다음과 같다.[82]

李基夏는 수성 청야전술을 위한 邑兵의 존치라던가 鎭管法의 복치 그리고 각양 군보 및 각읍 납포인과 읍중 한유배 등을 名號로 묶어 단속하는 문제와 읍성의 수축, 속오군의 守令領率, 營將의 운용 등 여러 방안을 제시하고 이어 關防處는 巡撫使가 순심하며 각읍의 額外校生 納布人은 납포대신 입단시키고 군관칭호를 부여하여 실질적인 외방군병을 강화하려는 것이었다.

한편 閔鎭厚는 연해 방수책 등을 강구하였고 李宇杭 역시 연해읍의 축성문제와 아울러 양향의 저축책 등을 제시하였으며 李墩은 해중제도의 募民入保策과 軍民怨詆 대책 등을 강구하였다. 이 외에도 訓練院兼都正 李弘述은 江都 방어책과 적정정탐책 등을 개진하였고 행장예원판결사 李德駿은 戰船대책 등을 제시하고 있었다.

이상과 같은 방수 방략이 입계되고 그 월여후인 동년 3월 13일에 이의 상확품처를 위하여 비국낭청이 재외 원임대신과 당시 4大臣 처소에 파견되어 이에 관한 의견을 收議, 啓達한 바 있었다.[83]

이때 봉조하 南九萬은 병중이라 하여 收議할 때에 없었고 영중추부사 尹趾完은 정신혼미로 시비를 진술할 수 없다 하였으며 행판중추부사 李頤命은 특별한 의견을 개진하지 않았다. 다만 尹拯은

---

81) 위와 같음.
82) 위와 같음.
83) 『備邊司謄錄』 第61册, 肅宗 37年 3月 13日.

비국제신이 강구한 방략이 '立志建極之道 保民救才之方 固圉禦侮之策'이라 하여 찬동의 입장을 표하였다.

이러한 시원임 대신의 의견은 방수 방략 등에 관한 비변사 제당상의 견해를 추인하는 정도여서 결국 의계 안건의 결정은 비변사 당상을 주축으로 이루어지고 있었음을 보여준 것이다.

V. 결 어

비변사의 각종 사안의 의정은 비국회의인 籌坐와 빈청회의인 賓坐에서 이루어졌다. 주좌는 비변사에서 수시로 起坐하며 빈좌(묘당)는 대궐에서 일차가 정해진 예회개좌의 형태인데, 빈청일차를 폐좌하려 할 때는 頉禀으로 가능하며 비변사의 활약이 소강상태일 때에 이 탈품 사례가 많았다.

이러한 주좌나 빈좌에서 비변사의 대소 公事를 의처하였으며 공사의 의처과정은 書狀이나 상소 그리고 주요사안 등을 비변사에서 출초하여 개좌시 대신에게 回示, 논의 결정한 후 成帖하여 입계하는 절차를 거치었다. 공사회계시는 유사당상이 상신에게 품결하여 기초하고 諸提宰에게 通議, 논의가 일치된 연후에 입계하며 공사출납은 절차상 모두 정원을 경유하였다.

비국공사는 常例公事와 緊急公事로 구분되며 긴급공사를 처리할 때에는 유사당상이 파격적으로 대신에게 就議商確하여 처리한 권도가 많았다. 공사처리 때에 비변사에서는 각종 회계안건의 통제를 통해 시정을 조정하였으며 이해관계의 조정도 함께 행해졌다. 변사 교린 내정 등의 사안 의정과 각종 別單 事目 節目 등의 제정시에는 매우 신중하였으며 특별한 경우 회의 기간만 해도 수개월이 소요되는 정책의정 과정을 거쳤다. 그러나 대개 비변사 구성원의 주도대로 회의가 이루어지고 정책이 결정된 것이 상례였다.

제5장

壬亂이후 비변사의 邊事措置와 군사정책의 議定

Ⅰ. 서 언

　이 장에서는 주로 비변사의 제2기[1] 즉 군국기무총령기(17c)의 議啓 사안을 중심으로 비변사의 邊事措置, 軍政議定 내용을 구체적으로 살피게 될 것이다. 이 시기는 주지한 대로 壬丙兩亂 등 전시, 준전시적 상황이 계속된 시대적 배경과 함께 비변사의 이 방면 활약이 특징적으로 나타났기 때문이다.

　그러나 이 내용은 시기를 제한하여 살핀 것이기 때문에 단편적인 감이 없지 않으나 그 전후 본말은 앞서의 논문과 뒤에 이을 내용이 종합 참고되면 이해하기가 쉬울 것이다.

　특히 여기에서 거론할 내용은 후고에 이어질 '비변사의 외교, 재정정책의 의정' 및 '비변사의 정치적 위상'등의 내용과 함께[2] 비변사의 정책결정 실상 내지 정치적 기능파악에 있어 중요한 부분이며 결국 이러한 검토들은 비변사의 정치적 위상을 해명하는 데에 있어 그 선결부분이 되는 것이다.

　이 글에서는 임란시기의 사안보다도 자료의 한계상 비변사의 제2기 중에서도 주로 선조 말엽부터 숙종 초반까지의 17세기 중요 의처 내용을 통해 변사조치 및 군사정책의 의정 실상을 구체적으로 확인하게 될 것이다.

　다만 여기에서 많이 취급될 선조 37년(1604)의 사례는 현전 『비변사등록』에 전연 등재되지 않은 새로운 사실이기 때문에 이것은 빠짐없이 거론하여 임란 이후 邊事 대책의 일단을 살펴 볼 것이며

＊이 논문은 졸고, 1993, 「備邊司의　邊事措置와　軍事政策의　議定」『歷史學報』 제139집, 歷史學會, 67~93쪽에 揭載한 내용임.
1) 졸고, 필자의 전게 학위논문(1990) 1장 Ⅱ의 3, 비변사의 시기구분 참조
2) 본서 제7, 9장 및 제10장 참조

그 후의 사안은 현전『비변사등록』의 변사, 군정에 관한 司啓와 특히『등록유초』에3) 抄記된 새로운 내용을 중심으로 하여 비변사의 군사정책 추이를 고찰하게 될 것이다.

II. 邊事의 조치

비변사의 邊事 처리는 「備邊」이라는 명칭이 뜻하는 바와 같이 비변사의 기본적인 직무이었다. 따라서 이 변사에 관한 비변사의 의처 내용은 지역상으로 볼 때 江都를 비롯하여 동래, 의주 등의 국경관문과 통영 및 각도 수영 그리고 육진, 해도 및 漂海人 沿海 魚鹽 牧場 등에 관한 사안으로서 남북 변방 및 연해 요처 사안이 망라된 것이다.

이를 개별 의계 항목으로 분류해 보면 전반적인 변사 사안에서부터 對日 通信 문제 그리고 銓曹소관의 변장 변수 등 인사사안과 漕轉 鹽盆 軍餉 反庫 등 호조소관의 재정사안 그리고 漂海人 被擄 惠恤 등 예조소관의 사안 등이며 특히 防守 制置 등 병조소관의 사안은 거의 전부라 할 만한 것이다.

이 가운데 비변사에서 의계한 병조소관의 항목을 그 관련사항과 함께 구체적으로 제시해 보면 機宜(制置, 邊事), 漂海人(倭情), 機密, 邊事(救荒, 方伯, 軍餉, 燕行, 機宜), 點閱(備局), 江都(束伍, 刷還), 軍餉(邊事), 犯越, 徵調(征討), 將領(北道, 武擧, 赴防), 保障(制置), 關防(制置), 城池(牧場, 江都), 擺撥, 烽燧(邊報), 機宜(方

---

3) 備邊司編 「年紀未詳」 10册 (寫)41.6×29.2cm 印(備邊司) 「奎 No.15080」 이 새로운 『謄錄類抄』의 사료적 가치는 필자의 旣稿에서 이미 밝힌 바 있다.

伯), 赴防, 水軍, 雇馬(軍餉), 邊倅, 移鎭(海防, 各司), 邊民, 荒唐船(責罰), 戰船, 防守(北道), 牧場(移設), 海鎭(制置), 邊地(北道), 制置(北道, 移設), 島鎭, 僧軍(水路) 등 변사에 관한 전반적인 사안이며 괄호 안은 유관사안이다.

또한 변사에 유관한 형조소관의 竄配(江都)까지 비변사의 의처사항으로 나타나고 있어서 邊政에 관한 육조소관의 사안이 거의 비변사에 이속되는 듯한 양상이었다.

이상의 사례는 『비변사등록』과 『등록유초』에 등재된 선조 37년부터 현종초까지 17세기의 주요 사안만을 추출한 경우인데 무루파악을 전제할 때는 비변사의 변사의처 범위가 거의 제한이 없을 것임을 쉽게 상정할 수 있다.

상기 『등록유초』의 「邊事」에 실린 선조 37년의 변사의계는 총 35회이었다. 여기에는 단일사안도 있지만 10여 가지의 각종 사안을 한번의 의계로 처리한 내용도 많기 때문에 개별 사항으로 구분하려 할 때에는 그 항목의 숫자를 헤아릴 수 없을 정도이다.

예를 들면, 선조 37년 1월 3일 함경도 忽溫賊의 방비사안의 의계에서부터 하삼도의 방어사 조방장 차출 및 裝束待變의 조치와,[4] 거제 통제영(통제사 李慶濬)의 豆農浦(통영) 移鎭의 결정[5], 그리고 公州 군병의 試才單子 마련[6] 등의 내용이 연속되고 있다는 점이다.

또 남변 海防의 사안으로는 방어사 조방장의 及時 파송 조치라던가,[7] 하삼도의 방어사 조방장의 선임 및 別將을 추가 설치하는[8] 문제의 처리, 그리고 이에 관련된 전라 경상 충청 등도의 조방장 資去事目 제정[9] 등 변장운영의 제도적인 조치가 강구되었으며, 이

---

4) 『謄錄類抄』第8卷, 邊事 宣祖 37年 1月 10日.
5) 『謄錄類抄』第8卷, 邊事 宣祖 37年 1月 10日.
6) 『謄錄類抄』第8卷, 邊事 宣祖 37年 1月 10日.
7) 『謄錄類抄』第8卷, 邊事 宣祖 37年 1月 22日.
8) 『謄錄類抄』第8卷, 邊事 宣祖 37年 2月 5日.
9) 『謄錄類抄』第8卷, 邊事 宣祖 37年 2月 10日.

어 絶島 屯田의 대책과 호남戰船의 嶺南添防時 勞怨 시정 및 진도 성곽 수축책 그리고 調度使의 魚鹽 전관과 米穀 貿辦事 등이 처리되어[10] 연해변민의 安集固禦策이 많이 나타나고 있었다.

또한 충청감사 柳根의 遞改事[11] 및 橘倭의 私持 雜物의 摘奸사안을 조치하고[12] 北兵使 李用淳의 辭狀을 議啓 行公한것,[13] 통제영 이설 논의의 조정 및 경상 전라지방의 武學 설치 문제 등이 처리되었다. 이와 함께 양남 牙兵의 공사천 括定과 조총 학습자 및 監造官을 논상하며, 鳥銃 소용의 화약 유황 연환 등의 繼用事를 결정하여 임진왜란 이후 군기조달에 많은 배려가 집중되고 있었으며, 이어 임란 이후의 남변복구책으로 거제 유민의 환집 쇄환 대책을 강구하고, 부산 留屯의 明兵 資活事라던가 降倭 자활사[14] 등을 해당 各司에 자세히 살피어 거행하도록 조치하고 있었다.

이 당시 邊情 수집과 관련한 의계도 많았는데, 북병사가 上送해 온 포로 李難을 통해 忽溫賊의 도로 형세 및 풍속, 軍器, 酋長(阿叱耳) 등의 근황을 파악하였고[15] 왜적의 정황보고 및 橘倭의 거제도 鹽戶 搶掠事의 조치와[16] 순천 수군으로 정유왜란시 대마도에 잡혀 갔다가 탈출한 朴應男의 공초를 통해 일본군의 형세와 平義智의 행적 등을 수집 보고하기도 하였다.[17]

또한 임란왜란시의 대처상황을 비판하고 그 허소점을 보완하는 내용으로 임란시 방비책의 하나이었던 왜군의 수로 遮截處에 대한 새로운 대비라던가 郭再祐의 전법 칭탄 그리고 鎭管法의 모순 지적과 北道 六鎭의 방어책 등이 의처되었으며, 산성 수축 및 燎博

---

10) 『謄錄類抄』 第8卷, 邊事 宣祖 37年 2月 12日.
11) 『謄錄類抄』 第8卷, 邊事 宣祖 37年 2月 18日.
12) 『謄錄類抄』 第8卷, 邊事 宣祖 37年 3月 3日.
13) 『謄錄類抄』 第8卷, 邊事 宣祖 37年 3月 24日.
14) 『謄錄類抄』 第8卷, 邊事 宣祖 37年 4月 20日.
15) 『謄錄類抄』 第8卷, 邊事 宣祖 37年 4月 22日.
16) 『謄錄類抄』 第8卷, 邊事 宣祖 37年 4月 25日.
17) 『謄錄類抄』 第8卷, 邊事 宣祖 37年 5月 11日.

代石 조치와 無兵無糧의 대책 그리고 긴급 방어처의 포수 抄出 파송, 北道邑宰의 문무 교차 시행, 포수 添防事 등 당면한 여러 가지 사안이 의처되기도[18] 하여 난후의 복구대책이 비변사에 의해 여러 부분에서 강구되고 있음을 보여주고 있었다.

한편 선조 37년 6월 22일에는 통제사 李慶濬이 올린 왜란 후 최초 최대의 해전이었던 荒唐船(일본인 久右門이 이끄는 中日 무역 상선)과의 전투상황과 승첩보고를 받아[19] 비변사에서 그 사후문제를 조치한 바 있는데[20] 특히 이 전투에서 포로로 잡히어 압송된 중국인 溫進, 王淸, 莊昆 등 16명과 일본인 助一, 要時道, 久右門 등 30여명 그리고 남만인(포르투갈인) '之緩面弟愁'("주앙맨데스"[21]) 등 3개국인을 비변사가 예조와 함께 南別宮에서 직접 問情하여[22] 당시의 중일 정세 및 동남아 무역상황 그리고 서양 「寶東家流」 (포르투갈)의 무역상인 '之緩面弟愁'의 심문을 통해 당시 서양사정을 소상히 파악하고 이에 대한 대책을 강구한 것을 괄목할 만한 것이었다.[23]

이 때 포르투갈인의 심문에서는 국제무역 상인으로 포르투갈어를 구사한 왜인 久右門을 통해 이중통역을 거치면서 포르투갈의 정세까지 문정한 치밀성을 보이고 있었다.[24] 특히 이 해전보고에서는 임란 이후 통제영의 수군이 불시에 침범한 唐船 2척과 왜선 1척 등 조직적인 무장무역선단과 치열한 火攻 끝에 모두 격침 나포한 해전 능력이 잘 나타나있고, 이 때 잡힌 포로의 문정 기록은 당

---

18) 『謄錄類抄』 第8卷, 邊事 宣祖 37年 6月 4日.
19) 『謄錄類抄』 第8卷, 邊事 宣祖 37年 6月 22日.
20) 同上.
21) 漢字發音에 따라 알파벳 表記로 再構成한 것임(韓國日報 1987년 10월 10일 1면 및 7면 참조, 朴泰根教授는 여기에서 '之緩面弟愁'를 "주앙맨데스"로 표기하고 이를 '우리나라(조선) 最初의 到來 西洋人'으로 소개한 바 있다.
22) 『謄錄類抄』 第8卷, 邊事 宣祖 37年 7月 5日, 同 7月 8日.
23) 『謄錄類抄』 第8卷, 邊事 宣祖 37年 7月 22日, 同 7月 5日, 同 7月8日.
24) 『謄錄類抄』 第8卷, 邊事 宣祖 37年 7月 6日.

시 한·중·일 외교관계사에서 불명했던 부분을 밝힐 수 있는 주요 전거를 제공해준 것이었다. 더욱이 이에 관한 기사는 『등록유초』에 유일하게 남아 있어 『선조실록』이나 현전 『비변사등록』 등에서 찾아볼 수 없는 내용이었다.

統制營의 이 해전에 이어 같은 해(선조 37)에 전라 좌수영에서 포획 상송한 唐人(중인인) 王己洪 등 2명과 왜인 皮古口老 등 5명 및 조선 被虜人 나주수군 朴忠 등의 공초를 통해도 中日의 여러 사정을 파악하였고,25) 또 북방 邊政 문제와 관련하여 평안도 被虜人 林春의 공초를 통해 胡地 加乙坡知의 성곽 사정 등을 알아내었으며26) 밀양 私奴로 被虜 走回한 莫金의 공초를 통해서도 대마도의 정황을 파악하는27) 등 비변사에서는 남북변경의 정세를 포로의 문정을 통해 세밀히 파악하고 각기 별단을 작성하여 입계하였다. 이는 변방을 효과적으로 대처하고자 하는 비변사의 本務가 대외정세 파악에까지 미치고 있는 구체적인 사례라고 할 수 있다.

한편 惟政의 山僧發去에 비변사가 수문장 徐恒을 대동하송토록 하였고 盤纏 銀子 등을 孫文彧 下去時에 追送28) 조치한 바 있으며, 이어 胡虜 老乙加赤의 대처29) 및 육진 添防事라던가30) 파면된 邊將의 차출, 육진에 火藥, 火箭, 鳥銃 등 火具를 보내는 조치 및 武將 可合人의 의처31) 등 임란이후의 남북변경의 대비책을 여러 가지로 강구하고 있었다.

또한 南邊 待變時에 도원수 종사관의 보고를 통해 軍糧 軍器 船數 등의 요리 지휘를 의처하고32) 하삼도 調度使의 어염과 미곡의

---

25) 『謄錄類抄』第8卷, 邊事 宣祖 37年 7月 11日.
26) 『謄錄類抄』第8卷, 邊事 宣祖 37年 6月 23日 7月 2日.
　　이 事項은 謄錄類抄에 日字 明示가 되어있지 않다.
27) 『謄錄類抄』第8卷, 邊事 宣祖 37年 6月 23日~7月 2日.
28) 『謄錄類抄』第8卷, 邊事 宣祖 37年 6月 23日~7月 2日.
29) 『謄錄類抄』第8卷, 邊事 宣祖 37年 7月 27日.
30) 『謄錄類抄』第8卷, 邊事 宣祖 37年 8月 9日.
31) 『謄錄類抄』第8卷, 邊事 宣祖 37年 8月 15日.

措備를 보고 받아 調用에 대비하기도[33] 하였는데 이때의 방수절목 말미에 「군무에 관계된 일이면 당상 수령 변장은 본사(비변사)에 보고하고 조치한다.」는 내용을 명시하여[34] 軍需문제를 비변사가 구체적으로 주관하고 있음을 보여주고 있었다.

邊報의 처리에 있어서도 서식에 유의할 것과 특히 그 전파에 愼密할 것을 의처하였고,[35] 하삼도의 待變漸急으로 방어사 조방장 별장 등을 미리 차출하는 조치와[36] 부산 賊路의 대처[37] 등이 선조 37년 한 해에 집중적으로 의처된 사안들이었다.

광해년간(1609~1622)에는 萊館에서의 潛商 대책과[38] 정유왜란 때에 포로되어 일본 日向縣에서 쇄환된 진주유생 愼應昌의 공초를 통해 일본의 江戶, 大板, 對馬島 등의 전반적인 정세와 秀忠, 平調興, 平秀賴, 家康, 源秀忠, 平義智 등 당시 일본의 권좌에 있던 중요 인물에 대한 정보를 획득하였는데 특히 秀吉, 家康, 秀忠 등의 용심행사를 진술 받고 일본 동서 60주의 상황도 이 때의 문정을 통하여 세밀히 파악하고 있었다.[39] 이 때 愼應昌은 식견 있는 유생으로서 견문의 진술이 매우 자세하고 예리한 바 있었다.

광해군의 북방대비책은 주지한 바와 같이 적극적이었으며, 이와 함께 비국의 역할도 매우 활성화되고 있었다. 즉, 광해군은 서북 순검사를 비변사로 하여금 極擇 差出하게[40] 하여 방비를 요리하고 있었으며 북방방비 및 救荒 등의 사안도 비변사로 하여금 조치하게 하였는데[41] 이에 대하여 비변사에서는 동북 遮截處인 회양 철

---

32) 『謄錄類抄』 第8卷, 邊事 宣祖 37年 윤 9月 2日.
33) 『謄錄類抄』 第8卷, 邊事 宣祖 37年 윤 9月 6日.
34) 同上.
35) 『謄錄類抄』 第8卷, 邊事 宣祖 37年 12月 10日.
36) 『謄錄類抄』 第8卷, 邊事 宣祖 37年 11月 10日 12月 23日.
37) 『謄錄類抄』 第8卷, 邊事 宣祖 37年 12月 23日.
38) 『備邊司謄錄』 第1册, 光海君 9年 3月 19日.
  『謄錄類抄』 第8卷, 邊事 光海君 9年 3月 19日.
39) 『備邊司謄錄』 第1册, 光海君 9年 1月 22日.
40) 『備邊司謄錄』 第1册, 光海君 9年 7月 4日.

령 등지에 비변사의 문낭청을 파견하여 器械, 粮餉, 募兵 등을 詳
察하게[42] 하고 북병사 李守一의 所啓에 따라 육진 지역의 賊情, 賑
恤, 賑飢, 救荒, 流民推刷 등의 사안을 의계 조치한 것을[43] 그 예로
들 수 있다.

또한 광해군이 서북방비와 관련하여 選將, 鍊兵, 峙粮, 修城, 烽
燧 등의, 일을 비변사에서 의계 처리하라는 교시에 따라 이의 구체
적인 대안을 제시한[44] 바 있었는데, 이 때에 서북 監兵使 이하 수
령 변장 등의 擇薦이 주좌[45]에서 행해졌다.[46] 이 무렵 병조에서도
赴北精兵의 발송 여부를 비변사에서 결정해 주도록 건의하고 이것
이 허락되는 등 이 시기 비변사의 역할은 매우 활성화되었음을 보
여주고 있다.

이것은 江都 보장책의 의계에 있어서도 마찬가지 이어서 강화부
의 속오군 감축을 보완하는 조치라든가 田稅米太 및 各司貢物의
상납에 관한 부사의 보고를 의계 조치하는 과정 등에서 잘 드러나
고 있었는데[47] 軍民 폐막의 원천적인 시정을 통해 이를 대처하려
는[48] 입장으로 나타나고 있었다. 이는 북방대책 뿐만 아니라 강도
나 그 밖의 防戍 사안에 있어서도 비변사의 대처가 폭넓은 것임을
보여준 것이다.

특히 광해군시대의 핵심적인 대외정책이라 할 수 있는 姜弘立의
만주출병 사안은, 동왕 10년(1618) 4월 明의 원병 요청으로 같은
해 10월 도원수 강홍립이 만주에 출병할 때까지 비변사가 그 草記

---

41) 『備邊司謄錄』第1册, 光海君 9年 8月 15日.
42) 『備邊司謄錄』第1册, 光海君 9年 8月 27日.
43) 『備邊司謄錄』第1册, 光海君 9年 9月 1日.
44) 『備邊司謄錄』第2册, 光海君 10年 1月 4日.
45) 拙稿, 1992, 「備邊司의 會議軍營」 『韓國史學論叢 - 擇窩許善道先生停年紀
    念 -』, 一潮閣, 456~475쪽 參照.
46) 『備邊司謄錄』第2册, 光海君 10年 1月 4日.
47) 『備邊司謄錄』第1册, 光海君 9年 9月 9日 12月 2日(日字 記錄이 없다).
48) 『備邊司謄錄』第2册, 光海君 10年 5月 22日.

에서부터 抄兵 選將 등을 요리하였으며[49] 이때 평안병사를 역임한 李時言과 새로 부임한 평안감사 金藎國 두 사람을 비변사 당상으로 差下받아 그들의 동의 아래 이 파병사안을 구체적으로 조치한 것이다.[50]

이러한 對後金 정책과 관련된 당시의 興兵赴援 문제를 비국이 연이어 齊會하여 評議 조처한 형편이었는데[51] 당시 병조의 抄兵公事 처리 때에 1만명의 군졸을 兩西 선전관에게 專責시키는 조치라던가[52] 撫院回咨를 승문원으로 하여금 제술하여 급히 발송하게 하며[53] 양향의 조치도 在所에서 先講토록 한 여러 가지의 대책 강구가 이어지고 있었다.[54]

또한 국경의 접전지역이 아닌 평안도의 창성 삭주 안주 등지와 황해도의 황주, 함경도의 경성 성진 북청 등지에 城池를 수축토록 한 것이 의계되었고[55] 이와 함께 淸野堅守의 전략이 강구되었으며, 奴酋 내침시에 지역별로 구체적인 방어책이 의계된 바 있었다.[56]

상기 강홍립의 만주출병 이후 그의 항복사건은 비변사 관계기록에 현전하지 않으나 이상의 몇 가지 사례를 본 바와 같이 광해군시대의 대외정책, 직접적으로 대후금 정책에 있어서 비변사의 역할은 매우 괄목할 만한 것이었으며, 이후 인조-효종년간에도 비변사의 변사대책은 계속하여 중심의계 사항으로 이어지고 있었다.

인조년간(1623~1649)의 서북변방 대책으로는 서북인물의 刷還사안을[57] 의처한 것과 당시 함경도에 주둔한 毛文龍 제독 兵馬의 繼

---

49)『備邊司謄錄』第2册, 光海君 10年 윤 4月 12日.

50) 同上.

51)『備邊司謄錄』第2册, 光海君 10年 윤 4月 15日.

52)『備邊司謄錄』第2册, 光海君 10年 윤 4月 19日.

53)『備邊司謄錄』第2册, 光海君 10年 윤 4月 29日.

54)『備邊司謄錄』第2册, 光海君 10年 5月 2日.

55)『備邊司謄錄』第2册, 光海君 10年 5月 22日.

56)『備邊司謄錄』第3册, 仁祖 2年 1月 12日.

57)『謄錄類抄』第8卷, 邊事 仁祖 2年 1月 12日.

餉事를 조치하며58) 毛兵과 北邊兵馬가 합력 征剿하려는 사안 등이 처리되었다.59) 인조 5년(1627) 정묘호란과 동왕 14년(1636) 병자호란때의 관계기사는 逸失인 듯 不傳하여 그 대처 전말을 살필 수 없으나, 그 후의 대책으로서는 西路 赴防을 收布로써 除防하자는 의계가 있었고60) 회령개시때 我境의 범위를 「瞭望越江 二息程 許入」으로 규정하여61) 변경정책을 강구하였으며 赴藩軍의 惠恤을 마련할 때에62) 入藩軍의 救寒衣裝用인 資裝木의 船運事를 의처한다거나63) 이 때 淸北軍兵을 林慶業軍에 소속시켜 入送한 사안들을 의처하는 등64) 호란 이후의 국경 변방 대책이 많이 나타나고 있었다.

이와 같은 경우는 서북 防軍이65) 전란을 겪고 기근과 질병 등으로 정지된 상태를 오래 둘 수 없다하여 해당 감병사로 하여금 남아 있는 軍數의 查報와 分防 便否를 상세하게 보고하도록 조치한 것과66) 북로 육진의 支供物目 收捧事를 참작 변통한 것67) 그리고 북도군병의 救恤 및 北民 刷入事68) 등을 계속 의처한 것에서 잘 나타나고 있는데, 이는 인조대의 북방 변사정책에 대한 비변사의 관심도를 알게 해 준 것이다. 이 시기 비변사의 江都保障策도 매우 중시되고 있어서 이미 전부터 이 사안에 관하여 많은 의계가 있었지만, 인조반정(1623) 이후에도 강도보장에 관한 비변사의 의처 역

---

58)『備邊司謄錄』第3册, 仁祖 2年 4月 13日.
59)『備邊司謄錄』第3册, 仁祖 2年 4月 27日.
60)『備邊司謄錄』第5册, 仁祖 16年 1月 5日.
61)『備邊司謄錄』第5册, 仁祖 16年 4月 6日.
62)『備邊司謄錄』第5册, 仁祖 16年 8月 4日.
63)『備邊司謄錄』第5册, 仁祖 16年 8月 16日, 8月 18日.
64)『備邊司謄錄』第5册, 仁祖 16年 8月 19日.
65)『備邊司謄錄』第5册, 仁祖 16年 10月 13日.
　　咸鏡南道軍兵及 北道鏡明吉之軍 自前分防於六鎭三甲 平安道內地之軍 則分防於江邊列堡 此之謂防軍也
66)『備邊司謄錄』第5册, 仁祖 16年 10月 13日.
67)『備邊司謄錄』第5册, 仁祖 16年 11月 9日.
68)『備邊司謄錄』第12册, 仁祖 26年 8月 6日.

시 심도있게 이어지고 있었다. 이 강도보장책은 뒤에 자세히 거론
하겠지만(본서 제6장) 반정 초기부터 강도의 凡事 즉 儲糧餉, 備器
械, 寬民力 등의 사안을 신칙하여 착실 거행토록 의계하였고[69] 인
조 21년(1643)에는 '江華建置留守事目'을 제정하여 강화부윤이 유
수로 승격되게 하고 있었다.[70]

특히 이 당시 강화유수 趙啓遠의 상계에 따라 강화목장마를 옮
기어 그곳에 許民耕食하는 것을 의계하였고[71] 이러한 강화목장의
혁파 문제와 아울러 兵器 造送 등 강도 보장계획을 연이어 조치하
였으며[72] 이와 함께 남한산성의 복구 대책도 의처하여[73] 호란이
후의 王畿 보장책으로 江都, 南漢의 보장에 대한 비변사의 관심이
집중되고 있음을 보여주고 있다.

南邊 海防 문제와 관련하여 비변사는 부산수영의 이설을 신중하
게 처리하고[74] 왜관에 사신을 別遣하여 검칙하는 것은 양국 和好에
불필요한 釁端이 생길 우려가 있다하여 이를 재고하도록 하였다.[75]

효·현년간(1650~1674)에도 비변사에서 강도와 북변 대책의 의
계가 많았는데 우선 북도육진 지역에 관한 것으로는 함경 南兵營
의 열진에 入戍한 防軍과 그 지역 변민을 邊將이 착취한 것에 대해
이를 시정하는 조치를[76] 하였으며 북도변민의 惠恤과 관련, 길주
명천 등 처에 목면 2百同을 하송하여 救民하고 禦寒과 貿穀儲糧의
계책으로 삼도록 조치하였고[77] 북도수령의 사적인 왕래도 별도로
신칙하게 하였으며[78] 육진지역의 수령과 변장의 탐학으로 北民逃

---

69) 『備邊司謄錄』 第3册, 仁祖 2年 3月 18日.
70) 『謄錄類抄』 第8卷, 邊事 仁祖 21年 12月 17日.
71) 『備邊司謄錄』 第13册, 仁祖 27年 3月 13日.
72) 『備邊司謄錄』 第13册, 仁祖 27年 4月 23日.
73) 同上.
74) 『備邊司謄錄』 第8册, 仁祖 21年 6月 3日.
75) 『備邊司謄錄』 第8册, 仁祖 21年 6月 5日.
76) 『備邊司謄錄』 第16册, 孝宗 4年 1月 20日.
77) 『備邊司謄錄』 第16册, 孝宗 4年 5月 13日.
78) 『備邊司謄錄』 第19册, 孝宗 8年 2月 9日.

避者가 강원도까지 내려와 火耕으로 연명한 실태를 파악하고 함경도민의 安集固圉策을 강구하기도 하였다.[79]

또 북도 兵籍의 소홀함을 보완하기 위해 북도 사천으로서 奴는 병적에 편입시키고 婢는 收貢하여 군향에 보조하는 구례를 신명 거행토록 조치하였으며[80] 함경도에서 軍器로 소용되는 箭竹의 부족을 비변사의 비축분으로 내려보내 대치시키며 魚膠는 비국에서 所産處에 分定, 입송하도록 조치하였고[81] 被災로 인하여 慶興營을 阿吾地堡로 이설하는 문제 등을 조치하기도 하였다.[82]

이 시기 연해 및 海鎭 制置에 관련된 것으로는 茂長縣의 新造戰船 浮迫處 곤란 때문에 무장 一面을 인근 靈光北門外 木麥串과 相換하는 犬牙相錯 飛入地를 비변사에서 의계한 특례가 있었으며[83] 연평 부근의 龍媒 목장의 이설사안을 조치하고 安興鎭 事目을 마련하는[84] 등 沿海 海鎭의 制置에 관한 것이 많이 강구되었다.

또한 연해문제와 관련하여 동래 사정의 장계는 동래부사가 전담하고 감사가 不爲한 것을 지적하여 감사도 參知 啓聞토록 하였으며[85] 해적의 피해로 인한 珍島民의 육지 구출사안을 의처하고[86] 인천 紫燕 목장의 許民 耕食과[87] 자연도 設鎭時의 水路 石築에 僧徒를 부역시키는 사안도[88] 의처하였다.

특히 인조대에 이어 효-현종년간에도 강도사안는 비변사의 주요 의처 대상이었다. 강화 4진의 每朔 防軍價布事의 변통과[89] 강

---

79) 『謄錄類抄』 第8卷 邊事, 孝宗 9年 6月 16日.

80) 『謄錄類抄』 第8卷 邊事, 孝宗 10年 4月 23日.

81) 同上.

82) 『備邊司謄錄』 第20冊, 顯宗 1年 2月 17日.

83) 『備邊司謄錄』 第13冊, 孝宗 즉위 11月 23日.

84) 『備邊司謄錄』 第16冊, 孝宗 4年 5月 3日.

85) 『備邊司謄錄』 第19冊, 孝宗 8年 7月 3日.

86) 『謄錄類抄』 第8卷, 邊事 孝宗 10年 3月 28日.

87) 同上.

88) 『備邊司謄錄』 第23冊, 顯宗 4年 4月 26日.

89) 『謄錄類抄』 第8卷, 邊事 孝宗 9年 5月 21日.

도의 句管者를 자주 교체하지 말 것 등을 의처하였는데[90] 후자의 경우 구관자가 대신급으로 승진하여도 바꾸지 말게 하고[91] 승진된 대신급의 구관자가 비국회의에 참석을 자주 할 수 없더라도 비국 유사당상이 왕복 품의하여 처리토록 분부된 것은[92] 비변사의 의계 결과이었으며 이는 강도구관의 중요성을 나타내는 것이었다.

또한 강화부 倉穀反庫 및 還上徵捧에 있어 그 分徵 및 기한을 비국이 유수의 보고에 근거하여 작정하였으며[93] 강화 7보에 兵船 과 津船이 있더라도 土兵이 없고 格軍을 책립할 방도가 없기 때문에 束伍哨의 일부를 이용토록 조치[94]한 것이라던지 강도의 築墻時 僧徒 放糧 및 賞布事 등을 비변사에서 전관의처한[95] 것 그리고 강화부의 領軍將으로 中軍을 復設하고 그 可合人의 差定을 주관한 것과[96] 강화민물의 번성 때문에 죄인의 정배소로 부적합함을 지적하여 정배처로 삼지 말 것 등을[97] 연속적으로 의처하였는데 이러한 사안들이 시행되었다는 것은 비변사가 강도 보장을 중시한 결과이었다고 할 수 있다.

Ⅲ. 軍政의 의정

비변사가 당초 知邊事宰相의 邊事 협의체에서 출발한 것과 임진 왜란때에 軍政을 위시한 국가 추기를 비변사의 의계로 처리한 데

90) 『備邊司謄錄』第19册, 孝宗 8年 1月 24.. 同 10年 4月 9日.
91) 『備邊司謄錄』第19册, 孝宗 8年 1月 24日.
92) 『謄錄類抄』第8卷, 邊事 孝宗 10年 4月 9日.
93) 『備邊司謄錄』第20册, 顯宗 1年 7月 27日.
94) 同上.
95) 同上.
96) 『備邊司謄錄』第22册, 顯宗 3年 11月 3日.
97) 同上.

서 알 수 있는 바와 같이 이 군정사안의 처리 역시 비변사의 본무이었다. 따라서 군정의 주관 부서인 병조의 업무는 대부분 비변사에 이관 된 듯한 형편에 있어서 어떤 면에서 병조는 비변사의 屬司와 같은 처지에 있었다고 할 수 있다.

이러한 상태는 비변사의 군정 의계 사항이 경중대소를 가릴 것 없이 임란이후에도 계속되었다는 점과, 의처한 사안들이 병조나 기타 有關 官衙에서 초기한 것을 비변사가 복계 처리한 것이 많았다는 점 그리고 「以司啓 傳曰」과 같이 일반군정 사안에 이르기까지 비변사가 자체 초기한 것이 많았다는 점 등이 이를 반증한 것이다.

이와 같은 현상은 비변사가 의정기관으로 그치는 것이 아니라 제도화된 各司의 政事까지를 다루는 행정기관의 역할이 있었음을 뜻하는 것이기도 한 데 이는 비변사의 기능이 단순히 의정부에 대치된 상태가 아님을 알게 해준 내용이다.

비변사에서 의처한 군정 사안을 일별해 보면 유사시 군사운영의 주획은 물론 일반적인 군제변통을 위시하여 軍額, 軍布, 操鍊, 軍需 등 여러 가지의 사안에 걸쳐 매우 광범위하게 나타나고 있었다. 비변사가 의계한 군정사안에 있어 그 항목은 의계사안의 상호 관련 복합성과 사안의 경중이 확연히 구별되지 않기 때문에 이것을 정확히 분류하여 설명하기란 쉽지 않다. 여기에서 「軍制」「軍額」「軍需」등으로 구별하여 제시한 것은 분류 이해와 서술상의 편의 때문이다.

따라서 여기에서 제시한 「軍制」라는 항목은 制置, 政格, 變通, 移屬 및 宿衛, 禁旅, 標下, 五衛, 軍營, 束伍, 赴防, 海鎭, 舟師 등과 그 관련 내용이 운영면까지 포괄된 것이며 「軍額」이라고 구분한 것도 良役, 戶役, 軍布, 牙兵, 步卒, 簽丁, 餘丁 등이 복합되어 있고 「操鍊」 역시 操鍊과 點閱, 試藝, 軍賞 등의 항목이 상호 연관되었으며 「軍需」 또한 田屯, 糧米, 軍器, 犒饋 등의 내용이 포함되고 있다.

어쨌든 이상에서 제시된 諸項은 비변사의 주요 의계사안들인데 이를 중심으로 비변사의 군정부분 의정내용과 그 기능을 살펴보기로 한다.

1. 군제 制置사안

우선 군제에 관한 비변사의 의처사항은 임란 이후 오군영과 속오군의 창설 등 군제개변에 모두 관여하고[98] 있으며 군영의 운영에도 직접적으로 참여한 것이었는데, 비변사의 유사당상이 軍務諳鍊者로 啓差된 점과 병조판서 및 군영대장이 비변사 당상으로 예겸되었다는 점에서[99] 일차적으로 그 협의 구성체의 전문성이 다른 어떠한 기구와도 비견할 수 없도록 되어 있었다.

숙종조 군문 변통에 관한 비변사의 의처는, 摠管과 巡監軍의 無實을 들어 명목상 존치된 오위의 혁파를 주장한다거나 體府改設에 대한 사안[100] 등이 있었다. 이 시기에는 군사제도의 개편에 관한 사항이 많아서 體府의 혁파문제를 위시하여 수어청의 守堞軍官 정액과 수어, 총융청 牙兵의 京中入番 혁파사안 그리고 精抄廳 혁파 등의 사안을 의정하여 별단을 작성, 입계한 바 있었는데[101], 그 결과로 나타난 것이 '體府應行節目'을 마련한 것이었으며[102] 경군문의 군병을 直定하는 폐단을 금단하는 조치와[103] 有廳軍[104] 의 고

---

98)『備邊司謄錄』第2册, 仁祖 2年 正月 12日.

　　李泰鎭, 1985,『朝鮮後期의 政治와 軍營制의 變遷』韓國研究叢書 53, 93쪽.

99) 拙稿, 1991,『朝鮮後期 政治權力構造 研究 – 備邊司의 組織을 中心으로 –』『國史館論叢』22, 國史編纂委員會, 37~71쪽.

100)『備邊司謄錄』第32册, 肅宗 2年 8月 21日.

　　『謄錄類抄』第7卷, 軍政 肅宗 2年 8月 21日.

101)『備邊司謄錄』第33册, 肅宗 3年 5月 28日.

102)『備邊司謄錄』第35册, 肅宗 5年 12月 5日.

103)『謄錄類抄』第7卷, 軍政, 肅宗 7年 10月 24日.

104)『備邊司謄錄』第37册, 肅宗 9年 2月 28日. "領使金曰 祖宗朝設立 有廳軍之本意 則使功臣戰亡有蔭子孫 各有屬處之道 亦異於他軍士 而到今爲任

역을 줄이고 105) 수어청 개편의 문제점106)들이 강구되고 있었다.

또한 황해도 査出良丁의 삼군문 割給 사안이 의처되고107) 총융청 군병의 남한 강도 이속후 대책108)이라던가 제아문의 '軍兵直定禁斷節目'이 마련되고109) 금위영 別驍衛의 番次 사안의 의처110) 및 수어청 군병의 환속 사안111) 등이 강구되고 있었다. 簽丁의 소요 폐단을 줄이기 위해서는 금위영과 어영청의 감액된 수를 충정하지 말도록 의처하고112) 이와 관련된 총융청, 금위영, 어영청 등 삼군문의 군병 番上 사안113) 등이 연속 의처되었는데 이는 당시의 정치적 상황과 관련된 京軍門의 주요 군정사안이었다.

한편 외방 군제에 있어서 숙종대의 경우는 속오군법의 강화를 비롯하여 강원도 병마의 制置를 의계하였고 남북도 親騎衛의 주관 문제라던가 부방군의 운영사안, 海鎭이나 舟師分防의 改案 등이 연속 의처되고 있었다.

이 때의 속오군 강화 방안은 속오군에게 지급한 전결을 大同減量米豆에 通計하여 혜택을 입도록 하는 것과114) 속오군의 給復 규정에서 적용되지 않은 영동지역의 잡역을 특별히 줄이는 문제,115) 그리고 束伍中哨의 구성 및 출신자로 哨官을 극택하여 이를 병사 영장처에 調送하는 문제116) 등을 의처하고 이와 관련된 '諸道束伍

極苦 與賊役無異
105)『備邊司謄錄』第37册, 肅宗 9年 2月 28日.
106)『備邊司謄錄』第37册, 肅宗 9年 4月 4日.
107)『備邊司謄錄』第39册, 肅宗 11年 11月 14日.
108)『備邊司謄錄』第40册, 肅宗 12年 9月 7日.
109)『備邊司謄錄』第43册, 肅宗 15年 1月 24日.
110)『備邊司謄錄』第43册, 肅宗 15年 10月 3日.
111)『備邊司謄錄』第43册, 肅宗 15年 4月 4日.
     同上, 肅宗 15年 9月 3日.
112)『備邊司謄錄』第53册, 肅宗 29年 3月 8日.
113)『備邊司謄錄』第50册, 肅宗 25年 9月 1日.
114)『備邊司謄錄』第31册, 肅宗 1年 12月 4日.
115)『備邊司謄錄』第33册, 肅宗 3年 1月 7日.
116)『備邊司謄錄』第34册, 肅宗 4年 11月 7日.

中哨巡歷節目'의 마련과117) 自備鳥銃 속오군의 給復문제를 조치하며118) 兵使가 목사를 겸할 경우 병영소속 兵馬 및 束伍逃故充定 등의 문제를 병영이 전관토록 신칙하는119) 사안들이 연이어 의계되었다.

또한 향촌 座首次知의 군무관할 문제와120) 營將의 巡歷 등이 포함된 전반적인 속오군 신칙사안이 거의가 비국당상과 무신이 회동한 주좌에서 이루어지고 있었다.121)

外兵馬의 制置 사안에 있어서는 평안 감영의 잡색군병이 4만명에 이른 상태에서 감사의 임무가 너무 고되므로 中軍으로 이 일을 전담하게 하자는 의계가 있었고122) 특히 병사가 없는 강원도의 경우 춘천 부사가 방어사를 겸임하여 군무를 주관하게 하였는데123) 그것은, 강릉진 소속의 각읍군병을 본도에 소속시키고 원주 회양 양진의 군병을 남한산성에 이속시키며 병조관내의 영동 9읍 군병은 삼척영장에 소속시키고 회양 등 10읍 군병 및 춘천부 군병은 모두 철원영장에 예속시키며124) 또 개성부 7천군병을 타아문으로 이속시킨 후 그 허소를 대비하는 125) 등의 내용이었다.

北關의 兵馬制置에 있어서는 함경도 무사 초출에 관련한 '咸鏡道 親騎衛抄擇節目'의 제정과126) 이 親騎衛의 주관문제127) 등이 의처되었으며 出身 赴防軍의 不赴 및 除防米不納 문제의 조치128) 등이

---

117) 『謄錄類抄』 第7卷, 軍政 肅宗 6年 2月 2日.
118) 『備邊司謄錄』 第41册, 肅宗 13年 9月 5日.
119) 『備邊司謄錄』 第46册, 肅宗 18年 10月 2日.
120) 『謄錄類抄』 第7卷, 軍政 肅宗 24年 8月 6日.
121) 『備邊司謄錄』 第41册, 肅宗 13年 9月 25日.
122) 『備邊司謄錄』 第44册, 肅宗 16年 10月 29日.
123) 『備邊司謄錄』 第46册, 肅宗 18年 10月 4日.
124) 『備邊司謄錄』 第46册, 肅宗 18年 10月 4日.
125) 『備邊司謄錄』 第53册, 肅宗 29年 1月 23日.
126) 『備邊司謄錄』 第38册, 肅宗 10年 8月 8日.
127) 『備邊司謄錄』 第41册, 肅宗 13年 4月 4日.
128) 『備邊司謄錄』 第50册, 肅宗 25年 5月 2日.
　　『備邊司謄錄』 第53册, 肅宗 29年 1月 13日.

이 시기 숙종년간에 兩北 변사대책의 일환으로 의처된 것이었다.

한편 병조가 건의한 진도육군의 水師專屬 문제의 경우, 진도의 광활함을 이유로 비변사에 의해 불가가 의처된 바 있었으며[129] 연해방비 대책으로서 호남 연해제읍의 戰船 軍器 완비 및 能櫓軍의 허소 대비라든가[130] 射砲 수군의 逃故나 兒弱 代定者의 조치[131] 그리고 永宗僉使가 방어사를 겸하는 상태에서 또 兼把摠하는 문제점의 시정[132] 및 남양 등 해읍수군의 偏多 문제 등이 의계되어[133] 이 시기 연해각지의 邊政 사안도 많이 처리되고 있었다.

2. 軍額 및 軍需사안

良役이나 軍額 사안의 비변사 조치는 막중한 것이어서 경외를 막론하고 일반적인 양역 査括 문제라던가[134] 定額 및[135] 虛位充定事[136] 등이 의처되고 있었다. 전자의 한 예로 각영이 민정을 모입 營屬시켜 사사로이 徵布한 폐단을 시정하기 위해 감사로 하여금 隨營牌保 및 營屬奉足을 성책하여 비국으로 직송하게 하고 이를 통해 비국이 직접 사핵한다거나[137] 流亡逃故者의 사안과 侵徵事를 비국당상이 병조당상과 함께 구관한 것을 들 수 있으며[138] 후자의 경우 군문아병의 良民投屬 때문에 定役이 곤란한 것을 비국이 그

---

129) 『備邊司謄錄』第32冊, 肅宗 2年 9月 30日.
130) 『謄錄類抄』第7卷 軍政, 肅宗 7年 3月 11日.
131) 『備邊司謄錄』第36冊, 肅宗 8年 11月 26日.
132) 『備邊司謄錄』第44冊, 肅宗 16年 9月 14日.
133) 『備邊司謄錄』第48冊, 肅宗 20年 10月 15日.
134) 『備邊司謄錄』第36冊, 肅宗 8年 9月 25日.
135) 『備邊司謄錄』第32冊, 肅宗 2年 5月 7日.
136) 『備邊司謄錄』第36冊, 肅宗 8年 5月 2日.
137) 『備邊司謄錄』第36冊, 肅宗 8年 9月 25日.
138) 『謄錄類抄』第7卷, 軍政 肅宗 24年 9月 23日.
　　여기에 中央과 地方의 良役査括 事例가 具體的으로 提示되어 있다.

액수를 정해 주어 이를 보완한다거나[139] 군문이 증가하고 양민이 줄어든 상태에서 虛位充定의[140] 어려움 때문에 이를 정파하도록 조치한 것[141] 등을 그 대표적인 것으로 제시할 수 있다.

이 밖에도 兒弱減役의 10세 한정[142] 이라던가 兒弱逃故徵布 減除 및 代定사안의 의계,[143] 그리고 이와 관련된 兒弱定役禁斷事目이 숙종 7년에 하달된 이후에도 致犯者가 계속되자 병사와 영장의 이중 점열을 중지시킨 조치가 있었으며[144] 경군문 군병의 移定 및 騎步兵의 闕額을 의처하였고[145] 老除의 代定과[146] 被災시 감역[147] 등의 사안이 의처되었다.

특히 각 군문 증설에 따른 군액증가 문제를 비국당상 및 낭청 가운데서 주관할 사람을 지정하여 군아문의 액수를 처리하게 한 것은[148] 비변사의 군문 통제 일면을 보여준 것이라고 하겠다.

또한 경군문의 변통사안과 관련하여 비변사에서 총융청 牙兵의 폐단을 시정하려 할 때[149] 당시 숙종은 부정적인 입장을 보인 바가 있었으나[150] 수어청이 牙兵把摠을 모입할 때에 야기된 그 남잡 폐단에 대해서는 비변사의 의계를 따른 적이 있었으며[151] 금위영 上番兵의 兒弱者를 본영에 치부하여 타일에 代定하는 개변사안 이라던가[152] 훈련도감의 陞號砲手 파직문제를 병조판서의 건의에 따

---

139) 『備邊司謄錄』 第32冊, 肅宗 2年 5月 27日.
140) 『備邊司謄錄』 第36冊, 肅宗 8年 5月 2日.
141) 『備邊司謄錄』 第36冊, 肅宗 8年 5月 2日.
142) 『謄錄類抄』 第7卷, 軍政 肅宗 7年 4月 6日.
143) 『備邊司謄錄』 第36冊, 肅宗 8年 9月 7日.
　　　『謄錄類抄』 第7卷, 軍政 肅宗 27年 2月 7日.
144) 『備邊司謄錄』 第42冊, 肅宗 14年 3月 11日.
145) 『備邊司謄錄』 第36冊, 肅宗 8年 9月 18日.
146) 『備邊司謄錄』 第48冊, 肅宗 20年 윤 5月 3日.
147) 『謄錄類抄』 第7卷, 軍政 肅宗 23年 9月 26日.
148) 『備邊司謄錄』 第32冊, 肅宗 2年 5月 22日.
149) 『謄錄類抄』 第7卷, 軍政 肅宗 7年 10月 4日.
150) 『謄錄類抄』 第7卷, 軍政 肅宗 7年 10月 4日.
151) 『備邊司謄錄』 第36冊, 肅宗 8年 2月 5日.

라 비국이 우선 처리하는[153] 내용들이 의계되고 있었다.

외방군병에 있어서도 상기 양역사괄조치 외에 中哨軍兵의 給復과 외방군병의 不均문제 등이 의계[154] 되었고 각도 감병영 아병의 과다문제가 조치되었으며[155] 京外閑良 避役輩가 各廳軍官을 冒屬하는 폐단을 시정하는 의계가 있었다.[156] 또 凶年歲抄時의 폐단사안 및[157] 屯牙兵을 他役으로 변통하는 일[158] 등이 의처되었고 落講校生을 體府牙兵이나 강화수병에 充定하는 것과 免講校生의 代講現露者의 처리[159] 그리고 北道校生을 군역에 代定한 것을 정지시키는[160] 등 교생군역의 사안이 의계되었으며 각도 수령의 兒弱簽丁作弊를 논죄하거나[161] 歲抄時 방어사의 換定을 請罪[162]하는 등 수령 변장의 통제사안도 의처되고 있었다.

緩急時 외방 감영의 효과적인 대처를 위해서 監營 軍, 牙兵의 募得移屬을 처리하기도[163] 하였는데 이는 개전시 병사는 속오를 영솔하여 임전하나 감사는 朝令(軍令)만 전달할 뿐 친병(牙兵)이 없기 때문에 自守할 수 없는 상태를 보완하는 내용이었다. 이것의 구체적인 사례로는 숙종년간 충청감영의 경우 감영군병으로 아병을 모집하였으나 흉년 등으로 어렵게 되자 비변사에서 충청속오 5영 총 2만 3천여명 중 공주영 속오 4천여명을 감영군으로 이속 근기시킨[164] 사례를 들 수 있다.

---

152)『備邊司謄錄』第40册, 肅宗 12年 4月 14日.
153)『備邊司謄錄』第53册, 肅宗 29年 3月 28日.
154)『謄錄類抄』第7卷, 軍政 肅宗 6年 6月 4日.
155)『謄錄類抄』第7卷, 軍政 肅宗 6年 윤 8月 25日.
156)『備邊司謄錄』第37册, 肅宗 9年 1月 3日.
157)『備邊司謄錄』第38册, 肅宗 10年 10月 25日.
158)『備邊司謄錄』第39册, 肅宗 11年 3月 11日.
159)『備邊司謄錄』第33册, 肅宗 3年 2月 7日.
160)『備邊司謄錄』第50册, 肅宗 25年 1月 12日.
161)『備邊司謄錄』第41册, 肅宗 13年 8月 13日.
162)『備邊司謄錄』第52册, 肅宗 28年 5月 27日.
163)『備邊司謄錄』第53册, 肅宗 29年 1月 13日.
164)『備邊司謄錄』第53册, 肅宗 29年 1月 13日.

軍布 사안의 의계 내용은 후고에서 상론하게 될 것이나[165] 여기에서는 군포 制置의 내용을 숙종조의 경우를 중심으로 검토하기로 한다.

원망이 많은 水軍價布의 升麤尺短을 비변사에서 看品하고 통제사, 통어사로 하여금 定式 收捧하도록 의처[166] 한다거나, 餘丁의 謀免폐단을 조치하며[167] 평안도 三手軍의 수포 변통 등이 의처하고[168] 있었는데 이는, 타도의 속오는 납포하는 일이 없으면서 타도의 속오군으로 구성된 평안도 삼수군 만은 유독 수포하는 불합리점을 시정하려는 내용이었다.

또 훈련도감의 砲保를 3疋에서 2필로 줄이는[169] 문제와 호남의 餘丁收布사안 등이 의처되었고[170] 평안병영의 新丁木[171] 폐단의 시정[172] 등이 조치되었다. 諸般身役의 作米사안을 의계한 것은[173] 군포제도의 문제점을 지적한 예인 바, 즉 身役作米事가 결정된 후 병조의 기, 보병 같은 경우는 逐朔 上番軍인데 分派 立番한 자가[174] 많고 또 번차에 해당되어도 親來者와 番布 상납자의 두 가지가 있어 이들을 모두 作米케한다면 어렵게 되는 염려가 많다고 보아 이를 조정한 것이었다.[175]

---

165) 본서 제7장 外交政策의 議定 및 제9장 財政政策 議定 등에서 구체적으로 다루어 질 것이다.

166) 『備邊司謄錄』 第31册, 肅宗 1年 12月 6日.
　　　『謄錄類抄』 第7卷, 軍政, 肅宗 1年 12月 6日.

167) 『備邊司謄錄』 第37册, 肅宗 9年 1月 28日.

168) 『備邊司謄錄』 第38册, 肅宗 10年 9月 5日.

169) 『備邊司謄錄』 第41册, 肅宗 13年 10月 16日.

170) 『備邊司謄錄』 第43册, 肅宗 15年 6月 17日.

171) 『備邊司謄錄』 第43册, 肅宗 15年 6月 17日. "軍兵物故之代 簽補之日 名以新定木 每名輒徵一疋 并與當年身布 而納三疋矣"

172) 『謄錄類抄』 第7卷, 軍政 肅宗 22年 9月 9日.

173) 『謄錄類抄』 第7卷, 軍政 肅宗 23年 10月 7日.

174) 『謄錄類抄』 第7卷, 軍政 肅宗 23年 10月 7日. "自前本曹(兵曹)有騎步兵 有廳軍士 逐朔上番之規 當身立番者 則分派各處納布者 則收捧番布 以爲雇軍及經費之資矣"

특히 병조소관인 落講 餘丁木의 수포를 비국에 이속한 것은, 후일 다시 병조로 되돌리기는 하였으나[176] 병조의 수포권이 비국에 장악되어간 예를 보여준 것이라 하겠다.

한편 군사훈련인 操鍊사안은 비변사의 주요 의처 대상이었다. 수·육군의 春操 및 秋操 등 大操와 합동 조련, 일반 習操에 이르기까지 그 시행을 조정 감독하는 사항으로서 습조의 규모 및 그 시기의 지정이나 연기, 정지 등을 결정하고 조련시의 糧米나 軍賞, 責罰 등의 내용이 의처되었다.

예를 들면 육상 조련 즉 陸操의 경우, 동래의 감영 아병과 병영 속오군을 5哨 단위로 만들어 합동으로 習操함을 정식으로 한다거나,[177] 총융청 소속 경기 5영(수원, 장단, 파주, 통진, 남양)의 春秋 操鍊時 兇荒으로 시행되지 못할 경우를 조치하고[178] 남한산성에서의 大操 시기와 軍餉 徵捧 사안 및 질병 만연 때의 諸道兵使 巡歷 習操停止事[179] 등을 구체적으로 의처한 것이다.

이 때 비변사의 習操停止 처리는 신중한 것이어서 특별한 사유가 있을 때는 정지를 조처하지만 가능한 한 조련의 정지를 막는 입장에 있었다. 즉 國恤 卒哭前의 경우 과거시험은 정폐되지만, 군병의 操鍊 試才 등은 戎備에 관계된 일이므로 함께 정지시킬 수 없다고[180] 하여 조련을 중시하였고, 諸道 兵使가 巡禮 停廢 여부를 비변사에 물어 올 때도 특별한 경우가 아니면 불허하는 입장을 견지하였으며[181] 흉년에도 가능한 한 정폐하지 말고 각읍으로 하여금

---

175) 『謄錄類抄』 第7卷, 軍政 肅宗 23年 10月 7日.
176) 『備邊司謄錄』 第40冊, 肅宗 12年 6月 16日.
177) 『謄錄類抄』 第7卷, 軍政 肅宗 27年 7月 17日.
178) 『謄錄類抄』 第7卷, 軍政 肅宗 6年 윤8月 25日.
    『備邊司謄錄』 第52冊, 肅宗 28年 11月 28日.
179) 『謄錄類抄』 第7卷, 軍政 肅宗 24年 11月 28日.
180) 『備邊司謄錄』 第38冊, 肅宗 10年 1月 17日.
    『謄錄類抄』 第7卷, 軍政 肅宗 27年 9月 11日.
181) 『備邊司謄錄』 第41冊, 肅宗 13年 12月 16日.

1~2초 일지라도 千摠과 把摠이 領率, 官門에 모여 윤회 연습으로 畢鍊토록 조치하고 있었다.[182] 이는 어떠한 경우에도 군무해이를 막아 보려는 비변사의 입장이었다고 할 수 있다.

海上 操鍊時에는 교린 관계에 유의하여 이를 의처하였다.[183] 예를 들면, 경상우수영의 習操時 가상적과의 훈련에서 항상 「倭將」이나 「倭兵」 등의 용어를 쓴 것은 倭館과의 咫尺 水域이기 때문에 교린상의 문제가 있다고 보고 이 용어 대신 일반적인 敵將 敵兵으로 바꿀 것을 의처하기도 하였다.

조련시 粮料에 있어서는 남한산성 大操時의 경우 還上의 分收徵捧을 작정[184] 한다거나 關西 捉虎軍의 別抄上番兵 習操時에도 이의 糧料 및 賞格事를 의처하고[185] 흉년 습조시에 군병의 裹糧赴操 사안 등을 조치하였다. 또한 習操時의 賞格 물품도 비국에서 주선하였는데, 매번 비국이 호조 奴婢身貢木을 題給하였으며,[186] 이 때 營將輩의 남용폐단을 시정하도록 의처한 바 있는데[187] 이는 外方의 경우에[188] 해당된 것이었다.

江都 水操의 경우에는 강화부의 수군포를 사용하게 하나 會付木(호조가 송치한 軍需木으로 비상시 수용분)의 취용은 불허하였으며, 삼군문의 賞格木 곤란시에는 비국 勾管木 및 비국 遼軍布를 일시 사용토록 조처하기도 하였다.[189]

操鍊時 軍罰은 대단히 엄중히 조치되었는데 水操時 邊將의 無端期會不進의 경우 啓聞 遞職토록 하였으며[190] 병수영 하인의 受賄者

---

182) 『備邊司謄錄』 第48册, 肅宗 28年 11月 21日.
183) 『備邊司謄錄』 第48册, 肅宗 20年 11月 4日.
184) 『謄錄類抄』 第7卷, 軍政 肅宗 26年 9月 21日.
185) 『備邊司謄錄』 第40册, 肅宗 12年 6月 24日.
186) 『備邊司謄錄』 第33册, 肅宗 3年 5月 20日.
187) 同上.
188) 『謄錄類抄』 第7卷, 軍政 肅宗 7年 9月 10日.
189) 『謄錄類抄』 第7卷, 軍政 肅宗 24年 9月 27日.
190) 『謄錄類抄』 第7卷, 軍政 肅宗 27年 9月 21日.

는 梟示하여191) 警衆하였다. 외방의 試藝에 관련된 것으로는 '下三
道水營虞侯巡歷試才節目'이 별단으로 마련192) 시행된 바 있다.193)

軍需 관계 사안에 대한 구체적인 의정내용을 상론하기에 앞서
여기에서는 軍需制置에 관한 것을 한정하여 살펴보기로 한다. 우선
수원부 경내에 소재한 태복시 및 훈국의 둔전을 本府에 이급시켜
軍需로 보용토록 하는 조치 및 각아문 둔전의 혁파가 결정된 이후
에도 어영청의 軍器打造用 柴炭地로서 철원 寶蓋山의 折受를 仍存
시키는 조치 등을194) 들 수 있는데, 특히 후자 어영청 둔전의 옹호
는 그것이 軍器 打造用이란 전제가 있다 하더라도 비변사의 어영
청에 대한 인식을 알 수 있게 한 것이다.

散料사안의 의계는 都監 軍兵의 급료를 減斗(12斗에서 1斗감)한
조치195)라던가 수어청 장교의 粮料를 변통하는 사안196) 그리고 각
영 장교의 朔料事197) 등이 숙종조에 의처된 내용이었으며 산성 수
축시나198) 陵行隨駕兵의 犒勞 의계사안199) 및 훈국군병 호궤시의
폐단 변통사안200) 등도 의처되었다

이상의 비국 司啓에서 보듯이 비변사의 군정관계의 의계는 制置나
변통 그리고 폐단의 시정에 이르기까지 京外 대소 사안이 막론되었
음을 알 수 있는데 군정에 관한 비변사의 소장 범위와 기능을 이상
의 몇 가지 사례로서도 가히 미치지 않음이 없음을 알게 하고 있다.

---

191)『備邊司謄錄』第31册, 肅宗 1年 8月 19日.
192)『備邊司謄錄』第31册, 肅宗 1年 5月 4日.
193)『備邊司謄錄』第33册, 肅宗 3年 2月 19日.
194)『備邊司謄錄』第43册, 肅宗 15年 2月 15日.
195)『備邊司謄錄』第49册, 肅宗 21年 11月 5日.
196)『備邊司謄錄』第50册, 肅宗 25年 1月 12日.
197)『備邊司謄錄』第53册, 肅宗 29年 12月 27日.
198)『謄錄類抄』第7卷, 軍政 肅宗 2年 3月 5日 謄錄類抄에는 日字가 不分明
　　하다.
199)『備邊司謄錄』第40册, 肅宗 12年 8月 19日.
200)『謄錄類抄』第7卷, 軍政 肅宗 23年 3月 29日.

Ⅳ. 결　어

　　비변사에서 관장한 의계사안의 유형은 고종실록에 종합적시된 바와 같이 幸行을 비롯하여 使行 典禮 科第 賦稅 刑獄 邊事 松田 등에 이르기까지 큰 항목으로 총 56개항에[201] 이르는 국정전반에 걸친 것이었고 비변사의 자체서무 또한 「등록유초」에 銓選 驛路 畜牧 敎化 禮樂 賦役 交隣 軍政 등 수십항으로 분류된 것과 「만기요람」에 擬望 軍操 還餉 使行銀 空名帖 등 20여항이 넘게 제시된 것과 같이, 각관의 업무를 감독 통제 조정하는 기능을 포함시키지 않은 그 직무로만 보아도 군국기무 뿐만 아니라 일반 정무를 포괄하여 육조 각사의 掌務가 거의 비변사의 所掌으로 귀속된 형세이었다.[202]

　　특히 驛路, 畜牧, 烽燧, 漕轉, 魚鹽, 松政 등의 사안은 비변사의 司務로 전관되다시피 하였으며 관직 의천권은 변장, 감병수사에서부터 特命使臣 등 경관에 이르기까지 이·병 전조의 銓選權을 무위화시킬 정도로[203] 막강한 것이었다.

　　비변사의 직무 가운데 변사의처는 비국의 고유임무와 관련하여 기본적으로 강도보장책 및 남북변방의 海防制置 등 여러 사안과 漂海人, 被虜人 등의 問情을 통한 대외정세 파악 그리고 래관개시와 중강개시 등의 대외교역 사안 등을 의처, 조정하였다. 이와 같은 경우는 그것이 비변사의 재정권 장악이라는 측면을 넘어 당시의 사회경제적 여건을 적극적으로 주도하는 일면도 있는 것이다.

　　일반 군사정책 의정에 있어서는 制置 政格 變通 移屬 및 宿衛

---

201) 『高宗實錄』 卷1, 高宗元年 2月 11日.
202) 본서 2장 및 3장 參照.
203) 同上.

禁旅 五衛 軍營 束伍 赴防 海鎭 舟師 등 제도적인 사안과, 良役 戶役 軍布 牙兵 步卒 簽丁 餘丁 등 軍額事案, 그리고 操鍊 點閱 試藝 軍賞 등의 감독사안 , 또한 屯田 軍糧 軍器 犒饋 등 군수문제에 이르기까지 군사제도나 군사재정 정책 거의 전부가 포함되어 있었다.

이와 같은 사실은 비변사의 제2기 군국기무총령기(17c)의 의계 사항을 중심으로 살펴본 것이지만 정치적 기능이 강화된 후반 제 3~4기에 있어서도 당초의 변사 대비라는 설치 동기에 관련된 변사 국방협의체의 기조는 일관된 것이어서 그 존치 360여 년의 전 기간 동안 변사조치와 군정의정은 비변사의 기본적 직능이면서 그 기능이 계속 확대 강화되고 있었던 것이다.

결국 비변사에 변사 군정 등 군국기무의 의계권이 집중된 사실은 변사주획 협의체라는 초기의 목적을 넘어선 것이었으며 그 정치적 기능의 확대강화와 아울러 외교 재정 내정 등 정무전체 의계권을 장악하는 것으로 발전하여 의정부의 의정권이 허구로 돌아가고 육조각사의 政事 역시 비변사의 통제조정 아래 놓이게 되었던 것이다.

제6장

비변사의 江都保障策

I. 서 언

麗朝이래 강화도의 수어방략은 외침방어 및 王畿호위 또는 왕실 피난처로서 그 중요성은 항시적으로 강조되었다. 조선시대 왕기 보장책은 강화부를 포함하여 개성, 수원, 광주 등의 四都에 경관인 유수를 파견하여 수도외각의 방어전략으로 삼았다. 비변사가 설치된 이후에는 비변사가 변사 뿐만 아니라 江都保障의 의계안건 등을 집중 처리하고1) 특히 강화부사(후일 유수)를 비국의 예겸당상으로 상임화시키어 변사주획에 항시 가담시켰으며 숙종 때에는 강화부 겸관의 五營兵馬 곧 鎭撫營을 설치한 조치 등은 畿輔制置에 있어 강도보장의 중요성을 단적으로 나타낸 것이라 할 수 있다.

조선시대 수도방위 전략은 후기의 경우 중앙군을 5군영 체제로 운용한 가운데 왕실 호위는 훈련도감, 금위영, 어영청 등 삼군문이 중심적으로 맡았으며 수도외각 즉 경기방위는 총융청과 수어청의 두 군문이 漢水 남북을 각각 구관하고 있었다.2) 그러나 강화부 방위는 이 두 군문의 관할하에 들어가는 것이 아니라 독립적으로 그 임무를 수행하고 있었다.

또한 鎭管체제에 있어서도 경기에 4개의 진관을 두었는데 수원과 廣州의 2개진은 한강의 남쪽에 있어서 그 문호가 되고 양주는 수도의 왼쪽에 있어서 그 동북을 막고 장단은 그 후면에 있어 주로 북방을 방비하며 강화, 교동 두 지역은 바다 가운데 있어 어디에도

---

* 이 논문은 拙稿, 1997, 「備邊司의 江都保障策 연구」『傳統文化硏究』 제5집, 朝鮮大學校 傳統文化硏究所, 67~95쪽에 揭載한 내용임.
1) 拙稿, 1993, 「壬亂이후 備邊司의 邊事措置와 軍事政策의 議定」『역사학보』 139, 역사학회, 456~475쪽.
2) 차문섭, 1981, 「조선후기 중앙군제의 개편」『한국사론』 9, 국사편찬위원회.

예속된 바가 없이 독자적으로 강화수로 및 해상방위를 전담하고 있었다.3)

따라서 강화부의 방위전략은 강화유수의 독자임무로 귀착된 것이나 다름없지만 유수의 단독으로는 그 방위의 전략이 미흡한 것이었으므로 여기에 비변사의 전략적 조치가 가해지는 것은 관방 운영상 당연한 귀결이라고 할 수 있다. 여기에는 물론 당해 강화유수의 보장계획 장계를 비변사가 의처하는 형식이었지만 비변사의 강도에 대한 관심도는 그 고유임무와 관련된다 하더라도 특별한 것이었다.

한편 강도보장책에 있어 일반 전략가의 관심도 지대한 것이어서, 가령 17세기 숙종때 金衡祥의 경우 그가 저술(1696)한 『江都志』는 호란을 겪은 후 강화도 보장의 절실함에서 나타난 것인데 김형상은 이 책에서 일반 읍지의 형식을 넘어 강화의 수어방략을 종횡무진으로 개진, 당시 숙종의 관심을 크게 제고시킨 바 있었다.4)

이 글에서는 강화부 보장의 제도적 조치와 아울러 강도보장책의 구체적 내용을 검토하려는 바 이에 관하여는 강화유수의 장계를 비변사가 어떻게 조치하였는가를 중심으로 그 실상을 살피게 될 것이며 임란이후 17세기를 전후한 시기에 한정하여 다루어 보기로 한다.

Ⅱ. 江華府의 保障制置

1. 강화부의 전략위상

강화도는 삼국시대이래 穴口, 海口 등으로 불리어 지다가 고려 태조때에 강화로 개칭된 이래 1232년 몽고의 침략을 피하여 도읍

---

3) 『萬機要覽』軍政篇, 關防 京畿 柳成龍 所論.
4) 權寧徹, 1978, 『瓶窩 金衡祥硏究』, 한국연구총서 37, 한국연구원.

을 옮긴 후 江都라 칭하였고 충렬왕 때에 잠시 仁州(인천)으로 편
입되었다가 1377년 우왕때 강화부로 독립되었으며 여말이래 강도
는 강화부의 별칭으로 불리워 지고 있었다.

 강화도는 주지하다시피 畿輔咽喉로서의 중요성을 말할 것이 없
으려니와 역사적으로도 삼랑성 정족산성 참성단 등 고래의 유적이
산재하고 고려궁지와 대장경판의 조성유지 등이 있는 유서깊은 곳
이며 조선시대 들어와서도 참성단 마니산초제 및 사직단 등의 설
치로 왕조의 정신적 지주로서의 역할과 璿源閣 史閣 등 사적보관
소(후일 외규장각) 등이 설치되어 있어서 단순히 수도 외각방위의
관방 때문만이 아니라 역사문화상의 副都나 마찬가지로 중시된 곳
이었다.5)

 이 글에서 거론될 시기는 아니지만 한말 대원군 집권이후의 강
화도 위치는 쇄국 또는 개화정국에서 정치 경제 외교 군사상으로
그 중요성은 다시 말할 필요가 없다.

 특히 조선후기『여지도서』의 기록에 의하면 강화유수부의 僚屬
은 서울과 흡사하여 유수에서 서리에 이르기까지 그 칭호복색 또
한 임금이 있는 곳인 輦轂의 예를 모방하고 모든 제도규모가 융성
하기 이를 데 없다고 하였다. 여기에다가 행궁을 건립하고 別庫를
설치하여 완급을 대비하고 있었으며 양향을 비축하고 城墩을 축조
하여 鎖鑰을 굳건히 한 것이라든지 십년에 觀武하며 춘추로 都試
를 시행하여 군비를 갖추고 都會를 별설하였다고6) 하는 것은 가히

---

5) 18세기 초엽 강화도의 정황을 輿地圖書 江都府誌에서는 다음과 같이 묘
 사하고 있다.
 "… 暨我聖祖 踵檀王舊事 庵號尙稱天齋 厥後列朝 迺眷前都 旣藏譜史 又
 奉玉册圖版經籍及御用百物 罔不儲置於城內 矧又殿有兩寧門 揭千秋輦輿
 儀杖象闕 其制名雖分司 便同時御 古語所謂摩尼雖在海島 王者必居之地云
 者 似不虛矣 惟其山川佳麗 王跡所留也 故餘氣攸釀 英材多産 名將賢相之
 所胎孕也 聞人韻士之所盤旋也 以言人物之靈異 則在人有河陰之龍兒 在物
 稱鎭江之神駒 至若摩尼初名居巢 范增出其地之說 誕妄無稽 不必取信 而
 生斯土 名於世者 古多有之 則儘是圻內之名都 海中之勝境也"

제2의 왕도를 연상하게 하는 것으로서 강화부의 위상을 짐작하게 한 것이다.

또한 일반적인 내용 같지만 향내에 教官을 分差하여 교육에 힘 썼으며 부역과 세금을 가벼이 하여 관방 招募의 계책으로 삼았고 제언을 쌓고 목장을 파하여 농사일에 힘쓰게 하였다. 이와 같은 治 政으로 18세기의 기록에 의하면 인구가 만호를 넘었으며 저자에는 백가지 산물이 넘치고 백성들은 농사와 어업을 겸하여 산물이 풍 부하여 다른 지역과 비할 바 아니라고 하였다.

또한 산이 많아도 이리나 호랑이의 피해를 보지 않았고 야밤을 아무 일 없이 다닐 정도이었으며 소나 말을 방목하면서도 울타리 나 담장을 쌓지 않아서 가히 당세의 복된 땅이라고 일컬어져서 다 른 고을에서의 피폐 환란함과 견줄바가 아니었다고 하였다.[7]

이상과 같은 내용은 18세기의 기록이기 때문에 호란을 겪고 난 후인 17세기의 상황과는 상당한 차이가 있을 것이다. 예를 들어 17 세기 초엽의 인조 년간의 경우를 보면, 강화부윤의 장계에 의한 것 이지만 비변사에서 糧餉을 비축하고 機械를 준비하며 民力을 도와 주어야 한다는 연이은 보고와 이에 대한 조치가 있음을[8] 볼 때 시 대에 따라 강화의 형편은 상당한 기복이 있었다고 할 수 있다. 즉 강화보장책의 강구와 그 성패여부에 따라 형편이 다를 수 있다는 것이다.

임진왜란을 겪고 광해군때의 후금 강성에 따른 備禦대책 수립에 있어 비변사의 역할은 주지한 대로 매우 활발하였다.[9] 유사시를 대비하기 위하여 選將, 練兵, 備粮, 造器 등의 군국중사를 요리하고 守城節目 등을 조치하는 것은 비변사의 중요 의계사안이었다.

17세기 초엽 광해군 시대의 경우에 있어서도 비변사에서는 변사

---

6) 『輿地圖書』江都府 江華.

7) 上同.

8) 『備邊司謄錄』第3冊, 仁祖 2年 3月 18日.

9) 본서 제5장 등 참조.

주획은 물론이요 도성방수에 있어서 '都城은 根本之地이니 亦不可不 預爲之所'라 하여[10] 왕실호위에 관한 방호조치를 강화하였으며 특히 비밀의 비망기로써 강화도의 보장조치에 대해 '江都는 乃保障之地이니 不可不 預爲繕完矣'라 하여[11] 강화도의 보장을 매우 중시하고 있었다.

또 후일 인조 16년의 비변사계문 경우이지만 '保障의 계획은 江都를 위주로 하여야 민심을 진정시키고 국가의 형세를 공고히 할 수 있다'[12]라는 내용 등에서 보듯이 강도보장의 중요성은 조선후기에 접어들면서도 계속 강조되고 있었으며 따라서 비변사의 강도보장책 또한 중요한 기무로 처리되고 있었다.

한편 강도 중시경향은 부사-부윤-유수 관직의 제수에서도 중앙정계의 유력인사를 선임한 것에서 그 일부를 엿볼 수 있다.

강화부사-부윤-유수의 官案에서[13] 몇몇 관직을 적기해 보면, 부사시절의 禹性傳과 부윤 때의 李安訥 李聖求 그리고 유수승격때의 역임자로 沈悅, 李時白, 南以雄, 金藎國, 李景稷, 呂爾徵, 鄭致和, 金壽興, 趙復陽, 閔蓍重, 李敏敍, 尹趾完, 洪萬朝, 李頤命, 金昌集, 閔鎭厚, 閔鎭遠, 崔錫恒, 洪啓迪, 李台佐, 兪拓基 등을 들 수 있는데 이는 영조년간까지 몇 사람의 예에 불과하다.

이 들 대부분은 조선 중, 후기의 黨僚 명망가로서 이들 모두는 비변사의 예겸당상을 거쳐 거의 대부분 비변사의 고위 제조를 역임하고 이어 相臣의 반열에 오르지 않은 사람이 없을 정도이었다. 이는 강화유수의 자리가 국가적으로 그 만큼 중요시되었다는 증거이며 정치적으로도 어느 때이고 중요관직 이었음을 보여준 것이라 할 수 있다.

---

10) 『備邊司謄錄』第2冊, 光海君 10年 5月 22日.
11) 『備邊司謄錄』第2冊, 光海君 10年 5月 18日. [秘]
12) 『備邊司謄錄』第5冊, 仁祖 16年 3月 27日.
13) 『輿地圖書』江都府 江華 官案.

2. 강화부의 보장제치

조선시대에 들어와서 강화부는 더욱 중시되어 1413년 태종 때에도호부사를 두었으며 임진왜란을 겪은 뒤 1618년 광해군 때에는부윤으로 올리고 1627년(인조 5) 정묘호란시의 파천때에 유수부로다시 승격된 바와 같이 계속하여 강화부의 읍호 승격과 아울러 그방위 또한 수도외각 보장과 관련하여 매우 중요시되었다.

강화가 유수부로 승격된 얼마 후 그 인근 해중도서인 교동현도1629년(인조 7)에는 도호부로 승격되고 아울러 이곳에 경기수영을이설하였으며 효종이 즉위한 뒤 북벌정책과 관련하여 강화도에 광성보(1656, 효종 7) 등 鎭堡를 설치하여 방비를 굳게하였다.

이어 숙종 때까지 강화부 치소에 내외성을 수축하고 島內에 12鎭堡를 설치하며 53墩臺를 축조하는 등 이중 삼중의 요새화를 이루었다. 또한 1678년(숙종 4)에는 강화유수가 鎭撫使를 겸관하여강화만과 그 연안일대를 방어하는 五營을 통활하게 하는 등 양난이후 강화도의 보장책은 계속 강화되고 있었다.[14]

이와 같이 계속된 강화부의 보장책 강구는 물론 양난이후 수도방위의 일환으로 그 외곽 해중 관문인 강화도를 중시한 결과이지만 강화도가 바다에 있는 큰 섬이기 때문에 이를 효과적으로 지키기 위해서는 독자적이고도 유기적인 방위체제를 갖추지 않을 수없는 지리적 특수성이 있었기 때문이다. 또한 강화유수부 방위는수도 서북부의 방어를 구관한 총융청과는 별도의 지휘체계가 필요한 것이기도 하였다.

이와 같은 여건 때문에 17세기 인조 때의 유수부 승격이라던가숙종때 五營－鎭撫營의 설치 즉 강화유수의 五營兼管 등의 조치가계속 이어진 것이다. 이 5영은 1678년(숙종 4)에 강화와 그 인근

---

14) 『輿地圖書』 江都府 江華.

내륙연안에 설치한 진무영인데 5영 가운데 中營은 강화본부이며 前營은 부평부로서 인천을 속읍으로 하고있고 左營은 통진부로서 속읍은 김포이며 右營은 풍덕부이요 後營은 연안부로서 속읍은 백천이었다. 전영과 좌영은 강화의 대안인 인천-김포반도와 그 서안이며 우영과 후영은 강화북쪽 해안인 개성과 해주의 남안으로 강화도의 방위의 내륙 지원지대이다.15)

이 5영을 강화유수가 통할하여 本府保障의 유기적인 지휘를 하게된 것이며 이 5영의 설치는 앞서의 총융, 수어청의 설치와 함께 조선후기 王畿保障에 있어 그 광역 방어전략이 제도상으로 일단락 되었음을 의미한 것이다.

한편 강화유수부의 지휘관할은 아니지만 해중방비의 경기 수영이 남양 花梁鎭에서 강화 喬桐島에 이설됨으로써 강화해역에서의 海防운영이 강화본부와 함께 유기적으로 이루워 지고 있었다. 1629년(인조 7)에 "喬桐府鎭管兼屬水營"의 조치가 그것이다. 본래 경기 수영은 남양의 화량진에 위치하였으나 정묘호란을 겪은 후 교동으로 옮기어 이곳에 府使兼水軍節度使를 두었고 서남해의 방비를 한층 강화하기 위하여 뒤에(인조 11) 三道統禦營을 兼設하였다. 경기 수사가 겸임한 이 三道統禦使는 경기, 황해, 충청의 三道舟師를 통할한 것이었다.16)

경기수영의 속진은 德積鎭, 花梁鎭, 注文鎭, 德浦鎭, 長峯鎭 등 5개진으로 편성되었는데 그 중 주문진은 강화부 서쪽 海防處이며 장봉진은 강화부 남단의 해중에 위치하고 있어서 결국 서북쪽의 교동수영과 서남쪽의 주문, 장봉진은 西海上 강화부의 지근거리에서 있어 유사시 서로 호응시키는 편제이었다. 이 삼도통어영은 정조년간 이후에 강화부로 이속되었다가 다시 교동으로 옮겨지는 등 두어차례 이속과정이 있었는데 이는 강화본부의 효과적인 방어책

---

15) 上同
16) 『萬機要覽』軍政篇 4, 舟師.

의 조정 일환이었다고 할 수 있다.[17]

또한 江華水路의 입구인 인천 영종도는 紫燕島라 하기도 하였는데 이 섬 역시 강화부를 扞蔽하는 畿輔의 요처로서 여기에 永宗防營과 감목관이 설치되어 있었다. 이상과 같은 제도편제는 강화본도를 중심으로 육지와 해상을 망라하여 북-동-남-서쪽의 사면을 에워싼 環狀布陳의 형태를 갖춘 것이어서 이는 가히 강화부의 전략적 위치가 얼마큼 중요시되고 있었는가를 보여준 것이라고 할 수 있다.

강화유수부의 관직으로는 문2품 경관의 유수가 진무사를 겸하여 오영병마를 통할하고 府政을 총괄하였다. 유수는 2주년에 교체하고 그 屬僚는 裨將 25인, 교련관 10인, 旗牌官 51인, 營軍官 179인, 별군관 158인, 별초군관 150인, 勸武軍官 158인, 出身 137인, 壯旅別案軍官 58인, 義旅별안군관 50인, 천총 4인, 파총 10인, 哨官 63인, 別破陣 167인, 都訓導 88인, 敎師 116인, 서리 65인, 청직 45인, 사령 26명, 軍牢 70명, 旗手 119명, 吹手 85명, 細案手 15명, 伺候軍 30명, 差備軍 30명, 劊刺手 4명, 관노 37명, 관비 54명 등[18] 총2,004명에 이르는 방대한 관속을 거느리며 가히 국왕처럼 정사에 임하고 있었다. 이 휘하 인원숫자는 유수 일개인의 직할속료이다.

또한 유수의 예하 관직으로는 經歷(兼從事官,음4품), 都事(무5품), 敎授(문9품), 中軍(兼守城將,무3품이상), 長寧殿別檢(문9품), 장녕전참봉(음9품), 萬寧殿別檢(문9품), 만녕전참봉(음9품), 分敎官(경내사림 文望者), 史庫참봉(2원,교생), 月令(전의감-혜민서 取才), 檢律(형조 취재), 僉使(무3품, 월곶진), 萬戶(5員, 무4품, 제물-용진-적진-초지-인화), 산성별장(문수산성), 堡別將(6員, 廣城-昇天-船頭-長串-鐵串-井浦, 本營啓差), 監牧官(사복시 蔭武中差送, 在길상면) 등을 거느리었으나 이 가운데 도사 및 교수

---

17) 『萬機要覽』 軍政篇 4, 海防 水使.
18) 『輿地圖書』 江都府 江華 官職.

는 후일 혁파되었으며 中軍은 5營이 설치된 후 5영 가운데 中營 (강화본부)의 군정 및 修堞을 맡았고 그 예하에 중영군관 120인과 포도군관 8인 서리 25명을 영속시키었다.[19]

　강화부의 군병은 영조 35년 『여지도서』에 등재된 기준에 의하면 壯旅軍이 18哨 1,998名이요 義旅軍이 18초 1,998명이며 武學軍이 12초 1,332명이요 束伍軍이 12초 1,332명이며 牙兵이 1초 111명이요 各鎭堡軍官이 335인이며 土兵이 940명, 5處 봉수군이 90명, 51墩의 墩軍이 366명, 瞭望軍이 30명으로 합하면 元軍이 6,993명에 雜色軍이 5,478명으로 총 11,571명으로 구성되었다.

　이와 같이 많은 군병의 군향미는 관원의 廩料까지 합하면 엄청난 것이어서 이의 조달은 府政의 중사가 아닐 수 없었다. 여기에 강화부의 元軍, 잡색군 도합 1만여명이 넘는 군향미의 지급은 규정상 元軍餉으로 米가 168,230石 내에 留庫 60,670石이었는데 매년 分糶하며 본부가 1만석이요 각 진보가 3천2백석으로 정월에 開倉하여 12월에 停捧하였다. 그리고 太가 10,448석 내에 留庫 6,6108석으로 역시 매년 分糶하며 본부가 5천여석이요 각 진보가 1백4십여석으로 춘추에 斂散하였다.[20]

　18세기 초엽의 기준이지만 강화부의 전결은 旱田實結이 1,460결 10부이요 水田실결이 2,055결 10부이었다. 이 한전 및 수전의 원래 都數는 4,193결 40부이었는데 이 가운데 각양의 陳頉, 면세지 883결 54부를 제외한 실결수가 앞의 결수인 것이다.

　이와 같은 전결에서 糶糴은 앞의 元軍餉과 같고 여기에 正租 4,908석, 春牟 2,618석, 賑廳米 1,840석내 時在 754석, 太 146석, 春牟 105석이었다. 田稅는 稅米가 548석 4승이요 稅太가 389석 5두 4승이었다. 大同作米는 1,874석 11두 6승이며 結役租는 2,343석 7두이었다.

---

19) 上同.
20) 『輿地圖書』 江都府 江華 糶糴.

한편 후일의 경우지만 均役稅는 경내에서 모입한 선박이 147척이요 鹽盆 28座, 鹽基 188間 3,840把이었다. 강화부소속 待變公船이 2백여척이었는데 이를 각진에 分授하였고 均廳에서 면세받아 본부(강화)에서 수세보용하였다. 이 가운데 매년 舊退船은 비변사로부터 획급받아 변란에 대비하였다.

강화부의 俸廩은 유수에서 경력, 분교관에 이르기까지 매삭에 應下米 2백석과 柴 6만1천속 등이었는데 結役租 代錢 52兩은 강화도민이 납부한 것이요 炭價米 33석은 강화부의 상도면 및 하도면의 민호가 柴, 鷄를 米로 代捧한 것을 炭을 사서 사용하였다.21)

한편 교동은 본래 고구려 高木根縣이었다가 신라 경덕왕때에 교동현으로 개명하고 穴口郡(강화)의 領縣으로 되었으며 고려 명종때 監務를 두었고 조선조에 들어 와서는 태조 4년에 萬戶兼知縣事를 두었고 후에 현감으로 고치었다. 임진왜란을 거친 후인 1629년(인조 7)에는 도호부로 올리고 1633년(인조 11)에 兼統禦使를 두었다. 관직은 兼喬桐都護府使 예하에 座首 1인과 별감 3인, 選武軍官 24인, 아전 22인, 知印 13명, 사령 2명, 관노 5명, 관비 4명으로 구성되었다. 城池는 華盖山城과 읍성이 있고 主山烽燧와 修井山 봉수, 그리고 鎭望山 봉수가 설치되어 강화부와 상응하고 있었다.22)

水軍節度營은 교동에 설치되었는데 앞에서 언급한 바와 같이 화량진에서 1629년에 이곳 교동 月串鎭 터에 이설되고 1633년에는 兼統禦使를 두어 조선후기 경기수영의 본영으로서 서해 해상방위의 중심지가 되었다.

수영의 관직으로는 行京畿水軍節度使兼三道統禦使喬桐都護府使(무2품)가 三道舟師를 관할하고 2주년에 교체되며 中軍(무3품 自望) 1원과 管下邊將으로는 덕포, 화량, 주문, 덕적의 4개진의 첨사와 장봉진의 만호가 있어 이를 지휘하였다.

---

21)『輿地圖書』江都府 江華.
22)『輿地圖書』江都府 喬桐.

수사의 속료는 裨將 5인, 旗鼓官 4인, 束伍把摠 2인, 哨官 5인, 船將 7인, 旗牌官 25인, 捕盜官 15인, 左右先鋒將 2인, 兵船監官 1인, 軍器감관 4인, 守城파총 1인, 哨官 4인, 執事 3인, 假率군관 26인, 別抄군관 25인, 討捕군관 25인, 都訓導 6인, 營吏 5명, 鎭撫 19명, 知印 7명, 營奴 1명, 皁 1명, 軍牢 23명, 巡令手 20명으로 구성되었다.23)

경기수영의 元軍餉은 米가 803石 11斗 3升 1合 내에 535석 12두 6승이며 太가 4합, 租가 10석 1두 5승 9합이요 금위영 句管米가 199석 6두 8승 내에 99석 10두 9승이며 어영청 구관미가 484석 14두 7승 7합 내에 242석 7두 4승이요 병조 구관미가 152석 4두 5승 5합 내에 76석 2두 3승이요 請得軍作米가 1,990석 6두 4승 3합 내에 995석 3두 1승이요 請得大同米가 855석 10두 1승 5합 내에 427석 12두 6승이었다.24)

永宗防營은 1633년(인조 11)에 남양부 영종진 만호를 영종도에 이설하고 겸감목관을 두었으며 1681년(숙종 7)에 첨사로 승격시키고 어영청에 소속시키었다. 영종방영이 해방긴중처로 位號가 卑微하다하여 1690년(숙종 16)에 방어사로 승격시키고 1705년(숙종 31)에 교동수영에 소속시키었다가 후일 다시 어영청에 소속시키어 獨鎭으로 설치하였다.25)

영종도(일명 紫燕島)는 강화수로의 咽喉로서 水賊 내침시 강화 방위의 요충지이다. 濟物鎭이 소속되었으며 건너편 月尾島에는 行宮이 설치되어있다. 防禦使(무종2품) 兼僉使(무종3품)가본진 및 인천, 부평, 안산의 3읍을 구관하며 예하에 중군 1인, 파총 2인, 초관 8인, 교련관 8인, 기패관 15인, 帶率軍官 2인, 防營군관 160인(윤회입번), 待變군관(윤회입번), 舟師將 1인, 군기감관 1인, 별파진 18인, 영리 1인, 진무 15인, 지인 12인, 사령 25인, 吹手 25명, 관

---

23) 『輿地圖書』江都府 喬桐 水軍節度營.
24) 『輿地圖書』江都府 喬桐 水營.
25) 『輿地圖書』江都府 永宗.

노 12명, 관비 12명 등의 속료가 있었다.[26)

영종방영 관하의 수륙군병 279명이 본진과 인천 부평 등지에 배치되고 防船과 兵船 등으로 해안을 방비하였다. 관내의 용유도와 무회도에 목장이 설치되어 두곳의 牧子가 100명이며 마필이 200여 필에 이르고 신불도의 목장은 인근 장봉도로 옮기었으며 경작이 허용되었다.

영종방영의 待變軍餉은 米가 150석이며 蒸米는 6석이요 米食은 3석인데 3년사이에 改色하고, 醬은 27석으로 5년사이에 개색하며 鹽眞魚는 20束이요 蘇魚鹽은 500級으로 축년개색하고 土花鹽은 4석 11두인데 5년 사이에 개색하며 炭은 100석이었다.[27)

Ⅲ. 강화부의 關防과 海防

1. 강화부의 관방

임진왜란을 겪으면서 중앙 五衛軍과 지방 營鎭軍의 허소화가 들어나자 난중에 훈련도감, 속오군 등을 새로 설치하여 무능한 군사력을 개선시키며 이미 중종대에 변사주획기구로 권설된 비변사의 기능을 강화하여[28) 군사전략 체계를 정비, 효과적인 국방책을 강구하고 있었다.

왜란 이후에도 광해군때 만주에서의 후금의 강성이라던가 인조반정, 이괄의 난, 정묘―병자호란, 효종때 북벌계획 등의 사건이 내외적으로 연속되어져 17세기에는 이에 대처할 군사정책의 보강이 항시적 기무로 중요시되었다. 이러한 전시 또는 준전시 상황에

---

26) 上同.
27) 『興地圖書』 江都府 永宗防營
28) 본서 제1장 참조.

서 정치, 군사상으로 필요에 따라 새로운 군영문이 수시 설치되어[29] 주지한 바와 같이 결국 오군영의 설립에 까지 이르게 되었던 것이다.

이러한 군사제도의 개편가운데 인조반정 이후 총융청과 수어청의 설치는 수도외각의 방위를 강화하기 위한 것으로 이는 전기의 오위체제에 대한 반성으로 나타난 것이라 할 수 있다. 여기에 더하여 留都를 군사적으로 중시한 것이라든지 四都 가운데 강화부의 보장을 더욱 강화하려했던 것은 시대적으로 강화부의 중요성이 그만큼 제고되었음을 뜻한 것이다.

강화도는 전략적으로 수도진입의 요처이기 때문에 關防과 海防의 制置에서 그 결정이라 해도 과언이 아니다. 강화부는 府中의 내외성, 내륙의 산성, 연해의 鎭堡 城墩 등을 계속 설치하여 섬 전체를 점차 요새화 시키기에 이르렀다. 산성과 진보 성돈을 관방시설로 계속 확충하는 과정이 府政의 핵심인 셈이었다.

강화부의 內城은 당초 石城으로 주위가 1,658步에 동서남의 3門과 문루가 있었는데 병자호란시에 훼손되었다가 1677년(숙종 3) 강화유수 許秩이 처음으로 개축하고 같은 왕때 朴權, 閔鎭遠 유수 재임시에 이어 개축하였다. 外城은 처음에 土築이었으며 북으로 아암동에서부터 남으로 초지진 연해에 이르기까지 43里에 달하였다. 1691년(숙종 17) 申厚載 유수시에 삼군문이 축성하였고 이후 계속하여 개축되었으며 倉城은 府東 10리 제물진 아래에 설치되었다.

산성으로는 정족산성, 문수산성, 고궁성, 고려산성 등이 축조되었는데 고래로 정족산성은 삼랑성이라 부르기도 하였으나 1679년(숙종 5) 유수 權禧이 筵稟으로 개수하였으며 이 성안에는 璿源閣과 史庫가 설치되어 璿源錄과 列朝實錄이 보존되었다. 문수산성은 1694년(숙종 20)에 삼군문이 축조하고 후일 강화본부에서 보수하였는데 이 산성은 진관소속 통진의 속오군이 그 성첩을 나누워 맡

---

29) 차문섭, 전게 노문 參照.

아 매년 7월내에 퇴락처를 수축토록 하는 것이 定式化 되었다.[30]

城池로는 부중의 南池와 西池 그리고 舊南門池와 舊西門池 등이 있고 府外에는 오두지 와초지 봉가지 등이 축조되었는데 구 남문지와 구 서문지는 조선후기에 없어졌다.[31]

墩臺는 강화부 관방의 중요한 시설로서 강화해안 선박처에 거의 설치될 정도로 그 숫자가 많았다. 광성돈 등 총 53개처의 돈대 설치 大役事는 1679년(숙종 5) 봄부터 시작되었는데 함경, 황해, 강원의 삼도 승군 8천명 및 어영군 4천3백명 도합 1만2천3백여명이 40여일간의 공기로 완축하였다. 이 가운데 이미 빙현돈은 1658년(효종 9)에, 철북돈은 그 이듬해에 축조되고 초루돈은 1660년(현종 1)에, 작성돈은 1666년(현종 7)에 각각 먼저 축조되었으며 53墩 가운데 양암돈과 갈곶돈의 두 곳은 후일 1718년(숙종 44)에 狀聞으로 혁파되어 그 이후에는 51돈이 되었다. 이 강화부의 돈대는 그 규모를 일일히 들 수는 없으나 所管別로 나누어 적기해 보면 다음과 같다.[32]

- 月串소관(4墩) － 赤北墩 鵰巖墩 月串墩 玉倉墩
- 濟物소관(4墩) － 望海墩 制勝墩 炎珠墩 甲串墩
- 龍津소관(3墩) － 加里山墩 左崗墩 龍堂墩
- 廣城소관(3墩) － 花島墩 鰲頭墩 廣城墩
- 德津소관(2墩) － 孫乭項墩 德津墩
- 草芝소관(3墩) － 草芝墩 長者坪墩 蟾巖墩
- 船頭소관(3墩) － 宅只墩 東檢北墩 後崖墩
- 혁파(2墩) － 陽巖墩 葛串墩 － 숙종 44년
- 營門소관(2墩) － 分五里墩 松串墩 － 營門으로부터 墩將을 別定하고 급료를 주어 守直케함

---

30) 『輿地圖書』 江都府 江華 城池.
31) 上同.
32) 『輿地圖書』 江都府 江華 墩臺.

　　·長串소관(4墩) - 彌串墩　北一串墩　長串墩　黔巖墩
　　·營門소관(2墩) - 松岡墩　屈巖墩 - 墩將을 둠
　　·井浦소관(4墩) - 乾坪墩　望洋墩　三三巖墩　石角墩
　　·營門소관(2墩) - 溪龍墩　望月墩 - 돈장을 둠
　　·寅火소관(5墩) - 無殆墩　寅火墩　廣巖墩　龜登墩　鵲城墩
　　·鐵串소관(5墩) - 樵樓墩　佛藏墩　蟻頭墩　鐵北墩　天津墩
　　·昇天소관(5墩) - 石隅墩　氷峴墩　疏雨墩　宿龍墩　樂城墩

　이상 총 53개처의 돈대 가운데 숙종 중엽이후 혁파된 돈대가 2
개처이고 營門소관이 총 6개돈인데 여기에는 모두 墩將이 별도로
파견되어 있었다.

2. 강화부의 해방

　강화부의 海防制置는 강화본부의 關阨과 鎭堡가 중심이며 강화
본부와 脣齒간인 교동부의 鎭管 및 京畿水營 - 三道統禦營, 그리고
강화수로의 입구인 永宗防營을 들 수 있다.
　강화부의 관액으로는 갑곶진 광성진 덕포진 정포진 인화석진 승
천진의 6개진인데 갑곶진은 통진과의 접계로 수륙요충 지대이며
광성진은 조류가 급박한 돌출지점에 위치하여 역시 수륙방수에 있
어 요충지이다. 덕포진은 덕진진 문밖에 위치한 작은 津으로 이 진
을 거치지 않으면 내륙을 통과할 수 없는 곳이며 정포진은 정포
前岸에 위치하여 아래로 煤音島 外洋을 통하는 곳이어서 水賊의
잠입을 막는 곳이다.
　인화석진은 서해에서 교동과 황해도의 연안을 통하는 해로 길목
의 衝阨處이며 승천진은 강건너 개성쪽에서 해로로 강화에 들어오
는 길목을 막는 곳이다.33) 이러한 관액의 津에는 城墩이 별도로 축

---

33) 『輿地圖書』江都府 江華 關阨.

조되어 있어 해방 시설이 상호 유기적으로 기능하게 되어있다.

鎭堡시설은 월곶진 제물진 용진진 광성보 덕진진 초지진 선두보 장곶진 정포진 인화보 철곶보 승천보 문수진 등 8개의 鎭과 5개의 堡로 도합 13개의 鎭堡로 설치되었다. 이 가운데 조선후기에 신설한 진보로는 용진진이 1656년(효종 7) 洪重普 유수시에 설치되었으며 광성보는 1658년(효종 9)에 유수 徐元履가 신설하였고 덕진진은 德浦僉使가 있던 진으로 水營에 소속되었으나 1666년(현종 7) 첨사를 별장으로 고치었다가 1677년(숙종 3) 만호로 올리어 다시 덕진진이라 하였다.

초지진은 1656년(효종 7)에 신설하고 1666년(현종 7)에 병마만호로 啓下였으며 선두보는 1706년(숙종 32) 築堰 후에 설치하고 花島別將이 선두보의 堰事를 주관하도록 하였다. 장곶보는 1676년(숙종 2)에 신설하였으며 옛부터 수군만호가 있었으나 1666년(현종 7)에 교동으로 옮기고 별장을 두어 강화본부로 소속시키었으며 1669년(현종 10)에 만호를 환설하고 1678년(숙종 4) 許秩 유수시에 또 啓請하여 장봉도에 만호를 옮기고 별장을 다시 두었다.[34]

인화보는 1656년(효종 7)에 별장을 두었다가 1679년(숙종 5)에 만호로 승격시켰다. 철곶진은 옛부터 첨사가 있어 수영에 소속되었으나 1666년(현종 7)에 豊德으로 옮기고 별장을 두어 강화본부에 소속시키었으며 1669년(현종 10)에 첨사를 환설하고 1712년(숙종 38)에 계청으로 주문진으로 옮기고 별장을 復置하였다. 승천보는 1656년(효종 7)에 신설하였으며 문수진은 1694년(숙종 20) 閔鎭周 유수시에 산성을 쌓고 1718년(숙종 44) 權淲이 유수로 재임할 때 別將兼通津中軍을 설치하였다.[35]

한편 강화 外洋을 방어하는 수군절도영은 교동에 본영이 있고 경기수군절도사겸 삼도통어사교동도호부사가 강화 외양 즉 서해의

---

34) 『輿地圖書』江都府 江華 鎭堡.
35) 『輿地圖書』江都府 江華 鎭堡.

해방을 책임지고 있었는데 그 관하에는 통진에 있는 덕포진, 남양에 있는 화량진, 강화석모도에 있는 주문진, 인천에 있는 덕적진, 강화남단 해중에 있는 장봉진의 5개진이 있었다. 이 가운데 장봉진은 만호가, 나머지 4개진은 모두 첨사가 파견되어 있었고 戰船本營도 같은 체제이었다.[36]

京畿水營의 수군운영은 본영과 각진에서 각기 관할지에 군병을 나누어 두고 운영하였다. 즉 본영의 수군 1,661명 내에 776명은 교동에 있고 216명은 畿內 각읍에 있었으며 육군 750명은 교동에 있었다. 본영의 속오군 1,148명 내에 교사 1, 별파진 4, 사수 180, 포수 159, 격군 363, 능노군 97, 선공 20명 등은 본부 수륙군으로서 差備하고 잡색군 254, 사후군 70명은 공사천으로 充定하였다.

수영관하 덕포진의 수군 427명은 통진 등 각읍 군병의 所領에 있고 초관에서 잡색군에 이르기까지 도합 212명은 수군으로 作隊하였다. 화량진도 그 운영은 마찬가지어서 수군 640명이 남양군병의 所領에 있고 초관에서 잡색군에 이르기까지 221명은 수군으로 작대하며 주문진의 수군 567명은 풍덕 등 각읍군병의 소령에 있고 초관이하 잡색군에 이르기까지의 254명은 수군으로 작대하였다.

덕적진의 수군 218명은 남양 등 각읍군병의 소관하에 있고 초관이하 잡색군에 이르기까지의 153명은 그 섬사람으로 충원하며 장봉진의 수군 470명은 파주 등 각읍군병에 소속되어있으며 역시 초관에서 잡색군에 이르기까지의 235명은 수군으로 作隊하였다. 여기의 5鎭 가운데 덕적진 한곳만 그 섬사람으로 충원하고 나머지는 모두 수군으로 작대하였다.[37]

수영의 戰船 숫자는 本營이 戰船 2隻, 龜船 1척, 防船 1척, 兵船 4척, 伺候船 8척, 汲水船 3척이었으며 덕포진은 방선 2척, 병선 1척, 사후선 3척이었다. 화량진은 전선 1척, 방선 1척, 병선 1척, 사후선

---

36) 『輿地圖書』 江都府 喬桐 水軍節度營.
37) 『輿地圖書』 江都府 喬桐 水營.

1척, 급수선 1척이었으며 주문진은 전선 1척, 艍舠船 1척, 卜物船 1 척, 사후선2척, 급수선 2척이었고 덕적진은 방선 1척, 병선 1척, 報警船 2척, 사후선 2척, 급수선 1척이었으며 장봉진은 방선 3척, 거도선 1척, 사후선 1척, 급수선 1척이었다.[38)

Ⅳ. 강도보장책

1. 保障 制置事

강화도의 保障制置는 앞에서 본 바와 같이 임·병양난 이후 계속적으로 보완조치가 이루워졌다. 임란이후 17세기에 접어들면서 후금의 강성이라던가 이괄의 난 및 호란 등으로 준전시 상황이 전개되자 이를 대비하려는 비변사의 기능은 더욱 강화되었다. 기본적으로 군국중사의 요리는 비변사의 중요 의계 사안이었지만 특히 왕기호위와 강도보장에 관한 전략적 조치는 완급의 임시처리와 함께 종합적인 事目의 제정 등을 통하여 恒式의 제도화에까지 이르게 되었던 것이다.

이러한 비변사의 의계조치는 선조 말엽부터 본격화되고 있었다. 임진왜란이 종식된 이후 선조 말엽에 경기방어사를 설치하여 수원부사가 겸찰하도록한 조치는[39) 수원과 禿城을 畿甸保障地로 중요시한 것이었으며 1624년(인조 2) 병조참판 沈器遠을 南方軍兵勾管으로 삼으면서 아문을 별설하려 할때 아문설립은 폐단이 있다하여 강도구관당상의 예에 의거하여 구관토록한 조치는[40) 당시 漢水북방에 설립된 총융청에 상대된 남방군병아문을 비변사의 草記로 설

---

40) 上同.

39)『謄錄類抄』1, 官職, 宣祖 37年 8月 29日.

40)『謄錄類抄』1, 官職, 仁祖 2年 6月 13日.

립하려 했던 조치로 볼 수 있다.

광해군 년간에 비변사의 강화보장 관련 의계조치는 경기 연해변
장의 引番助番을 일체 혁파하자는 것과[41], 강화부사의 첩보에 따
라 속오쇄환과 도성궁성 소요의 薄石給價 및 강화도의 田稅米太
그리고 군량, 군기 등의 사안을 처리하였으며[42] 喬桐의 규획조치
는 강화응행절목에 의해 시행할 것[43] 그리고 비망기로 강화보장을
포함한 전략적 조치가 구체적으로 강구되었고[44] 강도 및 안동 등
처의 미곡과 군기 措備事 등을 의처하며[45] 강도 舟楫事를 조치하
고[46] 강도방어에서 중요한 船隻에 대하여 勾管船隻堂上을 擇差하
여 이를 검칙할것[47] 등을 구체적으로 의처하고 있었다.

이와 같은 광해군 년간의 비변사 조치는 물론 임진왜란 이후의
王畿방어 전략에서 나온 것이었으며 인조반정 이후에는 내외의 정
치적 군사적 상황의 연속으로 강도보장책이 제도적으로 더욱 구체
화되기 시작하였다. 인조 2년 경기수영을 강화에 이설하는 의논을
위시하여 강화부의 부세감면 등을 의처하고[48] 경기수사 行營 이설
및 三道魚鹽 辦餉使 등을 의처한 것[49] 등이 그 한 예이다.

이러한 일련의 보장책 강구는 1643년(인조 21)에 ‘江華建置留守

---

41) 『備邊司謄錄』 第1冊 光海君 9年 11月 2日.
　　『謄錄類抄』 14, 邊事 1, 光海君 9年 11月 2日.
42) 上同.
43) 『備邊司謄錄』 第1冊 光海君 10年 5月 7日.
　　『謄錄類抄』 14, 邊事 1, 光海君 10年 5月 7日.
44) 『備邊司謄錄』 第1冊 光海君 10年 5月 22日.
　　『謄錄類抄』 14, 邊事 1, 光海君 10年 5月 22日.
45) 『備邊私謄錄』 第1冊 光海君 10年 5月 28日.
　　『謄錄類抄』 14, 邊事 1, 光海君 10年 5月 28日.
46) 上同.
47) 『備邊司謄錄』 第1冊 光海君 10年 5月 30日.
　　『謄錄類抄』 14, 邊事 1, 光海君 10年 5月 30日.
48) 『備邊司謄錄』 第1冊, 仁祖 2年 3月 18日.
　　『謄錄類抄』 14, 邊事 1, 仁祖 2年 3月 18日.
49) 上同.

事目'의 제정으로[50] 일단 종합정리된 셈이었다. 이 사목은 강도보
장에 관련하여 제도개편에서부터 府政전반에 관한 시행세칙을 확
정한 것인데[51] 그 내용을 요약하면 다음과 같다.

* 江華建置留守事目

· 부윤을 유수로 승격하며 낭청 일원을 또한 차출한다.

· 본부(강화부)를 京司와 같이 여겨 下吏중 良人은 書吏라 칭하고 천
인은 書員으로 부른다.

· 본부의 田稅는 作米하고 州倉에 入上하여 軍餉으로 보충한다.

· 태안군의 전세와 三手糧別收米를 전례에 의하여 매년 본부에 수납
한다.

· 본부의 선척 어전 염분 사찰을 아울러 제궁가와 각아문의 侵占 을
허락하지 말고 오로지 본부에 귀속시키며 여기에서 매년 수세하여
이를 군향보용으로 삼는다.

· 본부의 留泊船隻은 평상시에는 해안에 사는 사람에게 나누어 주어
고기를 잡게하여 군향을 보완하고 유사시에는 방패를 장치하여 戰
用으로 삼는다.

· 본부백성으로 다른 고을에 이거한자는 兩界 인물예에 의하여 본토
로 쇄환하고 비록 私賤일지라도 그 주인이 임의로 잡아가지 못하도
록 한다.

· 본부의 出身武學 군사 등은 각도 각아문의 군관에 自望을 일체 하지
못하도록 하여 오로지 군사조련에 전념토록한다.

· 勅使出來時 벽제점에서 副使의 宴享 이외에는 기타 잡역을 일체 견
면한다.

· 성균관의 유생역을 칭탁하고 성균관에서 보낸 하인이 斜水를 칭하
여 새우잡이 배가 있는곳에 배를 가지고와 새우을 잡고 가니 上司
하인이 출어할 때에 피해를 입은 폐단이 심했다. 본부로하여금 沈造
十瓮을 輸納하도록 한다.

---

50) 『謄錄類抄』14, 邊事 1, 仁祖 21年 12月 17日.
　　이 기사는 비변사등록에 없고 등록유초에만 남아있다.
51) 上同.

- 분부에 속한 변장포폄시에 水使는 기간이전에 유수에게 간찰를 보내 상의하도록 하여 勤慢의 등급을 정하도록 한다.
- 교동현은 본부와 脣齒의 지역으로 서로 의지하고 있으니 경기수사를 교동에 이설하고 모든 군무를 서로 의론 책응할 것이며 여러섬 가운데 질島와 甫音, 長峯 三島는 서해의 요충지대이니 2월에서부터 12월에 이르기까지 매삭에 各浦의 入防수군 1명을 돌려가며 정해 보내고 황당선을 일야 감시하며 수영으로부터 烟火를 상응하고 시간에 따라 본부에 馳報한다.
- 본부의 제색군사는 上番을 제거해 주고 番布의 捧上으로 군향을 보조한다.
- 流罪이하는 自斷한 후에 계문한다.
- 모든 공적인 일은 공문을 각도 각관에 이첩하고 게으름을 피운 관리는 적발하여 청죄를 계문한다.

이상과 같은 '강화건치유수사목'의 제정은 17세기 중반까지의 강도보장책의 일차적 정리라고 할 수 있다. 강화부사를 유수로 승격시킨 조치와 교동에 경기수영을 이설시킨 제도상의 획기적인 보장책이 실행됨과 아울러 유수와 수사의 임무가 명기되었다. 아울러 그간의 여러 가지 폐단을 시정하고 강화부민의 생업증진을 통한 실질적인 보장책의 도모라고 할 수 있다.

이러한 사목의 제정은 6년 뒤인 인조 27년에 강화목장의 혁파조치로 더욱 심도있게 진행되는데 그 내용은 다음에 상술하겠지만 폐단많던 이 목장의 혁파는 강화 군병의 闕額을 充定하고 民丁의 許耕을 통한 양향의 보충 등에 있어서 그 효과는 크게 기대되는 것이었다.

효종년간에 들어와서 원년(1649)에 '江華牧場分田事目'이 제정되고[52] 강화목장의 수세를 비변사에 이관하는 조치가 이루워졌으며[53] 江都糶糴의 운용사안이 의처되고[54] 강화 4鎭의 防軍價布를

---

[52] 『備邊司謄錄』 第14册, 孝宗 元年 8月 18日.
　　　『謄錄類抄』 7, 田農 孝宗 元年 8月 18日.
[53] 上同.

호조에서 하송하는 조치가 이루워졌으며[55] 강도보장 사안에 대하
여는 비변사 유사당상이 專掌稟議할 것이[56] 강조됨과 아울러 자연
도 목장의 혁파도 논의되기에 이르렀다.[57]

현종년간에 들어와서 그 초기부터 강화 反庫[58] 및 자연도에 設
鎭處를 확장하고[59] 동왕 7년에는 강화부 군인절수장 내의 전답과
목자절수장 내의 전답을 還給하는[60] 조치 등이 이루워져 강도부민
의 고역을 제도적으로 해소하기에 이르렀다.

숙종년간에 들어와서는 비망기를 통하여 강화부의 진휼문제가
구체적으로 의처되었고[61] 강화 별장을 본부 무사로 택차하도록 조
치되고[62] 강도 將官은 경아문의 장관으로 調用할 것[63] 자연도의
설진 및 영종진 방어사의 特陞,[64] 그리고 장봉도 목장의 강화부 소
속 타도 환속[65] 교동부의 獨鎭 별설과 討捕使의 수사겸찰 조치[66]
등의 제도적인 조치가 계속 이어지고 있었다.

특히 앞에서 언급한 바와 같이 1678년(숙종 4)에 강화유수의 진
무사 겸관 즉 오영 통할은 강도보장책의 결정이라고 할 수 있다.
현종 초엽부터 강화 수군의 여러 문제가 의계되고[67] 강화돈대 설
축시 僧徒부역에 관한 사안이 의처되며[68] 落講校生이 餘丁으로 모

---

54) 『備邊司謄錄』第19册, 孝宗 8年 5月 18日.
55) 『謄錄類抄』14, 邊事 1, 孝宗 9年 5月 21日. (비변사등록 결본)
56) 『謄錄類抄』14, 邊事 1, 孝宗 10年 4月 9日. (〃)
57) 『謄錄類抄』14, 邊事 1, 孝宗 10年 3月 28日.(〃)
58) 『備邊司謄錄』第20册, 顯宗 元年 7月 27日.
59) 『備邊司謄錄』第23册, 顯宗 4年 4月 16日.
60) 『謄錄類抄』7, 田農 顯宗 7年 2月 5日. (비변사등록 결본)
61) 『備邊司謄錄』第35册 肅宗 5年 3月 5日.
62) 『備邊司謄錄』第35册 肅宗 5年 6月 24日.
63) 『謄錄類抄』1, 官職, 肅宗 6年 6月 4日. (비변사등록 결본)
64) 『謄錄類抄』1,官職, 肅宗 16年 9月 7日.
65) 『謄錄類抄』2, 蓄牧, 肅宗 18年 4月 23日.
66) 『謄錄類抄』1, 官職, 肅宗 24年 1月 16日.
67) 『謄錄類抄』13, 軍政 2, 肅宗 3年 2月 7日.
68) 『謄錄類抄』13, 軍政 2, 肅宗 5年 1月 13日.

면한 폐단을 시정하고[69] 낙강여정목의 江都 需用[70] 및 총융청군의 江都割給[71] 그리고 강도소속 延白군병의 軍器를 강도에서 점열할것[72] 그리고 숙종 12년에는 사대부가의 築堰設庄處를 屬公하는 조치[73] 등이 계속 이루워지고 있었다.

숙종14년(1688)에는 통진과 부평의 군병을 鎭撫營에 이속시키어 칙사출래시에 輪回調用할것과[74] 다음해에는 남양과 진무영 소속의 안산, 금천, 양천 등읍의 군병을 총융청에 획급하는 사안이 의계되고[75] 이어 영종진에 一哨를 添兵하여 겸파총을 겸천총으로 改置하고[76] 강도 城役의 활성화 조치가 구체적으로 의계되고 있었다.[77]

2. 寬民 糧餉事

강화부의 보장책은 광해군 말엽에 이미 그 중요성이 강조되어 앞서 언급한 바와 같이 비망기로 "강도는 보장지이니 불가불 미리 繕完해야한다"[78]는 것과 함께 이를 비변사에 착실거행토록 한바있다. 인조반정 초 이괄의 난을 수습한 직후 강화도의 보장은 더욱 중시되어 인조는 직접 江都凡事를 각별신칙하라는 지시와 함께 특히 糧餉을 비축하고 器械을 준비하며 民力을 관후히하라는 전교가 있었다.[79]

---

69) 『謄錄類抄』13, 軍政 2, 肅宗 9年 1月 28日.
70) 『謄錄類抄』13, 軍政 2, 肅宗 12年 6月 14日.
71) 『謄錄類抄』13, 軍政 2, 肅宗 12年 9月 7日.
72) 『謄錄類抄』13, 軍政 2, 肅宗 12年 9月 8日.
73) 『備邊司謄錄』第40冊 肅宗 12年 12月 4日.
　　『謄錄類抄』7, 田農 肅宗 12年 12月 4日.
74) 『謄錄類抄』13, 軍政 2, 肅宗 14年 11月 27日.
75) 『謄錄類抄』13, 軍政 2, 肅宗 15年 9月 3日.
76) 『謄錄類抄』13, 軍政 2, 肅宗 15年 9月 4日.
77) 『謄錄類抄』13, 軍政 2, 肅宗 17年 7月 26日.
78) 『備邊司謄錄』第2冊 光海君 10年 戊午 5月 18日.
79) 『備邊司謄錄』第3冊 仁祖 2年 3月 18日.

인조 2년(1624) 비변사의 계문에서 들어난 강화부의 실상은, 강도의 보장계획이 거론된 것이 이미 여러 해가 지났지만 하나도 이루워진 것이 없다는 반성에서 시작되었다. 비단 城池와 器械 등이 준비되지 않았을 뿐만 아니라 모자란 양향 문제는 가장 급선무로 해결해야 할 상황이었다.

이렇게 양향이 고갈된 것은 강화도가 본래 물력이 부족하기도 하지만 거두워 들인 세곡을 대부분 타처에 이용함에서 기인된 것으로 보고 이를 보전하기 위하여는 강화본부 및 부근 각관의 應納米豆를 강화본창에 收捧하거나 혹은 拮拒措辦을 통해서라도 급함을 대비하자는 것이었다.[80]

보장책에 있어서 양향의 중요성은 재언할 필요가 없지만 이 양향비축은 民丁이 安集耕農할 수 있는 여건이 마련되어야 하는 것이다. 농사를 지을 수 없거나 있더라도 고역이 계속되면 성과를 거둘 수 없는 것은 당연하다. 즉 寬民力의 시책이 양향 문제 해결과 함께 보장책의 가장 기본이 될 수밖에 없다.

이 民力을 관후히 하는 대책에 있어서는 강화부의 사복시 목장 혁파와 궁가, 사대부의 設庄 혁파 등의 문제를 해결해야 하는데 이는 매우 어려운 과제이었다. 궁실 아문 사대부가의 設庄處는 민력을 고갈시키고 수세지를 없애기 때문이다. 이러한 대책을 강구하지 않고서는 강도의 지속적인 보장책은 바랄 수가 없는 것이다.

강화부의 목장은 본부에 鎭江場(일명 吉祥場)과 北一場 및 도서지방의 矢島場, 煤音島場 등이 있다. 이 가운데 진강장은 가장 넓은 곳으로 鎭江山 남쪽 인정, 길상, 불은의 3개면에 걸쳐있는 목장지대이며 북일장은 하도면 일대에 있고 4곳 목장의 牧子는 245명이었다. 이 가운데 진강장은 1649년(인조 27) 유수 趙啓遠의 계청으로 혁파되어 許民耕作되었고 1659년(효종 10) 유수 沈宅賢에 의해 良馬 즉 鎭江龍馬의 산지라하여 이미 혁파된 목장의 일부에 다

---

80) 上同.

시 設場한 바 있다.[81]

북일장은 1708년(숙종 34) 유수 朴權의 장계로 罷場되었다가 후일 1742년(영조 18)에 사복시 草記로 사복시 목장으로 환속된 바 있고 1760년(영조 36) 당시의 時存馬 숫자는 진강장이 불과 1백 47필이며 북일장이 9필, 시도장이 77필, 매음도장이 2백 48필 정도로 기록되어있었다. 이 숫자는 당초 인조 년간의 수천필로 거론된 것에 비하면 그 숫자는 매우 적은 것이었다.[82]

어떻든 강화목장을 혁파하려 할 때는 궁실 아문의 設場處를 혁파해야 하는 어려움을 선결해야 한다. 이러한 난제의 해결은 하루 아침에 이루워 질 수 없는 것이어서 인조 초엽부터 논의되다가 가장 폐해가 컸던 사복시의 강화목장 혁파문제는 20여년이 지난 인조 27년(1649)에야 본격화되기에 이르렀다.[83] 이 강화 목장혁파의 자세한 전말은 다음과 같다.

1649년(인조 27) 3월 인조가 강화유수 조계원을 인견하면서 강화군병이 2천여 명이라고 하는데 지금은 얼마인가를 묻자 조계원은 2천명 정도이지만 대부분 늙고 병든 군사이며 병란을 겪고 인민이 적어 결원도 보충하지 못한 실정이라고 하였다.

이 결원을 보충한 방편으로는 민호를 늘려야 하는 것인데 이에 접근한 방법으로는 목장을 폐지하여 백성의 경작을 허용하게 하는 것이지만 馬政역시 나라의 중대한 일이므로 이것 또한 어려운 것이라는 것이 강화유수의 견해이었다. 이에 인조는 馬場이 혁파되면 육지의 백성이 유입할 것인가를 묻자 조계원은 값을 치르지 않아도 되는 땅을 경작하여 먹을 수 있고 부역이 번거롭지 않으면 들어와 농사지을 사람이 많을 것이라고 하였다. 더욱이 세금징수를 강화부에 허락하면 좋겠다는 것과 만약 사복시에서 그 수세를 반대하더라도 인민의 유입은 많을 것이라고 하였다.[84]

---

81) 『輿地圖書』江都府 牧場.
82) 上同.
83) 『備邊司謄錄』第13册 仁祖 27年 3月 13日, 同 4月 23日.

이 때의 경우 民丁을 모으는 데는 목장을 혁파하여 許民耕作케
하는 것이 급선무로 본 것인데 비변사에서는 그 대안으로서 사복
시에서 둔전을 설치하고 경작하는 외에, 황무지를 개간할만한 곳의
상황 및 그 結卜의 수를 유수로 하여금 상세히 살피어 치계하거나
직접 올라와 상의하여 처리할 것을 의처하여 인조의 허락을 받았
던 것이다.[85]

이러한 논의는 강화부의 사복시 목장혁파의 서막으로서 1개월
뒤에 인조는 대신 및 비변사 당상을 인견한 자리에서 본격적으로
목장혁파를 논의하여 마침내 다음과 같은 경위를 거쳐 강화 사복
시 목장의 혁파가 이루워지게 되었던 것이다.

인조 27년(1649) 4월 23일 인견시 政院이 "호조판서 元斗杓가
강화에는 본래 물력이 없고 노비도 적어 모양이 말이 아니니 그곳
에 사는 각사노비는 원 숫자가 많지 않고 身貢도 該曹의 수용에 크
게 긴요하지 않기 때문에 그 노비 전부를 강화본부에 이속시키어
사환으로 쓰자는 것을 건의한 사실"을 계문하여[86] 논란 끝에 이
문제는 허락되었다.

이어 영의정 金自點이 강화유수 조계원의 장계에 처리할 문제가
많다고 하며 강화도의 종합적인 보장사안을 강구하던 가운데, 인조
가 강도의 종합적인 형세를 묻자 유수 조계원은 천연의 요새는 비
록 험하나 방비가 매우 어렵다고 하면서 요새만을 믿을 것이 아니
라 인사를 닦아야만 강화를 보장할 수 있을 것이라고 대답하였다.

좌의정은 烽火로서 상응할 것을 강조하고 강화부의 창고설치나
軍器의 사전 措備 등을 강조하며 강화유수가 회의에 참석한 이 때
에 여러 가지 일을 결정하여 분부해야 할 것이라고 하였다. 이에
인조는 군기는 府中에 둘지라도 난리에 임하여 옮겨 쓸 수 있을 것
이며 창고를 빨리 만들라는 지시가 있었다.

---

84) 上同.
85) 『備邊司謄錄』 第13冊 仁祖 27年 3月 13日.
86) 『備邊司謄錄』 第13冊, 仁祖 27年 4月 23日.

이 때에 병조판서가 본격적으로 강화목장의 혁파문제를 제기하였다.[87] 그는 우선 목장을 철폐하되 세력이 있고 교활한 자의 불법 점유를 금하고 각 섬의 將官에게 맡은 구역을 주고 강화부에 들여보낼 騎步兵도 미리 맡을 구역을 나누어 주는 것이 옳을 것이라고 하였다.

이어서 영의정은 강화목장의 혁파와 그 대안을 구체적으로 제안하였다. 즉 강화목장의 馬는 1천여필이며, 강화에 소속된 섬은 다섯이요 남양에 소속된 섬은 넷, 인천에 소속된 섬은 셋인데 말이 혹은 1백여필이기도 하고 혹은 5~60필이기도 하며 혹은 3~4백필이기도 하므로 洪淸道의 광활한 섬을 택하여 강화부의 말을 옮겨 놓아야 한다는 내용이다. 병자년(인조 14, 1636)에 옮겨 놓지 않고 축소만 하였으므로 2백여필의 말이 죽게 되었는데 지금도 전과 같이 한다면 손실이 클 것이라는 것과 가을 수확기를 기다려서 강화의 말을 옮겨 놓아야 할 것을 부연하였다.[88]

이러한 논란 가운데서도 당초 인조는 목장혁파를 부정적으로 보고 있었다. 목장을 혁파하고 백성에게 경작을 허용함은 좋은 일이지만 철폐한 뒤에 백성이 들어가지 않고 오히려 사대부가 불법 점유할 우려가 있으며, 달리 황무지를 개간하여 농사를 지을 수 있을 것이고 馬政 또한 중요한 일이므로 경솔히 혁파할 수 없다는 이유 때문이었다.

그러나 인견 석상의 여러 중신들이 재차 강화목장의 폐단을 지적한 가운데 李時白과 呂爾徵은 목장을 철폐하여 백성을 불러모아야 할 것과 목장의 가장 큰 폐단은 말이 농경지를 해친다는 것이며 灌漑에도 불편하다는 이유를 들고 경작을 허용한 사람에게 軍兵으로서 호령하면 보장에 도움이 될 것이라고 하였다.

인조는 계속하여 혁파에 따른 백성의 유입여부와 사대부의 점유

---

87) 上同.
88) 上同.

를 우려하자 강화유수 조계원은 강화부민이 혁파를 원하고 있다는
점과 목장을 分田한 뒤 장부에 자세히 기록해 두면 어느 사람이 농
사지은 가를 분명히 알 수 있으며 사대부의 불법점유는 결코 허용
하지 않겠다는 점을 들어 인조의 마음을 돌리려 하고 있었다.

그러나 인조는 목장지를 백성에게 나누워 지급할 수 없다고 하면
서 先朝때부터 이러한 논의는 있어왔으나 그 불가한 이유로 다음의
세 가지를 들었다. 첫째 마정의 중요함이요 둘째 사대부의 불법점
유이요 셋째 관원이 적임이 아닌 경우를 적시하였다. 그러나 다만
이 세 가지 걱정이 없다면 혁파할 수도 있다고 하면서 마침내 혁파
를 결정하고 강화유수에게 당부한 뒤 이 번에 철폐된 목장의 말을
海西의 빈 섬으로 옮기도록 하라는 지시를 내리게 된 것이다.[89]

이에 영의정은 만약 유수가 잘 못 이행하면 다시 말을 옮겨 놓
으면 될 것이라는 단서를 붙이어 강화목장의 혁파조치를 보완하였
으며 이와 함께 창고를 설치하여 군량을 비축하고 군기를 만드는
일을 속히 거행해야 할 것을 말하자 仁祖는 대포와 장총 등 군기는
軍器寺에서 만들어 보내도록 하는 추가조치를 내리었다. 또 인조는
강도를 방어하는 군기로는 대포만한 것이 없다고 하며 물력이 많
은 統營에서 편의에 따라 만들게 하여 강도로 운송하여 사용하도
록 하였다.[90] 당시 인조의 강화목장 혁파조치와 함께 대포 등 軍器
造備를 지시한 것은 비변사 계문에 의한 강도보장의 구체적인 조
치이었다.

이와 같이 난상토론 끝에 결정되어진 강화목장의 혁파는 강화부
보장의 기본적인 조처로서 寬民力 備糧餉의 기반이면서 백성을 안
집시키어 軍額을 充定하려는 대책이었다. 여기에서 인조의 지시는
국왕의 대국적인 면모를 보여 준 것이라 할 수있고 대신 및 고위
당상의 견해는 各盡其職의 양상을 띤 것이며 비변사의 기능은 강

---

89) 上同.
90) 上同.

도보장이란 전제아래 이를 조정하려는 입장으로 나타났다고 할 수 있을 것이다.

강화목장이 혁파조치되자 그 이듬해인 1650년(효종 1)에는 비변사에 의해 '江都牧場分田時事目'이 제정되어91) 그 구체적인 시행을 보게 되었는데 그 사목의 상세한 내용은 다음과 같다.92)

　　＊ 江都牧場分田時事目

・一夫의 田은 二日耕이며 畓은 十五斗落으로 정식하여 절급한다.

・전답이 비록 연결되어 있지 않더라도 그 비옥함과 척박함을 분간하여 고르게 절수하고 세력에 따라 비옥한 땅을 편파적으로 고집하지 못하게 한다.

・유입한 새로운 백성은 모두 얻을 수 없는 형세이니 良丁이나 공사천 또한 들어오는 것을 허락하며 세도가의 노복은 허락해서는 안 된다.

・옮겨온 백성가운데 원래 군역에 매어 있는 사람은 그 적을 본부(강화부)에 옮기고 이에 따라 上番하도록 한다.

・分田은 한결같이 募民이 많아지는 것을 주안으로 한 것이니 차후에 逃散할 것은 헤아릴 수 없으나 이것 역시 염려해야 될 것이며 공천은 반듯이 根着한 족속이 있는 자이거나 두목이 있는 자를 許入해야 한다.

・私賤 유입자는 그 주인이 후일에 농장을 도모할 경우가 있을 것인데 이러한 폐단이 반드시 많을 것이다. 만일 발각된 자가 있으면 杖 1백에 徒 3년의 형과 그 전답을 몰수하는 것을 금령으로 정한다.

・給田時에 혹 자녀를 거느리고 한 집에서 같이 살면 매 1명에 田一日耕과 답 7두락을 加給하고 만일 어리고 약하여 자력으로 먹을 수 없는 자는 첨가해서 지급하지 못한다.

・출신무학은 또한 作隊함이 옳으니 그 壯實한 자를 택하여 역시 허입하도록 하며 혼잡하게 들어오지 못하게 한다. 이는 도리어 募民의 政事를 해치기 때문이다.

・유민중에 혹 兩界사람이 있으면 잡아 通津官에게 보내어 통진관으

____

91) 『謄錄類抄』7, 田農, 孝宗 1年 庚寅 8月 18日.
92) 上同.

　　로 하여금 차차 傳送하도록한다.

　・교동은 해중의 작은 섬이며 인민이 적으니 그곳에서 流來한 자는 일
　　체 허입하지 못하게 한다.

　・목장내의 전토는 이미 호조로 하여금 수세토록되어 있으니 그가운
　　데 비록 태복시가 일찍이 둔전을 개간한 곳이 있다고 하더라도 이
　　미 혁파된 이후이니 본시(태복시)에서 수세하는 것은 불가하며 이
　　미 개간했거나 아직 개간하지 않았다 하더라도 일체를 해조(호조)
　　의 구관으로 귀속시킨다.

　・이미 목장이 혁파되고 牧子는 役이 없는 閑丁이 되었으니 本寺에 仍
　　屬시킨 것은 불가하고 군역을 罷定함이 마땅할 것이며 목자 名數는
　　본부로 하여금 開錄하여 上送하되 본시와 더불어 상의하여 처치한다.

　・목장이 이미 혁파된 후에 그 토지의 넓고 좁음에 따라서와, 그 토지
　　의 편의를 헤아려서 村間에 割作하고 토지를 나누어 제한하여 살게
　　하며 오직 본부(강화)에서 그 形止를 살피어 조목을 만들어 좋은
　　점에 좇아 선처한다.

　・일찍이 전부터 개간한 곳은 예 데로 수세하고 들풀을 치우고 새로
　　개간한 땅은 陳荒起耕處에 의거하여 3년 후에 수세함을 규칙으로
　　한다.

　이와 같은 분전사목은 강화부의 起耕處를 확대시키어 수세 및
양향비축을 도모하고 모민을 통하여 군액을 보충함은 물론 종합
적으로 민력을 관후하자는 것이었다. 그러나 이 분전사목은 오로
지 모민의 계책이었으므로 馬政에 있어서는 소홀히 하고 있는 점
이 있었다. 이에 대한 문제점과 그 대안도 역시 후일 비변사에 강
구되었다.

　분전사목이 제정되어 시행된 3년 후 1652년(효종 3)에 병조판서
朴遾가 계문으로 강도의 사복시 목장이 혁파되고 馬匹을 다른 여
러섬에 이치시키는 과정에서 죽은 마필이 많아 9백여필 가운데 2
백여필만 살아남아 있을 정도라는 지적을 제기하자 이에 효종은
사복시로 하여금 이를 사핵토록한 조치를 내리었다.[93]

─────────────────

93)『謄錄類抄』7, 田農 孝宗 3年 壬辰 3月 10日.

또한 박서는 勢家冒占을 科罪한다고 하였으나 이에 대한 보안으로 田案에 懸錄하여 호조로 하여금 수세하면 私田化가 되지 않을 것이라 하였고, 목장세를 호조가 收捧하도록 되었지만 사복시로 하여금 수세하게 하면 수백년이 지나도 사람들은 사복시 목장으로 인식하고 결국 사전이 될 뿐이니 사복시 둔전 역시 혁파하고 사복시로 하여금 세금을 호조에 수송하게 하여야 한다는 것이었다.

이 때의 논의에서 목장혁파의 주요목적이 募民에 있었으나 응모한 백성이 적어 실효가 많지 않다는 것이 지적되고 목장지의 소출을 비록 군향에 보충한다고 하나 이미 作人의 이름을 田案에 현록하고 또 호조가 會錄을 구관하면 세월이 지난 뒤에도 私田의 폐단이 없지 않을 것이므로 오히려 호조가 수세를 구관하지 말게하고 사복시에서 다른 場田의 예에 의하여 수세하고 이를 강화본부에 유치하면 불시의 용도뿐만 아니라 군향의 보조가 한결같을 것이라는 점 등이 제기되어 이의 조치가 보완되기에 이르렀다.[94]

민력을 관후히 하는 대책으로서는 목장의 혁파뿐만 아니라 부세를 가벼히 하는 문제도 중요한 사안이었다. 인조 2년의 비변사 계문에서 강화부가 한결같이 徭賦에 응하는데 비록 모두 감해 줄 수는 없지만 해조가 量宜 견감하여 優恤해 주면 보장에 도움이 될 것이라는 議案이 있었지만[95] 이의 구체적인 조치는 보이지 않는다.

효종 즉위(1649) 초에 강화유수 장계에 대한 비변사 粘目의 재가 내용에 "명년의 糶糴을 전적으로 본부(강화부)에 책임지우면 島民이 유지하기 어려울 듯하니 다시 논의하여 처치하라"는 효종의 하교가 있었는데 이에 따라 강화부의 조적문제가 다음과 같이 처리되었다.

즉 강화부의 元穀은 전부터 모두 방출하지 않고 매년 적당량을 나누어 방출하였는데 당시(효종 즉위년)의 형편으로는 쌀과 콩 모

---

94) 『謄錄類抄』 7, 田農 孝宗 3年 壬辰 3月 10日.
95) 『謄錄類抄』 14, 邊事 1, 仁祖 2年 甲子 3月 18日.

두가 2만 3천여석으로 뭍으로 내어다가 방출함이 타당하지 않다고 보았다. 따라서 쌀과 콩을 1년 쯤 창고에 유치하여도 상하지 않기 때문에 우선 본부(강화부)로 하여금 정한 숫자에 의하여 조적할 것이 조치되기도 하였다.[96]

현종년간의 강화조적 상황은 현종 1년(1660) 7월 대신 및 비국 당상을 인견할 때에 강화유수 柳淰의 보고에서 그 상황이 일부 드러나고 있었다. 이 때 유심은 창고의 反庫를 마친 후의 보고에서 "각 창고에서 축난 쌀과 콩이 3천여석이나 되었는데 창고 안의 판자에 떨어진 쌀 등을 모아 1천여석을 作石하여 충당하였으니 실제로 없어진 숫자는 1천 9백여석이요 콩은 1백 10여석으로 도합 2천여석 이었습니다. 앞 뒤의 監色 120여명을 뽑아 내어 그들이 직무를 담당한 기간에 따라 나누어 정하면 1백석을 받아 들여야 할 자가 4~5인이요 그 나머지는 혹 50석이며 적은 숫자는 5~6석입니다. 이를 받아들이는 수밖에 없습니다."라는[97] 내용이 있다.

이와 같은 내용은 강화부의 還穀처리가 창고에서 잘못되고 있는 실정으로 나타난 것이다. 여기에 더하여 받아들이지 못한 환곡이 효종 10년(1659) 이상의 오래된 것으로 잡곡이 아울러 9천여석이라는 보고에서와 같이 미납분의 조적미 또한 많았음을 알 수 있다. 이에 대한 조치는 당시 강화유수 유심의 독려를 통해 모두 받아들이는 것으로 되어있는데 여기에는 유수의 임기가 만료되더라도 환곡을 다 받아들이기 전에는 직무의 교대를 허락하지 말게 하자는 단서까지 있었다.[98]

또한 같은 인견석상에서 강화의 전 유수 徐元履 때에 훈국과 쌀을 바꾸었는데 砲木은 管餉으로 移給하고 황해도의 管餉米 3천 48석을 바꾸었으며 이 때에 비국에서 강화부로 하여금 스스로 그 쌀을 운반하게 하였다는 것이 보고되었다. 이처럼 쌀을 운반할 때에

---

96) 『備邊司謄錄』 第13冊, 孝宗 即位年(1649) 12月 12日.
97) 『備邊司謄錄』 第20冊, 顯宗 1年 7月 27日.
98) 上同.

는 반드시 船價를 주워야 하고 元數 가운데서 매 10석마다 1석은 값으로 주어야 하니 그 숫자가 3백석 정도가 된다는 것이다. 이렇게 되면 반드시 砲保 들이 억울하다고 할 것이니 이를 해결한 방법으로는 그만 둘 수 없다면 移轉하는 예에 따라 그대로 소재처의 관에 주었다가 이듬해 환곡의 예에 의하여 耗條는 그 관으로부터 상납하게 하는 조치를 강구하였던 것이다.[99]

숙종조에 이르러 設墩의 부역이 잦아 고역과 아울러 농사에 방해가 많게 되자 이를 위무하지 않을 수 없었다. 특히 만명에 가까운 승군들이 멀리와서 역에 종사하고 있으므로 이를 軫念하지 않을 수 없어 米 1百石3升20桶을 특별히 題給, 僧將으로 하여금 수령토록하여 균일하게 분급하였으며 役軍 중에 만일 촌락을 횡횡하여 작폐를 이르킨 자는 군율로서 엄단하는 조치도 병행하였다.[100]

3. 器械 城池事

강도보장책에 있어서 器械를 措備하고 城池를 수축하는 일은 유사시에 직접적으로 禦敵기능을 수행할 수 있는 대책이다. 기계의 조비는 津船 및 군기 제조라던가 성지수축을 대표로 들 수 있는데 기계는 병선, 진선 및 대포와 장총 등 직접적인 군사무기의 준비이며 강화본부의 여러 창고의 설치도 이의 범주로 볼 수 있다. 또한 성지의 수축은 강화본부의 내성과 산성 그리고 해안의 墩臺설치 등을 들 수 있는데 특히 강화수로의 진입처에 포대를 설치하는 일은 강화방수에 있어 가장 중요한 군사시설의 축조이었다.

강화부의 병선은 인근 교동부의 수영에서 주관한 것이지만 본부의 각 浦堡의 津船은 강화유수가 준비하였다. 이 진선을 장만하는 것은 유사시 어선을 징발하여 쓸 수도 있으나 진선을 만들어 바친

---

99) 上同.
100) 『謄錄類抄』22, 雜令 肅宗 5年 己未 3月 5日.

사람에게 通政帖을 만들어 주는 규례에 의하여 장만되었다.

통정첩에 의한 진선의 장만은 현종년간의 경우를 보면 대신 및 비국당상 인견시에 이조판서 洪命夏가 "津船을 장만하는 일은 洪重普가 강화유수 때의 예에 의하여 10척을 갖추어 납부한 자는 通政帖을 만들어 주는 일로 이미 아뢰어 윤허를 받았습니다. 신이 내려간 후에 다시 문서를 상고해 보니 한 사람이 10척을 바치는 것이 아니고 두 사람이 아울러 10척을 갖추어 바쳤습니다."라고 말하자 현종이 "그렇다면 앞의 규례에 의해 5척을 만들어 바치게 하되 그 대소에 따라 낮추거나 올려서는 안된다"라고[101] 하여 한 사람이 10척을 만들어 바치는 것을 두 사람이 만들도록 하는 것으로 짐을 덜어 주게 되었다.

이에 앞서 홍명하는 본도 연변의 反庫 순심때에 강화부의 진선 운영을 다음과 같이 보고한 바 있다. 즉 "국가에서 강화부에 7堡를 설치한 것은 뜻이 있어서인데 각 堡에 비록 병선과 진선이 있기는 하나 이미 土兵이 없고 船格(사공을 돕는 격군)을 세울 길이 없어 급할 때에 배를 움직일 사람이 없으니 반드시 힘을 얻을 방법이 없어 매우 한심스럽습니다.

신의 뜻으로는 본부(강화부)의 속오군 14哨와 武學 10哨를 합하여 계산하면 그 숫자가 2천여명이 못되지 않을 것입니다. 7보의 邊將을 본부의 哨官이라 일컬어 그들로 하여금 겸찰하게 한 후 속오군 2천명 중에서 7초를 떼어주어 가까운 곳에 부대를 만들어 평상시에는 한결같이 본부의 다른 초의 예와 같게하고 급한 때에는 本堡로 옮겨 쓰면 약간의 유익함이 없지 않을 것인데 이러한 의논이 가부가 정해지지 않아 이를 아룁니다."하였다.[102]

이는 강화 진보의 진선 및 속오군의 운영과 관련된 내용으로서 당시 현종은 "우선은 강화유수 유심의 말에 의하고 형세를 보아가면서

---

101) 『備邊司謄錄』 第20册, 顯宗 1年 7月 27日.
102) 上同.

해야 한다." 라고 103) 하여 이를 적극적으로 찬동하지는 않았다.

강화부의 창고는 일찍이 필요에 따라 설치되었으나 1636년(인조 14) 이후에 대부분 없어지고 터만 남아있는 실정이었는데 이후 편의에 따라 설치하도록 하였으며 화약의 경우도 반드시 불을 붙여 보고 미리 사방에 창고를 설치하여 두며 군기 역시 편의에 따라 옮겨 놓도록 하였다.104)

조총과 장총 및 대포 등의 군기는 강도보장에 있어 중요한 무기이었다. 조총은 상용의 무기로 행군하는데 유리하며 장총은 왜적을 방어하고 성을 지키는데 큰 효력이 있고 특히 강도를 방어하는데는 대포만한 것이 없다고 평가되었다. 이러한 군기는 군기시에서 만들어 강화부에 지급하였다. 특히 대포는 강도보장에 있어 가장 큰 효력이 있으므로 인조년간의 경우 물력이 많은 統營에서 이 대포와 紙砲도 함께 반반씩 만들어 강도로 운송하여 사용케 하는 조치가 이루워졌다.105)

V. 결 어

강화도는 여말 항몽천도 후 江都로 불리어진 이래 조선조 말엽까지 수도의 咽喉로써 정치 외교 군사상은 물론 王畿保障上 그 전략적 위상은 막중하였다. 임진왜란후 17세기에 접어들면서 다시 호란 등의 전화를 입자 왕실피난처와 副都로서의 중요성은 물론 近畿방위에 있어 江都保障의 문제가 크게 부각되었으며 군국기무를

---

103) 上同.
104)『備邊司謄錄』第13冊, 仁祖 27年 4月 23日.
105) 上同.

총령하였던 비변사 또한 이러한 사안의 의계를 당연히 주관하였던 것이다.

조선시대 왕기보장은 전기의 경우 중앙 五衛체제와 三都(수원, 광주, 개성)留守府, 京畿四鎭(수원, 광주, 양주, 장단) 등의 운영으로 그 대책을 삼았다. 임란을 겪으면서 이의 허소화가 들어나자 오위를 해체하고 훈련도감을 위시한 오군문을 차례로 설립하는 가운데 수어청과 총융청이 경기 남북을 구관하여 수도외각의 방위를 전담하고 있었으나 수도진입의 해로관문인 강화도 일원의 방위체계는 미진하여 이의 보완이 없이는 강도 뿐만 아니라 왕기보장에 있어서도 문제점이 야기되지 않을 수 없는 형편이었다.

이와 같은 미비점을 17세기 이후 인조-숙종년간에 본격적으로 보완하였다. 즉 강화부를 1627년(인조 5)에 유수부로 승격하여 府勢를 확대하고 인조-숙종년간에 12鎭堡와 53墩臺의 관방시설을 구축하여 연안을 요새화하며 1678년(숙종 4)에 강화부겸관의 五營兵馬 즉 鎭撫營을 설치하여 방위전략을 확대 강화하기에 이른 것이다. 특히 이 진무영은 中營이 강화본부에 위치하고 前營은 부평부(속읍 인천), 左營은 통진부(속읍 김포), 右營은 풍덕부, 後營은 연안부(속읍 백천)에 포진하고 있어 강화본부를 내륙연안에서 병마로 호응 지원하는 광역보장 체제이었는데 이는 강화보장의 제도적 완결이라고 할 수 있다.

한편 1629년(인조 7)에 교동을 부사로 승격시킴과 아울러 喬桐府鎭管兼屬水營의 체제로 개편하여 남양에 있던 경기수영을 이곳 교동 월곶진 터로 이설하고 그 예하 덕적진 등 5개진의 屬鎭을 거느리게 하였다. 1633년(인조 11)에 또한 三道統禦營을 겸설하여 경기 황해 충청의 三道 舟師를 통할하게 하며 강화수로의 차절처인 영종도에 永宗防營(후일 어영청의 독진)을 설치하고 아울러 監牧官을 두는 조치 등이 이루워졌는데 이상과 같은 수영의 이설과 진무영의 설치는 해상-내륙연안에 걸쳐 동서남북 사방에서 江都를 지원 호응시키는 環狀布陣의 방위전략 체제라고 할 수 있다.

조선후기 변사 군정의 사안을 전관하여 의계하였던 비변사는 강도보장의 대책을 강구하는데 있어서도 주도적인 역할을 하였는데 '보장의 계획은 강도를 위주로 하여야 민심을 진정시키고 국가를 공고히 할 수 있다'고 할 정도로 미리 대처하려는 입장이었다.

이러한 비변사의 강도보장책의 의계는 제도적인 조치외에 糧餉을 비축하고 器械를 가추며 民力을 관후히 하자는 내실있는 것으로 강조되었다. 이와 같은 사안의 의계는 關防과 海防의 조치는 물론 강화본부의 민생기반을 지속적으로 향상시키려는 것이었다.

그 구체적인 의계사안은 앞에서 자세히 본 바 있거니와 비변사에 의한 1643년(인조 21)의 '江華建置留守事目'의 제정과 1650년(효종 1)의 '江都牧場分田時事目'의 제정 등은 강도보장 사안처리에 있어 그 대표적 내용이라 할 수 있다.

'강화건치유수사목'은 강화의 유수부 승격을 위시하여 田稅, 軍餉, 練兵, 番上 등 府의 일반행정 및 군사운영 등에 관한 전반적인 사항이 시행세칙으로 정리된 것이며 '강도목장분전시사목'은 사복시 목장의 혁파와 許民耕食을 통한 寬民, 募兵의 대책 등이 자세히 규정된 것이다. 이러한 사목의 내용은 17세기 당시 강도의 형세와 그 보장책의 실상을 잘 보여주고 있다.

이러한 사목의 제정외에 大砲 등 器械를 措備하고 墩臺 등 城池를 수축하는 사안들이 수없이 의계되었는데 한 예로 숙종때 53개소의 돈대를 僧軍 1만여명을 동원하여 4개월여의 단기간에 완축토록 하는 조치는 강화요세화의 결정이라고 할 수 있다.

이상과 같은 강도보장책의 강구는 조선후기 정치 군사상의 문제에 있어 강화부를 다른 어떠한 지방보다 중시한 결과로 나타난 것이었는데 이는 결국 강화부가 왕실호위의 외연으로 수도외각의 방위에 큰 축을 이루고 있었기 때문이다.

특히 鎭撫營의 설치는 강도보장을 내륙의 병마와 유기적으로 호응시켜 더욱 강화시켰을 뿐만 아니라 조선후기 왕기보장의 수도외 각 방어책에 있어서 漢水를 경계로한 경기남방의 수어청, 경기북방의 총융청 句管과 함께 강화부 중심의 이 진무영이 신설 추가됨으로써 남－수어, 북－총융, 서－진무의 삼각방어축이 비로소 가추워진 것으로 볼 수 있고 이 점은 왕기보장 전략상 매우 큰 의미를 갖는 것이라고 할 수 있다.

제7장

비변사의 외교정책 議定

Ⅰ. 서 언

이 장에서는 특히 그 동안 미진하였던 외교정책의 議定내용을 구체적으로 살피어 이를 해명하고 조선후기 정치사에서 외교정책의 실상을 추구해 보려는 것이다. 비변사가 군국기무의 총령이라는 임무와 관련하여 중요기능의 하나인 외교정책의 결정사항 등은 그 내용이 구체적으로 밝혀진 바가 없다.

비변사의 외교정책 議啓안건에는 조선후기 對淸, 對倭交易 부분에서 당시 정책적 방향을 살필 수 있는 중요사안이 망라되어 있으며 17세기 호란이후 대외 화평시기 교린대책의 구체적 실상을 파악할 수 있는 내용이 많을 뿐만 아니라 漂來人 問情 등을 통하여 대외정보 인지와 대외인식의 정도를 살필 수 있는 사항이 많다.

따라서 이의 실증적 해명이 필요한 것인데, 이 글에서는 이상과 같은 상황을 염두에 두고 비변사의 외교사안 의계 안건을 분석하여 그 정책방향을 살피려 한 것이며 시기적으로는 17~18세기를 위주로 할 것이다.

본래 사대교린 정책은 그 掌政부서가 예조이며 議政大臣에게 품의하여 국왕의 재가로 결정된 것이지만 임진왜란 이후부터는 이러한 제도가 비변사의 군국기무총령이라는 직무와 나아가 국정을 총장한 관행 때문에 외교전담 부서이었던 예조의 직무가 사실상 비변사에 의해 무위화된 형편이었다.

이와 같은 사실은 비변사에서 주도하여 교린관계 사목을 제정하고 각 종 書契의 작성에 관여하여 燕行 互市 萊館 漂海人 등의 사

---

* 이 논문은 拙稿, 1999, 「備邊司의 外交政策 議定研究」『朝鮮時代史學報』 8, 朝鮮時代史學會, 131~171쪽에 揭載한 내용임.

안을 직접 관장하고 있었던 것에서 그 실상을 확인할 수 있다. 따라서 이 장에서는 교린사안의 의계항목을 집중적으로 摘示 분석하게 될 것인데 자료로는 『비변사등록』은 물론이려니와 특히 이 사료에서의 逸失記事는 앞에서 언급한 바 있는 『등록유초』의 '交隣篇'을 주로 이용하게 될 것이다.

Ⅱ. 외교정책 議啓과정과 범위

1. 외교정책 議啓과정

비변사의 외교정책 의계 과정과 범위를 살펴보는 것은 조선시대의 외교실상을 파악할 수 있을 뿐만 아니라 이를 통해 비변사의 정치적 기능을 함께 고찰할 수 있다. 交隣事案은 邊事, 軍政 사안과[1] 함께 중외 군국기무에 관한 비변사의 핵심 所掌 사안 중의 하나이다. 따라서 『비변사등록』에 등재된 이 분야의 기사도 輻輳하여 개개사실을 일일이 구분 정리 할 수 없을 정도로 많다.

사대교린 사안의 처리는 절차상 禮曹啓辭나 外方狀啓 등을 비변사에서 回啓, 覆啓하여 議定하는 것이지만 중요사안의 경우 국왕의 지시가 독촉되는 사례도 허다하다.

현전 『비변사등록』의 冒頭에 실린 胡女 巨芻里의 安置事를 볼 때 국왕으로부터 비변사의 「議處」가 전교되고[2] 이어 奴酋문제에 대한 방략도 「豫講」토록 분부되었으며[3] 계속하여 倭使 橘智正의

---

1) 拙稿, 1993, 「壬亂이후 備邊司의 邊事措置와 軍事政策의 議定」 『역사학보』 139, 역사학회.
2) 『備邊司謄錄』 第1册, 光海君 8年 12月 30日.
3) 『備邊司謄錄』 第1册, 光海君 8年 12月 30日.

접대 및 倭書契 회답사안에 대해서도 비변사로 하여금「急速議處」하도록 전교하고 있는데4) '예강'이나 '급속의처' 등의 용어에서 보듯이 교린정책 상에서 비변사의 위치가 어떠했는가를 짐작할 수 있게 하고 있다.

이러한 사례는 광해조의 일이지만 그 이전에도 이미 그러한 양상이었을 것을 쉽게 유추할 수 있는데 이는 비변사가 혁파될 때까지 거의 보편화된 관행이었기 때문이다. 비변사의 외교정책 의정사례는 항을 달리하여 다음에 상술하겠지만 우선 여기에서는 인조~숙종년간에 비변사에서 의계처리한 중요사안을 먼저 적시하여 그 내용과 과정을 살펴 보기로 한다.

인조대 병자호란 후의 경우 倭情의 咨報 및 向化漢人이나 我國走回人의 刷還사안이5) 의계되고 陳奏謝恩 문서 및 사신칭호 문제6) 라던가 淸人接待節目의 마련7) 그리고 使臣帶去員役 및 軍物諸具別單과8) 영칙 절차 등이 마련되었으며9) 倭使接待時 能文人을 帶去하는10) 조치라던가 淸國回咨의 撰出回送문제,11) 賓坐時 사신 차출 문제12)등이 의계되었다.

효~현종 년간에는 왜관출입의 통제 및 대마도에 역관을 別遣하는 사안13) 그리고 羅禪赴征軍兵抄送節目 別單書契와 羅禪征兵得捷回還事14)등이 비변사에 의해 議處 入啓되었는데 이러한 사안들은 당시 대왜 대청외교상에서 중대한 사안이었다.

---

 4)『備邊司謄錄』第1册, 光海君 9年 1月 3~4日.
 5)『備邊司謄錄』第5册, 仁祖 16年 5月 18日.
 6) 同上, 仁祖 16年 9月 3日.
 7) 同上, 仁祖 16年 9月 1日.
 8) 同上, 仁祖 16年 9月 5日.
 9)『備邊司謄錄』第6册, 仁祖 19年 9月 18日.
10)『備邊司謄錄』第9册, 仁祖 23年 4月 29日.
11)『備邊司謄錄』第10册, 仁祖 24年 4月 27日.
12)『備邊司謄錄』第13册, 仁祖 27年 1月 25日.
13)『備邊司謄錄』第15册, 孝宗 3年 9月 30日.
14)『備邊司謄錄』第17册, 顯宗 5年 7月 7日.

清日과의 교린이 빈번해진 효종조의 경우, 비변사가 동지사 장계를 卽接하여 처리하고 칙사가 灣上에 이르기 전에 館伴의 차출을 조치[15] 한다거나 도일 통신사의 中路馳啓를 卽接처리하며[16] 역관 洪喜男, 金謹行, 洪文雨 등이 대마도에서 貿來한 석류황 왜장총 왜검 등을 각처에 분급하고 그 銀價를 該衙門에 備給토록 한 것,[17] 그리고 동래부사 장계 및 公木書契 등의 사안을 稟處하고[18] 대마도 島主 病劇時 醫官의 급구에 따른 회답 書契의 草를 승문원으로 하여금 속히 찬출 하송토록 한 조치[19]등이 있었다.

또한 동지사 尹絳 등의 장계로 보고된 청의 조총 요구 문제를 강구하였고[20] 회환 동지사가 齎來한 禮部咨文중 蔘貨等物에 관한 교역사안의 조치라던가[21] 接伴使 別差 문제를 비변사가 迎接都監의 초기에 의해 품처하는[22]등 효종 7~9년 사이만 해도 대청, 대일의 중대한 교린사안에 비변사의 의계조치가 집중적으로 나타나고 있었다.

이 가운데에서 청의 조총요구 문제와 소위 羅禪征伐이라고 일컬어진 만주 寧古塔派兵 대책은 당시 조정의 중대사이었다. 특히 효종은 청의 조총요구 문제에 있어 이에 대한 비국의 대책을 고대하고 있는 실정이었는데 "비국회의를 종일 파하지 말고 책응할 것이며 조총의 가득 방안을 요리하지 못하면 귀가하지 말라".[23]고 할 정도로 비국 의지도가 높았다.

이에 비변사는 같은 날 조총의 구득방안을 入啓하고 계속하여 부

---

15) 『備邊司謄錄』第18册, 孝宗 7年 3月 1日.
    『謄錄類抄』第5卷, 交隣 三 孝宗 7年 3月 1日.
16) 『謄錄類抄』第5卷, 交隣 三 孝宗 7年 3月(日字가 不分明하다).
17) 『謄錄類抄』第5卷, 交隣 三 孝宗 7年 12月 26日.
18) 『備邊司謄錄』第18册, 孝宗 7年 4月 13日.
19) 同上, 孝宗 7年 12月 23日.
20) 『備邊司謄錄』第19册, 孝宗 8年 2月 21日.
21) 『備邊司謄錄』第19册, 孝宗 8年 12月 28日.
22) 『謄錄類抄』第5卷, 交隣 三 孝宗 9年 3月 1日.
23) 『備邊司謄錄』第19册, 孝宗 8年 3月 8日.

족한 조총수량의 造給計劃이라던가,24) 본국총과 왜조총의 모화관 試放 사용문제,25) 新造 未放銃 및 鄕銃의 看審 精擇 사안,26) 그리고 大通官(淸 사신)의 鳥銃持去 문제27) 등을 연일 入啓할 정도이었다.

이와 같은 국왕의 비국 신뢰는 상대적으로 비국의 樞機 주획에 대한 권위를 보여준 것이라고 할 것이다. 이는 2차에28) 걸친 나선정벌 파병계획인 寧古塔入送節目29)의 마련에서 그러한 면모가 잘 드러나고 있었다.

효종~숙종 년간의 대표적 교린관계 절목 제정의 경우를 보면 邊岌과 申瀏의 소위 나선정벌에 관한 咸鏡北道砲手寧古塔入送節目30)이 두 차례에 걸쳐 마련되고, 萊館事目의 제정31) 그리고 臺灣 鄭錦舍의 정보와 관련된 漂漢人問情別單32)및 이 내용과 연결된 濟州漂漢人 문정별단33) 그리고 濟州漂人齎來漢人 문정별단 등이 연속 마련되고 있었다.

특히 대일 대청무역과 관련하여 비변사에서 제정하였던 앞의 萊館事目34)및 東萊商賈定額節目35)과 倭館看檢節目36)등은 萊館무역 즉 대일 무역분야에 중요한 내용이며, 대청무역과 관련하여 中江及海運米穀開市節目37) 및 中江及彌串鎭開市時 戶部侍郞接待節目38)

---

24) 同上, 孝宗 8年 3月 10日.
25) 同上, 孝宗 8年 3月 11日~13日.
26) 同上, 孝宗 8年 3月 14日 .
27) 同上, 孝宗 8年 3月 15日.
28) 孝宗 5年(邊岌)과 孝宗 9年(申瀏)의 羅禪征伐.
29) 『備邊司謄錄』 第17册, 孝宗 5年 2月 2日 (1차).
   『謄錄類抄』 第5卷, 交隣 三 孝宗 9年 3月 4日 (2차).
30) 同上.
31) 『備邊司謄錄』 第34册, 肅宗 4年 9月 5日.
32) 『備邊司謄錄』 第38册, 肅宗 10年 2月 1日.
   『備邊司謄錄』 第40册, 肅宗 12年 9月 17日.
33) 『備邊司謄錄』 第42册, 肅宗 14年 9月 20日.
34) 『備邊司謄錄』 第34册, 肅宗 14年 9月 20日.
35) 『謄錄類抄』 第5卷, 交隣 三 肅宗 17年 7月 16日.
36) 『謄錄類抄』 第5卷, 交隣 三 肅宗 27年 7月 18日.

그리고 이와 연관된 海運開市及侍郞接待節目 등을 연속적으로 마련한 사실은[39] 국경 개시 무역이나 支勅 등에 있어서 비변사의 기능이 잘 드러나고 있었다. 또한 외교문서 작성 상 필요시에는 知製敎가 아니면서도 시문에 능한 사람의 抄出을 비변사에서는 抄啓하였는데[40] 製述人員抄啓別單의 마련이[41] 그 예라 할 것이다.

본래 사대교린 정책은 그 掌政部署가 예조이며 의정대신에게 품의하여 정책을 수립, 시행한 것이지만 임란 이후부터는 이러한 사안이 대부분 비변사가 주동이 되는 籌坐(비변사회의)나 賓坐(빈청회의)에서 이루어지는 것이 상례이었기[42] 때문에 해조판서나 의정대신의 견해는 결국 비국주획의 방향에서 벗어날 수 없는 상태이었다.

이러한 상황과 관련하여 직접적으로 비변사가 교린사안 절목을 제정한다는 것은 교린정책의 기조를 비변사가 주도했다는 것을 뜻하며 각종 외교사안의 무루 의계 또한 비변사의 소장이 광범했음을 알게 해 준 것이다.[43]

따라서 비변사의 정치적 기능이 뚜렷이 강화되었던 임란이후부터는 교린사안의 의계권도 장악하여 외교정책의 결정을 비변사가 주도한 형세에 있었다.

앞에서 언급한 바와 같이 일반적으로 외교정책의 수립결정은 제도적으로 예조 – 의정부 – 국왕의 재가로 이루어진 것이지만 이러한 정책결정 과정에서 비변사가 그 중심에 있어서 당해 掌政부서인 예조가 소외되었던 것이다. 물론 예조판서는 비변사의 예겸당상으

---

37)『謄錄類抄』第5卷, 交隣 三 肅宗 24年 1月 8日.

38) 同上, 肅宗 24年 1月 8日.

39)『謄錄類抄』第5卷, 交隣 三 肅宗 24年 3月 7日.

40)『備邊司謄錄』第53册, 肅宗 29年 6月 11日.
    同上, 肅宗 29年 6月 13日.

41) 同上(13일), 이때 抄啓別單에 오른 인물은 許玩, 趙泰耉, 李健命등 23인 이었다.

42) 拙稿, 1992,「備邊司의 會議運營」『韓國使學論叢, 擇窩 許善道先生停年紀念』―潮閣, 參照.

43) 다음 2항의 '外交政策 議啓事例 項目表' 참조.

로 비변사의 중요한 구성원이었으므로44) 당해부서의 의견을 주좌
에서 충분히 개진할 수 있는 구조적 장치가 마련되기는 하였다.

2. 의계사안 범위

비변사의 외교사안 의계 항목의 범위는 사대교린에 관한한 범정
부적 사안을 처리하였다고 할 수 있다. 앞서 언급한 왜관 및 개시
무역의 통제조정 내용은 비변사의 교린관계 所掌에 있어 단지 몇
가지 예에 불과한 것이다. 그러나 이상에서 살핀 내용과 함께 일정
기간의 의계 항목을 모두 정리하여 이를 도표화하여 보면 구체적
인 의계 사안의 내용과 그 추이를 좀더 분명히 알 수 있을 것이다.
  다음 〈표 14〉에서 제시한「備邊司의 外交政策 議啓事例 項目表」
는 숙종대 10년간의 경우이지만, 그 내용을 일별하여 보면 政府 六
曹 소관을 거의 망라하여 비변사에서 관할하고 있음을 알 수 있다.
  특히 예, 호, 이, 병조의 순서로 의계 항목의 빈도가 드러나 있고
그 의계 항목 또한 미치지 않은 바가 없을 정도인데 17세기~18세
기초의 경우 집중적으로 나타난 것은 燕行, 互市, 萊館, 支勅, 書契,
漂海人, 邊事, 金銀 등의 사안이었다.
  이러한 사안이 빈도 높게 의처되었다는 것은 비변사의 제 3기
에45) 접어든 시대적 상황 즉 17세기 이후 대외화평 교역시대를 맞

---

44) 拙稿, 1991,「朝鮮後期 政治權力構造 研究 - 備邊司의 組織을 중심으로 -」
  『國史館論叢』22, 國史編纂委員會, 參照.
45) 備邊司의 정치적 기능과 관련된 '備邊司의 時期區分'은 필자의 旣稿 학
  위논문에서 第1期 邊事籌劃期(16세기), 第2期 軍國機務總領期(17세기),
  第3期 外交財政掌握期(18세기), 第4期 內政專橫期(19세기)등 4기로 나눈
  바 있다. 제3기는 兩亂이 훨씬 지난 대외화평시대로 備邊司의 조직상에
  서는 확장기에 속했으며 발전상에서 보면 흥성기였던 1699년(肅宗 25)~
  1800년(정조 24)까지의 18세기의 전 기간이며 이 시기는 조선후기 사회
  변동과 상품경제의 발달이 상당한 수준에 달하는 때였다. 본 논문에서
  다루는 시기는 이 3期 이전 약 50여 년 간의 사례가 분석될 것이다.

이하여 비변사의 교린·외교정책의 역할과 그 향방을 알게 해준 것이라고 할 수 있다.

비변사의 교린정책 즉 외교정책의 의계 사항은 변사 사안 등과 함께 비변사의 고유기능에 해당되기 때문에 그 사항이 많아 구체적인 사례를 일일이 열거할 수 없을 정도이다. 또한 그 사안들이 군국기무의 핵심 내용에 포함되어 있기 때문에 邊事, 軍政, 財政 등의 국정의 모든 분야와 서로 관련되지 않음이 없다.

앞에서 살펴본 교린사안의 의계 내용에서 비변사의 외교정책의 대체를 알 수 있으나, 〈표 14〉에서 나타난 바와 같이 일정기간을 한정하더라도 그 의계 항목이 무수하고 관련내용이 복합적으로 연결되어 있어서 항목을 개별로 분류 설명하기가 쉽지 않다.

따라서 본 외교정책의 의계 항목 설명은 다음의 외교정책 의계 사례 항목표의 일별로서 대치하고자 하는데, 이를 통해서도 그 외교정책의 대체적 흐름을 파악할 수 있을 것 같아서이다.

즉, 〈표 14〉는 비변사의 제3기 즉 외교재정장악기에 접어든 숙종 19년(1693)부터 동왕 29년(1703)까지의 10여 년간을 대상으로 작성한 것인데, 이 기간의 내용이 비변사의 교린 의처 사항에 있어 포괄적인 특징을 보여 주고 있었기 때문이다.

여기에서는 10여 년간 비변사에서 의계하였던 외교관계 사안을 빠짐없이 발췌하여 이를 본래의 법전적 소관(이조, 호조, 예조, 병조, 형조, 공조)으로 분류하고, 다시 연대별로 정리하여 일람하기 편리하도록 하였다.

이 표에서 「議啓項目」의 설정은 가장 대표적인 내용을 추출하여 設項한 것이며 또 「關聯事項」을 부기한 것은 중심사안과 부수 내용과의 관련성을 표시하기 위함인데 이것은 두 가지 이상의 의계 내용이 있을 경우 경중을 고려하여 그 하나를 선정한 것이다.

특히 표에서 各曹別로 본래의 소관을 구분한 것은 비변사의 의계내용 실상 및 그 의계권의 집중을 사례별로 실증하기 위함이며,

또 항목을 일일이 나열한 것은 이 시기의 외교양상 및 의계의 빈도
수를 구체적으로 살펴보기 위한 것이다.

이 시기의 항목정리에 있어 현전『비변사등록』에 빠져있는 부분
이 많아 그 빠진 부분은『등록유초』에서 보완할 수 있어서, 그 부
분은현전『비변사등록』의 관련기사를 보완하는 측면도 함께 있다.
우선 아래의 표에서 그 내용을 일견하기로 한다.

〈표 14-1〉備邊司의 外交政策 議啓事例 項目表(숙종 19~29년의 경우)

本來所管	議啓事項	關聯事案	年月日(肅宗)	本來所管	議啓事項	關聯事案	年月日(肅宗)
吏曹	賞典	雜職譯	19. 8. 25	吏曹	雜職譯	燕行	20. 1. 26
	交隣	使星	21. 5. 22		燕行		22. 9. 4
	燕行		22. 9. 4		燕行	責罰	23. 3. 11
	雜職譯		23. 7. 4		雜職譯	燕行	23. 7. 26
	燕行		23. 8. 4		燕行	貟役	23. 10. 25
	邊倅	拿推	24. 1. 28		製述	勑使	24. 2. 10
	厭避	拿推	24. 3. 16		使星	支勑	24. 5. 16
	使星	支勑	24. 5. 16		使星		24. 5. 20
	使星	責罰	24. 6. 7		雜職譯	燕行	24. 11. 2
	燕行		24. 11. 3		邊守	闖帥, 責罰	24. 11. 18
	燕行	陳卞, 互市	24. 12. 22		燕行	陳卞, 互市	24. 12. 22
	燕行	邊禁, 勘斷	25. 6. 20		燕行	事大	25. 6. 22
	邊倅	雜職譯	26. 7. 7		燕行		26. 2. 16
	燕行	貟役雇馬	26. 3. 22		賞典	燕行	26. 5. 1
	燕行	事大	26. 5. 2		雜職譯	互市	26. 9. 22
	雜職譯	責罰	26. 12. 30		邊倅	邊事, 責罰	27. 5. 2
	使星		28. 2. 1		濫賞	雜職譯	28. 윤6. 12

〈표 14-2〉

本來所管	議啓事項	關聯事案	年 月 日 (肅宗)	本來所管	議啓事項	關聯事案	年 月 日 (肅宗)
禮曹	漂海人	(濟州)	20. 4. 28	禮曹	萊館		20. 4. 27
	勅使		21. 1. 2		燕行	責罰	21. 1. 5
	義州		21. 1. 9		員役		21. 4. 4
	交隣	萊館, 吊訃	21. 4. 23		萊館		21. 6. 24
	書契	邊倅, 責罰	21. 6. 24		交隣		21. 7. 4
	典獻	交隣	21. 7. 4		書契	交隣	21. 7. 4
	交隣		21. 11. 5		萊館		21. 11. 26
	書契	交隣	23. 윤3. 4		交隣		23. 4. 14
	萊館	勘斷	23. 8. 30		勅使	方伯	23. 9. 3
	交隣	萊館, 書契	23. 9. 14		漂海人	交隣	23. 12 . 8
	萊館		24. 1. 11		萊館	邊倅	24. 2. 11
	贐遺		24. 2. 14		支勅		24. 2. 27
	書契		24. 3. 6		燕行		24. 3. 11
	支勅		24. 3. 16		交隣	萊館	24. 3. 26
	策應		24. 3. 26		歲幣		24. 3. 26
	交隣	萊館,書契	24. 4. 6		國書		24. 5. 12
	交隣	金銀	24. 6. 7		書契		24. 6. 24
	萊館	勘斷	24. 8. 6		燕行		24. 11. 3
	交隣	(倭館)	24. 11. 15		萊館	責罰	25. 4. 21
	交隣		25. 4. 21		交隣	倭情	25. 4. 21
	支勅	會減	25. 5. 1		典獻	萊館	25. 7. 9
	漂海人	書契	28. 7. 15		交隣	(倭館)	26. 9. 1
	典獻	史庫, 萊館	26. 2. 29		萊館	(倭館)	26. 3. 22
	典獻	交隣, 史庫	26. 4. 22		萊館		26. 5. 2
	燕行	服御	26. 5. 2		萊館	金銀	26. 6. 6
	萊館	邊事	26. 6. 6		國書		26. 8. 5
	萊館	邊事	26. 6. 6		國書		26. 8. 5
	萊館	查覈	27. 2. 5		萊館	查覈	27. 2. 5
	交隣		27. 6. 12		萊館	看儉	27. 7. 18
	萊館		27. 9. 11		支勅		28. 2. 25
	交隣		28. 4. 30		萊館	勘斷	28. 5. 3
	交隣		28. 4. 30		萊館	勘斷	28. 5. 3
	交隣		28. 11. 6		交隣		29. 3. 7
	祭賻	交隣	29. 3. 28		勅使	製述	29. 6. 5
	勅使	製述	29. 6. 9				

〈표 14-3〉

本來所管	議啓事項	關聯事案	年 月 日 (肅宗)	本來所管	議啓事項	關聯事案	年 月 日 (肅宗)
戶曹	互市	邊禁	21. 12. 10	戶曹	賑救		22. 11. 16
	互市	賑救	23. 6. 5		互市	救荒	23. 9. 14
	互市	賑救	23. 9. 3		換貿		23. 12. 28
	互市	賑救	24. 1. 4		互市	賑救,漕轉	24. 1. 8
	互市	金銀	24. 1. 11		互市		24. 1. 11
	互市		24. 2. 9		互市		24. 3. 16
	賑救	糶糴,江都	24. 4. 6		賑救	斗斛	24. 4. 22
	互市		24. 5. 15		互市	商賈	24. 5. 23
	互市	使星	24. 5. 24		金銀		24. 6. 24
	潛商	勘斷,萊館	24. 6. 24		金銀	燕行,八包	24. 7. 1
	金銀	禁制,萊館	24. 9. 22		互市	勅使	24. 11. 30
	徵債	商賈	24. 12. 13		金銀	互市,邊倅	26. 5. 1
	金銀	燕行,萊館	26. 10. 25		互市	責罰	27. 6. 7
	錢布	禁制,萊館	27. 6. 12		互市	評事	27. 9. 28
	互市		27. 12. 22		金銀	交隣	29. 1. 3
	金銀	交隣	29. 1. 7				

〈표 14-4〉

本來所管	議啓事項	關聯事案	年 月 日 (肅宗)	本來所管	議啓事項	關聯事案	年 月 日 (肅宗)
兵曹	邊事	互市	19. 8. 24	兵曹	海島	邊禁	19. 11. 14
	海島	邊禁	20. 3. 4		軍政		23. 9. 23
	驛路	責罰	23. 11. 5		荒唐船	犯越	26. 6. 27
	邊倅	拿問	29. 3. 7				
刑曹	勘斷	邊禁, 萊館	22. 6. 23	刑曹	勘斷	邊禁	26. 5. 1
工曹	水路	雜職譯	29. 3. 8				

위의 〈표 14의 1-4〉에서 보듯이 그 대상 시기가 비록 17세기말 18세기 초엽 숙종조의 10여 년간이지만, 여기에서 나타난 비변사의

외교관계 의계사안은 본래 掌政부서(六曹)에서 소관한 것을 거의 망라하고 있음을 알 수 있다.

외형적으로 볼 때 각 조의 본래 소관으로 분류한 의계항복은 〈표 14-2〉 禮曹의 해당부분이 가장 많고 다음으로 〈표 14-1〉 吏曹의 관련사안이며 이어 〈표 14-3〉 戶曹, 그리고 〈표 14-4〉 兵曹, 刑曹, 工曹의 순으로 줄어들고 있다.

이것은 물론 사대교린의 掌政부서 여부에 관계되기 때문이지만 어떻든 외교의 주관 부서인 예조 및 재정의 주관 관아인 호조 등의 본래 소관사안이 비변사에 거의 이관된 듯한 현상은 비변사의 외교·재정권의 장악을 의미하는 것으로 이 시기의 정치적 관심의 대상을 알 수 있게 하며 나아가 사회경제적 분위기를 알 수 있게 해 준 것이기도 하다.

특히 이상에 적시한 의계 항목 가운데 연행을 위시하여 互市 萊館 支勅 書契 漂海人 金銀 商賈 潛商 邊禁 등의 사안이 그 빈도수나 내용면에서 압도하고 있다는 사실은 이 시기의 사회변동 및 상품경제 유통과 함께 당시 대외무역 즉 대청, 대일무역에 있어서 비변사의 역할이 집중적이었음을 보여준 것이라 하겠다.

Ⅲ. 對淸외교 의정사안

1. 支勅사안

비변사의 勅使관계 사안의 議定내용을 17세기 중엽(현종 2)부터 18세기 초엽(숙종 29)까지 약 반세기동안의 내용을 적시하여 그 추이를 먼저 살펴보도록 한다.

우선 현종조 사안의 경우 현종 즉위년의 청나라 세조의 弔訃사안을46) 필두로 하여 이 조부칙사의 陳慰方物 사안과47) 이어 칙사 예단(동왕 2; 2 .2)48) 그리고 원접사 鄭致和, 金壽恒의 칙사 陳懇 주선(동왕 2; 2 .26) 및 원접사 尹絳 차출(동왕 2; 4 .28), 칙행 사은예물(동왕 2; 5 .28) 등이 의정되고 그후 통상적인 接伴使 택송이라던가49) 迎慰使處의 별정금군 하송,50) 灣上迎勅時의 用藥51)등의 사안 등이 처리되었다.

숙종조 사안으로는 평안감사 申最 및 원접사 金宇亨의 從重推考 사안을52) 비롯하여 鳥銃入給,53) 王妃册禮誥命親傳事(동왕 8; 7. 4), 칙사 査問時 入參人員(동왕 11; 11 .23), 후주첨사 勘罪改定(동왕 11; 12 .19) 등의 사안이 의정되었다.

이상의 몇 가지 사례 가운데 淸世祖의 弔訃사안의 경우를 들어 보면 다음과 같다. 1661년(현종 2) 1월에 청나라 황제 세조가 죽고 그 부음을 알리는 칙사가 오게되자54) 이의 조치는 당시 외교사안에서 매우 중한 일이었다. 비변사에서는 예조의 啓辭에 따라 五禮 儀와 癸未年謄錄을 取考하여 百官과 遠接使의 弔訃服色을 정하고 그 支勅을 마련하게 된 것이다.

본래 弔訃나 복색 등의 사안처리는 그 掌政부서가 예조이며 의정부 대신들의 의정을 거쳐 국왕의 재가로 시행되는 것인데, 이 황제부음 칙사를 맞이하는 절차를 비변사에서 예조의 啓辭를 取考하여 그 내용을 조정하고 왕에게 계문하여 시행하고 있는 사례이다.

이 때의 결정내용은 五禮儀 所載에 의거 擧哀服色을 백관은 白

---

46) 『備邊司謄錄』 第21册, 顯宗 2年 1月 26日.
47) 『備邊司謄錄』 第21册, 顯宗 2年 2月 1日.
48) ( )속의 연대표시는 『備邊司謄錄』의 기사이며 이하 같음.
49) 『備邊司謄錄』 第23册, 顯宗 4年 2月 28日.
50) 『謄錄類抄』 交隣 三 顯宗 15年 8月 8日.
51) 『謄錄類抄』 交隣 三 顯宗 15年 8月 13日.
52) 『謄錄類抄』 交隣 三 肅宗 卽位年 9月 4日.
53) 『備邊司謄錄』 第31册, 肅宗 1年 3月 11日.
54) 『備邊司謄錄』 第21册, 顯宗 2年 1月 26日.

團領에 烏紗帽 黑角帶로 하고 郊迎 원접사 역시 같게 하여 行禮하도록 한 것이며 부음이 당도한 날에 擧哀함이 일반적인 예이지만 이 때의 경우는 칙사가 의주에 도착하여 傳訃를 받은 날에 거애한다는 것이었다.[55]

한편 지칙사안으로는 효종 8년의 경우 호조계사를 인용한 備邊司單啓目에서 支勅上 出站의 폐단시정을 조치하였으며[56] 이어 迎慰使 李挻漢이 신병 때문에 칙사가 渡江한 날에 당도하지 못할 것을 우려하여 이의 대비책으로 품계가 높은 지방수령을 대행하는 조치를 강구하였다.[57]

또한 勅行留館時 所用燒木 逐日進排事(효종 8: 12, 25)와 勅書出來時 接伴使 차출[58] 및 칙서출래시 迎接都監의 接待所 별설 폐단시정(상 동일) 그리고 접대소 구관당상 2원차출(상 동일), 칙사의 便殿접견 등의 절차(상 동일)가 연속 조치되었다.

이와 같이 칙사 출래시에는 비변사에서 그 受勅절차의 마련을 주도하였는데 왕이 인정전에서 수칙한 후에 편전으로 돌아가 접대소 당상이 다례를 설행하는 것도 계문하여 처리하고[59] 이어 大通官의 便殿招見時 절차라던가 御床 및 禮單 등도 廟堂으로 하여금 급속 의처토록 하였으며(상 동일) 그 당시의 칙행이 差官(李譯)으로서 정식 칙사와 달랐기 때문에 홍제원 영위사의 접대절차를 다르게 해야 한다는 것도 정원의 계문을 이용하여 조치하였다.[60]

또한 접대소 계문에 따라 칙사 입경시 그 환영의식에서 정식 칙사가 아니기 때문에 六角 및 羅將 軍牢 그리고 旗鼓官 등의 숫자를 반감하는 조치와 숭례문 도착시 放砲 등의 규정을 마련하고(상 동

---

55) 同上.
56) 『備邊司謄錄』第19册, 孝宗 8年 1月 7日.
57) 『備邊司謄錄』第19册, 孝宗 8年 2月 13日.
58) 『謄錄類抄』交隣 三 孝宗 9年 3月 1日.
59) 『謄錄類抄』交隣 三 孝宗 9年 3月 2日.
60) 同上.

일) 호조의 계문에는 "갑오년 韓譯 출래시에 편전에서 예단을 입급하였으나 받지 않고 다만 物目所錄만 가지고 갔다"는 예를 들어 예단을 마련하지 말자고 하였으나 비변사에서는 만약 예단이 없으면 落寞한 생각이 없지 않을 것이라는 이유로 예단을 마련하도록 조치하였다.61)

한편 숙종대의 지칙사례이지만 칙사영접 담당에 관한 구체적인 사례로는 다음의 내용을 들 수 있다. 즉 비변사의 직접 계문에 "칙사가 先後로 왕래할 때에 道內에 서로 상치되어 군색하고 방애가 되는 경우가 많으니 이러한 경우 평안도는 평안병사로 하여금 칙사를 수행토록 하고 평안감사는 돌와와 灣上으로 나아가 迎勅하며 海西도 역시 이와 같이 할 것과 경기는 개성유수가 대행하는 것이 이미 전례이었으니 지금 또한 이에 의거하여 양서 경기 개성부에서 조치하도록 하여 그 허락을 받았다."62) 라고 한바와 같이 비변사에서 칙사의 중복왕래시 지방의 감, 병사의 영칙한계를 규정하여 칙사영접을 차질없도록 강구하였던 것이다. 이러한 칙사영접과 사신반송에 있어 평안 감병영과 의주부(부윤)의 소임이 막중하였고 경상감영과 동래부(부사)는 대일본의 중요 창구이었음도 물론이다.

지칙에 있어 또 하나의 사례는 청나라의 칙사가 조선의 詩筆을 요구한 내용이다.63) 당시 조정에서는 이를 철저히 준비하여 그 요구를 응했었는데, 이와 같은 詩書요구는 조선의 문물을 청나라 사신이 동경한다는 의미 이외에도 우리나라 문물이 중국에 유입되는 경우이어서, 조선시대의 문물수입은 중국을 통해서라는 일반적인 관례와 인식에서 벗어난 사례라고 할 수 있다.

이와 같은 경우는 우리의 문물이 거꾸로 중국으로 역류한 것으로 문화의 일방적 파급이 아닌 문화의 상호교류라는 측면에서 의미가 있지만 중국측에서는 조선의 학문과 예술 등의 정도를 파악

---

61) 同上.
62) 『備邊司謄錄』 第53冊, 肅宗 29年 5月 30日.
63) 『備邊司謄錄』 第53冊, 肅宗 29年 6月 5日.

할 수 있는 대외정보 인지차원의 정치성을 띤 외교행위라고도 볼 수 있는 사례이다.

숙종 29년(1703) 6월 5일 政院은 청나라의 칙사가 비단병풍(綃屛) 2座를 요구하면서 재상급이 지은 贊文과 함께 古詩 詩筆을 書給하도록 요구한 사실을 계문하였다. 일반적으로 求詩때에는 대재학이 能詩 14인과 能書 4인을 抄啓하여 撰書해주거나 대재학이 관각당상과 상의하여 찬출하여 주거나, 朝士가운데 명필의 詩書로 그 요구에 응하였으나 이때의 경우는 고위재상의 作詩贊揚을 요구하고 있어 이의 처리를 廟堂이 稟處하게된 것이다.[64]

칙사가 요구한 시문제술과 書寫人을 묘당으로 하여금 초계토록 하는 조치가 결정되었으나 당시로서는 主文(대제학)하는 사람이 없고 館閣堂上 역시 회피하는 일이며 宰臣중 일없는 자가 극히 적기 때문에 단지 6인으로 書入할 수밖에 없다는 것으로 결정되어 졌다.

이때의 '製述宰臣'은 당대의 유명한 李濡, 李盆壽, 嚴緝, 金昌集, 趙泰采, 李光迪 이었으며 '書寫宰臣'으로는 吳泰周, 趙相愚, 柳之發, 李宇杭, 李震休, 李德成 등이었다. [65]

이와 같은 결정이 내려진 다음날(숙종 29년 6월 12일) 정원에서는 칙사가 요구한 병풍 題詩를 속히 처리하도록 계문을 올리자 비변사에서는 "朝士중 무고 재직자가 적고 그 가운데 詩로 유명한 자도 더욱 보기 드문 형편이며 다만 知製敎로서 뽑힌 자를 초계문신으로 삼으려 하면 그 수가 10여인에 불과하여 매우 어려울 것임으로 비단 지제교가 아니라 할지라도 세칭 能詩者를 아울러 초출해야 한다"고 계문하여 이 대책이 허락되기에 이르렀다.[66]

이 비변사의 임시 변통적인 조치에 따라 뽑힌 「製述人員抄啓別單」은 다음과 같다.

---

64) 同上.
65) 『備邊司謄錄』第53册, 肅宗 29年 6月 11日.
66) 『備邊司謄錄』第53册, 肅宗 29年 6月 13日.

許玩 任胤元 趙泰耉 李健命 尹趾仁 元聖兪 李震殷 朴見善
朴泰昌 柳成運 趙泰老 權尙游 李彦經 李夏源 李觀命 崔昌大
任守幹 朴弼明 金栽 趙泰一 金興慶 李埤 鄭栻

이상과 같이 칙사의 詩書요구에 따른 초계문신의 선발은 당시 비변사에서 외교사안의 처리에 입각한 임시적 조치이었으나 이 명단에 오른 인물들은 숙종조 당시에 이름 있는 문신으로 구성된 것이었음을 알 수 있다.

이때 (숙종 29년 8월) 들어온 청나라 칙사는 황제(淸 聖祖 康熙帝)의 필첩을 가지고 와서 보게 하였는데 이와 같은 황제 수필본을 가져온 것은 드문 일이었다. 이에 政院에서는 황제필첩에 대한 致謝를 계품하게 되고 당시 숙종이 그 필첩을 애완한 바 있다.[67]

2. 燕行사안

燕行은 정기 및 부정기, 임시사행으로 조선시대 대명, 대청외교에서 매우 중요한 赴燕使行이다. 17세기 중엽이후 약 50여 년을 한정하여 몇 가지 연행 사례를 통해 보더라도 비변사에서 계문한 연행사안의 의정상황이 어떠했는가를 알 수 있다.

17세기 중엽의 한중일 외교관계는 화평시대의 계속으로 각기 사신의 왕래가 빈번하여 상호 교류가 많았고 이에 따른 교역이 활발한 특징을 보이고 있었다.

이러한 교역은 조선측의 경우 사신수행원인 역관의 관여가 커서 이를 소위 譯官貿易이라고도 하거니와 이 때의 蔘貨는 교역상에서 매우 중요한 결제수단이었으며 따라서 이 삼화의 운용은 당시로서는 국제통화나 마찬가지로 중요하게 취급되었다.

이와 같은 상황은 일반적인 것이었지만 현종 8년(1667) 2월 비변

---

67) 『備邊司謄錄』 第53册, 肅宗 29年 6月 16日.

사의 계문을 보면 동지사가 귀국할 때에 청나라 禮部咨文에서 蔘貨 등의 교역 총 수량을 명백히 하고 기타 잡물도 아울러 列書하여 移咨하라는 요청이 있자 이는 잘못하면 辱國으로 외교문제화 될 수 있음을 고려하여 사행의 삼화 잡물의 소지를 명백히 하는 조치와 渡江時 이의 搜檢을 강화한 조치 등에서68) 그 일면을 볼 수 있다.

그러나 사행의 교역에서 灣上 도강시 銀貨는 수검하지 않기 때문에 은화가 중국에 많이 유출된다는 지적이(효종조 호조판서 鄭維城) 있자 의주부윤으로 하여금 이러한 은화의 수검을 강화하여 사행이 이를 마음대로 가지고 가지 못하도록 하였다.69)

한편 사신의 赴京文書(사대문서)는 반드시 예문관에서 분배하여 제술한 다음에 승문원에서 草出하는 것이 규례인데 효종 10년의 경우는 예문관 대제학(李一相)이 유고로 도승지(柳淰)가 예문관 직제학을 겸하고 있어 이들 중에서 사은문서를 주관해야 할 것이나 모두 行公할 수 없어 처리하지 못하는 경우가 생겼다.

이에 비변사에서는 사은사의 출발시기가 급박하자 이 사은문서 작성의 처리를 승문원 부제조로 하여금 專掌하여 처리토록 하는 조치를 강구하여 이의 허락을 받았다.70) 이와 같은 경우는 사대문서의 전담관원이 유고가 생길 때 비변사가 權道로 외교문서의 작성사안까지 계문하여 의정한 사례이다.

赴京使行에는 灣上軍官을 해당지역의 의주인으로 삼아 대동하여 邊民의 慰悅을 겸하게 되어 있으나 이 만상군관을 京中 시정배가 가로챈 폐단이 많아 이를 현종 7년부터는 만상군관은 반드시 의주인으로 삼을 것을 규정하였으며71) 이와 관련하여 사행의 인원수는 30인을 넘지 못하게 하고 別使시의 書員은 줄이고 역관 및 만상군관도 전체적으로 30인을 넘지 못하게 하여 불필요한 사행인원의

---

68) 『備邊司謄錄』 第19冊, 孝宗 8年 2月 28日.
69) 『謄錄類抄』 交隣 三 孝宗 10年 3月 14日.
70) 『謄錄類抄』 交隣 三 孝宗 10年 3月 3日.
71) 『謄錄類抄』 交隣 三 顯宗 7年 11月 4日.

제한이 있었다.72)

또한 使行員役에게 私持馬를 例給하는데 이를 벗어나 別私持馬를 商賈와 許賣하여 率去하는 폐단이 잦자 이 별사지마를 금단하였으나(현종 9; 3. 8) 사행의 편의를 위하여 당상역관에게는 별사지마 1필을 허급하는 것이 보완 조치되었다.73)

한편 부연사행이 잦음에 따라 이 비용을 줄이기 위해 각종 사행을 일일이 赴京시키는 것이 아니라 가능한 한 겸대시킨 조치, 즉 謝恩兼陳奏使라던가 陳慰兼進香使 등과 같이 두 가지 임무를 하나로 통합시키는 조치도 이루어 졌으며 이에 따라 사신차출도 宗班과 더불어 朝臣을 함께 擬望하는 규정을 정하였다.74)

숙종조에 들어와서는 사행이 각 아문의 貨物을 貸得하여 부경하는 폐단을 제한하였으며75) 사신이 帶去한 員役을 임의 私囑하여 숫자를 증가시키는 것도 일체 감제시키었다.(숙종 16; 2. 17) 사행시의 刷馬는 刷銀價에 준하므로 경외의 有馬者가 다투어 願立하게 되자 이의 폐단을 줄이기 위하여 사행시의 쇄마가는, 1/3은 임시분급하여 治裝에 쓰고 나머지 2/3는 만상군관에게 분부하여 繼糧으로 삼도록 하였다.76)

부연사신의 路費는 외방각도에 求請하며 사신이 사적으로 보내어 군관으로 하여금 修答한 것이지만 비변사에서 각도감사에 行關, 각읍에 분부하여 備送하도록 하였다.77) 또한 赴燕員役이 가지고 가는 銀貨, 八包는 당상은 3천냥으로 정하고 당하는 2천냥으로 제한함을 정식으로 삼고 商賈는 일체 금단한다는 것이 규정되기도 하였다.(숙종 24; 7. 1 "類")78)

---

72) 『備邊司謄錄』 第27册, 顯宗 9年 3月 7日.
73) 『備邊司謄錄』 第27册, 顯宗 9年 10月 14日.
74) 『謄錄類抄』 交隣 三 顯宗 15年 6月 13日.
75) 『備邊司謄錄』 第38册, 肅宗 10年 9月 11日.
76) 『備邊司謄錄』 第46册, 肅宗 18年 4月 4日.
77) 『謄錄類抄』 交隣 三 肅宗 24年 3月 21日.
78) '類'자는 『謄錄類抄』 交隣篇 記事이며 이하 동일함.

한편 사행원역이 연경 체류시에 運餉을 文書購得에 사용한 경우 의주부윤에 이를 會減토록 하는 조치는[79] 조선후기 對淸 貿書의 제도적 사항이라 할 것이다.

3. 互市사안

互市는 朝淸 국경무역으로 양국의 상품경제 발달과 연계되어 매우 중요한 무역현장이었다. 이는 양국 공인의 開市와 밀무형태의 後市로 나뉘며 이러한 국경무역의 형태는 호란이 끝나고 내외 화평시대의 개막과 관련하여 인조년간부터 본격화된 것이다.

비변사에서 교린대책과 관련하여 이 호시 사안의 처리는 대단히 많은 편이다. 여기에는 국경지대의 군사적인 문제도 연관되어 변사대책과 함께 외교재정의 대책도 함께 고려된 것이어서 이 방면의 의계 빈도가 높을 수밖에 없다.

開市는 임란이후 1603년(선조 36)부터 中江開市가 열린 바 있고 도중에 정지되었다가 1628년(인조 6)에 다시 열리는 등 기복이 많았으며 1645년(인조 23)에는 會寧과 慶源에서 開市가 열렸다.

현종 즉위년(1659)의 경우 함경감사 趙啓遠의 장계에 의하면 만주 寧古塔과 두만강 유역의 경원, 회령 양처의 개시가 정지된 사건을 撰出하여 咨文으로 역관에게 장차 보내려 한다는 보고가 있었다.[80]

이에 관한 대책으로는 北路의 형세가 절박하고 그 당시 告訃 사행이 아직 돌아오지 않았으며 칙사 또한 오지 않을 때에 먼저 폐단을 없애기 위해 개시정지를 이와 같이 移咨하면 비단 일이 어려울 뿐만 아니라 만일 개시를 하지 않으면 더욱 손해를 볼 것이므로 이를 통보하지 말아야 한다는 조치가 있었다.

따라서 該曹(호조)로 하여금 별도로 開市接應策을 강구하도록

---

79) 『備邊司謄錄』 第52册, 肅宗 26年 2月 16日.
80) 『謄錄類抄』 交隣 三 顯宗 即位年 9月 16日.

하고 함경도에 분부하여 변민의 보존책으로 삼아 의외의 일이 발
생하지 않도록 해야 한다는 것이었다. 이 때의 開市 發賣物은 소,
소금, 보습, 솟 등이었다.(현종 즉위년 9월 16일) 이러한 開市陳弊
문제와 관련하여 비변사에서는 歲幣黃金을 許貿한 咨文을 찬출하
게 하여 청나라 측의 트집을 없애는 조치를 하기도 하였다.[81]

기본적으로 互市는 대국에 이익이 돌아가고 폐는 소국에 미치는
(自古互市 例多利歸於大國 弊及於小國)[82] 것이기 때문에 이상과
같은 조치가 나타난 것이라 할 수 있다.

개시의 운영과 관련하여 비변사에서는 평안도의 함종, 중화, 양
덕 등 3읍과 황해도의 장연, 송화, 재령, 안악, 곡산, 신계, 옹진 등
7읍이 物貨가 麤劣할뿐만 아니라 소정의 商賈 역시 자격이 미달하
여 그들이 사적으로 代送하는 폐단이 허다하였다. 이러한 폐단을
발생시킨 상기 10읍의 수령을 문책하고 각읍의 鄕所色吏도 엄한
형벌을 가하도록 하며 사적으로 代送한 商賈도 무겁게 다스리도록
조치하였다.[83]

개시에서의 농우는 매매비중이 매우 큰 것인데 간혹 牛疫으로
치폐가 많아 이의 해결책으로 번식될 때까지 매매를 제한하기도
하였으며(숙종 8; 11. 6) 牛畜의 번식시기에는 停市토록하여(동왕
11; 8. 18) 개시 운영의 원활함을 기하였다.

한편 숙종 년간에 비변사에서 의정한 호시에 관한 사안은 그 빈
도수가 높을 뿐만 아니라 매우 구체성을 띈 내용이 많다. 다음과
같은 사안들을 통해서 당시 개시의 정황을 살필 수가 있다.

즉, 북도에 개시가 열릴 때 청나라 사신의 持路문제의 조정(숙종
21; 12. 10)이라던가 청 사신 출래시 需用물품에 관한 규정(상 동
일), 中江과 柵門 등의 互市에 왕래불편 문제의 조치 및 개시에서
의 貿米문제 그리고 貿米의 의주 유치분을 긴급 補賑用으로 사용

---

81) 『備邊司謄錄』 第20册, 顯宗 1年 1月 19日.
82) 『謄錄類抄』 交隣 四 肅宗 23年 9月 4日, 당시 영의정 柳尙運의 啓聞.
83) 『備邊司謄錄』 第30册, 顯宗 12年 2月 27日.

할 사안과 資咨官 入送시기 등의 사안이 의정된 것을 84) 예로 들
수 있다.

한편 개시시에 商賈로 하여금 미곡을 많이 매매하게 하여 이를
賑救用으로 사용할 대책이 강구되었으며85) 개시에서의 鹽商還賣
사안 등이 의정되었는데(숙종 23; 12. 類86)) 이와 같은 구체적인
조치들은 중강개시 운영규정인 中江及海運米穀開市節目(숙종 24;
1. 8 類)과 中江及彌串鎭開市時 戶部侍郎吏部侍郎 接待節目(숙종
24; 1, 18 類)의 마련으로 그 정책방향이 드러나고 있었다.

이 두 가지 절목 가운데 전자는 淸의 戶部侍郎米 2만석이 중강
개시에 육로로 督運되고 또 吏部侍郎米 2만석이 추가로 船運하게
되어있어, 이 水陸米 총 4만석(我國 斗量으로는 6~만석에 해당)을
貿取하는 제반규정이 명시되어 있다.

이어서 개시에서의 抑賣 폐단이 많은 南草, 紙地, 鹽石 및 기타
魚藿雜物 외에 소(牛)는 농사 때문에 거론하지 말 것과 京江船隻
에 의한 京中運米의 상황, 船運價의 문제, 開市看儉문제, 賑救飢民
을 위한 경외 분급문제, 戶部侍郎 接待事 등이 세밀하게 규정되어
있었다. 후자의 내용도 전자와 대동소이하다.

앞의 두 가지 절목은 장문의 구체적인 내용이 담겨있어 비변사
에서 의정한 互市 정책의 대표적인 내용일 뿐만 아니라 당시 국경
무역의 실상을 파악하는데도 매우 중요한 내용인 것이다.

이어 거의 같은 시기에 開市米價의 결정87) 및 開市請停 사안(숙
종 24; 5. 12 類), 私商許貿와 譯官檢勅 사안(동왕 24; 5. 23 類).
해운미 운래시 지휘사안(동왕 24; 5. 24 類), 私商米價 각아문 은
화수습하송 사안(동왕 24; 6. 6 類), 개시시 看儉 사안(동왕 24;

---

84) 『謄錄類抄』交隣 四 孝宗 23年 9月 14日.
85) 『謄錄類抄』交隣 四 肅宗 23年 9月 23日.
86) '類'자는 '『謄錄類抄』交隣 四'의 연대 기사를 표시한 것이며, 이하 '類'도
    같은 출처이다.
87) 『謄錄類抄』交隣 四 肅宗 24年 2月 9日.

12. 1 類), 개시시 出來人馬 증가대책 사안(동왕 24; 12. 22 類), 후
시불허 사안[88) 의주 후시 사안[89) 등 호시에서의 상황별 대책이 연
속적으로 이어져 숙종년간의 국경무역의 중요성과 함께 그 전말을
보여 주고 있다.

IV. 對日외교 의정사안

1. 書契사안

조선시대 사대교린 정책에 있어 그 외교문서를 대 중국의 경우
는 사대문서라 하고 대 일본의 경우는 書契라고 한다. 모두가 외교
문서의 전담기관인 승문원에서 제찬한 것이지만 그 내용은 외교관
계의 중대성 때문에 관계사안 별로 해조(예조)가 계품하고 廟堂의
의정을 거쳐 국왕의 재가로 결정된 것이다.

조선후기 묘당이라고 할 때 일반적으로 국정최고 기관인 의정부
를 지칭한 것이지만 양란이후 비변사가 군국기무를 총령하고 나아
가 국정전반의 의정권을 장악하게 됨에 이르러서는 이 묘당은 실
제에 있어서는 비변사를 지칭한 셈이 되었다.

비변사의 기능강화와 권한 집중으로 의정부의 기능이 사실상 허
구화된 상황에서 군국기무의 핵심사안인 외교문서 내용의 조정과
확정은 비변사가 주도한 賓坐에서 이루어진 것이 상례이었기[90) 때
문이다. 빈좌는 비변사의 최고회의체로서 대궐에서 행해진 의정 회
의체이다.

---

88) 『謄錄類抄』 交隣 四 肅宗 27年 6月 7日.
89) 『謄錄類抄』 交隣 四 肅宗 27年 12月 22日.
90) 拙稿, 1992, 「備邊司의 會議運營」, 『韓國史學論叢, 擇窩許善道先生停年紀
　　念』, 一潮閣, 參照.

비변사에서 의정한 외교관계 사안은 군국기무의 총령이라는 고유기능과 관련하여 邊政, 邊禁사안 그리고 漂海人 問情 등의 사안 처리와 호란이후 대외 화평시대를 맞이하면서부터는 주로 대청, 대일 무역에 관한 사안들이 주류를 이루고 있었다.

대 일본의 경우 통신사의 문제라던가 換貿와 관련한 서계가 주류를 점하였다. 외교문서의 내용은 사소한 문구라도 혹 관례를 벗어나면 자칫 중대한 외교문제로 비화하는 경우가 발생한다. 그렇기 때문에 이러한 외교사안의 의계는 전담부서인 예조의 관할로 처리하여 왔지만 조선후기 비변사의 정치적 기능이 강화되면서부터는 예조의 의계기능 위에 비변사의 조정이 가해진 것이다. 사안의 중요성에 비추어 비변사에서 종합적으로 검토하여 처리한 것이며 이러한 의정형태는 조선후기 정치운영의 한 특징이었다.

이상과 같은 비변사의 조정기능은 효종조의 한 예에서도 잘 드러나고 있다. 즉 효종 7년 4월 13일 비변사의 계문에 "書契事는 동문서답하는 경우가 있어 그 불찰이 막심합니다. 당해 유사당상을 추고하고 동래부사가 아직 회답하지 않고 있으니 엄한 말로 독촉해야 합니다."91) 라고 하는 기사를 들 수 있다. 이 때의 서계 내용은 일본과의 公木(포목) 換貿사항에 관한 것이었다.92)

또한 역관 洪喜男이 일본에 가져간 문서를 비변사에서 계문하면서 "지금 홍희남의 말을 듣건데 문서에 貴州 二字는 반드시 한 칸 위로 쓰는 것이 상규인데 지금 榮位 榮還 等字를 귀주의 위에 加字하여 이것이 도착한 후에 말썽의 폐단이 생길까 걱정되니 원컨데 이를 改書하여 보내야하고 이를 該院에 분부하여야 합니다."93) 라는 내용과 같이 서계 字行의 高低 문제까지 改書하는 사례도 있었다.94)

효종조 이래 비변사에서 처리한 서계사안은 17세기 중엽이후의

---

91)『備邊司謄錄』第18冊, 孝宗 7年 4月 13日.
92) 同上.
93)『謄錄類抄』交隣 三 孝宗 10年 4月 7日.
94)『謄錄類抄』交隣 三 肅宗 7年 10月 12日.

대일본 換貿외교의 한 단면을 잘 보여주고 있다. 대일본 무역이 활발할 때인 효종 7년의 경우, 得接譯官 洪喜男 金謹行 洪文雨 등의 手本에 의하면 그 들이 도해 시에 朝家의 분부가 있어 대마도주에게 石硫黃 1만 5천근을 定價하여 載船할 것을 약속하였고 이 물품을 出來할 때에 1만근은 島主의 유치분으로 한다는 것이며 이외의 倭長劍 40柄과 中劍 60병을 또 貿來하였다고 하였다.

유황은 우리나라에 없는 물품이므로 각 아문이 부득이 貿得한 것이며 1백 근의 값은 많게는 60여 냥인데 지금 이후에는 銀 22냥으로 稱價하여 계산하고 이전에 비하면 무역한 것이 2/3에 간신히 해당한 것이다.

대마도의 유치분이 들어오면 각처에 분급하고 그 價銀은 역시 또한 당해 아문에서 備給하며 왜검 1백병은 호조로 이송하여 객사의 需用으로 삼고 이전의 역관에게 논상하며 금번의 역관도 무역품이 도착한 이후에 전례에 의하여 논상한다는 것이었다.[95]

이어 동래부사의 장계에 따라 公木 서계 등의 사안이 의정되었고[96] 信使 회환후에 硫黃致謝書契가 찬출 하송되었으며(효종 7: 4. 21) 대마도의 長老 顯吉이 상규에 벗어난 글을 동래부에 보내와 이의 수응을 동래부사가 館守倭에게 書示할 것을 지시하였다.(효종 8: 6. 29) 이때의 서계는 승문원에서 찬출한 것을 보냈다.[97]

현종조에 들어와서는 역관 金謹行의 私書 문제를 의계하였으며[98] 숙종때에는 倭書가 違格일 때는 받아들이지 않지만 이를 불가불 一本을 謄出하여 임금에게 보이는데[99] 그 내용이 邊情에 관계될 때는 더욱 그러하였으며 狀啓 및 등본이 동봉된 것이 승문원에 도착하면 정원에서는 이를 비변사에 보내어 비변사의 계문자료

---

95) 『備邊司謄錄』第18冊, 孝宗 7年 12月 26日.

96) 『備邊司謄錄』第18冊, 孝宗 7年 4月 13日.

97) 『備邊司謄錄』第19冊, 孝宗 8年 7月 7日.

98) 『謄錄類抄』交隣 三 顯宗 7年 6月 16日.

99) 『備邊司謄錄』第49冊, 肅宗 21年 6月 24日.

로 삼아 처리하게 하였다.[100]

이와 같이 서계의 격식 문제는 조일 양국간의 교류가 빈번해짐에 따라 숙종조에 더욱 많이 일어났다. 이와 관련하여 비변사 당상인 병조판서 徐文重은 "사대교린이 중사임에도 불구하고 우리나라의 문서는 심히 소루합니다. 금번 倭書 詰問시 이 문제에 관한 문헌이 없어 한심한 일입니다. 지금부터는 별도로 자료를 모아 成册하여 이와 같은 폐단을 없게 해야합니다."[101] 라고 대신 비국당상 인견시(賓坐)에 주장하기도 하였다.

이어 差倭가 동래부에 보낸 圖書 통행문제의 의정이 있었고(숙종 21; 8. 20) 漂人領來 差倭의 서계 개정요구를 稟處하였으며[102] 계속하여 서계 改送事의 의정(동왕 24; 3. 16 類) 등이 있었다. 대마도주가 보낸 特送船의 처리와 이에 관한 서계문제(동왕 24; 4. 6 類), 소위 六成銀 양국통행 문제(동왕 24; 6. 7 類), 동래부사 新銀 通行事 奉行 서계(동왕 24; 6. 24 類) 등과 17세기말 18세기 초엽 일본 江戶 지방에서 크게 유행하던 沙器燔造 및 許貿事에 관한 사안 등이 의정되었다.[103]

2. 萊館(倭館)사안

萊館 즉 東萊府는 부산의 倭館과 함께 대일 외교와 朝淸日 3국의 중계무역 중심이었다. 양란이 끝나고 대외 화평시대가 개막된 17세기이래 朝淸 국경관문인 의주부와 조일 해관인 동래부에 관련된 비변사의 의계는 외교사안의 중심에 놓여 있다고 해도 과언이 아니다.

---

100) 同上, 6月 25日.
101) 『備邊司謄錄』 第49册, 肅宗 21年 7月 4日.
102) 『謄錄類抄』 交隣 四 肅宗 24年 3月 6日.
103) 『備邊司謄錄』 第53册, 肅宗 29年 12月 29日.

萊館 사안에서의 주도 인물은 동래부사이었다. 일본과의 일차적 외교창구는 동래부사가 대마도주와 행한 書契移書이며 양국 사신의 출입국 접대초치 및 중계무역인의 처리 그리고 국가적 차원의 도일 통신사 수발 등이 동래부사의 임무이기 때문이다. 이러한 사안에 관련된 동래부사의 장계는 수없이 많고 연일 계품될 정도로 그 비중이 크다.

현종조에 들어와서 대마도의 화재로 인한 도민의 賜米 存活策으로 동래부사는 미곡 1백석을 계청하였으나 비변사당상 인견시에서 당시 영의정 鄭太和는 3백석으로 늘려 보내되 먼저 경상감사처에 분부하여 요리하게 하고 그 문서는 예조에 분부하여 찬출하도록 하였다.104)

이 무렵 부산왜관의 선창수축 공사가 지연되어 왜인의 불만이 있자 경상감사가 瓜滿되었어도 이의 완수를 위해 후임차출을 연기하는 조치를 취하기도 하였다.105)

倭館은 임란 이후 1607년(선조 40)에 새로 지어진 이래 조일무역의 거점이었으나 1667년(현종 8)에 실화로 전소된 일이 있다. 이에 왜관 이설 논의가 있다가 1673년(현종 14) 草梁에 이설할 것이 결정되고 1678년(숙종 4)에 초량왜관의 준공을 보게 되었던 것이다.

숙종대 왜관을 이설 신축하려할 때 이 일과 관련하여 萊館에서는 首譯을 차송하고 新館의 基址를 講定하는 사안이 의정되었으며106) 이 왜관신축 때 왜인목수의 工錢을 戶曹稅銀과 嶺南民結에서 辦出한다는 결정이 있었다.(숙종 4; 8, 15) 이때 비변사에서는 왜관이설 7조약속을 정하고 왜관에서의 왜인 행동반경 제한과, 潛商제한 등의 준수사항을 명시 계품하였는데 그 내용은 다음과 같다.107)

---

104)『備邊司謄錄』第20册, 顯宗 1年 4月 23日.
105) 同上, 7月 20日.
106)『備邊司謄錄』第31册, 顯宗 1年 4月 29日.
107)『備邊司謄錄』第34册, 肅宗 4年 9月 5日.

　　"(비변사에서) 아뢰기를 '앞서 동래부사 李馥의 장계에, 왜관을 옮기는 첫머리에 7개항의 약속을 渡海譯官이 내려갈 때에 결정하려 하였습니다. 역관 金謹行 등은 지금 바다를 건너야 합니다. 이른바 7개항의 약속은 대단한 변통에 해당하는 일이 아닙니다. 제1조에 말한 바 왜인의 출입에 있어 엄격히 한계를 정하는 문제는 곧 講和후 전해 내려오는 약속입니다. 그러나 특히 館에 머무는 왜인이 삼가 따라서 행하지 않음으로써 점점 허물어지고 있으니 지금 마땅히 그 약속을 다시 다져야 합니다. 新館 근처의 지명은 구관의 경우와 다릅니다. 전면으로는 海港을 넘어 출입하지 못하게 하고 서쪽으로는 宴享廳을 지나지 못하게 하며 동쪽으로는 客舍를 지나지 못하게 하는 일을 모두 장계에 의하여 한계를 정하는 것이 의당합니다. 제2조에서 말한 한계를 정한 뒤에 이를 범한 자의 처벌문제는 위 한계를 규정한 조항과 같은 것이므로 따로 한 조항을 설치할 필요가 없습니다. 제3조에서 말한 바와 같이 비밀 거래하다가 발각이 된 경우에 주고 받은 자는 같은 죄로 다스리는 문제를 엄격히 규정하지 않을 수 없습니다. 이 두 가지 외에 제4조는 開市때에 大廳에 앉고 各房에 들어가지 못하는 문제요 제5조는 魚菜의 매매를 문 밖에서 하는 문제요 제6조는 使者를 보냄에 있어 倭의 품계에 따라 숫자를 정하는 문제요 제7조는 5일 잡물을 들여줄 때에 色吏 庫子를 구타할 수 없다는 등 항목은 모두 館守가 잘 준수할 일이고, 부사가 제재할 일이니, 본부에서 관수를 설득하여 피차의 위반자를 상호 엄중히 단속하는 것이 좋습니다. 이들 자질구레한 항목은 굳이 조정에서 지휘할 것이 없고 또 굳이 島主에게 말할 필요도 없이 정해야 합니다. 이러한 뜻을 도해역관에게 분부하는 한편 동래부사에게 통보할 것을 감히 아룁니다'하니 알았다고 답하였다."

　　이어 동래부 米商潛市의 금지사안이 의정되고[108] 경상감사가 올린 왜관책응 비용의 과다폐단을 변통하였는데 이 때 12斗의 公木代 폐단이 무궁하다고 지적되었다.(숙종 13; 8. 28) 또한 裁判倭의 留館기한을 定式으로 확정하여(동왕 13; 8. 28) 왜관에서의 왜인 불법체류를 규제하였다.

　　그러나 왜인이 약조를 어기고 잠입하여 變詐한 행위가 계속되자 훈도와 별차로 하여금 開諭하게 하는 조치와(동왕 16; 6. 23) 路浮稅와 潛商을 각별히 重究하는 규제도 강화하였다.[109]

---

108) 『備邊司謄錄』第41册, 肅宗 13年 1月 2日.

이와 같은 래관 관련사안은 숙종 중엽에 집중적으로 처리되고 있었는데 이는 당시 조일 양국간의 교섭과 교역이 활발했다는 반증이라고 할 수 있다.

즉 對馬島主慰問譯官 定送事가 의정되며[110] 差倭 출래시 진상품인 別幅과 宴席禮單의 처리(숙종 21; 7. 4), 비국 회계공사의 처리지연으로 동래부사 등의 추고결정,[111] 동래부사가 올린 公木作米 加限事의 의정(숙종23; 1. 26, 동년 4, 14 類), 대마도 特送使 서계회답 및 예물마련(숙종 23; 9. 14 類), 왜관 留館작폐자 송환(숙종 24; 2. 8 類). 蔘貨潛商 범죄인 처리(숙종 24; 6. 24 類) 등을 그 예로 들 수 있다.

또한 동래부의 훈도와 별차로 하여금 館門禁斷의 사안을 拿問하게 하되 부사와의 임무괴리가 없게 할 것을 품정하고(숙종 24; 8. 6 類) 新銀 통용사안에 대해 동래부사가 대마도주로부터 서계를 받아 처리하도록 하였다.[112]

이 무렵 대일교섭이 활발함에도 불구하고 지방관이 전례를 참고하기 어려워 이의 대안을 마련하였는 바, 당시 동래부사 鄭澔가 임진왜란이 끝난 후 정유년 강화약조의 내용을 물었으나 비변사나 예조에도 그 내용이 없었고 다만 비변사에서만 동래사례의 일책이 남아 있는 실정이었다.

이를 보완하기 위하여 실록에서 관련사실을 발췌하여 교린 접응책으로 삼도록 하였고[113] 대마도 漂到人 領來문제(숙종 25; 7. 15), 倭館公作米事(동왕 25; 9. 1), 倭館改修事(동왕 26: 3. 22) 등도 거의 같은 시기에 처리되었다. 이와 같은 문제처리의 발단은 물론 동래부사의 계문에 따라 비변사에서 의처한 것이다.

---

109) 『備邊司謄錄』 第46冊, 肅宗 18年 7月 13日.
110) 『備邊司謄錄』 第49冊, 肅宗 21年 4月 23日.
111) 『謄錄類抄』 交隣 四 肅宗 22年 6月 23日.
112) 『謄錄類抄』 交隣 四 肅宗 24年 9月 22日.
113) 『備邊司謄錄』 第50冊, 肅宗 25年 7月 9日.

왜관에서의 朝市는 逐日로 열리며 채소나 잡물정도가 매매되었으나 전폐가 유통되면서부터는 양국 상인이 모두 전폐로 교역하므로 이의 부족이 염려된 폐단이 나타났다. 이에 경상 전병사 柳漢明 재임시에 이 전폐교역을 금하였는데 이유는 동전의 자료가 倭銅이기 때문에 이의 부족을 염려한 것이었다. 당시 동래부사 鄭德基의 계문에 따라 朝市에서 전폐 사용자는 潛商律로 논단하고 동래부의 훈도 별차 등으로 하여금 각별히 금단하도록 하였다.114)

한편 숙종 27년에 비변사에서는 왜관 개조 후 倭館看儉節目을 마련하였다.115) 이 절목은 왜관의 사항을 살펴볼 수 있는 내용으로 『등록유초』 '交隣 四'에 새로 들어난 자료이다. 이 절목은 동래부사 鄭德基가 작성하여 비변사에 傳報한 것인데 당시 비변사에서는 매우 자세하여 추가할 것이 별로 없다고 보았으나 교린에 관계된 중대사안이기 때문에 묘당에서 다시 刪定을 가하여 별단으로 계품 확정한 내용이다.

이 왜관간검절목은 12개 항목으로 되어있다. 즉 館宇一事는 훈도와 별차로 하여금 전과같이 전관토록한다는 내용을 위시 하여 부산진이 왜관을 주관하고 왜관의 검칙, 수리시 간검, 왜인 偸毀處의 검칙, 九送倭來留時 검찰, 훈별 및 釜山監色의 교체시 관우상태 看審告知, 훈별과 감색의 검칙구분 등의 내용이 명기된 것이었다. 이 절목은 倭館周察에 관한 세칙이 규정된 것으로 당시 왜관 사정 및 왜관무역의 실상을 구체적으로 확인할 수 있는 내용이다.

이 절목이 시행된 1년만에 또 다시 역관배의 왜관 수리와 관련된 부정을 重治하는 조치를 취하였는데 당시 참찬관 金鎭圭가 왜관수리시 역관의 大罪 유형을 보고함으로써 발단된 조치였다. 즉 10여 년간에 3번이나 왜관을 수리한 것은 왜인이 役價를 취하기 위함인데 이때마다 역관이 왜관의 허물어짐을 허위로 보고하여 수

---

114) 『謄錄類抄』 交隣 四 肅宗 27年 6月 13日.
115) 『謄錄類抄』 交隣 四 肅宗 27年 7月 18日.

리를 요청한 것과 수리물력을 허위로 보고한 것 그리고 수리기간
을 연장하여 비용을 허비시킨 것 등을 대죄 세 가지라고 하였다.

이러한 역관의 부정을 엄히 다스리도록 하면서 숙종은 "근래 왜
인의 속임수가 극심하고 徵求가 많은 것은 역관배의 거간을 빙자
한 것이다."116)라고 할 정도로 萊館에서 역관의 교역활동은 여러
가지 면에서 개입이 많았다.

3. 換貿사안

換貿는 조일무역으로 래관과 왜관에서 주도하였다. 우리측에서
필요한 물건을 求貿할 때의 절차는 일차적으로 래관에서 왜관으로
무역하되 왜관에 비축분이 없을 경우에는 역관으로 하여금 館守倭
에게 알리고 관수왜는 이를 대마도에 통보하여 교역하며 일본측에
서 差倭가 필요한 물품의 許貿를 요청하여 이에 수응하는 방식으
로 이루어진 것이다. 그러나 私商의 潛商은 이 공적인 환무와는 별
개의 문제이다.

효종 8년에 차왜가 虎皮를 求貿하였을 때 이 요구를 오래도록
분부함이 없자 이러한 내용의 예조 啓辭를 비변사에서 처리한 바
가 있는데 그 내용은 전부터 왜인이 요구한 물품은 해조가 참작하
여 복계하되 이때 허락 여부 및 삭감 등을 규정에 따라 결정하고
이 虎皮求貿의 경우 비록 그 수량을 충족할 수 없으나 해조와 본도
로 하여금 전례에 따라 허락한다는 것이었다.117)

현종조에 들어와서 비변사에서 의정한 환무사안은, 호조 行關都
監에서 사용할 朱紅을 왜관에 求貿토록 하였고118) 대마도주가 헌
상한 銀子의 回賜禮單事,119) 倭人所給 公貿木換米事(현종 7; 7. 14

---

116)『備邊司謄錄』第52册, 肅宗 28年 5月 3日.
117)『備邊司謄錄』第19册, 孝宗 8年 5月 20日.
118)『謄錄類抄』交隣 三 顯宗 卽位年 9月 13日.

類), 公作米 폐단사(동왕 7; 9. 12 類) 등의 내용이었다.

특히 숙종 17년에 비변사의 계문에서, 왜관의 금령을 다시 밝히면서 마련한 東萊商賈定額節目은 萊商의 환무에 중요한 기준을 정한 것이었다. 13개항으로 열거된 이 절목의 내용을 약기하면 다음과 같다.[120]

「東萊商賈定額節目」

· 倭館商人은 무오년의 예에 따라 그 수를 정하되 동래부에서 자격있는 자를 가려서 호조에 보고하면 호조에서는 差帖을 발급하고 지금의 경우는 30명으로 액수를 정한다.

· 상인의 정액은 路浮稅와 潛商의 폐단을 시정한데 있으므로 30명 상인가운데 반드시 통솔 단속하는 行首 6명을 선정하여 각각 4인을 거느려 단속하게 한다.

· 行首는 거느리는 자가 죄를 범하면 곧 고발, 처단하고 그 재화는 고발자에게 지급한다.

· 범인을 외부사람이 고발할 경우에는 범인의 재화를 전액 지급하고 다같이 논상한다.

· 蔘貨엄금 후 밀매의 폐단이 심하니 이를 고발할 경우 범인의 재화 전액을 지급하고 공사천은 특별히 면천하며 양인은 加資한다.

· 기왕의 상인 외에 모리배가 각 아문에 부탁하여 별장의 차첩을 받아 왜관에 출입하는 폐단을 막기 어려우니 앞으로는 각 아문에 비록 물화가 있으나 어쩔 수 없이 典當잡힐 일이 있으면 差人을 정하지 말고 동래부로 내려보내어 본부에서 편의에 따라 매매하도록 한다.

· 물화의 신구품, 전당잡힌 숫자, 왜인에게 收捧치 못한 숫자를 자세히 조사하여 일일이 장부를 작성하여 1부는 비국으로 올려보내고 1건은 본부에 보관한다.

· 大廳開市의 법을 각별히 신칙하되 앞으로 各房으로 나누어 들어가는 폐단이 있는 경우에는 訓導와 別差가 각별히 금지할 것이며상인들이 준수하지 않을 경우는 본부에 보고하여 행수상인을 경중에 따

---

119) 同上, 11月 20日.
120) 『備邊司謄錄』第45册, 肅宗 17年 7月 16日.

라 죄를 묻고 훈도 별차 등도 금지시키지 못할 경우 아울러 죄를 묻는다.

· 訓導와 別差는 朝家에서 차출해 보낸 사람이니 접대 및 상거래를 모두 관리해야 하며 상인단속을 제대로 못할 경우 죄를 면하기 어렵고 상인호령에 있어 체모를 유지하여야 한다.

· 상인을 선정한 뒤 옛 상인 가운데 참여치 못한 사람 및 물화를 이미 전당잡히고 미처 그 값을 받아 내지 못한 것을 본도에서 일일이 置簿하고, 은화가 나올 때 새 상인 담당으로 하여금 일일이 나눠 지급하게 하며, 전당잡힌 물건값을 전액 추심한 뒤에 장부를 일일이 지워서 난잡하거나 소송을 제기하는 폐단이 없게 한다.

이 절목은 비변사의 왜관 무역에 관한 중요 교린정책의 표현이다. 여기에서 왜관상인의 숫자가 무오년(숙종 4년, 1678)에 20명으로 규정된 것을 알 수 있으며, 이 때(숙종 17년, 1691)에는 30명으로 늘렸음을 확인 할 수 있다.

증원이유는 路浮稅와 잠상의 폐단을 막기 위한 것이라고 하였으며, 이 밖의 주요 내용은 行首를 통한 남잡의 규찰이라던가 죄지은 자의 과죄, 잠상발고인의 논상, 각아문의 별장차첩폐단방지, 物貨詳査後 成册하여 비변사에 상송하는일, 對淸開市法의 신엄, 훈도 별차 운영 등의 내용으로 주로 東萊商賈의 濫雜, 潛商 등을 통제하고 방지하는데 있었다.

V. 군국기무 의정사안

1. 邊禁(犯越)사안

비변사의 邊禁(犯越)사안 처리는 국경지대에서 발생한 피아간의 문제이기 때문에 청일 양국과의 대외교섭에 해당된다. 이와 같은 사안은 군국기무에 해당되기 때문에 비변사의 변사주획이라는 기본임무에 짝하여 항시적으로 처리된 것이었다.

조선후기 비변사의 군국기무 의정사안으로 중대한 내용중의 하나는 소위 효종조 나선정벌로 일컬어지는 咸慶北道砲手寧古塔入送節目의 마련이었다. 효종 5년(1654)과 동왕 9년(1658)의 2차에 걸친 영고탑 파병의 원정작전 계획이라 할 수 있는 입송절목을 비변사에서 모두 마련한 것이다.[121]

이 咸境北道砲手寧古塔入送節目은 두 가지 절목이 있다. 그 첫째 것은 현전『비변사등록』에 등재되어 있고[122] 두 번째의 것은 현전『비변사등록』에 빠져있지만『등록유초』에 남아 있어[123] 2차 나선정벌의 실상을 모두 파악할 수 있게 하고 있다. 1차 및 2차 정벌시의 절목은 각각 15개조와 39개조로 되어있는데 2차시의 내용이 훨씬 치밀하다.[124]

효종 5년 1차 정벌시의 절목에는 파병의 규모(砲手 100명, 鳥銃兵 20명) 및 지휘체계, 題給할 資裝木匹數, 군량조달, 파병가족 護恤, 師期(전쟁기간) 등이 간단하게 규정되어 있다.

그러나 동왕 9년 2차 정벌시의 절목에는 영병장 申瀏의 差定에서부터 포수 200명의 선발세칙, 조총병 20명의 배속방법, 지휘계통의 증설, 鳥銃精好者 및 藥丸의 給送, 영병장과 초관 등의 所騎馬 및 軍需載持馬의 규정, 資裝木 題給 및 이송, 조청양국의 군량부담 한계, 人馬米太의 출용처(會寧)와 일일지급 규정, 運餉人馬의 途程과 雇立價, 卜馬 및 刷馬의 責出폐단으로 육진 소재 상평청 3分耗穀의 특별사용문제, 군병정돈 및 군량조달의 責應, 淸將의 相接備給, 군병 家屬의 蠲除, 청나라 대통관 李夢先 등의 접대사안, 日運

---

121) 이 寧古塔入送節目 즉 羅禪征伐 籌劃은 본서 제8장에서 상술될 것이다.
122)『備邊司謄錄』第17冊, 孝宗 5年 2月 2日.
123)『謄錄類抄』第5卷, 交隣 三 孝宗 9年 3月 4日.
124) 拙稿, 1998.7,「朝鮮孝宗朝 羅禪赴征에 대하여」『연변대학 조선문제연구소 20주년기념 국제학술토론회 발표문』, 연변대학, 본서 제8장 참조.

餉馬의 載送限界, 칙서 및 자문의 奉審, 본도 감병수사의 요리, 영병장의 군수잡물 등이 세밀히 계획되고 있어서[125] 1차시의 내용보다는 매우 구체성을 띠고 있었다.

또한 파송 이후에도 비변사에서 조치해야 할 繼餉문제[126]라던가 人馬雇價의 難辦을 심지어 密貿로서 해결하려는 치밀한 대책[127] 등이 강구되고 있었다. 이와 같은 사실은 효종 때의 북벌 즉 나선정벌이 비변사에 의해 주도면밀하게 계획되고 실행에 옮겨졌음을 보여준 것이라 하겠다.[128]

이 나선정벌 사건은 조선후기 대표적인 군국기무 사항이지만 이에 앞서 이미 조선초기부터 북변 국경지대의 야인 출몰과 남방 연해지방의 왜구 내습은 영일이 없을 정도이었다. 대마도정벌과 여진정벌에 이어 을묘, 임진왜란을 겪고 정묘, 병자호란의 수모를 당한 것은 이를 증거한 것이다.

그러나 왜호 양란이 종식되고 대외 화평기가 도래한 17세기 이후에는 이전보다 국경지대의 사단이 많이 줄었지만 私的인 犯越者와 정탐 및 해도 표류인의 처리 등은 자칫 외교문제화 될 수 있는 사건이기 때문에 이의 처리는 가벼운 것이 아니었다. 특히 군국기무의 총령이라는 비변사의 법제적 임무 아래에서는 이러한 변금 등의 사안의 처리가 비변사의 기능에 귀착됨은 당연한 것이다.

시기를 한정하여 숙종조의 변금 및 범월 사안을 보면, 숙종 1년

---

125) 『謄錄類抄』第5卷, 交隣 三 孝宗 9年 3月 3日.
126) 『謄錄類抄』第5卷, 交隣 三 孝宗 9年 5月 7日.
127) 同上.
128) 拙稿, 앞의 논문, 「朝鮮孝宗朝 羅禪赴征에 대하여」參照.
　　 寧古塔은 현재 중국 흑룡강성 寧安지방이다. 효종조 나선정벌시 청나라의 요청에 의하여 함경도 포수로 구성된 조총병이 혜산진을 출발하여 두만강 – 연길 – 왕청을 경유 영고탑에 도착하여 이곳을 전진기지로 삼고 다시 북상, 佳木斯를 경유하여 그 동북쪽인 富錦 – 同江부근까지 진출하고 송화강과 흑룡강이 합류한 강유역에서 러시아 동진군의 전함을 화포 등으로 격퇴하였다. 1차와 2차 정벌시의 전황이 차이가 있지만 장장 1천km의 원정 경로이었다.

(1675) 5월 함경병사는 淸人 5명이 도보로 회령을 넘어와 粮米를 애걸한 사건을 보고한 적이 있다. 이때 비변사의 계문은 恤隣의 뜻과 다시 넘어오지 못하도록 그 요구를 들어주도록 조치하면서 이를 長慮之道라고 하였는데129) 사소한 사건처리인 것 같지만 이는 국경의 釁端을 예방하려는 조치라고 할 수 있다.

　비변사에서 犯越 胡人을 통해 정보를 파악하는 탐문을 지시하기도 하였다. 북병사(柳斐然)의 장계를 받고 이를 조치한 과정에서 보인 내용이다. 그 경위는 "한 호인이 高嶺鎭에 넘어왔는데 그를 돌려보내려 하자 죽기를 작정하고 돌아가려 하지 않고 그 행동이 수상하였으며 그 언어는 漢音 즉 중국어를 쓰며 胡語(여진어)를 쓰지 않으므로 고령진에 있는 通事輩가 들을 수가 없어 이를 회령부로 보내어 그곳에 있는 漢人 康世爵으로 하여금 問情하게 하였다."보고하자 비변사에서는 이를 司啓辭로 "그 探問 狀啓를 기다린 후에 稟處함이 어떠하겠습니까"라고 계문하고 이를 허락 받은 내용이다.130)

　숙종 7년(1681)에는 청나라 칙사가 평안도 연해의 요해처인 椵島를 가서 보고 또 이를 模寫하려고 조정에 畵手를 요구한 사건이 있었는데, 비변사에서는 거기에 의도가 숨어 있다고 판단하고 도내(평안도)에는 본래 화수가 없다는 이유를 들어 가도의 모사를 저지하려는 입장을 보이기도 하였다.131)

　犯越人 대처는 서북강변 각처를 상시에 把守, 點考하는 규정이 있으나 때에 따라 금령이 해이되어 문제를 발생시키므로 비국에서는 함경 평안의 감병사로 하여금 군관을 보내 압록 두만강의 연변에 불시 摘奸하도록 계품하고 만약에 犯禁사건이 발생하면 그 당시의 감병사를 논죄하는 조치를 취하였다. 이 때 감병사는 朔末에 적간 사실을 보고하게 되었으며 특히 육진지방은 민간이 가지고

---

129) 『備邊司謄錄』第31冊, 肅宗 1年 5月 19日.
130) 『謄錄類抄』交隣 三 肅宗 6年 3月 9日.
131) 『謄錄類抄』交隣 三 肅宗 7年 4月 19日.

있는 鳥銃을 관가에 거두어 藏置하였으나 三甲지방은 이러한 규정이 없어 종종 국경지대의 문제가 발생된다고 보고 이후부터는 국경 연변의 軍器는 아울러 모두 거두어 관가에 보관하도록 조치하기도 하였다.132)

이와 같은 범월인 문제는 숙종년간에 많이 발생하여 비변사에서 司啓辭로 조치한 내용이 많다. 즉 서북 범월인의 체포자가 연속 발생하여 변민이 놀라 소동하는 일이 많았는데 이를 진정시키는 방안을 강구하였으며133) 이러한 범월인을 서울로 압송하여 推覈 처리하고 또 이들을 搜捕하기 위해 別定禁軍을 급히 發馬하는 조치를 강구하였고134) 이러한 범월인의 처리는 물론 비변사의 유사당상이 大臣에게 詢問하여 품처하였는데 越境採蔘者 등은 '一切死律隨現必殺'의 용률을 적용시킬 정도로 엄중하였다.135)

청나라 범월인으로 단순한 구걸이나 병자 등의 경우는 我境에 오래 구류하지 않고 賚咨官을 別定하여 鳳凰城將處로 移咨 압송하였는데 그들 중 병자로서 위중하여 압송하지 못할 경우는 범월사연 및 질병 때문에 入送하지 못한다는 사유를 먼저 봉황성장처로 移咨하는 조치를 취하였다. 이때의 咨文은 승문원에서 급히 찬출하여 뇌자관에게 부송하게 하였으며 또한 뇌자관은 의주부에 머물면서 병자의 처리라던가 봉황성장처에 입송하는 문제들을 처리하게 하였다.136)

한편 의주부윤(李增)의 장계와 禮部咨文에 따른 압록강 三道溝 協領 등지에서의 조청 양국인의 放槍 致傷 사건의 처리에 있어 비변사는 司啓辭로 그 방창범인의 나포와 이의 처리를 위해 京官 2員을 뽑아 양계에 급속히 분견하여 검칙하도록 조치하였는데137)

---

132) 『備邊司謄錄』 第39冊, 肅宗 11年 10月 15日.

133) 同上, 11月 5日.

134) 同上, 11月 10日.

135) 『備邊司謄錄』 第40冊, 肅宗 12年 5月 14日.

136) 『備邊司謄錄』 第47冊, 肅宗 19年 2月 4日.

이때 비변사에서는 三道溝 지방(현재 압록강 상류 백두산 북쪽의 만주경내 지역)을 일찍이 들어본 바가 없다고(曾所未聞) 하고 이 곳의 위치와 沿邊 어느 읍에서 얼마나 먼 곳인지를 상세히 탐문하여 보고하라고 하였다.[138]

이와 같은 비변사의 조치는 국경부근의 새로 거론된 지역에 대하여 여러 가지 정보를 파악하고 확인하려는 적극성을 보여준 사례라고 하겠다.

2. 問情(漂海人)사안

조선후기 海禁 정책에도 불구하고 불시에 외국 선박이 漂到하여 그 외국인을 상대한 경우가 많았다. 이 표도 외래인은 중국인과 일본인 심지어 서양인(주앙맨데스,[139] 벨테부레, 하멜)까지 있었고 그들의 신분은 어부이거나 상인인 경우가 많았으며 심지어 다국적인으로 구성되어 동남아-중국-일본을 왕래하는 국제무역선단의 무역선원도 있었다.

이러한 漂來人을 당해 지방관이 압송하면 비변사의 관원이 南別宮에서 이들을 問情(심문)하여 신분과 임무, 그들 나라의 여러 가지 제도나 정세까지를 캐묻는 정보파악의 과정이 있었다. 이 문정 과정은 당시 외국 정황을 알아 낼 수 있는 중요한 정보취득 방법이었다.

---

137) 『備邊司謄錄』第39册, 肅宗 11年 9日 10日 12日.
138) 『備邊司謄錄』第39册, 肅宗 11年 10月 9日.
139) 拙稿, 앞의 논문, 「임란이후 備邊司의 변사조치와 군사정책의 의정」 參照.
　　 '주앙맨데스(之緩面弟愁)'는 포루투칼인으로 중일무역선단의 일원이었는데 그 선단이 1604년(선조 37) 6월에 경상연안 統營에 침범해와 통제사 李慶濬이 攻破하고 이 선원들을 서울에 압송, 備邊司의 심문과정에서 신분이 드러난 것이다.

조선시대 대외인식 또는 대외정보 파악은 사대교린이라는 공식적인 외교사행과 상대국의 사신왕래 등이 기본적인 매개체이었다.

즉 사신의 왕래를 통한 문물 교류와 그 사행들이 남긴 海槎錄, 燕行錄 등으로 일컬어지는 여행견문기 등이 중요한 대외인식의 導管이었으며 여기에 더하여 불의의 해외표류 귀환자의 보고서(성종대 崔溥의 錦南漂海錄)와 임진왜란후 被虜 귀국인의 일기(선조대 魯認의 錦溪日記 140), 姜沆의 看羊錄) 그리고 난후 송환자(朴忠 愼應昌) 등의 공초 정보 등이 대외정보 파악의 한 수단이었다.

외국 특히 중국 서적의 수입 등을 통해서 상대국의 문물제도와 정세를 파악하는 경우가 많았지만 이 貿書 즉 서적의 경우 자국의 비밀이 새어 나갈만한 지도나 서책류는 각국 모두가 禁書조치하고 있었으므로 이를 통해 대외정세의 파악이란 쉽지 않은 일이었다. 이러한 가운데 표해인의 문정을 통한 대외 정보획득은 중요한 가치가 있었던 것이다.

임진왜란이 종식된지 얼마되지 않은 해금정책 시대에도 피로인 공초나 표해인 문정 등을 통한 대외정보 파악이 간헐적으로 이루워지고 있었다. 즉 임란 이후 선조 37년 統制營 앞바다에서 당시 中日 무장 무역선단을 격퇴한 후 포로로 잡은 왜인 皮古口老 등 5명과141) 그 얼마 후 조선 被虜人 나주수군 朴忠 등의 공초142) 등에서 당시 일본 정세를 여러 가지로 파악하였던 사례를 들 수 있다.

특히 『등록유초』에 들어난 경우를 보면, 정유재란 때에 일본 日

---

140) 魯認은 선조대 나주 출신으로 후일 정유재란때 남원성에 義兵으로 출전하다가 왜군에게 포로가 되어 일본으로 압송되고 일본에서 명나라 사신 선박편으로 중국으로 탈출하여 북경을 거처 귀하였다. 이 때의 상황을 錦溪日記로 남기어 당시 일본과 중국의 정세를 소상히 소개하여 16세기 말엽 동아세아의 정세파악에 크게 기여한 바 있다.
魯起旭, 2001.8, 〈錦溪 魯認 硏究〉, 조선대학교 대학원 사학과 석사학위 논문 참조.

141) 『謄錄類抄』 第8卷, 邊事 宣祖 37年 7月 6日.

142) 『謄錄類抄』 第8卷, 邊事 宣祖 37年 7月 11日.

向縣에 포로로 잡혀갔다가 광해군 때에 쇄환된 진주 유생 愼應昌의
공초를 통해서 당시 일본의 여러 가지 정세를 파악할 수 있었다.

즉 江戸, 大板, 對馬島 등지의 정세와 당시 권좌에 있던 秀忠, 平
調興, 平秀賴, 家康, 源秀忠, 平義智 등 중요인물에 대한 정보를 획
득하였는데 이때 특히 秀吉, 家康, 秀忠 등의 용심행사를 진술받고
일본 동서 60주의 상황도 상당히 세밀하게 파악하고 있었다.143)

이러한 사례는 사건의 발생과 함께 간헐적으로 있어왔지만 숙종
조 당시 청나라의 軍備 및 중국 동해안의 상황파악과 관련하여서는
漂漢人 問情別單의144) 내용을 하나의 대표적인 예로 들 수 있다.

숙종 10년 1월말 중국 登州출신 어부 張文學 등 3인이 智島(전
라도 신지도)에 표도, 서울에 압송되었는데145) 이의 문정은 동년 2
월 1일 비변사 낭청과 역관이 맡았다. 이 문정때에 중국 등주지방
의 실정과 雲貴, 泗川, 陝西 등지 및 東寧島의 鄭錦舍에 대한 聲息
을 파악하였고 북경의 상황 및 해안성지의 수축여부, 등주의 군문
실태 등을 부분적이나마 알아내었는데 특히 등주의 관원과 군병을
집중적으로 물어 소상히 알아내는 성과를 거두웠고 또 다른 별단
에서는 厦門(마카오)와 일본 장기도 등지의 항로 및 정세 등을 파
악한 것으로 나타나 있다.

그러나 일부 내용에서는 표도인의 견문한계인 듯 소기의 성과를
충족하지 못한 것으로 보이나 그후 제주에 표착한 漢人問情時에는
더 많은 정보를 입수하였고 이를 통해 또 다른 臺灣의 정세도 파악
하고 있었다.146)

---

143) 『備邊司謄錄』第1冊, 光海君 9年 1月 22日.
　　拙稿, 앞의 논문, 「임란이후 備邊司의 변사조치와 군사정책의 의정」 參
　　照.
144) 『備邊司謄錄』第38冊, 肅宗 10年 2月 1日.
145) 同上.
146) 『備邊司謄錄』第40冊, 肅宗 12年 9月 7日.
　　　『備邊司謄錄』第41冊, 肅宗 13年 5月 6日.
　　　『備邊司謄錄』第42冊, 肅宗 14年 9月 20日.

　　이러한 대외 문정은 교린대책 수립에 있어서 기초정세 판단으로 비변사가 이를 전담한 사례이며 문정이 끝나면 표래인들을 북경으로 전송하는 조치도 담당하였다.147)

　　효종대 하멜일행의 표도가 있었으나 여기에는 문정별단이 별도로 남아 있지 않고 문정별단의 시말이 자세히 남아 있는 대표적인 내용은 앞에 소개한 숙종 10년 2월의 漂漢人問情別單148)과 동왕 12년 9월의 漂漢人問情別單149) 그리고 동왕 13년 5월의 濟州漂漢人問情別單150) 및 동왕 14년 9월 濟州漂漢人問情別單 151) 등을 들 수 있다.

　　이러한 문정별단에서 심문항목은 대동소이하여 대체로 다음과 같다.

- 출신지 성명 나이
- 신분 생업
- 항로 항해목적
- 소지물품
- 표류과정
- 출신지방의 정세, 인물, 제도, 관원, 성곽, 군사, 무기, 노정
- 항해 중 타국견문내용
- 기타 의문사항

　　이상과 같은 심문항목을 기본으로 하고 심문과정에서 파생되는 의문점이나 새로이 드러나는 정황은 계속하여 파상적으로 그 내용을 물어 관계 전말을 치밀하게 알아내는 자세를 보였다.

　　『備邊司謄錄』第47册, 肅宗 19年 6月 16日.
　　『謄錄類抄』第5卷, 交隣 三 "濟州漂漢人問情別單" 肅宗 12年 9月 7日.
　　同上, 肅宗 13年 5月 6日, 肅宗 14年 9月 20日, 肅宗 19年 6月 16日.
147) 『備邊司謄錄』第38册, 肅宗 10年 2月 1日.
148) 『備邊司謄錄』第38册, 肅宗 10年 2月 1日.
149) 『備邊司謄錄』第40册, 肅宗 12年 9月 17日.
150) 『備邊司謄錄』第40册, 肅宗 13年 5月 15日.
151) 『備邊司謄錄』第42册, 肅宗 14年 9月 20日.

이러한 문정과정에서 역관을 대동하고 심문한 비변사관원의 용의주도함을 엿볼 수 있으며 이러한 심문항목은 당시 대외정세 파악에 중요한 요소들이 모두 포함되어 있어서 이를 통한 비변사의 대외정보 파악의 경위를 알 수 있게 하고 있다.

이상 거론한 문정별단의 구체적인 내용은 여기에서 모두 상론할 수 없지만 어떻든 이러한 문정내용을 통해 취득한 외국 정보는 비변사의 외교정책 의정에 중요한 자료가 되고 있었음은 재언의 여지가 없다.

Ⅵ. 결 어

조선시대 비변사는 16세기초 중종년간에 변사주획의 권설아문으로 창설되어 변사처리 및 군국기무를 총령하고 나아가 정치적 기능이 확대 강화되어 19세기 말엽 혁파될 때까지 국정전반을 총장하였다. 따라서 군국기무에 있어 중대사인 외교정책의 의계권이 비변사에 귀속되는 양상을 띤 것은 물론이었다.

조선시대 외교정책의 수립 결정은 제도적으로 예조가 啓禀하여 의정대신의 논의를 거친 후 국왕이 재가로 이루어 진 것이지만 비변사가 이 외교사안의 의계권을 주도하였기 때문에 당해 掌政부서는 소외된 형세에 있었다.

양란을 거치면서 역대 국왕은 비변사의 의존도가 깊어졌으며 이와 함께 비변사는 그 외교권의 장악도 심화되어 갔다. 국경지대의 사건이 발생하면 국왕은 이를 비변사에 急速議處를 전교한 것이 일반화되었고 비변사 또한 이를 집중적으로 처리한 사례는 점차 외교사안의 公事처리에 있어 통상적인 관행으로 자리잡게 된 것이다.

비변사의 회의체인 籌坐나 賓坐에서 의계처리한 외교정책 사안의 범위는 대청, 대일 교린외교를 위시하여 군국기무의 대소사안 등 거의 미치지 않은 바가 없을 정도이었다.

대청외교 사안으로는 支勅, 燕行, 互市, 潛商 등의 사안과 대일외교 사안으로는 書契, 萊館, 倭館, 換貿, 金銀, 潛商, 海島 등의 사안 그리고 군국기무 사안으로는 邊禁, 犯越, 問情, 漂海人 등의 사안으로 여기에서 파생된 여타 관련 사안까지를 포함하면 거의 이르지 않음이 없을 정도의 의계권을 행사한 셈이었다.

이와 같은 의계권의 비변사 집중은 비변사의 권능이 강화됨과 맥을 같이 하는 것이지만 외교사안의 처리에 있어 해당 각조(육조)의 본래 직무와 관계없이 비변사가 주도한 빈좌에서 처리한 것은 비변사의 의계권 주도를 의미하며 반대로 본래 掌政부서의 직무는 무력화 되었음을 뜻한 것이다.

조선후기에 있어 이러한 정치현상이 가능한 것은 비변사가 의정부의 권능을 압도하고 혁파될 때까지 360여 년간이나 존치운영했던 정치적 상황과 관련이 있다. 즉 권력집중의 權府라는 부정적, 보수적인 비판이 있음에도 불구하고 비변사의 긍정적 측면인 시정의 조정력과 행정의 능률성이 개재된 政廳으로서 역대 왕권의 상보적 수단으로 정치운영의 한 축이 되어 왔기 때문이다.

비변사의 외교정책 주도는 비변사 존치운영의 긍적적 측면에서 검토될 수 있는 문제로서 각 아문, 각관의 이해 상충을 대국적 차원에서 조정하는 능률적인 정청으로서의 기능과 연계하여 그 외교권의 장악을 설명할 수 있다. 중대한 외교정책을 臨機 처리한 권능과 각종 외교별단을 효과적으로 주도 작성하였다는 것은 이를 반증한 것이라고 할 수 있다.

제8장

비변사의 羅禪征伐 籌劃

-효종조 寧古塔 파병절목을 중심으로-

I. 서 언

寧古塔(혹은 寧固塔)은 흑룡강 남쪽의 길림성 寧安 지방에 있는 북만주 요충지이다. 두만강 유역의 경원, 회령 두 지역과 함께 조선후기 對淸 무역인 開市가 열린 지방이기도 하며 특히 효종조 조총군의 羅禪(러시아) 정벌시 그 전진기지로 집결하게 되어있었던 곳으로 유명하다.

이 글에서 영고탑 파병절목이라 함은 앞에서 간단히 언급한 바 있지만, 비변사에서 주획한 咸鏡北道砲手寧古塔入送節目으로 효종조에 2차에 걸친 나선정벌의 파병, 군수계획을 말한다. 소위 나선정벌 계획인 1차 영고탑 입송절목은 현전 비변사등록과 효종실록에 그 전말이 기록되어 있으나 2차 영고탑 입송절목은 위의 두 사료에 모두 탈락되어 그 내용을 알 수 없었다.

효종조 나선정벌의 실상을 알려면 조선측의 경우 이 입송절목을 모두 알아야 구체적인 내용을 파악할 수 있을 것인데 지금까지 2차 입송절목이 상기 『비변사등록』이나 『효종실록』에 등재되어 있지 않아 그것을 모두 알 수 없었다.

그런데 필자가 그 동안에 비변사연구를 진행해 오면서 현전 비변사등록의 逸失부분을 추적하다가 이미 한 두 번 언급한 바와 같이, 규장각에서 『등록유초』를 발굴 확인하면서 이 2차 입송절목의 전문을 찾아내어 그 내용의 일부를 소개한 적이 있다.[1]

---

* 이 논문은 拙稿, 2001, 「備邊司의 羅禪征伐 籌劃에 대하여 - 효종조 寧古塔 파병절목을 중심으로 - 」『韓國史學報』 제11호, 高麗史學會, 123~143쪽에 揭載한 내용임

1) 潘允洪 「關于朝鮮孝宗朝的羅禪赴征」 『'98朝鮮,韓國歷史与文化學術硏討會' 論文提要集』 延邊大學朝鮮問題硏究所 : 復旦大學韓國硏究中心 主催. 1998. 7.

이와 같은 영고탑입송절목 1-2차 내용을 모두 살펴본다면 두 차례 절목의 차이가 들어 날 것이며 아울러 효종조 나선정벌의 전황과[2) 그 실상을 이해하는데 도움이 될 것이다.

이 글에서는 비록 청나라의 요청이기는 하더라도 조선정부의 나선정벌 준비과정에 주목하여 그 입송절목을 모두 제시하여 상세히 소개하고 그 구체적인 원정계획을 살펴보려 한 것이다. 이 나선정벌은 조선후기 최초의 서양인 상대 원정파병이며 왜호양란이 방어전인데 비하여 비록 소규모이기는 하지만 공격전략이었기 때문에 그 준비과정이 어떠했는가를 밝히는 것은 의미 있는 일이기 때문이다.

15~16.
이 논문발표회에서 필자가 본고의 일부를 중국어로 번역하여 발표하였으며 이 때에 영고탑 부근일대를 답사한 바가 있다(졸고 : 「備邊司의 外交政策 議定硏究」『朝鮮時代史學報』8호, 1999. 3. 163쪽 참조), 영고탑은 조선후기 청나라와의 만주지방 開市로서도 유명할 뿐만 아니라 효종대 羅禪征伐의 전진기지이었기 때문에 필자로서는 관심 있는 지역이었다.
1998년 7월 중순 연변대학에서의 상기 논문발표회가 마무리 된 다음 소위 나선정벌군의 행군로인 회령－연길－왕청－영안(영고탑)에 이르는 길을 따라 답사를 강행하였다. 마지막 흑룡강 전투 장소까지는 모두 답사하지 못하였으나 두만상에서 왕청－영안에 이르는 원성코스를 동학 柳承宙교수와 함께 답사하며 여러 가지를 살펴 보았다. 이때 비록 자동차로 달려 보면서도 많은 감회에 젖었었다.
효종때 원정군의 출발지인 두만강변의 회령에서부터 연길－왕청－영안－의란－목단강－부금－악래목성－흑룡강에 이르는 길은 옛날에 3~4천리 길이라 할 만큼(何願船〈秋濤〉：朔方備乘 卷六十) 멀고도 험한 원시림의 길이었을 터인데 3백여년 전의 중세 도보원정군인 조선 조총병 군대가 그 험준한 산하 협곡을 넘고 대평원을 가로질러 어떻게 그 머나먼 길을 군수품을 끌며 왕복하고 전장에 임했을까 하는 생각과 더욱이 최초의 서양 러시아 군대와 상대하여 어떻게 완승에 가까운 승리를 거둘 수 있었을까 하는 상념에 젖기도 하였다.
 2) 稻葉岩吉, 1934, 「朝鮮孝宗朝に於ける兩次の滿洲出兵に就いて－淸露關係初期史料－(上)」『靑丘學叢』第15號.
　　　　　, 1934, 「朝鮮孝宗朝に於ける兩次の滿洲出兵に就いて－淸露關係初期史料－(下)」『靑丘學叢』第16號.

Ⅱ. 러시아의 동진정책과 흑룡강전투

러시아의 동진 정책은 재정수입원인 毛皮자원을 얻기 위한 것으로서 16세기 말엽 까자끄 부대가 우랄산맥을 넘어 시베리아 지방을 遠征하면서 시작되었다. 1581년 예르마크(Yermak)가 이끄는 까자끄 부대가 원정을 시작한 이래 시베리아를 횡단하면서 오츠크(Okhotsk)해에 도착하기까지는 5~60년 밖에 걸리지 않을 정도로 그 동진 속도는 경이적이었다.

17세기에 들어서면서부터 러시아의 동진 정책은 본격화되어 1630년대의 야쿠스크(Yakutsk) 지방이 모스크바 정부의 행정조직에 편입되고 1650년대에 넬친스크(Nerchinsk) 지방이 거점도시로 형성되기에 이르렀다. 이러한 배경에서 러시아의 흑룡강 진출이 본격화된 것이다.

1643년 포야르코프(Poyarkov)가 黑龍江 탐사를 시작하여 이듬해에 흑룡강에 도달하였다. 그 탐사목적은 흑룡강 부근의 현지인에게 모피세를 거두고 은, 동, 연 등의 광물과 곡물을 조달하기 위함이었다.3)

그러나 러시아의 흑룡강 원정진출은 용이한 것이 아니었고 그 뒤 하바로프(Khabarov) 원정군에 이르러서야 본격화되었다. 하바로프 원정대는 1650년 봄에 흑룡강에 진입하여 원주민을 약탈하였으나 그들의 저항을 받아 물러났다가 다시 그 해 9월에 흑룡강 상류지대인 아극살(Yakesa) 지방을 점령하여 알바진(Albazin)이라고 이름하고 거점으로 삼아 다시 흑룡강을 하류로 내려오면서 부근 원주민을 제압, 모피와 식량을 약탈하기 시작하였다. 이 무렵

---

3) 박태근, 1981, 「조선군의 흑룡강출병(1654~1658)」『한국사론』9, 「조선후기 국방체제의 제문제」, 국사편찬위원회.

원주민의 인명과 재산피해는 막심하였다.

이러한 러시아의 흑룡강 진출이 본격화되자 청의 順治皇帝는 원주민의 보호를 목적으로 흑룡강 남쪽 거점도시인 영고탑에 정규군인 만주 八旗軍을 출동시키어 러시아 동진 군대를 요격하기에 이르렀다. 1652년 4월 청나라 군대는 흑룡강 하류 연안인 烏札拉에서 하바로프의 군영을 급습하였으나 러시아의 총포무기의 위력에 밀리어 수적으로 우세한 병력에도 불구하고 실패하고 말았다. 이 접전이 러시아와 청나라 사이에 최초로 벌어진 전투이었다.

이 전투에서 駐防寧固塔章京 海塞(海色)은 문책 처형되고 다음해 1653년 6월에 沙爾虎達을 昂邦章京(지방관＝장군)으로 승격시켜 일대 반격작전을 시도하고 있었다.4) 그러나 러시아의 火力에 역부족한 청나라는 마침내 조선의 조총군의 화력 지원부대를 요구하게 된 것이다.

이 무렵 청나라는 남진정책을 계속하고 있었기 때문에 러시아군의 흑룡강 일대의 약탈 저지에 총력을 경주할 여가가 없었을 뿐만 아니라 무기에 있어서도 열세에 있었다.

청나라의 조선군 원병의 요구는 병자호란 후의 양국의 화맹조약에 근거하여 강제되고 있었다. 청나라가 對明 작전상 파병을 요구할 때는 즉시 응해야 한다는 조약 때문이었다. 이 조약으로 이미 두 차례에 걸쳐 파병된 적이 있었다. 그 첫 번째는 소위 명나라를 치기 위한 錦州衛 출병이요 두 번째는 東海瓦爾喀部의 嘉哈禪(慶河昌) 토벌작전인 熊島 출병이다. 특히 금주위 출병은 당시 평안병사 林慶業과 황해병사 李浣 등이 이끄는 명나라를 상대한 파병 전쟁이었는데 그 규모와 작전의 기여도 때문에 후일 그 후유증은 매우 큰 것이었다.5)

어떻든 하바로프 탐험대가 1650년에 동북만주 지방에 진출하여

---

4) 上同.
5) 上同.

아므르강 즉 흑룡강에 도달한 때는, 조선은 효종조 시기이었고 淸은 順治년간이었다. 앞에서 언급한 데로 하바로프가 이끄는 러시아군대는 흑룡강연안에 도달한 이래 그 우안의 알바진(雅克薩) 하구와 인근 烏蘇里江 하구 등지에 성을 쌓고 모피를 수집하며 물산을 탈취하는 등의 행위로 원주민들과 분쟁을 야기 시켰고 계속하여 松花江 방면으로 그 활동범위를 넓히고 있었다.

양국인의 분쟁이 점차 커지자 淸나라에서는 寧古塔(寧安)에 주둔한 자국 병사를 보내어 축출을 시도하였으나 총포로 무장한 러시아군대를 감당하지 못하여 계속 차질을 빚고 있었다. 이에 조선의 조총군 위력을 알고 있던 청나라에서는 사신 韓巨源을 파견하여 조선의 조총군 100명을 뽑아 영고탑에 파병해 줄 것을 요청하기에 이른 것이다.6)

청나라 사신 한거원은 다음과 같은 예부자문을 조선정부에 제출하고 원병을 요구하였다.

> 조선은 영고탑 지방에 가까우니 국내의 숙달된 鳥槍人(鳥銃手: 필자) 100여명을 선출하여 회령을 경유하여 영고탑에 이르러 昂邦章京 沙爾虎達의 휘하에 들어 그의 領率로 나선을 정벌하되 3월초 10일을 한정하여 영고탑에 당도하여야 한다.7)

이와 같은 청나라의 원병요청을 처리하는데 있어『효종실록』에서는 다음과 같이 그 전말을 기록하고 있다.

---

6)『備邊司謄錄』第17册, 孝宗 5年 甲午 2月 1日.
　『承政院日記』孝宗 5年 2月 2日.
7)『同文彙考』原編 卷76, 軍務.
　禮部爲傳奉事 順治十一年正月十四日 恭奉聖諭 朝鮮近寧古塔地方 國內善射鳥槍人 着選一百名 由會寧發至寧古塔 廳昂邦章京沙爾虎達 率領往征羅禪 限三月初十日 到寧古塔 爾禮部 即行移咨朝鮮國王 欽此欽遵 合行移咨貴國王 部文到日 煩爲遵照聖諭 即善射鳥槍人一百名 由會寧依限前往寧古塔 勿致遲緩 須至咨者 右咨朝鮮國王 順治十 一年正月十六日

(1654, 효종 5) 二月 癸亥에 청나라 사신 韓巨源이 입경하니 上이 편전에서 접견하고 대신이 입시 하였다. 거원은 예부자문을 올리었는데 그 자문에 이르기를 '조선의 조창선수 일백인을 뽑아 회령부를 경유하여 앙방장경의 영솔에 들어가 나선을 정벌하되 삼월 초 십일을 한정하여 영고탑에 도착하여야 한다.'고 하였다. 거원이 자리를 비켜 절을 하자 上이 위로하며 차를 마시게 하면서 말하기를 '나선은 어떠한 나라이냐'하니 거원이 대답하기를 '영고탑 근방에 별종이 있는데 이것이 나선입니다.'하며 거원이 자문의 회답을 청하자 영의정 鄭太和가 말하기를 '領將은 어떠한 관원을 정해 보냄이 마땅하겠는가'하자 거원이 말하기를 '북도의 변장이나 수령중에 뽑아 보냄이 편리할 것 같습니다.'하고 거원이 물러났다. 태화가 진언하기를 '아군이 도강한 후에 그들이 만약 군량을 지급하지 않으면 반드시 군색한 어려움이 있을 것입니다. 도로를 계산하여 양곡을 실어 보냄이 마땅할 것 같습니다.'하니 상이 말하기를 '그러하다'하였고 태화가 말하기를 '북도우후 邊岌이 영장으로 가합니다'하였다. 8)

이렇게 하여 조선정부는 청의 요구를 받아 들여 함경북도 兵馬虞候인 邊岌을 領兵將으로 삼아 관내 조총군 100명과 哨官, 旗鼓手 등 50여명을 뽑아 출정시키기에 이르렀고9) 이 군대가 1654년 3월 26일 會寧에서 출발, 延吉 - 旺淸을 경유하여 8일간의 행군 끝에 다음달 4월 3일에 영고탑에 당도하게 된 것이다.

赴征軍으로 영고탑에 도착한 조선 조총군대는 청나라 군사와 합동하여 본격적으로 북상하면서 러시아군의 토벌작전에 돌입하였다. 영고탑에서 출정한 부정군은 曰可지방에서 배를 타고 厚通江 (송화강의 옛 이름)으로 내려가 흑룡강에서 거슬러 올라오는 러시아 군대와 접전(4. 28. 依蘭부근?), 조총의 火攻으로 7일만에 러사아 군병을 격퇴, 피해가 없는 완승을 거두고 5월 16일에 회군, 70일만인 6월 13일에 영고탑으로 되돌아 온 다음에 본국으로 개선 귀환하였다.10) 이 원정사건이 소위 효종때의 1차 나선정벌이었다.

---

8) 『孝宗實錄』卷十二 孝宗 5年 2月 2日.

9) 『備邊司謄錄』第17册, 孝宗 5年 2月 2日.

10) 『孝宗實錄』卷14, 孝宗 6年 4月 23日.
　　이 날 효종은 나선정벌에서 개선한 변급을 주강시에 윤대하였는데 변급 그러나 이 1차 정벌은 만주 북단 청, 러 경계 지대인 흑룡강까지는 진격하지는 않았다. 영고탑에서 흑룡강까지 대략 중간지점인 依蘭지방까지의 원정이었다. 러시아 정벌군의 원정로는 대략 會寧－延吉－旺淸－寧古塔－牧丹江市－依蘭－佳木斯－樺川－富錦－同江－鄂來木城－黑龍江으로 이어지는 남북종축의 戰線이었다. 영고탑 북쪽으로는 목단강과 송화강이 각각 북동으로 흘러 흑룡강에 합류되는데 이러한 강 연안에서 러시아군과 접전하였으며 1차 때는 영고탑－흑룡강까지의 중간지점인 의란 부근에서 전투가 종결되었다. 다음 언급할 2차때는 물론 흑룡강까지 진격하였다.

1차 때 패퇴한 러시아군은 다시 흑룡강 부근의 풍부한 자원을 탐내 계속 출몰하여 사단을 일으키고 구식장비를 소지한 청나라 군사의 대응이 자주 실패로 돌아가자 청나라에서는 4년 뒤인 1658년 3월에 또 다시 조선 조총군의 파병을 요청하기에 이르렀다.

이 2차 파병에는 청나라에서 禮部咨文을 李一先이란 사신에게 보내어 조선정부에 원병을 요청하였다. 이 때가 1658년(효종 9) 2월이었다. 효종은 입경한 청나라 사신 이일선을 西郊에까지 직접 나아가 영접하였는데11) 이를 효종실록에서는 다음과 같이 기록하였다.

> 청나라 사신 李一先이 칙서를 가지고 오니 영의정 鄭太和 등이 임금에게 교외에 나가 맞이할 것을 권하고 승지 徐元履가 그 말을 극구 두둔하니 임금이 서교에 행행하여 사신을 영접하고 희정당에서 접견하였다. 일선이 말하기를 '대국이 장차 병사를 보내 나선을 정벌하려 한데 饋餉이 매우 어렵습니다. 청컨대 본국에서 5개월 분의 양곡을 실어 보내주십시오.'하니 왕이 이르기를 '적의 형세가 어떠한가' 하자 일선이 대답하기를 '적병은 불과 천 여명 정도입니다. 우리들이 급하게 달려온 것은 北路에 (양곡의) 비축분이 없는 것을 염려하여 內地의 곡식을 수송하고자 함입

___

은 이 때 전투경과에 대한 자세한 보고가 있었다. 그런데 이미 효종 5년 7월 기축(7일?)에 북경 예부에 올린 "報捷音咨"의 전투상황 내용과 약간의 차이가 있다. 전쟁후의 기억에 의존한 보고나 기록이 정확할 수는 없기 때문에 이러한 점은 크게 문제될 일은 아니다.

11) 『承政院日記』孝宗 9年 3月 3日.

니다.'라고 하자 임금이 '먼 지역에 빨리 운반한다는 것은 어려운 일이지
만 어찌 응하지 않을 수 있겠는가.'라고 하였다. 12)

이와 같이 효종은 청나라 사신을 맞이한 그 자리에서 소위 제2
차 나선정벌이 결정된 것이다. 이때 이일선이 가지고 온 청나라의
"再發鳥槍手送寧古塔勅"13)라는 칙서는 다음과 같다.

> 황제는 조선국왕 姓某(李淏:효종)에게 칙유한다. 지금 나선이 아경을
> 침범하여 백성에게 해를 끼치고 있다. 정벌에 응하되 滿兵을 발하여 도착
> 하기 전에 군수품과 정예 조총수 2백명을 왕은 즉시 보내야 한다. 아울러
> 장차 일체의 비용을 모두 준비하고 적당한 관원으로 하여금 지휘토록 하
> 여 5월 초순까지 영고탑에 보내어 당도하게 할 것을 特諭한다. 順治 15년
> 2월 9일.14)

위의 내용에서 본 바와 같이 청나라의 원병 요청서인 소위 황제
칙서를 조선국왕은 즉각 수용하고 있었다. 거역할 수 없는 이행사
항으로 처리되고 있었음을 알 수 있다. 이렇게 청나라의 요구를 받
아들이게 된 이유는 물론 병자호란 때 청나라와의 화맹조약 때문
이다. 그 약조에는 당시 청나라가 명나라를 치려할 때 조선군의 원
병을 요청할 경우 이를 따른다는 것이었는데 이제 명나라가 망한
후에도 그 원병조건이 관행되어 효종시대의 나선정벌에 청의 일방
적인 요구와 조선의 즉각적인 수용으로 이렇게 나타난 것이다. 여

---

12) 『孝宗實錄』卷20, 孝宗 9年 2月 庚子.
13) 『淸實錄』順治十五年 二月條. "勅諭朝鮮國王李淏 今老察 犯我邊境 擾害生
    民 應行征剿 玆發滿洲兵前往 于時 需用鳥槍手二百名 王卽簡發 竝將一切
    應用之物 全行備辦 乃令的當官員統領 限于五月初間 送寧古塔"
14) 『同文彙考』原編 七十六 軍務.
    청실록의 칙유문과 몇 자가 차이가 난다. 즉 동문휘고에는 조선국왕 '姓
    某'라고 하였으나 청실록에는 조선국왕 '李淏'로 이름을 그대로 썼고, 동
    문휘고에서는 '羅禪'으로 썼으나 청실록에서는 '老察'이라고 하였으며 마
    즈막에 동문휘고에서는 '特諭 順治十五年二月十九日'을 기록하였으나 청
    실록에는 이 年記가 없다.

기에서 이른바 胡亂을 雪冤한다는 소위 효종의 북벌론을 어떻게 이해해야 되는 것인지 餘猶하지 않을 수 없다.

어떻든 2차 나선정벌에는 혜산진 첨사 申瀏가 영병장이 되고 함경도 지방의 정예 조총군 200명과 초관, 기고수 등 60여명이 選兵되어 청의 요구대로 영고탑에 파송된 것이다.[15] 1658년 5월 3일에 회령을 출발하여 두만강을 도강, 영고탑에 도착한 조총군대는 얼마후 6월 5일에 청나라 군사와 연합하여 러시아군의 정벌에 들어갔다.

정벌군이 영고탑에서 출정하여 依蘭-佳木斯-樺川-三道鳥龍-富錦 등지를 경유 북상하다가 同江과 鄂來木城 부근의 송화강과 흑룡강이 합류한 지점에서 러시아의 병단과 조우하게 되자(6월 10일경), 여기에서 10여 척의 큰배를 앞세운 러시아 군대와 조총으로 무장한 조선군과의 사이에 일대 접전이 전개되기에 이르렀다.

조선군은 숙련된 포수와 조총군 그리고 火箭으로 치열하게 공격하여 러시아 船團을 소실시키고 주력부대를 거의 섬멸하였다. 이 전투에서 조선군은 8명의 전사자와 25명의 부상자를 내었지만 러사아 군대를 퇴각시키는 큰 전승을 올리고 3일만에 회군하여 다시 영고탑으로 돌아와 4개월 여를 주둔하다가 그 해 11월 18일 영고탑을 떠나 12월 2일 회령으로 개선 귀환하였다.[16] 이 사건을 2차 나선정벌이라 칭한다.

이와 같은 두 차례의 나선정벌은 17세기 동북만주 지방에서 불법적으로 물산을 침탈하는 러시아 군대를 朝淸 양국병사가 합동하여 격퇴, 러시아의 동방진출 첨병인 하바로프 군대를 저지하는 큰 성과를 올렸고 조선에서는 임진왜란 이후 조총 등 신식무기를 발전시키는 과정에서 조총의 실전위력과 포수의 전투능력을 확인하

---

15) 『謄錄類抄』 交隣 三, 孝宗 9年 3月 4日.
16) 『星湖僿說類選』 卷九 下, 車漢日記.
　　여기에는 나선정벌 1, 2차 전황이 모두 기록되어 있으나 그 정확도가 약하고 약간의 소설유적인 서술이 있으나 전황의 분위기를 알 수 있는 자료이다. 稻葉岩吉의 전게논문에서는 이 자료를 모두 전재하였다.

는 계기가 되었다는 점등에서 외교적, 군사적으로 큰 의미가 있는
사건이었다.

Ⅲ. 영고탑 파병계획과 그 入送節目

그러면 소위 나선정벌시 조선군의 파송계획은 어떠했는가. 조선
후기의 군국기무 사안은 비변사에서 조치하는 것이 관행이었는데
청의 원병요청 사안도 역시 비변사에서 처리하였다.

1차(1654) 나선정벌의 작전계획인 羅禪赴征軍兵抄送節目은 비변
사회의에서 마련하였고 그 別單인 咸境北道砲手寧固塔入送節目이
『비변사등록』에 올라 있어[17] 그 내용을 자세히 알 수 있다. 그러나 2
차(1658) 나선정벌계획은 現傳『비변사등록』에 逸失 脫落되어 있어
전연 그 경위를 알 수 없었다(日人 稻葉岩吉의 논문에도 빠져있다).

필자가 비변사 논문을 쓰면서 앞에서 언급한 데로『등록유초』에
서 이 2차 나선정벌계획의 일부를 처음으로 소개한 바 있는데, 본고
에서 그 구체적인 실상을 모두 밝히게 된 기회를 갖게 된 셈이다.

2차 나선정벌계획은 1차와 마찬가지로 함경북도포수영고탑입송
절목으로 기록되어 있는데 2차 계획은 1차 보다 매우 구체적인 전
략으로 짜어 있는 것이 특색이다. 특히 2차 入送계획의 경우 동지
사 尹絳의 장계로 보고된 청의 조총요구와 [18] 청나라 사신 李一先

---

17) 『備邊司謄錄』 第17册, 孝宗 5年 甲午 2月 初 2日.

18) 『備邊司謄錄』 第19册, 孝宗 8年 2月 11日."啓曰 冬至使尹絳等 狀啓中 覆
　　啓處置事 待領相還朝相議仰稟 而倭鳥銃一款 若副其請 則此非倭館循例
　　賣買之物 必須豫先搜覓 然後可無臨時窘迫之患 臣等招問 訓局御營廳軍器
　　寺等 該官則皆無所儲 都下亦無所儲之處云 嶺南監統兵水諸營 則儲置多少
　　雖未詳知必優於他處 揆上行文監司處 使之移文相議 收聚公事諸處 精擇好

이 가지고 온 영고탑 파병 칙서[19] 대책은 조정의 중대사안이었다. 당시 국왕인 효종은 이 원병문제를 즉시 처리하면서 "비국회의를 종일 파하지 말고 策應할 것이며 조총의 可得 방안을 요리하지 못하면 귀가하지 말라"[20] 할 정도로 비변사의 대책을 독려 고대하고 있는 형편이었다.

1차 파병시의 절목은 15개조로 파병규모(포수 100명, 조총병 20명) 및 지휘체계 그리고 題給할 資裝木의 疋數와 軍糧조달, 派兵家屬護恤, 師期 등 간략하게 마련되었으나 4년 후인 2차 파병시의 절목은 39개조로 되어 있어 훨씬 치밀한 내용을 담고 있다.

그러면 우선 1654년(효종 5년)의 1차 파병시 그 경위와 입송 계획을 살펴보기로 하자. 淸使 韓巨源이 효종에게 파병을 요청한 그 날 비변사에서는 羅禪赴征軍兵抄送節目을 草記하여 왕의 윤허를 받아 곧바로 시행에 들어갔는데 그 경위가 『비변사등록』에

나선부정군병초송절목을 별단으로 서계하였습니다. 기간이 매우 급하니 監兵使處에 宣傳官 下去時 이를 분부하면 어떠하겠습니까[21]

하여 왕의 윤허를 받았다. 이와 같이 즉시 조치됨을 볼 수 있다. 그 1차 입송절목의 세부내용은 다음과 같다.

〈1차〉 咸鏡北道砲手寧古塔入送時節目[22]

品七十八柄 別定軍官 斯達押領上送 其餘則令軍器寺提調 知關與該曺堂上相議 給價貿得如何 答曰依啓"
19) 『承政院日記』孝宗 9年 3月 3日
20) 『備邊司謄錄』第19册, 孝宗 8年 3月 8日.
21) 『備邊司謄錄』孝宗 5年 甲午 2月 初 2日. "啓曰 羅禪赴征軍兵抄送節目 別單書啓矣 師期頗急 監兵使處 宣傳官下去時 以此分付如何 答曰允"
22) 一. 砲手一百名 以北道砲技善手 極擇精壯抄選 每一名 資裝木十五匹式題給爲白齊
　　一. 火兵二十名 北道軍兵中抄送 每一名 資裝木十五匹式題給爲白齊
　　一. 領將一員 資裝木三十匹題給爲白齊

一. 砲手 100명은 북도의 능숙한 포수를 極擇하고 정예병을 抄選하여 매1명에게 資裝木 15필식을 題給한다.

一. 火兵 20명은 북도군병 중에서 뽑아 보내고 매1명에게 자장목 10필을 제급한다.

一. 領將 1원은 자장목 30필을 제급한다.

一. 哨官 1원은 자장목 20필을 제급한다.

一. 영장의 隨率 22명 가운데 軍官과 通事가 역시 그 안에 있다.

一. 초관의 隨率은 8명과 도합 30명은 매1명당 자장목 8필식을 제급한다.

一. 영장의 卜馬는 1필이다.

一. 초관의 복마는 1필이다.

一. 軍人都卜 7인은 아울러 1필이다.

一. 군량은 영고탑 도착후에 스스로 그 장소에서 給饋하고 우리 땅에서 영고탑에 이르기까지 10일분을 마련하여 給送한다.

一. 哨官一員 資裝木二十匹題給爲白齊
一. 領將隨率二十二名內 軍官通事 亦在其中
一. 哨官隨率八名 都合三十名 每一名 資裝木八匹式題給爲白齊
一. 領將卜馬二匹
一. 哨官卜馬一匹
一. 軍人都卜 七人並一匹
一. 軍粮則到寧古塔之後 自當彼處給饋 自我境到寧古塔之粮 以十日磨鍊給送爲白齊
一. 軍兵則北道獨當抄送 而卜馬及十日軍粮載持馬 則通融南關 磨鍊收棒 雇稅之價 募立人馬以送爲白齊
一. 哨官以下軍兵 被抄入往之後 其家屬等 自官家 各別護恤 蠲除雜役 力不能耕耘者 令其隣里 出力救助 俾無失農之弊爲白齊
一. 今此師期 衙門咨文內 限三月初十日到寧古塔云 軍兵二月晦日內聚會 會寧府 裝束整頓 三月初一日發行 可及初十日之期 雇稅及馬匹 自南關 一時暫發 而六鎭士兵等 所持馬匹 本不載卜 今若混同抄送 則將作棄物 戰士騎馬 切不抄送爲白齊
一. 差官言內 衙譯金三達 張孝禮等二人 已自北京發向寧古塔 我國軍兵入往時 當爲出來 指導而行是如爲日昆 衙譯未到之前 則不可擅自越境是白齊
一. 抄兵一事 則兵使主之 卜馬資裝粮餉等事 北兵使所可爲 監司句管擧行 每或遲緩爲白齊

一. 군병은 북도에서 독자적으로 뽑아 보내고 복마 및 10일분의 군량 載持馬는 南關에서 변통하여 마련하고 雇稅價는 人馬를 募立 하여 보낸다.

一. 초관 이하 군병은 뽑혀서 들어간 후에 그 가족들은 관가로부터 각별하게 보호해 주며 잡역을 줄여주고 힘이 모자라 농사를 짖지 못한 사람은 그 이웃으로 하여금 출력하여 도와주어 실농의 폐단이 없게 한다.

一. 이번의 師期는 衙門 咨文내에 3월 초10일 기한으로 하여 영고탑에 도착하게 되어 있으니 군병은 2월 그믐 이내에 회령부에 모여 장비를 정돈하고 3월 초1일에 출발하여 초10일의 기한에 맞추고 雇稅 및 마필은 南關에서 일시에 출발한다. 6鎭의 土兵 등은 所持馬匹을 처음부터 載卜하지 말며 지금 만약 혼동하여 뽑아 보내면 잃은 물건이 있을 것이니 戰士騎馬는 일체 뽑아 보내지 않은다.

一. 差官이 하는 말 가운데 아문의 역관인 金三達과 張孝禮 등 2인이 이미 북경에서 영고탑으로 출발하였으니 우리나라 군병이 들어갈 때에 마땅히 나와 인도하여야 한다.

一. 군병을 뽑은 일은 兵使가 주관하고 복마 자장 양향 등의 일은 北兵使가 행하고 監司는 이를 句管하여 거행하되 지체됨이 없게 한다.

이상의 내용이 1차 파병절목인데 여기에서 다시 부연할 필요는 없으나 이를 요약해 보면 포수 100명과 화병 20명 도합 120명을 함경북도에서 선발하고 군장을 지급하며 이미 중앙에서 선발된 나선 부정군의 총사령관격인 영장과 초관에게 복마와 자장목의 지급이 규정되어 있다.

그리고 회령에서 영고탑까지의 행군에 필요한 군량미 10일분의 재량대책이 명시되어 있고 운송마필의 지정과 그 비용도 상세하게 지시되어 있으며 출정한 병사들의 가족 호휼대책과 회령에서의 출발일자 등을 구체적으로 명시하고 북병사와 감사의 감독임무를 자세히 규정한 내용으로 절목이 작성되었다.

특히 錦州衛 출병 때는 이러한 구체적인 기록이 없어 소위 해외 파병시의 군수 재량대책의 경위를 알 수 없었는데 이 절목을 통해서 그 내용을 유추할 수 있게 하고 있다.

한편 앞서 언급한 데로 1658년(효종 9) 2차 나선정벌의 입송절목도 모두 그 별단을 비변사에서 계문하여 확정, 시행한 것이었다. 이 2차 때의 계문은

> (비변사에서) 계문하기를 '영고탑에 入送할 軍兵, 糧餉, 藥丸 등을 거행할 절목을 마련하여 別單에 書入하였습니다. 이로써 監兵使處에 분부하시고 標信과 兵符는 政院으로 하여금 앞서 稟旨한 바에 의하여 선전관을 發遣함이 어떠하겠습니까?'하니 왕이 계문데로 하라 하였다.[23]

라는 내용이었다. 이 계문의 별단으로 다음과 같은 "함경북도포수 영고탑입송절목"이 부기되었는데 이 2차 파병절목의 全文 내용은 다음과 같다.

〈2차〉咸境北道砲手寧固塔入送節目 ([謄錄類秒 交隣 三] 孝宗 9年 戊戌 3月 初4日條)

一, 領兵將은 北道兵馬虞候 申瀏를 差定한다.

一, 砲手 200명은 兵使와 영병장이 함께 立會하여 北道九官 포수로써 壯健善放者을 택하여 입송하며 九官砲手 전체 4700여명을 한결같이 각읍 포수의 원래 숫자 다과에 따라 대략 매 20 여명가운데에서 1명을 擇抄하고 이에 준하여 200명의 숫자를 뽑을 것이며 갑오년(1차파병시)에 이미 출정경험이 있는 자는 일체 뽑지 말되 그 가운데 만일 자원자가 있으면 뽑아 보낸다.

一, 포수 매 10명중 火兵 1명씩 도합 20명을 定送한다.

一, 哨官 2원은 本道 將官가운데 極擇하여 定送한다.

一, 영병장을 수행할 22명을 定給하되 軍官 2원과 通事 2인은 역시 전례에 의거하여 이 숫자 내에서 帶去시킨다.

一, 哨官 隨率은 매 1員에 8명式으로 2원 隨率에 도합 16명을 定給한다.

一, 鳥銃은 私持이거나 官儲品을 물론하고 그 精好한 것을 택하여 給送하고 藥丸은 每名에 100放씩을 마련하고 各官 會付火藥으로써 改擣

---

23) 『謄錄類抄』交隣 三, 孝宗 9年 戊戌, 3月 초 4日.

하여 給送하며 영병장이 친히 點擇하고 매명 100放 藥丸은 戰陣에
當用하고 이 외에 각기 加給한 20放은 行路의 불시용도로 삼는다.

一, 영병장 所騎馬 1필은 전례에 의거 驛馬로써 給送하며 私持馬 또한
가지고 가는 것을 허락하고 卜刷馬 3匹을 제급한다.

一, 軍需載持馬 3필과 藥丸載持馬 5필을 제급한다.

一, 초관 所騎馬는 전례에 의거 戰馬를 私持하고 卜馬 각 1필은 刷馬
로 제급한다.

一, 軍官 通事 등이 타고 가는 것은 전례의 의거하여 私持馬를 사용한다.

一, 영병장이 거느린 군관 2원과 통사 2인은 아울러 卜刷馬 1필을 都
給한다.

一, 軍人 매 10명에게는 한꺼번에 卜刷馬 1필씩을 제급한다.

一, 영병장 이하 資裝은 평안병영 所在木 80同으로 이송하여 분급한다.

一, 포수 200명은 매 1명에게 資裝木 15필씩을 제급한다.

一, 화병 20명은 매 1명에게 자장목 10필씩을 제급한다.

一, 영병장 1원에게는 자장목 30필을 제급한다.

一, 초관 2원에게는 각기 자장목 20필씩을 제급한다.

一, 영병장 수솔 22인과 초관 수솔 16명 도합 38명에게는 매 1명에 자
장목 8필씩을 제급한다.

一, 갑오년(1차파병시)에는 회령에서 영고탑에 이르기까지 路粮을 給
送하고 그 후에는 淸國에서 放粮하였는데 이번에는 衙門咨文으로
왕래월일을 계산하며 먹을 양식을 운반한다. 왕래월일을 정확하게
알 수 없을 경우 갑오년에 군병이 往回한 일수에 의거하여 마련한
다면 3朔粮이 적당할 것이며 人馬가 먹을 米太는 회령원곡으로써
出用하고 1인의 1일 米는 2升式이며 驛馬 및 戰馬는 매 1필에 1일
太4升이며 弱米는 1升이요 騎馬 1필에 1일太는 3升이며 粥米는 1
升式으로 마련한다. 運餉 刷馬의 給價와 雇立 및 人馬粮料는 아울
러 官給하지 말며 軍中 卜馬는 騎馬를 私持한 예에 의거하고 驅人
粮料는 아울러 마련된 軍餉으로써 영고탑에 일체 수송한다.

一, 差官이 양향은 영고탑에 當限한다하니 軍中이 갖고 있는 卜馬는
마땅히 軍兵이 도착한 곳에 따르며 運餉人馬는 영고탑에서 그치고
돌아갈 때의 雇立價는 많고 적음의 차이에 따라 본도 감사가 원근
을 참작하여 雇價를 定給한다.

一, 軍中 卜馬 및 運餉刷馬를 民結에서 책임지고 내도록 하니 그간의 폐단을 말로 다할 수 없으므로 조정에서는 邊民의 피폐함을 軫念하고 육진소재 상평청의 三分耗穀을 특별히 내어 쓰도록 허락할 것이며 본도감영 粮餉庫의 항상 유치된 포목은 그 숫자가 매우 넉넉하고 장기간 비축되어 있으니 바로 이를 사용할 것이며, 三分耗穀과 더불어 반씩 雇價를 제급하고 이를 항식으로 하여 점차 헤아려 加給하고 말이 있는 자로 하여금 즐겁게 응모하도록 할 것이며, 응모된 말이 그 숫자가 부족하면 각읍에 말이 있는 자를 抄擇하여 값을 주고 定送할 것이며, 軍中卜馬 一匹 雇價 가운데 어떤 곡식이 몇 석이며 포목이 몇 필인지와 운향쇄마 한필의 雇價 역시 얼마인지를 이와 같이 開錄啓聞하여 會減한다.

一, 資裝木 分給餘木은 留置하여 本司의 처치를 도운다.

一, 軍兵을 정돈하는 등의 일은 該道병사와 영병장이 주관할 것이며 雇馬運餉 등의 일은 감사가 專掌하여 거행한다. 함흥에서 회령까지 가는 길은 道里가 매우 멀므로 왕복하는 사이를 分付하고 반드시 늦어질 것이니 감사가 湍川과 吉州 사이에 兵粮을 한정하여 조달하여 보낼 책임을 진다.

一, 영병장 일행의 軍需 및 淸將 접대시 필요한 물품은 감영에서 넉넉하게 갖추어 지급하고 본도에 없는 油芚 紙地 煙竹 南草 등 여러 가지 물건은 該曹로 하여금 역시 넉넉하게 마련하여 下送한다.

一, 哨官이하 軍兵이 선발되어 출정한 후에 그 家屬 등은 官家에서 각별히 護恤하고 잡역을 줄이며 힘으로 농사를 지을 수 없는 자는 이웃 마을에서 出力하여 도운다.

一, 이번의 師期는 칙서내에 5월 초 사이에 영고탑에 이르도록 되어있는데 差官 역시 말하기를 北京에서 定送한 大通官 李夢先과 次通官 張孝禮 등이 4월 20일이 지난 후 會寧 越邊에 당도하여 반드시 직접 출발해야 될 것이라고 하니 군병 양향 정돈 등의 일은 이를 알아 거행해야 한다.

一, 運餉馬 每1疋에 米이거나 太를 18斗로 한정하여 載送한다.

一, 砲手 元數 200명 이외에 20명을 더 뽑아 임시 유고일 경우를 대비한다.

一, 勅書 및 咨文은 監兵使處에서 아울러 謄送하여 奉審 시행한다.

一, 軍機에 관계된 일은 緩忽해서는 안되며 도로가 멀어 형세가 일을 따라 지휘하기 어려우니 지금 이러한 조목이외에 응행할 여러 일은 본도 감병사가 의논하여 요리하되 좋은 점을 좇아 선처한다.

一, 영병장 軍需雜物은 갑오년 예에 의거하여 마련하되 호조에서 별단으로 啓下하고 실을 刷馬 1필은 禁軍을 別定하여 領送한다. 물품은 六油芚 2番, 白紙 100卷, 小横枝 31千匣, 細折南草 30斤, 小煙竹 80介, 長煙竹 20介이다.24)

---

24) "咸鏡北道砲手寧固塔入送節目" 『謄錄類抄 交隣 三』(孝宗 9年 戊戌 三月 初四日) 寧古塔을 여기에서는 '寧固塔'으로 표기하였다.
이 사료는 비변사등록이나 실록에 등재되어 있지 않으므로 이를 모두 전재하여 참고에 공하고져 한다.
一. 領兵將 以北道兵馬虞侯申瀏 差定爲白齊
一. 砲手二百名 兵使與領兵將眼同 以北道九官砲手 擇其中壯健善放者 入送爲白乎矣 九官砲手 都數四千七百餘名 一從各邑砲手 元數多寡 大約每二千餘名中 擇抄一名 以準二百之數爲白乎旀 甲牛年以經往來者 乙良 一切勿抄 而其中如有自願者 則抄送爲白齊
一. 砲手 每十名良中 火兵一名 或合二十名 定送爲白齊
一. 哨官二貟 本道將官中 極擇定送爲白齊
一. 領兵將隨率二十二名定給 而軍官二貟通事二人 亦依前例此數內帶去爲白齊
一. 哨官隨率 每一貟八名式 二貟隨率 合十六名 定給爲白齊
一. 鳥銃 無論私持與官儲 擇其精好者給送 而藥丸則每名百放式磨鍊 以各官會付火藥 改擣給送爲白乎矣 領兵將親自點擇爲乎旀 每名百放藥丸 則當用於戰陣 此外加給二十放 以爲行路不時之用爲白齊
一. 領兵將 所騎馬一匹 依前以驛馬給送 私戰馬亦許持往爲乎旀 卜刷馬三匹 題給爲白齊
一. 軍需載持馬三匹 藥丸載持馬五匹 題給爲白齊
一. 哨官所騎馬 則依前私持戰馬 而卜馬各一匹 則刷馬題給爲白齊
一. 軍官通事等所騎 亦依前例 私持馬爲白齊
一. 領兵將 所帶軍官二貟 通事二人 都給幷卜刷馬一匹爲白齊
一. 軍人 每十名 都卜刷馬一匹式 題給爲白齊
一. 領兵將以下 資裝乙良 以平安兵營所在木八十同 移送分給爲白齊
一. 砲手 二百名 每一名資裝木十五疋式 題給爲白齊
一. 火兵 二十名 每一名資裝木十疋式 題給爲白齊
一. 領兵將一貟 資裝木三十疋 題給爲白齊
一. 哨官二貟 各資裝木二十疋式 題給爲白齊
一. 領兵將隨率二十二人 哨官隨率十六名 都合三十八名 每一名資裝木八疋式 題給爲白齊
一. 甲午年 則自會寧至寧固塔 路粮給送 其後 則自淸國放粮爲白有如乎 今

番　則衙門咨文　算計來往月日　帶運吃米亦爲白有乎矣　來往月日　不能
的知　姑依甲午年　軍兵往回日數磨鍊　則當爲三朔粮是白置　人馬所食米
太　則以會寧元穀　出用　而一人一日米二升式　驛馬及戰馬每一匹　一日
太四升粥米一升　騎馬一匹　一日太三升粥米一升式　磨鍊爲白乎旀　運餉
刷馬　給價雇立乙良　人馬粮料幷勿官給爲白乎旀　軍中卜馬乙良　依私持
騎馬例　驅人粮料　並　以磨鍊　軍餉一體　輸送寧固塔爲白齊

一.　差官言內　粮餉當限寧固塔輸送是如爲白昆　軍中所把卜馬殷當　隨軍兵
所到處　而運餉人馬　則止於寧固塔　而回還雇立之價　多寡懸殊本道監司
參酌遠近　定給雇價爲白齊

一.　軍中卜馬　及運餉刷馬　責出於民結　則其間弊端　有難勝言　朝廷軫念邊民
之弊　六鎭所在　常平廳三分耗穀　特許出用爲白去乎　本道監營粮餉庫
流來恒留布木　厥數甚優久遠備儲　正爲此等之用與三分耗穀　參半題給
雇價　而比恒式　稍加計給　使有馬者　樂爲應募爲白乎旀　應募之馬　其數
不足　則抄擇各邑有馬者　定送給價爲白乎矣　軍中卜馬一匹雇價良中　耗
穀幾石　布木幾疋　運餉刷馬一匹雇價　亦幾許是如開錄　啓聞會減爲白齊

一.　資裝分給餘木乙良　留置扶本司處置爲白齊

一.　整頓軍兵等事　該道兵使　與領兵將主管是白在果　雇馬運餉等事　監司專
掌擧行爲白乎矣　咸興之去會寧道里甚遠　分付往復之間　必致遲緩　監司
進駐端吉之間　限兵糧調送責應爲白齊

一.　領兵將行中軍需　及淸將相接時所用之物　自監營從優備給　而本道所無油
芚紙地烟竹南草等　各樣之物　令該曺亦爲優數磨鍊　下送爲白齊

一.　哨官以下軍兵　彼抄入往之後　其家屬等　自官家各別護恤　蠲除雜役　力不
能耕耘者　令隣里出力救助　俾無失農之獘爲白齊

一.　今此師期　勅書內五月初間　送至寧固塔云　差官亦言　自北京定送大通官
李夢先　次通官張孝禮等　四月念後　當到會寧越邊　必有指引入往之事云
軍兵粮餉整頓等事　知此擧行爲白齊

一.　運餉馬　每一匹　或米或太　以十八斗爲限　載送爲白齊

一.　砲手元數二百名外　加抄二十名　以備臨時有故之代爲白齊

一.　勅書及咨文　監兵使處　並爲謄送　使之奉審　施行爲白齊

一.　事係軍機　不可緩忽　道路遙遠　勢難隨事指揮　今此條例之外　應行諸事
自本道監兵使　通議料理　從長善處爲白齊

一.　領兵將　軍需雜物　依甲午年例磨鍊　自戶曹別單啓下　所載刷馬一匹別定
禁軍領送

一. 六油芚　一番

一. 四油芚　二番

一. 白紙　一百卷

一. 小擽枝　三一千匣

一. 細折南草　三十斤

　이상의 2차 赴征계획은 選兵세칙을 비롯하여 鳥銃給送과 藥丸放式 그리고 각종 戰馬의 題給규정, 장졸의 軍需資裝木 疋數, 원정인마의 路糧 및 軍餉, 군병정돈 사항, 淸將 접대물, 將兵家屬護恤, 문서연락 등의 구체적인 시행세칙이 규정되어 있어 원정준비의 치밀함을 잘 나타내 주고 있다.

　여기에는 다만 臨戰時의 작전 전술계획은 포함되지 않았으나 조선시대 전쟁 준비과정의 한 모습을 살피는데 유용한 자료라고 할 수 있다. 특히 이 2차 입송절목을 1차 분과 비교해보면 그 항목이 배 이상 많을 뿐만 아니라 1차 때 보다 훨씬 치밀한 대책이 강구되고 있음을 볼 수 있다. 즉 1차 때에 없는 조총의 수급계획이 마련되었고 軍中卜馬와 運餉刷馬價는 民結에서 책임지도록 되어 있으나 북도 변민의 피폐함을 고려하여 육진 상평청의 三分耗穀을 이용한다는 특별한 대책이 강구되었고 감사가 단천과 길주에서 병량을 한정하여 조달하라는 조치와 布木은 함경감영에서 운용한 粮餉庫의 유치분을 사용하라는 것이 명시되었다.

　그리고 運餉人馬의 비용을 雇立價로 운용하는 점과 북도 감영에 없는 물품 즉 油芚, 紙地, 煙竹, 南草(담배) 등은 該曹에서 마련하여 하송한다는 점, 또한 淸將 접대물품과 영병장의 군수잡물 등도 세세하게 규정되어 있었다.

　이러한 치밀한 대책은 물론 1차 원정상황을 경험한 결과라고도 할 수 있지만 1차 파병의 전승결과가 더욱더 자신감을 갖게 하였던 것도 그 이유중의 하나일 것이다.

　또한 비변사에서는 2차 파병 후에도 계속하여 후속대책을 강구하고 있었으니 특히 여기에서는 繼餉문제를 집중적으로 조치하여 원정파병 전략을 어느 때 보다도 잘 구사한 것으로 볼 수 있는데 예를 들어 만약 장기전으로 들어갈 것까지를 고려하여 人馬雇價의 難辦

一. 小烟竹 八十介
一. 長烟竹 二十介

을 심지어 密貿로서25) 臨機 해결하려는 비장의 계책까지 강구하고
있었던 점은 종래 볼 수 없었던 주도 면밀함을 보여주는 내용이다.

Ⅳ. 결 어

이상과 같은 17세기 효종조의 羅禪赴征은 비록 1~200명 정도의
소규모 정벌군이었지만 1-2차의 영고탑 입송절목을 통해서 볼 때
그 동안 방어전략에 치우쳐 있던 조선정부의 군사전략에 있어서
원정 공격전략으로 전환한 주도면밀한 계획이었음을 알 수 있다.

임진왜란 때에 명나라 군사의 지원을 받다가 이제는 청나라의
요구에 의해 조선군병이 援兵의 주체가 되어 국외로 出征, 전승을
거두었다는 사실은 상당한 의미를 찾을 수 있다.

또한 나선정벌은 동북 만주지방에서 러시아의 동진을 차단하여
더 이상 내려오지 못하게 하였다는 점과 특히 청나라의 경우 이 사
건을 계기로 후일 러시아와 흑룡강을 경계로 한 넬친스크 국경조
약(1689, 康熙 28년)을 체결한 결과를 가져오기도 하였다.

그러나 두 차례의 호란을 겪은 후 후금－청에 대한 伸雪感情이
가시지 않은 시대적 분위기 속에서 직접 청을 치려는 북벌이 아니
라 청의 요구에 부응하여 러시아 군대를 쳤다는 사실은 효종대의
북벌론이 어떠한 의미였는가를 생각하지 않을 수 없다.

효종대의 나선정벌이 조총군병의 성능과 효과를 확인하였다는
군사전략상의 의미는 많지만, 당시 조야에서 비등했던 扶明排淸의
의리론적 북벌론이, 청의 원병 요청시에 논란 없이 잠복되고 효종
자신이 원병요구를 즉각 수용하며 또 그 준비를 비변사에 독려했

---

25) 『謄錄類抄』交隣 三 孝宗 9年 3月 3日.

던 사실을 볼 때 그 북벌론의 이중성을 간과하지 않을 수 없다.

여기에서 소위 효종대의 북벌론은 당시 정치적 상황과 밀접히 관련되어 있는 의리적 명분론으로 여길 수밖에 없음을 알수 있다. 따라서 이 나선정벌 원정사건은 당시 조야의 명분 大義論的 북벌론과 현실 大勢論的 교린책의 갈등이 중층적으로 얽힌 정치, 외교적 사건이었다고 할 수 있다.

제9장

비변사의 재정정책 의정

Ⅰ. 서 언

이 글은 앞의 제5장에1) 이은 비변사의 정책의정부분 가운데 財政政策 議定의 실상을 살피려는 내용이다. 비변사의 연구방향과 과제 등은 앞에서 한두 차례 언급한 바 있으므로 다시 거론하지 않지만 어떻든 근자에 비변사 관련 논고가 몇 편 있어 고무할 만한 일이다.2) 그러나, 이 가운데는 지엽적인 문제를 다루거나 기왕의 연구성과를 반추하는 식의 내용이 눈에 띄어 아쉬움이 남는데 이 보다도 미개척 부분을 천착하는 연구가 더 앞서야 할 것이다.

비변사가 제도적으로 軍國機務의 總領으로 규정된 것은 기본적으로 변사주획이라는 임무에 기인한 것이지만 이어 미증유의 양란을 대처함과 이후 북벌론 시기 등 전시 또는 준전시적 상황의 연속으로 그 의정기능은 한층 강화된 것이었으며 이것이 관행되어 대외 화평시기에도 군국기무 뿐만 아니라 外交 財政 內政 등까지 국

---

* 이 논문은 拙稿, 1994, 「備邊司의 財政政策 議定研究」『韓國史研究』 제85집, 韓國史研究會, 47~75쪽에 揭載한 내용임.

1) 본서 제5장 및 拙稿, 1993, 「壬亂이후 備邊司의 邊事措置와 軍事政策의 議定」『歷史學報』 139집, 역사학회, 67~93쪽.

2) 필자의 비변사연구는 80년대초 『謄錄類抄』(奎. No. 15080)의 발굴을 계기로 본격화시켜 뒤늦게 1990년 학위논문으로 일단 마무리한 바 있다. 이 글의 본문도 그 때에 정리된 것이다. 그간의 備邊司 관련 논고는 重吉萬次(1936), 麻生武龜(1936), 申奭鎬(1964), 鄭夏明(1968), 李載浩(1971) 등의 연구를 들 수 있으나 대부분 창설관계 내용으로 중길만차의 창설고증을 넘어서지 못한 것이었으며 다만 이재호교수의 논문에서 일부 정치적 기능이 거론되었으나 너무 개괄적인 것으로 실증성이 미진하였다. 이 밖에 군제사와 정치사 분야에서 부분적으로 취급된 연구가 간혹 있으나 전문적인 연구가 아니었으며 근자 90년대 이후의 비변사관련 연구성과는 이 책 緖論의 연구동향에서 제시하였다.

정전반을 料理 議定하는데까지 발전, 본래 의정부의 기능을 무위화
시키고 있었던 것이다.

특히 17세기 중엽이후 대외화평기에 접어들면서부터 비변사의
재정 전반에 걸친 議啓權 장악은 그 정치적 기능강화와 함께 이러
한 의정관행의 연장선에서 가능한 것이었으며 나아가 당시 상품화
폐경제의 발달과 짝하여 경제정책을 주도하는 양상으로 진전되고
있었던 것이다. 이는 비변사에서 의계처리한 재정정책의 사안들이
증거하고 있는바, 이 장에서는 이러한 문제들을 구체적으로 다루게
될 것이다.

비변사의 재정정책 방향과 성격은 대체적으로 보아 양반관료사
회의 한계성을 벗어나기 어려운 것이었으나, 당시의 사회경제적인
여건을 직시하고 이를 대응, 활성화시키는 방향으로 가고 있었던
것이다. 즉 각종 賦役사안을 통제하고 金銀錢幣, 대외무역 등을 辦
理하며 勸農 量田사업 등을 강구 시행하여 민생과 재정의 안정을
기하고 농상공의 활성화 등으로 나타났다.

특히 各司各職의 이해가 상충된 각종 재정사안을 비변사가 조정,
통제함으로써 이를 기능화 효율화시키고 있었다는 점은 그 특징으
로 삼지 않을 수 없다. 이러한 비변사의 재정권 장악은 한편으로는
정치권력 장악을 더욱 확실히 하였다는 반증이기도 하다.

비변사의 존치운영이 제도적으로 體統紊亂이라는 신진, 반대론
자들의 비판부정에도 불구하고 조선후기 360여 년간 지속된 것은
이상과 같은 자체의 효율성과 기능성 등의 긍정성이 또한 내포되
었기에 가능한 것이라고 할 수 있다. 즉 행정 조치상에서의 유용성
도 간과할 수 없는 측면이 많다는 점인데 이와 관련하여 비변사를
부정직으로 보던 세력들이 집권만 하게되면 그 반대현상으로 바뀐
사실을 유념해 볼 필요가 있다.

이 글에서 다룬 시기가 17세기 및 18세기 중엽까지이지만 이 무
렵은 비변사의 위치가 확고하여 종래의 改廢 갈등 같은 것이 없어

지고 앞서 언급한 긍정적 측면이 상당히 작용되고 있던 때이었다. 즉 비변사의 정책결정 방향이 이제는 정치권력적 차원을 넘어서 국가, 사회적 차원의 방향으로 가고 있었다는 점이다. 물론 이와 같은 지향은 제도적으로 의정부의 本務이었으나 비변사 때문에 의정부의 기능이 형식화된 이상, 결국 비변사회의인 籌坐나 賓坐에서3) 이러한 기능이 대치되었던 것이라고 할 수 있다.

Ⅱ. 부역사안의 의정

조선후기 비변사에 의한 부역정책의 수립과 제반 부역사안의 조치는 비변사의 재정권 장악뿐만 아니라 그 정치적 기능의 실질적 확대에 크게 작용한 것이었다. 이에 관한 내용을 구체적으로 살피기에 앞서 우선 여기에서는 임란 이후 현종대까지 17세기 약100여 년간의 내용을 예를 들어 그 실상을 확인해 보기로 한다.

물론 이 부역사안 처리의 제도상 掌政부서는 호·병 양조 및 선혜청 등이나 조선후기로 접어들면서 비변사의 직무로 바뀌고 있는 형편이었다. 부역사안에 관한 경외 각사의 관련 書契 및 상소 등을 비변사가 거의 독점 의계한 사실이라던지 비변사 고위당상이 주도하는 賓廳次對에서 부역정책에 관련된 사안을 직접 계품한 사례는 비변사가 정책결정을 주도했다는 것을 말하여 주고 있다. 시기적으로 17세기를 다루는 것은 이 때가 재정재편 및 사회경제적 여건과 함께 비변사의 재정장악 면모가 잘 드러나기 때문이었다.

비변사가 의계조치한 부역사안은 大典 六典의 부역에 관한 내용이 거의 포함되다시피 하였다. 즉 본래 법전상 吏典에서 부역에 관

---

3) 본서 제4장 및 拙稿, 1992,「備邊司의 會議運營」『韓國史學論叢 擇窩許善道先生停年紀念』, 一潮閣.

계된 廉察과 戶典의 市廛, 革弊, 蠲減, 財用, 藥物, 貢物, 魚鹽, 結役, 綿布, 卜定, 賦稅, 氷庫, 紙地, 私奴婢, 大同, 料布, 均役, 賜牌, 反庫, 良賤, 徭役, 僧役, 身貢, 復戶 등의 사안이 비변사에서 의계된 것이었으며 이 가운데 시대상황과 관련하여 蠲減, 貢物, 結役, 紙地, 大同, 魚鹽稅 등의 사안은 그 의계 빈도가 매우 많았다.

兵典의 부역 관계사안은 중요한 군포 문제에서부터 刷馬, 操鍊, 良保, 保布, 收布, 雇馬, 經用, 良役, 保人, 身貢, 舟師, 軍役, 僧軍 등 일부 중복된 항목도 있지만 군사재정 사안이 비변사에서 집중적으로 의계 조치되었고 禮典의 惠恤, 養士, 藥物, 支勅, 祭享, 喪葬 등에서 부역 관계 사안과 工典의 營繕, 草柴炭, 器用, 移邑役 등의 사안 그리고 刑典에서는 公賤 등 한 두가지의 의계 사항이 나타나고 있었다. 그 구체적 실상은 다음의 Ⅲ항 "재용사안의 의정"에서 상론될 것이나 호, 병, 예조에서 관할토록 되어있는 것을 비변사에서 의계 처리한 내용을 예를 들면 다음과 같다.

1. 호조소관의 부역사안

이 議定사안으로 나타난 몇 가지 사례는 우선 도성내 各廛 市民이 비변사에 聯名呈狀하여 科試應辦物을 市廛民에게 責徵하지 말도록 건의한 사안을 처리한[4] 것과 이와 관련하여 대소 국용물화를 시민에게 給價하여 代立시키지 말것을[5] 조치하는 등 시전관계 사안의 의계를 들 수 있는데, 이는 광해군 년간에 시전과 비변사의 관계를 엿보게 한 내용이다. 그러나 이 보다도 일반재정 사안인 견감이나 貢物 結役 紙地 大同 [6] 등에서 비변사의 의계가 집중되고 있었는데 전반적으로 부역사안의 조정과 통제 내용이 주류를 이루고 있었다.

---

4) 『謄錄類抄』 第3卷, 賦役一 光海君 9年 6月 27日.

5) 『備邊司謄錄』 第1册, 光海君 9年 9月 11日.

6) 대동법에 대해서는 韓榮國, 「湖西에 實施된 大同法」 『歷史學報』 14輯 및 동 「湖南에 實施된 大同法」 『歷史學報』 15・20・21・23輯 등 참조.

蠲減 조치로는 병자호란후 各貢의 節損과 관련하여 비변사에서
제정한 京外貢賦雜役減省事目7)에서부터 구체적으로 나타나고 있었
다. 이것은 병자호란후 경기지방 丙子條의 田三稅와 內需司奴婢 및
各司奴婢身貢 그리고 步兵價布, 匠人·餘丁價布, 砲保價布 등 각양
價布의 作米 등을 요역과 함께 아울러 수납하지 말게 하며 인조 13
년(을해) 이전의 각종 미수분도 아울러 탕척케 하는 내용이었다.

이어 兩南의 逋欠 견감과 諸 上司나 궁가에서 절수한 漁箭의 혁
파 및 궁가면세를 제한하는8) 조치가 있었고 또한 각사의 이해가
수반되는 각도 각사의 공물 견감은 「以本司(備邊司) 裁減合倂草記
傳曰依啓」9)라고 한 것에서 나타난 바와 같이 병자호란후 被搶處의
처리를 비변사가 주도하고 있었다.

이러한 戰後 諸貢 견감책과 더불어 陳災 대책으로서의 견감도 비
변사에 의해 강구 조치되었으니 5도(경상, 전라, 충청, 경기, 강원)
陳災時에 공물특감과 3도(경기, 강원, 충청) 實結田稅의 量減조치인
陳災貢物特減別單10) 및 三南其人代歲幣雜物價木裁減別單11) 등의
마련사실에서 저간의 사정을 살필 수 있다. 또한 경기 민생을 돕기
위하여 선혜청의 1년 所捧도 양감하고 사복시 훈련도감 군기시 등
3처의 御供物膳도 停罷하며12) 대동법이 시행된 이후 경기, 호서,
호남 연해읍의 대동미도 양감하는13) 등 비변사의 견감조치는 평시
에도 지속적으로 이루어지고 있었다.

貢物 대책으로는 흉년구민을 위해 삼남의 고르지 못한 공안을

---

7) 『謄錄類抄』 第3卷, 賦役一 仁祖 15年 2月 20日.
8) 『謄錄類抄』 第3卷, 賦役一 光海君 9年 2月 25日. 宮家免稅定數 請以五十
   結爲限 今承勿減之敎 臣等私竊惑焉
   여기에서 왕의 勿減意見을 備邊司堂上이 反撥하고 있다.
9) 『謄錄類抄』 第3卷, 賦役一 仁祖 15年 3月 9日.
10) 『備邊司謄錄』 第11册, 仁祖 25年 11月 19日.
11) 同上 仁祖 25년 11月 28日.
12) 『備邊司謄錄』 第14册, 孝宗 1年 10月 1日.
13) 『備邊司謄錄』 第20册, 顯宗 1年 10月 19日.

변통하는14)것과 祭享御供의 九司元貢 부족량을 조치하는 내용이 「備邊司貢物參商分定」의 제정에서15) 나타나고 있으며 이러한 貢案의 변통문제는 비변사 유사당상이 해당 호, 병, 예조의 판서 및 선혜청 당상과 회동하여 詳算하였는데16) 여기에서 공물 관계아문의 이해를 비변사가 조정하고 있음을 알 수 있다.

田結 應役의 結役 대책은 임진왜란 이후 재정정책의 대변혁인데 百役이 연관되지 않음이 없는 大同事의 마련때에 그 收議, 定奪, 變通 등에서 구체적으로 나타나며17) 지엽적이지만 民結所捧外의 西糧18) 같은 명호의 仍存 문제라던가 運糧收布 사안의 마련19) 그리고 공명수첩 復戶者의 一切差役조치20) 및 역졸 내노비에게 給復한 1結의 전세외에 추가된 十七事도21) 民結과 함께 일절 收捧22) 하는 등 세부적인 대책도 의정되고 있었다.

---

14) 『備邊司謄錄』 第11册, 仁祖 25年 5月 20日.

15) 『備邊司謄錄』 第17册, 孝宗 5年 2月 7日.

16) 『備邊司謄錄』 第24册, 顯宗 5年 4月 3日.

17) 『備邊司謄錄』 第5册, 仁祖 16年 11月 17日.
　　『謄錄類抄』 第3卷, 賦役一 仁祖 21年 3月 29日, 同年 4月 7日.
　　『備邊司謄錄』 第13册, 孝宗 즉위 7月 10日.
　　『備邊司謄錄』 第14册, 孝宗 1年 4月 12日.
　　『謄錄類抄』 第3卷, 賦役一 孝宗 2年 6月 21日.
　　『備邊司謄錄』 第19册, 孝宗 8年 8月 19日～20日.
　　『謄錄類抄』 第3卷, 賦役一 孝宗 9年 4月 13日.
　　『備邊司謄錄』 第23册, 顯宗 4年 12月 29日.
　　『備邊司謄錄』第25册, 顯宗 6年 12月 30日.
　　『謄錄類抄』 第3卷, 賦役一 顯宗 14年 1月 5日.

18) 唐粮 또는 毛粮이라고 하는 것으로 椵島 唐人을 救濟하기 위해 創始한 것이다. 『謄錄類抄』 第3卷, 賦役－仁祖 19年 5月 28日, 6月 6日. 『備邊司謄錄』 第6册, 仁祖 19年 5月 28일, 6月 6日 參照.

19) 『備邊司謄錄』 第6册, 仁祖 19年 9月 22日.

20) 『備邊司謄錄』 第19册, 孝宗 8年 6月 5日.

21) 『備邊司謄錄』 第29册, 顯宗 11年 5月 14日. " … 進上及各司貢物 至如熖硝所煮吐木等物 … "

22) 同上 顯宗 11年 5月 14日.

2. 병조소관의 부역사안

본래 병조소관의 부역사안 가운데 비변사에서 감독하고 변통을 의계하는 내용은 군포폐단에 관한 사안과 刷馬사안 등을 들 수 있다. 이 가운데서도 군포관련 내용이 많이 나타나고 있다.

軍布의 경우, 임진왜란이 끝난 이후 군사재정의 보완책으로서 군포징수의 무리가 많이 나타나고 있는 것에 대한 시정책이 많이 처리되고 있었다. 원래 步兵價布는 법전에 의거하여 그 升數長廣이 5升 35尺 7寸의 것으로 捧上하여 사용토록 되어 있지만 전부터 기준을 초과한 6~7승의 細木綿과 布長도 2~3尺이 넘는 것을 捧上하여 입역한 사람에게 분급해왔으므로 上司 아문의 步兵代立輩들이 이러한 精細한 것이 아니면 병조 하리를 난타하고 심지어 병조 낭관까지 면욕하며 點退하는 작폐가 심하게 나타나고 있었다. 이렇게 병조의 통제에서 벗어난 上司下人의 군포 점퇴작폐를 비변사에서 금단 조치하였는데 그 대책으로 병조에서는 본래의 5升布를 받게하며 代立輩의 점퇴를 치죄하는 것이었다.23)

또 放軍收布의 폐단 시정책으로, 인조 초엽의 경우를 보면 邊備의 허소와 鎭將의 탐학은 진장의 廩養이 없는 상태에서 방군수포가 관행된 것이라고 보고 閫帥를 愼擇하여 이를 救弊하자는 의처가 있었고24) 수군 및 각포의 番布를 常木으로 代捧하는 조치와 함께 수군포만 편중되게 3疋을 납부한 것을 변통해야 한다는 것 등이25) 동왕 중엽이후에도 계속 강구되고 있었다.

이러한 유형의 조처는 효~현종년간에도 계속되어져서 閑遊人의 수포문제를 처리하고26) 物故 兒弱의 番布 別減이라던가 遼軍身布

---

23) 『謄錄類抄』 第3卷, 賦役一 宣祖 37年 3月 13日.
24) 『備邊司謄錄』 第4冊, 仁祖 12年 11月 7日.
25) 『備邊司謄錄』 第11冊, 仁祖 25年 10月 22日.
26) 『備邊司謄錄』 第17冊, 孝宗 5年 1月 19日.

의 1疋 감급,[27] 10세 이하 아약군포의 3년간 특감하는[28] 사안 등이 처리되고 있었다. 또한 이 시기 사노비의 신공 作米 및 砲保 2疋 가운데 1疋을 작미하여 收捧하게 하는 조치와[29] 내노비의 신공을 사노비의 예에 따라 分數 작미하는 문제,[30] 그리고 舟師의 分防軍 布를 米로 代捧하는 문제 등이 비국의계로 조정된 바 있었다.

保布 사안의 처리에 있어서는 그 한 예로 樂工奉足의 6疋 當捧이 偏苦하다하여 樂工奉足 2명외에 2명을 加定하여 각기 3疋을 징납토록 함으로써 그 편고를 덜어주자는 것과[31] 이와 관련하여 京樂生 保人으로 미충정된 자는 경외의 제반 冒屬者를 査出하여 충급하는 조치와 각읍 양민의 役布수량을 중간 기준으로 균일하게 수봉하여 경중의 차이를 없게 하는 조치,[32] 그리고 1가내 4부자 군역자의 1인 감제 문제 등을 비변사에서 단독 또는 묘당과 함께 의정한 것을[33] 들 수 있다.

刷馬문제에 있어서는 인조때의 경우 서북 平山人의 刷馬價를 松都에서 교체한 捉囚人馬價米의 瞞授한 것을 적발하여 조치한다거나[34] 효~현종년간에는 영남의 刷馬價木을 열읍에서 均捧거행토록 하는[35] 사안 등이 의처되었으며, 練兵歲抄의 임시중단 경우는 藥丸만을 措備하게 한[36] 의계사항도 있었다.

---

27) 『備邊司謄錄』 第20册, 顯宗 1年 8月 24日.
28) 『謄錄類抄』 第3卷, 賦役一 顯宗 7年 10月 4日.
29) 『謄錄類抄』 第3卷, 賦役一 顯宗 7年 10月 28日.
30) 同上.
31) 『備邊司謄錄』第15册, 孝宗 3年 11月 4日.
32) 『備邊司謄錄』 第24册, 顯宗 5年 11月 24日.
33) 同上. "… 令廟堂共有司堂上 議之 …"
34) 『謄錄類抄』 第3卷, 賦役一 仁祖 15年 7月 2日.
35) 『備邊司謄錄』 第17册, 孝宗 5年 2月 6日.
36) 『備邊司謄錄』 第20册, 顯宗 卽位年 12月 15日.

3. 예조소관의 부역사안

이 사안은 인~효종년간에 주로 惠恤에 관련된 부역의 견감조치
와 養士에 관련된 성균관의 漁箭折受 문제 및 喪葬徵調에 관련된
陵役軍 雇立價 등의 사안이 비변사에서 의계 처리된 내용이다.

혜휼의 경우 전시징발 將士에게 春大同 1斗를 감급하고 北路 또
한 應納稅의 감급을 조치하며[37] 평시에는 赴防한 수군의 전답을
隣里에서 合力耕耘하여 그 처자를 구제하도록 한 것[38] 등이 인조
대에 나타나고 있었다.

養士와 관련하여서는 성균관이 절수한 어전의 복설 문제를 성균
관의 첩보에 의거하여 비국에서 의계한[39] 내용과 藥物 진상과 관
련된 北關 牛荒의 진상을 비국의 의계로서 온성 등 관으로 하여금
수포하여 보충하도록 조치하고 있었고[40] 효종대에 들어와서는 支
勅時의 館所燒木을 급가하여 貿得하게 한 조치,[41] 祭享所用의 中
脯題給事[42] 등이 의계되고 있었다.

喪葬徵調 사안에서는 간원이 계청한 山陵軍 고립가의 勿徵을 비
국당상이 대신과 함께 의계하여 삼남은 收捧하고 江, 黃 양도는 정
지하게 하는 것이 조치되었으며[43] 禮葬時에 石物舁軍을 별도로 定
給하는 문제라든가,[44] 陵役時 각아문의 米布給備와 모군부역[45] 등
에 관한 일이 비변사에서 구체적으로 의처되고 있었다.

---

37) 『備邊司謄錄』 第3冊, 仁祖 2年 2月 17日.
38) 『備邊司謄錄』 第5冊, 仁祖 16年 5月 8日.
39) 『備邊司謄錄』 第7冊, 仁祖 20年 1月 30日.
40) 『備邊司謄錄』 第14冊, 孝宗 1年 1月 25日.
41) 『備邊司謄錄』 第15冊, 孝宗 3年 12月 23日.
42) 『備邊司謄錄』 第18冊, 孝宗 7年 3月 1日.
43) 『備邊司謄錄』 第14冊, 孝宗 卽位年 11月 17日.
44) 『備邊司謄錄』 第18冊, 孝宗 7年 3月 19日.
45) 『謄錄類抄』 第3卷, 賦役一 顯宗 14年 6月 7日.

이상과 같은 몇 가지 사례는 호병양조 소관의 蠲減, 漁箭, 貢物, 支勅, 徵調 등에 있어서 비변사가 이를 통제한 내용인데 재정사안에 있어서 작폐의 시정조치와 특히 과불급의 조정이 기도되고 있었다.

이러한 사안을 의계함에 있어서 개별내용은 단일사안으로 의처하기도 하나, 어사의 각양 폐막 서계를 비변사가 條列하여 복계할 경우는 거의 모든 항목이 한번의 비국복계에서 처리되기도 하였다.

어사의 서계를 비국이 條列覆啓한 것은 인조 2년의 다음과 같은 어사서계 처리에서 잘 나타나고 있다. 즉 이조소관에서의 廉察, 體統에서부터 호조소관의 田稅, 諸田, 米布, 魚鹽 등의 사안이라던가 병조소관의 軍布, 刷馬, 驛路, 軍糧, 軍兵 및 형조소관의 공천 그리고 공조소관의 工匠 등의 사안이 한번의 비국복계에서 의처된 것을 그 예로 들 수 있다.[46]

이러한 경우는 후일 비변사의 의계안건을 조목별로 분류하여 처리한 선례가 되었던 것이며, 임진왜란시 비변사의 무체계적 총령에서 벗어나 인조반정 이후부터는 비변사의 정치적 기능이 강화된 것과 때를 같이 하여 그 의계절차도 체계성을 갖추기 시작한 것을 나타낸 것이라 할 수 있다.

Ⅲ. 재용사안의 의정

비변사에서 의정한 재용사안은 앞의 부역사안과 함께 비변사의 재정적 기능에 직접 관련된 내용이다. 이 사항에서는 정부각사의 경비 통제를 주로 의처한 것이 많은 바 그 시기별, 사안별 내용을 통해 호병양조의 재용직무 대부분이 비변사에 거의 넘겨진 과정과

---

46) 『備邊司謄錄』 第3册, 仁祖 2年 1月 6日.

양상을 확인할 수 있다.

비변사의 재용관계 의처사안은 대부분 본래의 호조 所掌과 중복된 것이 많지만 이 외에도 이조 소관의 賞典 문제에서부터 공조 소관의 匠人布에 이르기까지 6조의 재용관계 사안이 거의 비변사에서 처리되어 大典규정의 재용사안 모두가 비변사에 귀속되는 듯한 형편에 있었다.

비변사의 시기구분상[47] 제2기(17세기) 말엽에서 제3기(18세기) 초엽 즉 인조~숙종년간에 이러한 사례가 매우 많이 나타나고 있었다. 이것은 비변사의 재정장악 측면을 알게 해주고 있는 것인데, 우선 대표적인 의계항목을 통해 그 실상을 살펴보기로 하되 그 의계사안의 항목을 육조의 법전소관과 연관시켜 요약하면 다음의 표와 같다.

〈표 15〉 備邊司의 財用事案 議啓 主要項目表

本來所管	備邊司의 議啓項目
吏曹	賞典, 責罰
戶曹	除減, 魚鹽, 商賈, 人蔘, 採銀, 紙地, 錢貨, 市廛, 移轉, 飢民, 裁省, 賦稅, 糶糴, 耗穀, 錢布, 祿俸, 金銀, 雜稅, 身貢, 藏氷, 殖利, 大同, 徵債, 屯庄, 反庫, 應捧, 還上, 私商
兵曹	紙衣, 赴瀋軍, 餘丁, 軍償, 雇價, 軍布, 月課鉛鐵, 採鉛
刑曹	徵債
工曹	匠人布

위의 〈표 15〉에 나타난 의계 항목은 앞서 살핀 부역의 의계항목과 중복된 것도 있으나 내용상으로 재용사안이기 때문에 여기에 다시 종합한 것이다.

이 표에서 보듯이 비변사의 재용 의계사안은 호, 병양조의 所掌

---

47) 筆者는 旣稿에서 備邊司의 時期別 性格을 4期로 나누어 區分한 바 있다. 본서 제1장 Ⅱ의 3 참조

사안에 집중되어 있다. 특히 호조소관의 사안이 많은데 그 중에서
도 金銀, 錢幣, 耗穀, 魚鹽, 紙地, 商賈, 殖利, 賑救, 屯庄 사안 등이
의계빈도가 많고 이 가운데에서도 금은, 전폐가 과반을 차지하고
있는 것으로 보아 당시 재용정책의 중심이 금은 전폐 등이었다는
것과, 이 부분을 또 비국이 집중적으로 의계하였다는 것은 비변사
의 이 방면관심이 지대하였다는 것을 나타내 주고 있는 것이다.

또한 이상의 호조 유관 항목으로만 볼 때도 호조의 屬司인 會計
司 및 經費司의 掌事와 대부분 중복되어 있는 것을 알 수 있는데,
비변사가 물론 그보다 상위 의정기관이라 하더라도 이와 같이 대
소사안을 불문하고 의계 처리하였다는 것은 비변사의 의정권이 재
정전반에 걸쳐 있음을 보여준 것이라 하겠다.

1. 호, 병 양조소관의 금은전폐사안

호, 병 양조소관으로 비변사에서 의계 처리한 몇 가지 사례와
그 구체적 실상은 다음과 같다. 우선 당시 재용의 요체인 금은전
폐 문제에 있어 비변사에서는 이미 임란이후부터 거의 무한히 소
용되는 銀貨에 대해 큰 관심을 갖고 이를 대처하고 있는데서 나타
난 것이었다.

인조~효종년간의 경우, 나라의 소유 은화가 瀋陽에 거의 유출되
어 되돌아오지 않고 다른 輕貨로서도 보용할 수 없는 현실을 감안
하여 이를 해결하는 방도로 산은처에서 私採를 금지하지 말것과
궁가에서 採銀의 길을 열어 국용에 도움이 되도록 조치한 것[48] 그
리고 칙사의 支供 및 禮單使用銀의 貿取 대책[49] 및 採銀官의 직명

---

48) 『備邊司謄錄』第5冊, 仁祖 16年 10月 27日.
　　『謄錄類抄』第4卷, 財用一 仁祖 16年 10月 27日.
　　『謄錄類抄』第4卷, 財用一 孝宗 2年 6月 1日, 同 6月 19日.
49) 『謄錄類抄』第4卷, 財用一 孝宗 2年 6月 1日.

보장,50) 은화 유출방지의 搜銀法51) 등을 강구한 것은 당시 은화정책에 있어서 매우 중요한 것이었다.

또한 銀布取用에 있어서 각사의 爭先을 조정하며52) 歲幣 黃金의 使行貿來사안을53) 의처하고 영남 및 관서지방의 採銀別將 差送事 및 銀店의 잡난폐단을 금속하는 일54) 그리고 은점에 있어서 각 군문의 監官 派送收稅를 다시 호조로 구관시키는55) 銀店收稅의 관할권56) 등을 조정하는 제도적인 변통과 자체적으로는 비국 은화의 부채를 갚지 못한 자의 처리57) 등이 연이어 의처되고 있었다.

은화정책이나 구체적인 新銀 吹鍊 등에 대하여도 의계한 바가 많아서 그 몇 가지 내용만 적기해 보더라도, 東萊新銀을 각 아문으로부터 許受하여 호조에서 吹鍊하게 하는58) 내용이라던가 新銀 吹鍊時 6成 3分의 규제 및 왜인이 天銀을 鍊作하는 등의 문제를 처리하고59) 평안도 銀店鉛軍의 호조소속 문제와60) 외방 興販差人이 京人과 은화를 相訟하는 사안의 처리,61) 그리고 군영문과 호조간의 채은 취용에 대한 구분을 조치하는62)등 국용에 절대 필요한 은화의 원천적 보용에 관계된 내용이 많이 의계되고 있었다.

錢貨에 대해서도 은화와 마찬가지로 의계한 사안이 많았다. 평안도의 錢文수량을 호조에 확인 조치한63) 것이라던가 西道站民의 出

---

50) 同上 孝宗 2年 6月 1日.
51) 『備邊司謄錄』 第23册, 顯宗 4年 3月 8日.
52) 『備邊司謄錄』 第23册, 顯宗 4年 10月 21日.
53) 『謄錄類抄』 第4卷, 財用一 顯宗 13年 7月 15日.
54) 『備邊司謄錄』 第41册, 肅宗 13年 3月 19日.
55) 『備邊司謄錄』 第44册, 肅宗 16年 1月 17日.
　　『謄錄類抄』 第4卷, 財用一 肅宗 16年 1日 17日.
56) 柳承宙, 1993, 『朝鮮時代鑛業史硏究』, 고려대학교 출판부, 參照.
57) 『備邊司謄錄』 第45册, 肅宗 17年 윤 7月 5日.
58) 『備邊司謄錄』 第50册, 肅宗 25年 5月 17日.
59) 同上 5月 22日.
60) 『備邊司謄錄』 第51册, 肅宗 26年 3月 22日.
61) 同上 7月 7日.
62) 『備邊司謄錄』 第52册, 肅宗 28年 6月 25日.

穀賑救 사안과 관련하여 그 구체적인 대책으로 灣上所留의 錢文15
萬과 후래 사은사의 貿來錢 수만냥으로 의주에서 평산까지의 각참
에 각기 만여문을 분급하고 수령이 均給하여 站民으로 하여금 管
餉穀을 貿食하면 粟도 허비하지 않고 錢도 행할 수 있다는 양득의
조치와 해조로 하여금 銅鐵을 繼用케 하는 등의 현실적 조치가[64]
계속 강구되고 있었다.

또한 秋捧米의 代錢 조치로서 行錢을 확산시키는데 관심을 갖고
있었으니, 즉 경기 추봉미 8斗 내에 1두를 錢으로 代捧하는 문제를
비변사가 상평청과 함께 연차 계품하여 그 시행을 본 바 있었는데,
이때의 이유는 경중시민이 모두 用錢하고자 하여 常平錢의 受出을
앞다툰다는 것과 경기민이 용전의 이익을 알아서 薪蒭菜果 등의
잡물로 京市에서 得錢하고 運米의 폐단도 없앨 수 있다는 것이었
다.[65] 이것은 비변사가 이미 인조~효종년간 당시 용전의 유리함
이 확산되고 있는 실상을 파악하고 그 구체적인 대응을 강구한 일
면이라 하겠다. 이러한 입장은 行錢 폐지여부를 국왕이 묘당에 의
처하게 함에 있어서도[66] 변함이 없었으며 현종때에는 各衙門各營
米布銀兩取用別單을 마련하여[67] 충익부, 사복시, 상의원, 사옹원,
전라도, 경상도 등의 米布銀兩 취용을 조치하였으며 여분의 米布銀
子가 호조에 돌려져야 함에도 불구하고 진휼청 소용의 미포은자와
호조소용의 경비를 혼동하여 사용하고 있는 것을 금지시키는 조치
도 이어지고 있었다.[68] 이와 같은 내용은 국가 경비통제가 비변사
에 의해 면밀하게 이루워지고 있음을 보여준 것이다.

이와 같은 경비통제와 함께 숙종대에 들어와서는 국왕이 대신과

---

63)『備邊司謄錄』第8册, 仁祖 22年 10月 15日.
64)『謄錄類抄』第4卷, 財用一 孝宗 2年 1月 26日.
65)『備邊司謄錄』第15册, 孝宗 3年 1月 26日.
66)『備邊司謄錄』第18册, 孝宗 7年 9月 26日.
67)『備邊司謄錄』第20册, 顯宗 1年 12月 4日.
68)『備邊司謄錄』第22册, 顯宗 3年 8月 11日.

비국당상을 인견할 때에 詐僞造銀 폐단의 시정을 鑄錢官廳(호조,
상평청, 진휼청, 精抄廳, 사복시, 어영청, 훈련도감)에 내린 분부가
있자,[69] 이에 관련하여 비변사는 錢幣始行應行節目을 마련하기에
이르렀다.[70]

 이 최초 行錢 규정에서의 准價를 보면 錢400文이 銀1兩에 准하
고 錢40문이 銀1錢, 錢4문이 銀1分이며 米價는 풍흉고하가 같지
않으므로 비록 항식을 정할 수 없으나 그 당시 시가로서는 錢400
문이 米10斗로 준하며 40文이 미1두, 4分이 미1升으로 准價된 것
이었다.[71] 당시 시가로서 銀1양이 錢400문이요 米10두의 준가인
셈이었다.

 그러나 다시 비변사에서는 전폐행용 전에 준가의 便否를 시험해
보자는 司啓를 올려 錢200문을 折銀1양, 錢20문을 推銀1전으로 하
면 경중이 마땅함을 얻고 公私가 모두 편하다는 주장을 펴서 이것
이 채택되기에 이르렀다.[72]

 또한 이 行錢과 관련하여 銅器를 금단하고 주전의 수요에 충당
하게 하였는데 인가에서 필요한 제기 등 14종을 비변사에서 지정
하고 그 외는 일체 금단하는 鍮器禁斷事를 마련하여[73] 在所에서
當禁토록 하였는데 이러한 여러 가지 行錢 대책은 이 시기 비변사
의 재정기능에 있어 핵심적인 부분이라 할 수 있다.

2. 재용 제사안의 처리양상

糶糴이나 魚鹽, 紙地, 商賈, 匠人價布 등 호조에서 처리할 일반

---

69) 『備邊司謄錄』 第34冊, 肅宗 4年 1月 24日.
70) 同上 肅宗 4年 3月 24日.
71) 『備邊司謄錄』 第34冊, 肅宗 4年 3月 24日.
   『謄錄類抄』 第4卷, 財用一 肅宗 4年 3月 24日.
72) 『備邊司謄錄』 第35冊, 肅宗 5年 2月 4日.
73) 同上 肅宗 5年 2月 4日.

재용 사안의 의정도 거의가 비변사에서 전담하다시피 하였다. 예를 들어 조적이나 耗穀문제에 있어서는 북도 조적의 元穀畢捧時에 差使員 구관으로 허위폐단을 방지한 것이라던가[74] 統營穀으로 魚藿을 환무할 때에 虛錄出耗의 폐단을 시정하기 위해 통영의 1년 需用을 각읍의 모곡으로 넉넉히 마련하라는 조치[75] 등이 효종 년간에 비변사에 의해 이루어졌고, 三分耗會錄 사안의 의처[76] 및 西北管餉備耗를 5년으로 한정하여 蠲給하고 각읍은 이것으로 客使를 支持토록하는 의계,[77] 그리고 유사시 兩西恒貢을 삼남에 移定하는 사안[78] 등이 동왕 시기에 비변사에서 구체적으로 처리되고 있었다.

현종때에는 각도 甲辰(현종 5년) 이상 還上逋欠各穀 및 諸般身役價布의 蕩滌 수량을 별단으로 작성하여 書入하였는데[79] 충청도 還上逋欠의 경우 감사의 장계에 따라 모곡으로 보충토록 분부되자, 비변사에서는 그 실수를 알 수 없으며 충청도, 경상도의 제반 價布事는 更査中에 있으니 그 결과를 기다려 추후에 書入하겠다는 지속적 대책을 강구하고 있었으며, 원주의 支供費 부족 경우는 타읍의 還上으로 예급하여 이의 취모를[80] 사용토록 조치한[81] 내용들이 이어지고 있었다. 대동미의 경우는 재용과 관련하여 호서 선혜청 대용물건 탕척사안을 품처하였으며[82] 대동미의 營需 문제를 구체적으로 복계한 바도 있었다.[83]

어염은 비국의 주요 관할사안으로서 많은 조치가 있었다. 제도적

---

74) 『備邊司謄錄』 第14册, 孝宗 1年 1月 16日.
75) 同上 孝宗 1年 1月 23日.
76) 同上 孝宗 1年 4月 6日.
77) 同上 孝宗 1年 5月 13日.
78) 『備邊司謄錄』 第18册, 孝宗 7年 윤 5月 29日.
79) 『謄錄類抄』 第4卷, 財用一 顯宗 7年 1月 25日.
80) 宋贊植,「李朝時代 還上取耗補用考」『歷史學報』 27, 1965, 參照.
81) 『備邊司謄錄』 第52册, 肅宗 28年 6月 27日.
82) 『謄錄類抄』 第4卷, 財用一 顯宗 15年 2月 19日.
83) 『備邊司謄錄』 第52册, 肅宗 28年 6月 21日.

으로 鹽利의 守令堪任 여부(주로 국내 최대의 염장인 서산·태안 지방의 경우)를 해결하는데 있어서 그 대안으로 鹽鐵使(호판 겸임)가 요리주획하고 낭관을 파견하여 검찰하게 하는 조치가 강구되었고[84] 각 아문의 어전염분의 혁파가 도리어 토호의 所占으로 돌아간 허점을 파악하고 이것을 제 궁가에 다시 이급시켜 부족된 어염을 충당하게 하였다.

이와 관련하여 瑞泰(서산 태안) 지방의 염분어전은 戶曹瑞泰鹽鐵事目에 의거 모두 屬官하게 하는 조치를[85] 취하였다. 그러나 수령의 勤定督捧으로 민폐가 많아지자 兩湖 지방의 염철은 효종즉위의 新化를 기하여 請罷를 주장하기도 하였으며[86] 효종은 반감으로 이를 절충 분부한 바 있었다.

紙地는 호란후 劣品의 폐단을 신칙한 이후 도리어 너무 過好하여 이 때문에 인조대의 藩中需索 紙地가 難繼했던 점을 파악하고 그 紙品을 過厚하지 않게 생산처인 양남 및 통제사 병수사 등 처에 알리도록 조치하고 있었다.[87]

숙종때에 이르러서도 이와 유사한 형편에 처해 있어서, 이에 비변사에서는 上司進排 紙地의 폐단을 변통하는 구체적인 조치를[88] 취하였다. 이 때에 疏箚紙品이 搗鍊紙에서 楮注紙로 변통되자 納貢 上司의 點退가 심하게 발생하였으나[89] 어떻든 이와 같은 사례는 비변사의 재용 통제 모습이 여실히 반영된 것이었다.

商賈 사안에 있어서는 人蔘私賣 금지에 따른 인삼의 死貨폐단을 막기 위해 수세로서 사매를 인정하여 왜인의 開市興利와 인삼의 閑藏을 없애는 양득책을 의계하였고[90] 은화절귀 및 면포추단으로

---

84) 『備邊司謄錄』第5冊, 仁祖 16年 1月 28日.

85) 同上 3月 7日.

86) 『備邊司謄錄』第14冊, 孝宗 即位年 11月 19日.

87) 『謄錄類抄』第4卷, 財用一仁祖 21年 9月 9日.

88) 『備邊司謄錄』第44冊, 肅宗 16年 8月 8日.

89) 『備邊司謄錄』第44冊, 肅宗 16年 8月 8日.

90) 『備邊司謄錄』第5冊, 仁祖 16年 1月 30日.

야기될 타일의 완급을 대처하였으며 이에 관련된 송도나 경중 市民의 救拯[91] 등의 문제가 인조년간에 의처된 내용이었다.

숙종대에 이르러서는 私商稱貨의 防塞 문제[92] 즉, 한 예로서 관서지방의 재화가 본래 풍부하였으나 이 시기에 蕩敗한 이유는 赴京貝役商賈가 많은 수량을 貸出하고 있으면서 돌아올 때 物貨로 대납하기 때문이라고 보아 이의 시정을 주장한 것이었다.

한편, 이에 앞서 아문전곡을 商賈에 貸借하여 殖貨한 폐단을 금지토록 하였는데 이와 상반된 것으로 군기시의 경우는 본래 물력이 없는 관아이기 때문에 그 貸借殖利를 인정하도록 조치하고 있었다.[93] 이러한 점은 비국이 재용을 통제하면서도 각 아분의 성격과 형편을 참작하여 이를 조정하는 내용으로 나타난 것이었다.

그러나 개성부 및 外方南西의 管餉運餉時에 別將이나 감관의 徵債取息 폐단을 시정 조치한 것과[94] 경아문 侵徵事의 처리 등은 비국이 주관하여 이를 철저히 금단시키고 있는 경우이었다.[95]

인조반정과 이괄의 난 이후 경외의 제감책[96] 역시 비국의 의계사안으로서 중요한 것이었다. 즉 재용에서 많은 부분을 차지하고 있는 병조보병가포의 감소에 따른 대처라든가[97] 삼도 大同의 春等 收米를 감량하라는 特教에 있어 당년 實結 및 糶米 수량을 전년의 例用 수와 비교하여 그 量減의 정도를 논정한 내용을 주로 들 수 있다.[98] 이 보다 앞서 散料裁減에 관한 비변사의 별단은[99] 災異 등 특별한 경우에 있어 한시적인 적용이기는 하나 "依丁亥年(仁祖

---

91) 『備邊司謄錄』 第11册, 仁祖 25年 3月 16日.
92) 『備邊司謄錄』 第53册, 肅宗 29年 11月 22日.
93) 『備邊司謄錄』 第30册, 顯宗 12年 10月 1日.
94) 『謄錄類抄』 第4卷, 財用一 顯宗 13年 3月 19日.
95) 『備邊司謄錄』 第42册, 肅宗 14年 4月 4日.
96) 『備邊司謄錄』 第3册, 仁祖 2年 4月 8日.
97) 『備邊司謄錄』 第14册, 孝宗 即位年 7月 8日.
98) 『謄錄類抄』 第4卷, 財用一 顯宗 13年 1月 7日.
99) 『謄錄類抄』 第4卷, 財用一 孝宗 2年 1月 26日.

25) 例 散料自今(孝宗2) 十一月 至明年頒祿 自辛卯(孝宗2) 春等 至冬等裁減"이라고 한 바와 같이 그 裁減數를 자세히 규정한 적이 있는데[100] 이는 비변사의 재정 운영에 있어 便民 입장을 고려한 결과로 보여진다.

한편 군사재정의 운영에 관한 비국의 의처는 그 본래직무와 관련하여 더욱 치밀하였다. 인조~효종년간의 경우, 入瀋軍의 防寒衣裝인 紙衣 등을 管餉泉流庫의[101] 유치분을 사용하게 하는 것이라던가[102] 軍賞品의 조달에 있어 北路의 試才賞給物品의 경우 戶兵木 30同과 목장마 10匹, 弓子 1百張, 片箭 각 2百部 외에 비변사 所在品인 箭竹 2萬箇와 落幅紙 8百張 등을 入送시켜 시상품으로 삼게 하고 목화는 사복시에 유치하여 불시의 용도로 비축케 하는 조치[103] 그리고 기타 포상 건의에[104] 따른 후속사안 등을 의계한 것에서 잘 드러나고 있었다.

또한 현종~숙종년간의 軍需軍器 대책과 관련하여, 密陽銅穴을 試吹할 때에 어영청이 그 물력지휘를 비변사에 기대했던 것은[105] 비변사의 군영통제 일면을 보여준 것인데 군영뿐만 아니라 선혜청의 鉛丸價 조치도 매우 상세한 바가 있었다. 즉 선혜청 三南月課價 中 鉛丸價는 숙종이후에 선혜청에 定給하여 鉛丸을 造成, 각읍에 분송하여 사용토록 하고 연환의 조성규정도[106] 비국에서 관리하였으며 朱砂採取 邊手를 비변사의 採鉛軍 중에서 砂脈을 습지하고 채취에 능한자를 擇定토록 한것[107] 등은 군기 관계 재용사안의 적

---

100) 『謄錄類抄』第4卷, 財用一 孝宗 2年 1月 26日.
101) 平壤 監營所在 國用 倉庫.
102) 『備邊司謄錄』第5冊, 仁祖 16年 8月 15日.
　　 『謄錄類抄』第4卷, 財用一 仁祖 16年 8月 15日.
103) 『備邊司謄錄』第6冊, 仁祖 19年 9月 14日.
104) 『謄錄類抄』第4卷, 財用一 孝宗 2年 6月 1日.
105) 『備邊司謄錄』第27冊, 顯宗 9年 4月 19日.
106) 『備邊司謄錄』第39冊, 肅宗 11年 6月 4日.
107) 『備邊司謄錄』第40冊, 肅宗 12年 9月 25日.

극적인 조치 경우이었다.

공조소관의 재용사안 처리는 공조비용인 匠人價布의 감소를 비변사가 留儲價布로 이전 사용토록 조치한 것과[108] 공조의 收布匠人數를 인조 5년(정묘년)에 획급한 이후 비용증가에도 불구하고 價布數 감축 때문에 그 기준을 잡지 못한 것을 비변사에서 조처한 것[109] 등이 있었으며 공조 장인가포 20同을 상평청에 이송토록한 경우는 비록 허락되지 않았지만[110] 이러한 사안의 처리는 각사의 재용이 비변사에 의하여 계속 통제되고 있는 사례인 것이다.

Ⅳ. 田農사안의 의정

1. 量田정책의 의정

비변사의 田農관계 의정 사안은 量田을 비롯하여 屯田, 牧場, 堤堰, 踏驗, 勸農 등으로 집중되고 있는데 그 중에서도 量田과 屯田, 牧場 및 堤堰 등의 사안은 전농정책에서 비변사의 중심정책 부분이라 할 수 있다. 따라서 의계 처리가 많은 이 사항들은 비변사의 정책방향을 알 수 있게 한 것이다.

임란 이후 국가의 최대정책은 주지한 데로 양전사업이었다. 이에 관한 종합적인 내용은 여기에서 상론할 개재가 아니나,[111] 국가적으로 막중하고 지난한 이 양전사업이 비변사에 의해 주도면밀하게 이루워지고 있었다는 것은 비변사의 이 방면의 관심과 위상을 알

---

108) 『備邊司謄錄』第11册, 仁祖 25年 4月 25日.
109) 『謄錄類抄』第4卷, 財用一 孝宗 2年 10月 23日.
110) 『謄錄類抄』第4卷, 財用一 孝宗 2年 10月 23日.
111) 金容燮, 『朝鮮後期農業史硏究』, 一潮閣 1971, 參照.

수 있게 한 것이다.

왜란이 끝난 이후 최초의 양전사업은 선조 36년(1603)이었고[112] 30년 뒤인 인조 12년(1634)에 두 번째의 양전사업이 이루어졌다. 전자는 임란후 복구 과정에서 소략한 것이었으나 후자는 본격적인 사업이었다. 전자 양전시의 비변사의 역할은 그 전말이 자료의 부전 때문에 잘 알 수 없으나 후자 인조 12년 이후의 量田 관계 내용은 비교적 많이 전해지고 있어서, 이 후자의 경우를 통해 그 이전의 사항을 유추 파악할 수 있다.

인조대의 양전사업은 동왕 12년 7월에 公淸道의 양전을 시작하자는 비변사의 복계가 있는 후[113] 삼남의 양전사업이 확정되었고[114] 이어 타도의 양전 사업도[115] 다음 해에 차례로 시행 할 것이 분부되었다.[116]

이렇게 양전사업이 확정됨에 따라 인조12년(1634) 8월부터 구체적인 계획과 조치가 비변사에서 계속 이어지게 되었는데 그 내용을 일별해 보면, 打量時 委官・書員 등이 佃夫와 함께 作奸한 것을 막는 방안과[117] 하삼도 양전시 어사를 각도에 加出할 것인가의 문제를 비국당상이 호조당상과 함께 비국 開坐日을 기다려 同議하자는[118] 논의절차 및 量田使의 改差 문제[119] 등이 연속 의계된 것이었다.

우선 양전사의 선임과정은 이때의 기록이 분명하지 않아 그 경위를 살필 수 없으나, 후일 현종 3년(1662)의 경우를 보면 양전사를 이조에서 차출하지 않고 빈청에서 그 可合人을 의계 선임하고

112)『謄錄類抄』第4卷, 田農一 仁祖 12年 12月 5日.
113)『謄錄類抄』第4卷, 田農一 仁祖 12年 7月 6日.
　　備邊司의 田農政策을 알 수 있는 長文의 이 記事는 現傳 備邊司謄錄에 빠져있으나 謄錄類抄에서 이를 補完할 수 있었다.
114)『謄錄類抄』第4卷, 田農一 仁祖 12年 7月 28日.
115)『謄錄類抄』第4卷, 田農一 仁祖 12年 7月 28日.
116) 同上.
117)『備邊司謄錄』第4册, 仁祖 12年 8月 1日.
118) 同上 仁祖 12年 8月 8日.
119) 同上 仁祖 12年 9月 10日.

있어서120) 양전사의 改差는 비국의 소관이었음을 알 수 있다.

어떻든 인조 12년의 양전확정과 함께 비국당상이 각도 양전사와 회동하여 여러 가지 절차를 결정하였는데 이때 논의된 내용은 목장개간처의 打量事와 海堰畓이 이미 高等으로 된 것은 水患에 대비하여 續案으로 이록하는 문제 및 제궁가와 각아문의 元定卜結 외에 加出分의 처리, 그리고 差使員의 차출, 伴倘 1인을 給馬帶行하는 문제들이었다.121) 이 때의 양전방향은 結負를 많이 얻고자 한 것이 아니라 난후 田制 不正과 徭役 不均 때문에 이를 한번 이정하여 永式으로 삼고자 한 것에 있었다.122)

이상의 몇 가지 사례에서 본바와 같이 본래 양전의 주관은 호조이요 量田使 등의 인선은 이조소관이었으나 이 두 가지의 통제를 비변사에서 행사하고 있었음을 볼 수 있으며 삼남의 양전사업이 일단락 된 뒤에도123) 보완적인 조치뿐만 아니라 계속적으로 타도의 양전에 관한 사안을 의계하고 있는 것에서 이 부분의 일관된 정책의지를 엿볼 수 있다.

이 후속 의계사안은 時起田結의 差錯을 처리하고124) 畿甸의 전결 감축을 125) 대처하는데 있어, 수령이 직접 打量 搜括하고 본도감사로 하여금 總察케하는 내용으로 조치된 것이었는데 이때 委官, 書員, 田夫, 作者 등의 騷屑 폐단을 어떻게 대처할 것인가126) 등의

---

120) 『備邊司謄錄』第22册, 顯宗 3年 8月 11日. "今八月五日 大臣備局堂上引
　　見時 … 上曰 若出量田使 則吏曹當差出乎 元斗杓(左議政)曰 臣等來會
　　賓廳 已議其可合人矣"
121) 『備邊司謄錄』第4册, 仁祖 12年 9月 25日.
122) 同上 仁祖 12年 9月 25日.
123) 仁祖 17年(1639) 12月에 戶曹에서 乙亥(仁祖13年, 1635) 量田後의 三南
　　田結數를 報告하였다.
124) 『備邊司謄錄』第6册, 仁祖 19年 7月 4日, 同 7月 5日.
125) 丙子年 前에는 4萬 數千結이었으나 仁祖 20년에는 1萬 9千結로半減되
　　었다.
126) 『備邊司謄錄』第7册, 仁祖 20年 7月 16日.
　　『謄錄類抄』第4卷, 田農一 仁祖 21年 6月 25日.

문제에 있어서는 그 대책이 매우 상세하였다. 또 경기 강원의 양전을 풍년이후로 미룬 조치는[127] 은닉을 수괄할 때 그 시끄러운 폐단을 이유로 들기는 하였으나 민원에 따라 便當을 좇은[128] 결정이어서 이는 비변사의 便民 입장을 보인 것이라 할 것이다.

효종대의 量田時에는 각 色吏의 算法不解 문제 및 양전기간에 수령 勿遞事 등이 의계되었고[129] 현종년간에는 앞서 언급한대로 양전사를 빈청에서 차출하고 또 書吏, 算員의 운용 문제 및 양전사의 명칭을 均田使로 바꿀것[130] 등이 의계되었다. 이어 양전 尺數문제[131] 및 양전후의 民怨 대처[132]라든가 양전시 生手 監官輩에 의한 田形 等數의 착오 발생에 대하여 熟手者로 바꿀 것을 의계하고 이것을 호조에 분부토록한 것[133] 그리고 양전후 문서 수정시 감사의 多事 때문에 경관(均田郎廳)을 별도로 보내 협조하도록 하는[134] 조치들이 이루어졌는데, 이러한 사안들과 함께 양전의 진척과정을 호조가 아닌 비변사에 의해 국왕에게 보고되었다는[135] 것은 비변사의 내정추요 장악과 관련하여 주목되는 내용이다.

숙종년간의 양전시에는 分等時에 陞等한 폐단의 시정 및 隨起收稅田을 元田에 並入하여 應稅가 太重한 것의 一切 改量[136]이라든가 이에 관련된 元田 續田의 구분[137] 및 隨起收稅를 준행하지 않은 문제 등을 대처하였는데[138] 이 때에 비변사에서 수기수세를 강

---

127) 『謄錄類抄』第4卷, 田農一 仁祖 21年 6月 25日.
128) 『備邊司謄錄』第8册, 仁祖 22年 1月 23日.
129) 『備邊司謄錄』第16册, 孝宗 4年 9月 20日.
130) 『備邊司謄錄』第22册, 顯宗 3年 8月 11日.
131) 『備邊司謄錄』第23册, 顯宗 4年 2月 26日.
132) 同上 顯宗 4年 3月 25日.
133) 『備邊司謄錄』第28册, 顯宗 10年 2月 7日.
134) 同上 顯宗 10年 5月 15日.
135) 『備邊司謄錄』第23册, 顯宗 4年 3月 1日.
136) 『備邊司謄錄』第37册, 肅宗 9年 10月 12日.
137) 『備邊司謄錄』第41册, 肅宗 13年 10月 20日.
138) 『備邊司謄錄』第47册, 肅宗 19年 2月 21日.

조한 이유는 수령의 작폐를 막고 민원을 없애어 公私兩利를 얻을
수 있다는 것139) 때문이었다.

　그러나 숙종 26년(1700) 8월에 시작된 양전에서140) 비변사의 확
고한 관심은 새로 제시한 方田法의141) 시행에 있었다. 이 방전법은
당시 경상감사 兪集一이 강구한 새로운 打量法으로서 廟堂에서 호
조판서겸 비국당상이었던 金構에 의해 제기되어 이의 시행여부와
이해득실의 논란이 있자 국왕은 제대신과 비국 諸宰가 상의하여
이를 조정, 시행토록 하였던 내용이다.142)

　앞서 인조 12년의 양전(갑술양전) 때의 打量法은 綱子法을 가장
좋은 방법으로 여기어 사용한 것이었는데143) 金構에 의해 소개된
方田法의 대강은 다음과 같다.

　이 方田打量法은 勾股直方과 달라 특별히 田形을 先定하고 叩算
計除한 폐단이 없이 다만 一方 幾結로 방식을 삼으면 十里 五里의
直方이 한결같으며 田畓結數를 은루하기가 어렵게 된다는 것이다.
(方田打量之法 異於勾股直方 別無先定田形 叩算計除之弊 只以一方
幾結爲式 十里五里 其直如一矣 田畓結數 似難隱漏)

　이러한 방전법을 옹호한 좌부승지 趙泰東의 부연 설명은, 堤築으
로 四標를 정하면 수령은 이를 유지만 하면 되는 것이므로 檢田에
편리할 뿐만 아니라 計里數程에도 편리하다는 것(築爲堤制 以定四
標 爲守令者 唯以謹務堤制爲事 則不但於檢田便好 亦可有便於計里
數程矣)이었는데, 이 두 가지 설명은 方田法의 요지이다.

　그러나 이 법은 그 시행여부의 논의과정에서 당시 비국제당상의
난상토론이 야기되었다. 이 때 방전법을 이용한 양전의 경우, 은루
를 막고 檢田과 計里가 편리하다는 장점이 주로 강조된 것이었지만

---

139) 同上.
140) 『備邊司謄錄』第51册, 肅宗 26年 8月 8日.
141) 同上 肅宗 26年 8月 8日.
142) 同上.
143) 同上.

이 밖에도 양전의 수행이 간편해서 待豊할 필요가 없고 擾民하지 않을 것이며, 尺量時 田夫가 나와서 확인할 필요가 없다는 효용성이 강조되기도 하였다(金構 주장). 또 양전할 때에 差違가 없다(崔錫鼎 주장)고 한것과 平直 井井하여(李世白 주장) 이 방법으로 차차 排方하면 橫看이나 竪看 어느 면으로나 界脈이 井然하여 결국 누구라도 전결은 은폐를 시도할 수 없다(金構 주장)는 것이었다.

그러나 山峽地에서의 難行문제(申琓 주장) 및 有山有水處의 欺隱(李時白 주장) 등의 우려가 지적되기도 하였다. 이러한 문제점을 확인 보완하기 위하여 먼저 일부 지역의 시행을 건의하자, 왕은 이를 받아들여 경상도에서 먼저 시험해 볼 것을 분부하기에 이르렀다.[144]

이와 같은 분부에도 불구하고 해를 넘겨 이 논의가 계속되었는데 방전법 시행을 정지하자는 주장도 있었으나 주로 시험 대상지의 축소 제한과 새로운 법의 적용에 따른 擾民 발생에 대한 대책이 많이 제기되었기 때문이다.[145] 그러나 시험이후의 결과에 따라 재론하기로 하고[146] 당초 方田 주장자인 兪集一이 때마침 황해감사로 바뀌자 황해도 3읍(강령, 옹진, 은율)에서 試行을 단행,[147] 그 가능성을 확인하기에 이르렀다. 이 시행 결과 새로운 方田法이 舊法(綱子法)보다 陳起田의 경우는 3∼5배, 實起田의 경우는 1배가 新得되는 효과를 보았던 것이다.

반면 이 새로운 법이 시행된 후 야기될 수 있는 문제점 즉 小民은 賦役의 倍重을 우려하고 豪猾은 隱卜의 現露를 꺼려 결국 소요가 발생하는 경우의 대비책도 강구되었다. 특히 당시의 海防疎虞時에 민심을 잃을까하는 염려까지 고려하여 그 대안으로 減結 出賦가 稟定되기에 이르렀고[148] 종국에는 황해도의 양전에서부터 이

---

144) 『備邊司謄錄』 第51册, 肅宗 26年 8月 8日.
145) 『謄錄類抄』 第4卷, 田農一 肅宗 27年 1月 18日.
146) 同上.
147) 『謄錄類抄』 第4卷, 田農一 肅宗 27年 7月 8日.

방전법이 적용되기에 이른 것이었다.

　한편 踏驗 사안에 있어서는 현~숙종 년간의 경우 踏驗官의 작간을 重究하고[149] 火田 檢覈使의 품정[150] 및 敬差官의 운용 문제,[151] 양전시에 用奸 落漏者의 논죄[152] 등을 의처하고 있었다.

2. 屯田·牧場田의 사안

　屯田 사안은 비변사의 변방비어책과 관련하여 매우 중요한 의계 사항이었다. 官屯田 보다도 軍屯田 즉 國屯田 중심의 의계조치가 많았는데 이는 비변사의 성격과 함께 변정요리에 있어 군량 조달이 중요한 사안이었기 때문이다. 임란이후에는 재정의 결핍을 메우기 위해 40여 가지에 달한 제 둔전의 확장을 조정하는 데에 관심이 경주되었던 것으로 보이나 그 후에는 주로 군사재정운영에 관련된 사안과 둔전의 폐막을 조처하는 내용으로 나타났는데 인조~숙종 년간의 경우를 보면 다음과 같다.

　인조때 비변사의 둔전관계 의계내용은 전국적인 둔전관할에 관한 것과 설둔처의 懸錄 및 둔전 문권의 파악 등이 주류를 이루고 있었다. 예를 들면 嶺東西의 둔전은 그 도의 管餉使가 힘써 관할하고 호남 및 圻甸은 별도로 2원을 뽑아 分掌察任케 하자는 계청이[153] 있었으나 別差 2員의 분장찰임은 허락되지 않았으며, 경아문의 둔전은 신구를 막론하고 설둔처와 설립년을 懸錄하여 별단을 작성, 입계한 내용을 들 수 있다.[154]

---

148) 『謄錄類抄』 第4卷, 田農一 肅宗 27年 9月 11日.
149) 『謄錄類抄』 第4卷, 田農一 顯宗 13年 1月 15日.
150) 『備邊司謄錄』 第51册, 肅宗 26年 5月 2日.
151) 『謄錄類抄』 第4卷, 田農一 顯宗 13年 1月 15日.
　　 『謄錄類抄』 第4卷, 田農一 肅宗 27年 9月 21日.
152) 『謄錄類抄』 第4卷, 田農一 肅宗 27年 9月 21日.
153) 『備邊司謄錄』 第3册, 仁祖 2年 3月 6日.

이는 관둔전의 경우지만 賜與田과 둔전의 동이 여부를 파악하려는 것이었으며 외방의 국둔전 경우 둔전 本主文券 및 收稅案의 的實을 파악하는 것은 당시 인조 15년 신설둔전처의 혁파이후 起耕民의 耕食을[155] 확인하기 위함이었다. 이와 같은 것은 둔전폐단 등에 관한 방백장계를 비변사에서 복계하는[156] 과정에서 처리된 것이었다.

효종때에는 延安 둔전의 개간시에 각읍 烟軍의 조용과 農牛 加給이[157] 의계되었으며 현종년간에는 각아문 둔전 가운데 民田冒屬處의 혁파사안이 의계[158] 되었고 간원이 외방 設屯募民의 痼弊와 海西屯民의 凋弊를 들어 이의 혁파를 주장하자 비변사가 이의 조사, 혁파를 동의 복계한[159] 경우도 있었다. 이때 비변사는 본도감사로 하여금 각읍 둔전의 元數를 분명히 조사하되 「某邑某屯은 某衙門 某營 某宮家가 某年에 創設하고 結數는 幾許이며 募入人丁은 幾許임」의 형식으로 자세히 懸錄成冊하여 상송하게 하였고 이를 바탕으로 비국에서 둔전관계 여러 가지 사안을 처리하였던 것이다.[160]

또 서북 新溪 둔전의 差役事 및[161] 谷山府 둔전이 12面중 11면이나 되어 勅使때의 차역이 1명도 調發되지 않은 폐단을 비국이 査問 변통하였으며[162] 閑丁으로 각아문 둔전에 투속한 자를 수괄하여 定役하는 조치도 있었다.[163]

이 시기의 둔민은 주로 토착양민과 모속자 및 유민모입자 등으로 구성되었는데 이때 비변사에서 조치한 抄出定役 대상은 주로

---

154) 『備邊司謄錄』 第7册, 仁祖 20年 10月 6日.

155) 『備邊司謄錄』 第9册, 仁祖 23年 10月 26日.

156) 同上 仁祖 23年. 10月 26日.

157) 『備邊司謄錄』 第17册, 孝宗 5年 11月 24日.

158) 『備邊司謄錄』 第24册, 顯宗 5年 11月 28日.

159) 『備邊司謄錄』 第29册, 顯宗 11年 7月 9日.

160) 『備邊司謄錄』 第29册, 顯宗 11年 7月 29日.

161) 『謄錄類抄』 第4卷, 田農一 顯宗 13年 4月 1日.

162) 『謄錄類抄』 第4卷, 田農一 顯宗 14年 5月 13日.

163) 同上 顯宗 14年 5月 13日.

모속자이었으며 타읍의 둔전에도 거의 마찬가지로 적용되었다.164)

숙종때에는 아문궁가의 둔전 分占이 많이 査出 혁파되었다.165) 수어청의 경우 신설둔전이 혁파되자 수어사가 수어군의 모집곤란을 들어 홍천과 횡성 둔전의 신설을 주장한 것에 비변사가 이를 허락토록166) 의계하였으며 연해공한지를 築堰開墾하여 邊鎭의 군향에 수세 보용토록 할 경우 그 개간은 병조에서 지휘토록하는 것도 있었다.167) 또한 각아문의 긴요하지 않은 둔전은 모두 혁파하여 호조에 이속시키도록 의계하였으며 屯監은 각읍 수령으로 하여금 친히 구관토록 하는 조치도 이어졌다.168)

특히 훈국 및 총융청의 둔전은 粮餉廳에서 구관수세하게 하였으며 이 兩營의 둔민은 양천을 막론하고 모입하는 것도 조치되었다. 한번 入屯된 자는 양향청에 응역하지 않는 상례를 변통하여 응역토록 의계하였고169) 총융청의 둔전아병 혁파여부도 품정하였는데170) 즉 둔전은 종전대로 지방관이 收稅上送하고 아병은 전과 같이 단속하되 加定은 불허한다는 내용이었다. 이에 앞서 驛田의 私家割給을 거론하지 말도록 하였고171) 궁방의 절수지인 광양 순천 장흥 등지의 지나친 절수도 문제점으로 삼기도 하였는데172) 궁방 절수지의 비변사 제동은 주목되는 내용인 것이다.

牧場田에 있어서 비변사의 정책방향은 江都 태복시 목장의 혁파 分田처리때에 잘 나타나고 있었다. 강도 태복시의 목장은 효종 원년(1650) 8월에 혁파되었는데 이때에 비변사에서는 募民耕食할 場

---

164) 同上 顯宗 14年 5月 13日.
165) 『備邊司謄錄』 第32册, 肅宗 2年 1月 20日.
166) 『謄錄類抄』 第4卷, 田農一 肅宗 7年 2月 17日.
167) 『謄錄類抄』 第4卷, 田農一 肅宗 7年 3月 2日.
168) 『備邊司謄錄』 第42册, 肅宗 14年 12月 5日.
169) 『備邊司謄錄』 第49册, 肅宗 21年 2月 11日.
170) 同上 肅宗 21年 8月 21日.
171) 『備邊司謄錄』 第44册, 肅宗 16年 2月 5日.
172) 『備邊司謄錄』 第46册, 肅宗 18年 2月 15日.

田의 분전에 있어 절목이 없을 수 없다고 하고 강화유수 趙啓遠
(당시 비변사 예겸당상)이 품의한 조건을 참작하여 사목별단을 마
련, 入啓하였는데[173] 이것이 비변사의 對牧場 의사집약이라 할 수
있는 江都牧場分田時事目이다.

　이 사목은 총 14개 항목으로 작성된 것으로 여기에는 분전기준
을 비롯하여 場田許入 대상, 募耕民의 군역 기준, 공사천 유입자의
벌칙, 勢家冒占의 불허, 場田의 收稅勾管, 牧子의 신분조치, 村閭割
作 등이 상세히 규정된 것이었다.[174] 둔전의 募民計策과 수세구관
등 핵심조치가 비변사 주관으로 처리되고 있는 내용이다.

　이 사목이 시행된 3년 후에 다시 비변사의 조정이 있었다. 병조
판서 朴遾(비변사 당상)에 의해 제기된 목장혁파시 이동시킨 馬匹
의 致傷致斃 문제(9백필중 2백필만 남음) 및 勢家冒占 私田化 문
제, 作者의 田案懸錄, 收稅문제, 應募 零星 등의 사안을 의처한 것
이 그 내용이다.[175] 이때 호조구관의 수세가 사복시로 이관되었다.

　현종 7년의 경우, 이 강화목장 사안이 의계될 때는 군인과 목자
의 절수지역의 이해득실 사안이 중심이었다.[176] 즉 강화유수는 군
인의 편을 들어 場內 전답을 절수하고 사복시 소속목자는 場外 전
답을 절수하였는 바 이에 대한 사복시의 불만이 있자 결국 사복시
의 원대로 비변사에서 換給조치한 내용이었다. 이것은 각사의 이해
갈등 조정이 비변사에 의해 좌우된 것을 보여준 것이다.

　숙종때에는 비변사가 목장의 起耕 수세문서를 직접 관장한 사실
이[177] 있으며 특히 목장의 궁방전 절수를 불허하는 주장이 강하게
나타나고 있었다. 그 이유는 養馬 및 管餉補用의 문제이었으나 이
때의 備局諸宰는 시종 堅執不許의 자세를 유지하여 「到今決不可移

---

173) 『備邊司謄錄』第14冊, 孝宗 元年 8月 18日.
174) 同上.
175) 『備邊司謄錄』第15冊, 孝宗 3年 3月 10日.
176) 『謄錄類抄』第4卷, 田農一 顯宗 7年 2月 5日.
177) 『備邊司謄錄』第40冊, 肅宗 12年 윤 4月 29日.

給」이라고 할 정도로 궁방전의 절수를 견제하고 있었는데[178] 이와
같은 태도는 국가재정을 먼저 고려하는 비변사의 조정기능의 발로
라고 할 수 있다.

3. 堤堰, 勸農起耕의 사안

한편 堤堰사안에 관한 비변사의 입장은 堤堰事目의 마련과[179]
堤堰勾管堂上을[180] 비변사당상이 맡은 것에서[181] 잘 드러나고 있
다. 비변사에서는 賑恤安集 문제와 관련하여 제언운영에 깊이 간여
하고 있었는데 인조년간의 기록을 보면 이미 각도의 제언을 置簿
하고 비변사의 낭청을 파견하여[182] 임란이후 勢家에 점유된 각처
의 제언사안을 복계 조치한[183] 내용이 많다.

현종때에는 비변사 고위제조인 행부호군 趙復陽의 계청에 따라
堤堰司가 복설되기에 이르렀다.[184] 진휼청 계문에 의한 것이기는
하나 현종 3년(1662)에 제정 시행된 賑恤廳堤堰事目은[185] 비변사
에 의해 건의된 제언사 복설사목으로서 이것은 당시 전농, 제언정
책의 집약이라고 할 수 있는 내용이다.

제언사가 복설된 이후 제언을 수축할 때에는 비변사 당상이 이
를 신칙하였고[186] 강화의 防浦防築時에는 모군 起役이 건의되었으
며[187] 또한, 각 진포에서는 근처에 堤堰作畓하여 邊將料食과 軍器

---

178) 同上.
179) 『備邊司謄錄』第15册, 顯宗 3年 1月 26日.
　　　『備邊司謄錄』第40册, 肅宗 12年 12月 4日.
180) 『備邊司謄錄』第37册, 肅宗 9年 1月 20日.
181) 同上.
182) 『備邊司謄錄』第3册, 仁祖 2年 3月 6日.
183) 同上 仁祖 2年 3月 7日.
184) 『備邊司謄錄』第15册, 顯宗 3年 1月 18日.
185) 同上 顯宗 3年 1月 26日.
186) 『備邊司謄錄』第16册, 顯宗 4年 8月 16日.

修繕의 비용으로 삼게하여 海鎭의 허소 폐단을 도모한 사안 등이 의계되고 있었다.[188]

숙종때에는 외방의 제언수축을 기민진휼과 연계하여 거행할 것이[189] 재차 강조되었으며 호조판서가 겸임한 제언사당상이 착실하게 거행되지 않는다는 이유로 비국당상으로 대치하는 조치를 단행하여[190] 제언업무를 보격적으로 비변사의 전관아래 귀속시키는 조치를 취하였다.

제언사당상을 비변사당상이 구관한 이후 江都築堰時에는 사대부의 私築設庄을 금지하고 堰畓折受 등에 관한 築堰節目을 마련하였으며[191] 평안도 三和築筒時에는 築役이 고르지 못한 것을 시정하고 이 축통을 兼濟廳[192]에 획급하여 行車需用으로 삼게한 조치가 이루어졌다.[193] 이어 의주 築筒畓의 作屯時 민간의 諸役減除가 의계되었으며[194] 築筒田은 궁가이급을 허락하지 않고 감영에 귀속시켜 將士立番의 支供으로 삼게하는 조치도 있었다.[195]

勸農起耕 사안으로는 농우와 未鐵 등의 농기구 문제가 강구되었고[196] 淸北各邑勸農節目[197]에서는 진황처의 自官募民 開墾事 등을 구체화하였다. 이와 함께 비변사의 권농정책 방향으로는 숙종 24년(1698)에 제정된 勸農事目에[198] 구체적으로 제시되고 있

---

187) 『備邊司謄錄』第17冊, 顯宗 5年 7月 21日.
188) 『謄錄類抄』第4卷, 田農一 顯宗 7年 11月 8日.
189) 『備邊司謄錄』第31冊, 肅宗 1年 2月 27日.
190) 『備邊司謄錄』第37冊, 肅宗 9年 1月 20日.
191) 『備邊司謄錄』第40冊, 肅宗 12年 12月 4日.
192) 肅宗 20년경에 設置하였는데 行車之資 및 凶歲具資, 不時需用을 目的으로 하였다(『謄錄類抄』第4卷, 田農一, 肅宗 23年 7月 24日).
193) 『備邊司謄錄』第49冊, 肅宗 21年 4月 15日.
　　　『謄錄類抄』第4卷, 田農一 肅宗 23年 7月 24日.
194) 『謄錄類抄』第4卷, 田農一 肅宗 24年 1月 4日.
195) 『備邊司謄錄』第50冊, 肅宗 25年 11月 19日.
196) 『謄錄類抄』第4卷, 田農一 仁祖 15年 12月 5日.
　　　『備邊司謄錄』第6冊, 仁祖 19年 7月 4日.
197) 『備邊司謄錄』第50冊, 肅宗 24年 1月 4日.

는데 여기에는 권농관을 비롯하여 堤堰, 種穀, 農法 등의 조치사항
이 명시되었고 특히 高燥處와 平地無水處의 移秧을 각별히 금지
시키고 있었다.

이 밖에도 목화의 흉년에 대한 조치와[199] 陳田의 개간을 면세하
는 사안[200] 및 水車의 보급대책,[201] 養松 位田 등의 절수시 流民冒
耕 대책[202] 그리고 旱田給災의 불허,[203] 給災警責事[204] 등이 수시
로 의처되고 있어서 이와 같은 내용은 이 시기 비변사의 전농대책
의 방향을 알게 해준 것이었다.

V. 결 어

비변사의 재정정책 의정에 관한 내용은 賦役, 財用, 田農事案 등
17~18세기 당시 중요한 재정분야에 집중적으로 나타나고 있었다.
이러한 재정사안의 정책결정은 제도적으로 당해 육조각사 특히 호,
병양조 및 선혜청 등에서 계품하고 묘당에서 대신의 논의 아래 처
리되는 것이지만 대신이 비국당상을 겸하고 있을 뿐만 아니라 비
변사에서 주도하는 籌坐나 賓坐에서 대부분 이러한 사안을 의계
처리하고 있는 실정이었으므로 결국 비변사의 의도대로 이러한 사

198) 『謄錄類抄』 第4卷, 田農一 肅宗 24年 2月 25日.
199) 『謄錄類抄』 第4卷, 田農一 仁祖 21年 11月 15日.
200) 『備邊司謄錄』 第35冊, 肅宗 5年 9月 14日.
201) 『謄錄類抄』 第4卷, 田農一 肅宗 9年 2月 16日.
    『備邊司謄錄』 第37冊, 肅宗 9年 3月 3日.
202) 『備邊司謄錄』 第40冊, 肅宗 12年 9月 14日.
203) 『備邊司謄錄』 第43冊, 肅宗 15年 12月 28日.
204) 『備邊司謄錄』 第51冊, 肅宗 26年 3月 1日.
    『謄錄類抄』 第4卷, 田農一 肅宗 26年 3月 1日.

안의 정책결정이 이루워진 것이라 할 수 있다.

비변사에서 의계한 부역사안은 市廛 蠲減 貢物 結役 紙地 大同 魚鹽 등 본래 호조소관의 사안과 惠恤 養士 支勅 喪葬 등 예조소관의 사안 그리고 營繕 草柴炭 器用 移邑役 등 공조소관의 사안 및 公賤 등 형조소관의 사안 등이 거의 망라되어 있다.

이 부역사안의 의정에 있어서 비변사의 정책방향은 주로 정부 각사의 경비통제에 지향되고 있었는데 이것은 비변사의 재정통제력을 보여준 것이다. 특히 재정분야의 통제력 행사는 권력의 기반 위에 조정의 능력이 있어야 가능한 것인데, 이러한 기능의 구사는 당시의 비변사가 그 만큼의 위상에 있었음을 반영한 것이라고 할 수 있다.

한편 재용사안의 의정에 있어서도 관련사안을 거의 처리하고 있었으나 주로 호, 병 양조 소관의 항목으로 집중되고 있었다. 즉 호조소관인 金銀 錢幣 耗穀 魚鹽 商賈 殖利 賑救 屯場 등의 사안과 병조소관인 軍需 軍器 등 군사재정에 관한 사안 등이 재정의 보완과 이해의 조정방향으로 의정되고 이는 당시 상품화폐 경제의 발달과 관련하여 이의 활성화를 지향하는 특징을 보이고 있었다.

田農사안에 있어서는 量田政策의 의정 및 屯田 牧場田의 처리 그리고 堤堰 踏驗 권농정책의 의정으로 집중되고 있었다. 특히 산업복구의 기초로 난후 두 번째였지만 당시 최대 양전사업이었던 인조 12년(1634)의 量田事業(甲戌量田)에 있어서 비변사의 정책방향은 田制不正과 徭役不均을 釐正하려는 기본적이면서도 매우 어려운 사안이었고 효종~현년간을 거쳐 후일 숙종년간의 양전정책은 새로운 양전법을 제시하는 등 구체적이고 본격적인 것이었다.

그것은, 비변사에서 새로운 양전방법으로 제기하였던 方田法의 논의 확정이라던가 量田使의 직접차출 그리고 元田 속전 등의 처리와 수세문제 등 양전사업 전반에 관한 방안을 구체적으로 의계 처리한 경우에서 잘 드러나고 있었다. 여기에서는 양전시 檢田과

計里의 편리함뿐만 아니라 實起田의 新得 및 시행후에 야기될 수 있는 문제점 즉 小民은 부역의 倍重을 우려하고 豪猾은 隱卜의 顯露를 꺼려 결국 소요할 수 있는 경우까지 사전에 강구하고 있었다.

둔전 목장전의 의정 역시 비변사의 변정요리 및 군사재정확보 등 그 본래 소임과 관련하여 중요한 정책사안이었다. 그 정책방향은, 초기에는 난후 대처인 듯 군사재정의 결핍을 보완하기 위한 둔전의 파악 및 설둔확장에 있었고 뒤에는 둔전의 폐막을 시정하는 것으로 나타났다. 목장전 사안은 관할 이해의 조정 및 수세문제 등이 처리되었는데 목장전의 절수에 있어 세가모점을 견제하며 특히 궁방전의 절수도 부인하는 입장이었다.

한편 국가적인 진휼안집책과 관련하여 堤堰勾管을 비국당상이 맡은 것과 堤堰司復設事目을 주관하여 확정한 것에서 나타난 바와 같이 제언구관은 비국이 전담하고 있었다. 이 사목에서 권농관 제언 종곡 농법 등이 구체적으로 조치되고 있었으며 이 때 이앙법의 금지도 규정된 것은 물론 재정안정의 도모라고 할 수 있다.

비변사의 이상과 같은 부역 재용 전농사안의 정책의정은 정치적으로 재정권 장악이라는 차원을 넘어서 이해의 조정을 통한 각사의 경비통제와 난후 산업복구의 활성화 등 전반적으로 재정의 안정을 지향한 것으로 나타났는데 여기에는 특히 당시 사회경제적 여건을 적극적으로 대응하려는 측면이 많았던 것이다.

비변사의 정치적 위상

Ⅰ. 서 언

이 장은 비변사의 정치적 위상을 규정하려는 내용이다. 앞서 여러 논고에서 비변사의 置廢과정을 검토하였고 시기별 성격을 종합하여 시기구분을 시론하였으며 비변사의 조직과 직무를 상세히 고찰함과 아울러 비국회의와 公事처리 과정을 籌坐와 賓坐로 구분하여 정리하였고 이어 정책의 議定 실상을 邊事 軍政 및 財政 등으로 나누어 구체적으로 살펴보았다.

이를 바탕으로 비변사의 정치적 기능을 대체적으로 확인할 수 있었으나 그 정치적 위상의 규정은 남은 과제이었다. 본 장에서는 이를 규정하려 하는 것으로 그 간의 검토결과 비변사의 정치적 위상은 권력집중적 權府이요 기능통치적 政廳으로 요약할 수 있었다.

이는 비변사의 권력 및 議啓權의 집중과 관직 議薦權의 장악 등의 사실에서 권부라고 하는 것이요 정책 의정권의 장악과 시정의 조정역할 등의 기능에서 정청이라고 규정한 것이다. 권력집중적 권부라고 하는 것은 정치적으로 볼 때 부정적인 의미이요 기능통치적 정청이라고 하는 것은 행정적으로 볼 때 긍정적인 요소이다.

이러한 양면적인 면모는 비변사를 특징 지워준 내용이다. 이 때문에 설치초반부터 관직의 體統을 문란하게 한다는 것과 權重 협의에 따른 치폐의 논란에도 불구하고 집권세력이 바뀔 때마다 정치적 효용성을 발휘한 것이어서 결국 비변사가 장기 존치 운영되었던 것이다.

이 글에서는 비변사의 이러한 정치적 위상을 규정하고 나아가 이를 통해 조선후기 정치사의 특징을 살펴보려 한 것이다.

---

* 이 논문은 拙稿, 1995, 「備邊司의 政治的 位相」『韓國史研究』 제91집, 韓國史研究會, 99~127쪽에 揭載한 내용임.

Ⅱ. 권력집중적 權府

1. 議啓權의 집중

비변사의[1] 권력 집중 양상은 구성원의 정치 세력화와 정책 의계 권의 집중 및 관직 의천권의 장악 등에서 잘 드러나고 있다. 구성 원의 정치적 역할은 기술한 바 있으므로 여기에서는 비변사에 의 한 정책의계의 집중현상을 정부 각사의 허구화 내지 무력화와 연 관시켜 살펴보되 비변사 폐지론자들의 주장에서 지적되는 權重 협 의 등의 지적을 통해 그 실상을 확인할 수 있다.

비변사의 改廢를 주장한 계열은 삼사 간원이 중심이 되고 일부 대신급이 이에 가담한 바 있었으나 설관 분직의 정부 체통을 살리 고 署事權을 회복하여 上下相維의 淸議 공론 정치를 지향하려는 사림 계층이[2] 중심이었다. 명분상으로는 사림 정치의 至治論이 전 제되고 방법적으로는 설관분직의 체통론이 원용된 것이었으나 왕 실을 위시한 훈척 세력의 견제 때문에 이들의 주장은 대부분 무위

---

1) 비변사관계 연구동향은 앞에서 언급하였으므로 생략하며 다만 필자의 학
   위논문이 나온 이래 최근에 다음과 같은 논문이 있다.
   鄭弘俊, 1994, 「17世紀 朝鮮의 政治權力構造와 大臣」, 고려대 박사학위논문.
   李相植, 1994, 「朝鮮 肅宗朝 備邊司의 機能」, 고려대 석사학위논문.
   李在喆, 1995, 「17世紀 備邊司의 運營과 性格」, 경북대 박사학위논문.
   한편 최근까지의 비변사관계 연구동향의 정리와 과제전망은 '한국 역사연
   구회'가 엮은 『한국역사입문2』(중세편), 풀빛 간행, 1995, 제4편 1부 1-2항
   에 실려있는 다음의 내용이 참고된다.
   南智大, 「양반집권체제의 구조」 『한국역사입문2』, 330~346쪽.
   洪順敏, 「정치세력과 정치운영」 『한국역사입문2』, 347~362쪽.
2) 宋贊植, 1978, 「士林政治의 權力構造 - 銓郎과 三司를 中心으로 -」 『經濟
   史學』 2호, 經濟史學會, 參照.
   鄭萬祚, 1993, 「朝鮮時代 士林政治」 『韓國史上의 政治形態』, 一潮閣, 參照.

로 돌아가고만 것이었다.3)

비변사는 그 창설 초기부터 권중의 혐의가 지적되고 朝議가 편하지 않다는4) 불평이 야기되었는데 이는 비변사의 운영을 통한 새로운 정치 방법의 거부감이었다고 할 수 있다.

비변사는 초기부터 「政府와 相抗하고 兵曹를 물러서게」5) 할 정도로 권한이 비대해졌고 당초 변사 협의체의 목적을 넘어서 곧바로 군무를 의정하는 정책기관으로 발전하여 「모든 변사를 실제 장악했다(凡干邊事 實皆掌之)」6) 는 상태가 되었다.

이렇게 되자 의정 대신은 변사를 잘 알지 못한다는 이유로 변사 대책을 비변사당상에게 위임하는 경우가 나타났고7) 병조의 所掌도 비변사에 이관되는 양상을 보이면서 비변사의 권중 혐의가 크게 비판되기 시작함과 아울러 이내 폐지 주장이 나타났던 것이다.

창설 초기부터 이러한 권중 혐의는 이의 시정 및 혁파 주장을 비등하게 하여 결국 2차에 걸친 폐지 복설이 반복되었거니와, 이와 같이 치폐가 잦았던 것은 비변사가 순수한 변사주획의 차원을 넘어서 국정을 요리한 것을 의미한 것이라 하겠다.

특히 폐지 주장이 제기될 때마다 당시의 국왕은 "祖宗의 법이 아니라 하더라도 폐지할 수 없다.(중종)"8) 고 한 것과, 在朝 훈척의 비변사 존치 옹호 사실은 비변사가 왕권 강화와 유관되며 재조 집권층의 세력 강화 측면을 보여준 것이라 할 것인데 이와 같은 사실은 초기부터 비변사의 정치적 방향을 알게 해준 것이라 할 수 있다.9)

중종 말엽의 2차에 걸친 폐지 복설을 거친 후, 명종조 이후에는 폐지된 적이 없었으나, 그 폐지 주장은 비변사의 제2기10) 말기인

---

3) 拙稿, 전게논문 「備邊司의 政治的 機能에 관한 研究」 參照.
4) 『明宗實錄』 卷20, 明宗 11年 1月 己亥.
5) 『中宗實錄』 卷45, 中宗 17年 7月 辛未.
6) 『中宗實錄』 卷57, 中宗 21年 5月 辛亥.
7) 『中宗實錄』 卷60, 中宗 23年 2月 癸酉.
8) 『中宗實錄』 卷57, 中宗 21年 6月 癸酉.
9) 본서 제1장 Ⅱ절 참조.

숙종 초엽까지 상존하였으며, 초창기부터 이 기간까지의 비판과 폐지 주장이 있었다는 것은 이미 비변사의 권력집중 양상이 현저했다는 것을 반증한 것이라고 할 수 있다.

명종 9년(1554) 6월에 비변사회의(籌坐)가 정례화된 이후부터는 변사뿐만 아니라 경중 군무까지 의계하는 의정 기관의 성격을 보였으며 이때부터 부분적이기는 하나 사실상 의정부 기능이 비변사에 옮겨지기 시작한 것이어서 이는 곧 비변사가 상설 최고 의정기구로 자리잡은 전초이었다.

이와 같은 비변사의 역할은 의정부 및 병조와의 分職體統上에서 크게 어긋나는 것으로 당시 영의정 沈連源은 이를 시정하기 위해 군정을 병조에 돌리자고 주장하였으나 받아들여지지 않자 三公이 군국중사에 자연 隨參한다는 이유로 비변사의 도제조를 겸칭하지 말자는11) 반발이 나타나기도 하였다.

명종 21년에는 비변사의 秘密公事를 대간에 豫聞하지 않고 또 史官에게까지 與聞함을 금하면서 처리할 정도로12) 독주하기 시작하였으며 선조조에는 일반 庶政을 대폭적으로 의계하였는데 당시 從良納粟免罪 등의 비국 公事를 兩司가 견제하였으나 무위로 돌아간13) 형편에 있었다.

이러한 상태에서 임진왜란이 발발하자 군국기무의 총령은 자연스럽게 비국에 귀속된 것이었다. 그럼에도 불구하고 비변사에서는 그 권한의 강화를 스스로 요구하였으니, 임진왜란이 발발한 이후 실록에 나타난 최초의 비변사 계문은 임진년 5월 무진일로 선조가 평양에 행재할 때이었는데 여기에서 비변사는 「政出多門은 大害」

---

10) 필자는 비변사의 시기구분을 제1기 邊事籌劃期(16C), 제2기 軍國機務總領期(17C), 제3기 外交財政掌握期(18C), 제4기 內政專橫期(19C) 등 4기로 나눈 바 있다(본서 제1장 Ⅱ의 3항 참조).
11) 『明宗實錄』 卷20, 明宗 11年 正月 癸亥.
12) 『明宗實錄』 卷32, 明宗 21年 正月 戊戌.
13) 『宣祖實錄』 卷17, 宣祖 16年 5月 壬寅.

라고 하여 비변사의 권한 집중을 요구, 이를 허락 받아14) 더욱 강화된 권한으로 전시 비상 국정을 總掌하기에 이르렀던 것이다.

이에 따라 난중의 軍功事라던가15) 保障策16) 등 전시 국정을 전담하고 이후 전란 책응규획은 오로지 비변사에 있게 되었으며17) 나아가 百司庶政 및 대소사무가 모두 비변사에 이속됨으로써(百事庶政 事務大小 皆萃於備邊司)18) 비변사는 명실공히 군국기무뿐만 아니라 국정전반을 총령하는 최고 관아로 행세하기에 이르렀다.

더욱이 난중 왕세자의 分朝에 「分備邊司」를 설치하고 이것이 뒤에 撫軍司로 바뀌었지만, 이 사실은 비변사가 사실상 정부 최고기구이었음을 보여준 것이었다.19)

따라서 전란중의 비변사 역할은 일일히 열거할 수 없을 정도이며 이러한 상태에서 모든 戰時公事의 처리가 비변사의 직무로 귀착됨은 당연한 것이었다.

국왕 또한 비변사 당상에게 대부분의 國事를 의지하고 있는 형편이었는데 「모든 公事는 비변사에 내리고 비변사가 또한 詳察하니 내가(선조) 親見한다해도 무엇을 하리요」라는 것과20) 전란이 소강 상태로 접어들고 환도한 후인 계사년에도 尹斗壽가 東宮下去時에 設科取人하여 위로하자는 건의에 대해 왕은 「비변사 당상의 의논이 모두 그러하더냐」21) 고 되물을 정도의 사례 등에서 저간의 사정을 살필 수 있다.

그러나 비변사의 전란대처 능력에는 한계가 있는 것으로 보여져

---

14) 『宣祖實錄』卷26, 宣祖 25年 5月 戊辰.
15) 『宣祖實錄』卷32, 宣祖 25年 2月 乙未.
16) 『宣祖實錄』卷33, 宣祖 25年 12月 辛卯.
17) 『宣祖實錄』卷36, 宣祖 26年 3月 壬申.
18) 『宣祖實錄』卷44, 宣祖 26年 11月 辛酉.
19) 『宣祖實錄』卷45, 宣祖 26年 윤11月 丙申.
　　『宣祖實錄』卷46, 宣祖 26年 12月 辛亥.
20) 『宣祖實錄』卷33, 宣祖 25年 12月 己亥.
21) 『宣祖實錄』卷46, 宣祖 26年 12月 壬子.

서, 군공마련을 일삼는다는 비판이 나타난 것이라던지[22] 비국 당
상이 태만하다하여 사헌부에 의해 청죄되는 경우도 있었다.[23] 더
욱이 대소정무가 비변사에 집중된 것과 겸대한 비변사당상이 本曹
의 政事를 시무할 여가가 없어, 비국이나 본조의 두 가지 일이 모
두 폐해진다는 제도상의 모순이 지적되기도 하였다.[24]

한편 정원의 기능도 비변사의 제약을 받아 여의치 못한듯 하였
는데 措辭 書契 등과 같은 외교 사안을 정원 스스로가 비변사에 의
뢰하는 형편이었으며[25] 삼사의 관원이 빈청 인견시에도 참석하지
못하여 軍國謨議를 聞知할 수 없는 상황이 되었고[26] 대간이 관원
의 不合을 論遞함에 있어서도 비국이 이를 무시할 정도이었다.[27]

이와 같은 사실은 정원이나 삼사의 기능까지 차츰 무력화되고
있음을 보여준 것이었다. 이와 같이 막강해진 비변사의 직권은 다
음의 사례에서 그 실상을 더욱 확인할 수 있다.

A. 임금이 別殿에 나아가 대신 및 비변사 당상을 인견하였다. ⋯ 李憲
國(형조 판서)이 말하기를 ⋯ "我朝는 비변사 때문에 망할 것입니다. 비
변사를 설립하지 않았다면 나라가 위태롭지 않았을 것입니다. 비변사의
설립은 中廟朝이었는데 중년 이후에 그 당시 대신이 비국을 별설하면 반
드시 후폐가 있을 것이라고 하였으니, 지금 과연 그러한 상태입니다. 幇
子 軍兵 등의 일을 병조에 물으면 비변사에서 안다고 하고 國儲軍餉 등
의 일을 호조에 물으면 비변사에서 안다고 하니, 대개 비변사가 일을 그
르치고 있는 것입니다[28]

B. 憲府가 아뢰기를 국가의 설관분직 체제는 삼공이 백료를 통솔하고
육조가 該司를 分釐함으로 각기 맡은 바가 있어 서로 침범할 수 없는 것
입니다. 지금 팔도 및 육조의 公事는 모두 비변사에 귀속되고 사안이 조

---

22) 『宣祖實錄』 卷33, 宣祖 25年 12月 己亥.
23) 『宣祖實錄』 卷36, 宣祖 26年 3月 壬午.
24) 『宣祖實錄』 卷44, 宣祖 26年 11月 辛酉.
25) 『宣祖實錄』 卷45, 宣祖 26年 윤 11月 己丑.
26) 『宣祖實錄』 卷55, 宣祖 27年 9月 己丑.
27) 『宣祖實錄』 卷68, 宣祖 28年 10月 甲寅.
28) 『宣祖實錄』 卷109, 宣祖 32年 2月 壬子.

금 중한 것은 대신이 回啓를 親草하나 기타는 모두 (비변사의) 유사당상
한 두 사람의 손에 달려 있으니 유사 한 두 사람이 어찌 일국의 공사를
능히 獨辦 할 수 있다는 말입니까? 육조 해관이 비변사에 稟命하니 지체
되어 自決이 않되므로 文簿의 적체는 실제 이 때문입니다.

　　당상의 수가 많아 매일 회의에 나아가도 다만 進不進 單子에 登名하여
책임만 면하며 하는 일도 없고 이 때문에 원래의 본직사무도 따라서 폐
해집니다. 또 大臣을 承接할 때에도 체모가 심히 어긋나 허다한 宰臣이
항상 냇가에 (비변사가 위치한 돈화문의 냇가인듯 함[29] :필자) 무리 지
어 있으니 그 습관 됨이 경근한 뜻을 잃게 하고 도리어 잡담 장소로 만들
고 있습니다. 조정 체면이 날로 무너지고 있는 것 또한 여기에서 말미암
지 않은 것이 없습니다.

　　사소한 訴牒 처리에도 시끄럽고 雜亂하여 마치 詞訟官처럼하고 屯田
聚斂이나 煮鹽 興販 같은 일도 맡지 않음이 없으니 비변사의 설치 목적
이 어찌 그러하겠습니까? 청컨데 이제부터는 변방방비에 관계된 군국중
사 외에 모두 각기 해당된 유사에게 붙이어 그들로 하여금 察任하게 하
고 그 가운데 난처한 것은 大臣에게 稟斷하게 하여 조정 체통을 높이고
侵官 害事한 폐단을 제거 하십시요[30]

　이상의 내용은 A가 선조 32년 기사이요, B가 동왕 34년의 것이
므로 왜란이 끝난 이후 전후처리 시기의 비변사의 한 모습을 보여
준 것인데, 여기에서 의정부를 비롯하여 병조 호조 등 각사의 무력
화 현상을 익히 살필 수 있다.

　비변사 비판론자들에 의한 일부 과장까지를 감안한다 하더라도
이와 같은 기사 내용은 비변사의 권중 현상을 잘 보여준 것이라 하
겠으며 특히 비변사 회의에[31] 참석하러 간 재상급의 대신들이 비
변사의 관아 문밖에서 항용 대기하고 있었다는 내용은 비변사의
독선 모습과 비변사 구성원의 핵심 정치 세력화 현상을 짐작케 해
준 것이다.

---

29) 『備邊司謄錄』第14册, 孝宗 元年 10月 24日. "啓曰 近來 本司之事 大異前
　　日 … 本司在敦化門外 與宮牆隔一門 … "
30) 『宣祖實錄』卷138, 宣祖 34年 6月 己巳.
31) 拙稿, 전게논문「備邊司의 會議運營」參照.

광해조에 들어와서도 전후복구 대책과 대 후금 국방정책은 국정의 樞要이었다. 특히 국왕의 대 후금 정책은 변정강화와 성지수축 등에서 구체적으로 나타나고 있었는데, 이 시기에 비변사의 본래 직무인 변사주획의 기능 또한 매우 활성화되고 있었다.

그러나 이 시기의 비변사 정무 의계는 별로 많은 것이 아니었고 아울러 비변사를 비판한 기사도 눈에 띄지 않고 있다. 이와 같은 현상은 오히려 비국의 견제 세력이 무력한 상태에서 비국 기능의 강화와 함께 왕권과 비국간의 상보 관계가 잘 이루어진 것을 의미한 것일 수도 있다.

그것은 광해군 즉위 초에 臨海君을 붙잡아 비변사에 최초로 擁置한 사실과32) 이어 임해군 奴子들도 비변사에 구치되었던 사실을33) 그 한 예로 들 수 있으며, 이는 비변사가 當佇 왕권과 직계선상에 있음을 시사한 것이었다.

이 시기 내외치안의 대처에 있어 비변사의 기능은 또한 막중한 듯하였다. 한 예로 영남적당들이 창궐 북상할 때에 이에 대처할 督捕使를 뽑는데 있어서, 광해군은 비망기를 통해 비변사 당상 가운데서 單望으로 차출하게 하고 아울러 督捕事目을 마련하게 하여 이를 즉각 대처하도록 한 바 있었다. 이 때 도승지는 형조와 비변사가 동의하여 조치할 것을 주장하였으나 광해군은 포도청과 경기 감영에 급속 跟捕하도록 하면서도 捕賊書狀은 형조에 내리지 않고 모두 비변사에 내리어 급속 회계하도록 조치하였던 것이다.34)

이와 같은 사실은 형조의 권한이 약화되었음을 뜻한 것일 뿐만 아니라 더욱이 의계안건을 「勿下該曹 直于備邊司」35) 라는 것에서 보듯이 비변사의 중시 내지 그 신뢰 현상이 뚜렷이 나타나고 있었다.

광해년간의 대외 방략 강구에 있어서도 당시 명나라의 원병 요

---

32) 『光海君日記』 卷1, 光海君 卽位 2月 辛未.(鼎足山本)
33) 同上, 光海君 卽位 2月 乙亥.
34) 『備邊司謄錄』 第1册, 光海君 9年 10月 25日, 27日, 28日.
35) 同上, 10月 28日.

청을 의식한 大義論과 후금의 강성을 의식한 大勢論의 갈등속에서[36] 군국중사의 주도권은 비변사에서 장악하고 있었다.

그러나 비변사의 정치적 역할이 극대화되기 시작한 것은 인조반정 이후부터라고 할 수 있다. 비변사 제조 당상이 반정 공신 및 그 계열의 문신 위주로 전면 개편된 사실에서 그 정치적 성격을 쉽게 알아 볼 수 있다.

특히 반정이후에 훈무신 중심으로 비변사의 조직이 편성되었다는 것은 당시 왕권과 연계하여 비변사가 권력의 독점 기구임을 보여주는 것이라 하겠으며 이는 향후 비변사의 정치적 성향을 시사해 주는 바라 하겠다.

인조 2년 2월부터 5월까지의 비변사 坐目을 보면 반정 일등 공신 10명중 金瑬, 李貴, 沈器遠, 申景禛, 李曙, 崔鳴吉, 具宏 등 8명과 2등 공신 金慶徵, 張維 등이 비변사당상으로 들어가 포열하고 있었다.[37]

이와 함께 이미 司啓 備望으로 관행되어 왔던 비변사 당상의 충원을 가장 중요한 유사당상까지 자체적인 司啓 單望으로 행하고 있었으며 반정공신 역시 단망으로 선임되고 있었다.[38]

이 무렵 비변사당상의 숫자가 공신과 함께 비공신 계열을 포함하여 19명에 이르기도 하였는데 이 가운데 재외 또는 유고자가 많아 비변사 坐起 성원이 미달되어 回啓公事의 처리가 지장을 초래한 때가 있었다.

이에 비변사의 기능을 강화시키기 위한 방편인 듯 소수 정예로 운영하기 위한 당상의 감하 조치가 단행되었으나[39] 그 감하 대상은 비공신 세력과 일반 문신 등이 었고 훈척세력은 건재하고 있어서 비국이 훈척에 의하여 석권된 양상으로 결과되어 지고 있었다.[40]

---

36) 『光海君日記』 卷161, 光海君 13年 2月 癸丑.(鼎足山本)
37) 『備邊司謄錄』 第3册, 仁祖 2年 2月~5月 坐目.
38) 『備邊司謄錄』 第3册 仁祖 2年 2月 25日.
    反正 一等 功臣인 李貴 등이 司啓 單望으로 備局 堂上이 되었다.
39) 『備邊司謄錄』 第3册, 仁祖 2年 4月 18日.

이 감하 조치때에 인조가 내린 "자고로 謀國之士는 몇 사람이 안 되는 것이니 당상의 수가 적은들 무슨 방해가 있겠느냐"라는 전교에 따라 감하가 단행되었다는 것은 불필요한 당상의 수를 줄이어 비국 기능의 능률성을 기도하는 것으로도 볼 수 있지만 감하 명단에 나타난 실상으로 볼 때는 훈신 중심의 재편성이었다고 할 수 있다.

이 무렵 행우승지 洪瑞鳳이 경상 감사를 差遣 할 때에 인견 석상에서 "吏曹로 하여금 議薦시킬 것입니까? 비변사로 하여금 의천시킬 것입니까?"하자 인조는 "비변사에서 의천하라."하였는데 이것은 관직의 薦望權이 비변사에 돌아가고 있음을 확인하게 해준 내용이다.

이와 같은 사실은 당시 南, 西 당인의 암투속에서 서인·훈무외척에 의해 옹립되어 등극한 왕권의 한계성과, 비변사의 장악을 통해 권병을 확장하고자 하는 훈신 세력의 모습이 표출된 것이라 하겠지만 비변사 당상의 감하와 잦은 교체현상은 왕실과 훈척 양자간의 상보성 속에 비변사를 통한 새로운 정치 운영의 착근 과정에서 나타난 것이라고 할 수 있다.

어떻든 이와 같은 상황속에서 의정부나 육조의 직권은 약화되고 상대적으로 비변사의 군·정 양권은 더욱 강화 되었는 바 그 몇 가지 내용은 이미 언급한 비변사 개폐론자의 지적에서[41] 잘 나타나고 있었다.

인조반정초 일부 중흥 문신에 의해 의정부의 서사권을 회복시키려는 시도가 있었으나 무위로 돌아가고[42] 오히려 朝家政令이나 예악과 문장의 논의도[43] 모두 비변사에 귀속되는 상황에 있었다.

---

40) 『備邊司謄錄』 第3册, 仁祖 2年 5月 坐目.
41) 拙稿, 「朝鮮後期 備邊司의 政治的 機能에 관한 研究」 참조.
42) 『仁祖實錄』 卷8, 仁祖 3年 3月 壬戌.
　　『遲川集』 疏
　　『燃藜室記述』 別集 6, 官職典故 備邊司.
　　『梧里遺事』
　　『燃藜室記述』 別集 6, 官職典故 議政府.

이와 같은 사실은 선조때부터 대신들이 정부에 출근하지 않고 항상 빈 관청이 되었다고 하는[44] 것과 비변사 유사당상의 권한이 지나치게 막중하다는 지적[45] 등과 함께 이미 정부 각사의 무력화 현상이 상당히 심화되고 있었음을 보여준 것이라 하겠다.

이러한 상태에서 인조때의 崔鳴吉 및 효종때의 李端夏 등이 비변사의 개폐를 제기한 바 있거니와[46] 효종년간에 비변사가 「事無巨細 無不歸重」 「政府徒擁虛號」 「六曹皆失其職」의 현상이었다고 지적 비판된 것은[47] 의정부와 육조의 직권이 매우 약화되었음을 알게 해 준 것이다.

한편 정원은 출납을 맡고 대간은 糾正을 주관하는 근신 요직임에도 불구하고 이 역시 비변사에 의하여 제약되고 있었다. 비변사의 개좌시에 그 啓辭를 정원에서 正書하여 올리는 과정에서, 한 때 정원에서는 "備邊司 啓曰"을 쓰지 말게 하고 "備邊司諸堂上 議啓曰"이라고 고쳐 쓰도록 주장한 적이 있으나 이것이 비변사에 의해 즉각 부정되고 왕 역시 승지의 소위가 경솔한 것이라고 하며 비변사를 두둔한 예는 상대적으로 정원의 위축을 반영한 것이라 할 것이다. 이 때 비국당상은 정원의 주장에 대하여

奉命으로 開坐하였는데 '備邊司啓曰'이 어찌 불가하다는 것인가. 新規

---

43) 『仁祖實錄』 卷8, 仁祖 3年 3月 壬戌.
　　『遲川集』
　　『燃藜室記述』 別集 6, 官職典故 備邊司.
　　『梧里遺事』
　　『燃藜室記述』 別集 6, 官職典故 議政府.
44) 『燃藜室記述』 別集 6, 議政府, 朴世采 上疏.
　　『增補文獻備考』 卷216, 職官考 3 議政府.
45) 『政府故事』
　　『燃藜室記述』 別集 6, 官職典故 議政府.
46) 『遲川集』疏.
　　李端夏 箚子.
47) 본서 제1장 Ⅲ의 2 참조

> 를 만들어 이와 같이 지휘하는 것은 전에 없었던 일이며 또 本司 啓辭가
> 비록 타당하지 않다고 하더라도 政院의 임무는 다만 捧啓를 담당할 뿐
> 이다[48]

라고 하였는데 이는 비변사의 위세를 짐작케 하는 것이었다. 또한 都目政事를 행할 때에도 대신이 정원으로 하여금 禀旨케 하였으나 국왕이 비변사로 하여금 擬望토록 지시한 것은[49] 정원의 기능도 계속 약화되고 있음을 보여준 것이다.

삼사의 기능 역시 비변사에 의해 제약되고 있었는데, 대신과 비국당상의 인견시에 정원이 삼사 장관의 참석을 주장하였으나 청납되지 않았던 것은[50] 정원 삼사 모두가 관례적 隨參이나 주장까지 무시된 사례라 하겠다.

이와 같이 비변사가 막중한 권한을 행사하며 각조 각사의 政事가 위축되었음에도 불구하고, 施策의 결과에 대해서는 設官分職의 體統論을 원용하여 各盡其任을 비변사가 오히려 강조하는 입장을 보인 경우가 있었다.

설관분직의 체통론은 앞서 살핀대로 비변사 개폐론자들의 명분이었는데 이를 비변사가 강조하고 있음은 비변사의 정치적 위상이 다른 차원으로 바뀌었음을 의미한 것이기도 하다.

이와 관련된 것으로 한성부에서 徵債 곤란을 묘당에 推諉 즉 책임 전가하자 비변사에서 한성부의 당해 당상을 推考 조치한 바 있었는데 이때의 비변사 계문은,

> 국가가 설관분직하여 각기 所掌이 있으며 本司는 다만 勤漫을 糾察할
> 뿐인데 만약 본사가 일일이 지휘한다면 비단 일수의 부족뿐만 아니라 그
> 체면 또한 손상이 심한 것입니다. 해부(한성부)에서 이미 徵債 업무를 관
> 장하고 있으니 運餉 負債者를 在所에서 마땅히 징수하게 하십시오. … 지

---

48) 『孝宗實錄』 卷13, 孝宗 5年 11月 壬寅, 大司成 金益熙 上疏.
49) 『備邊司謄錄』 第5册, 仁祖 16年 2月 28日.
50) 『顯宗改修實錄』 卷16, 顯宗 7年 12月 己巳.

금 해부가 외방의 侵侮에 시달리어 감히 廟堂에 推諉하니 매우 부당한 것입니다. 한성부 당해 당상의 추고를 청하며 징채 업무는 아울러 京外官으로 하여금 한결 같이 법전에 의거하여 시행함이 어떠하겠습니까?51)

라는 것이었다. 물론 비변사의 주장이 청납되었지만 여기에서 설관 분직과 체통을 강조하고 廟堂에 책임을 전가한 것을 용납하지 않은 것과 특히 비변사의 임무로써 「糾察勤慢」를 강조하고 있는 것은 비변사가 대간과 같은 규찰권까지 행사하였음을 보여준 것이라 하겠다.

특히 효종 즉위초에 비변사가 올린 장문의 체통론과 各盡其任의 주장은 앞에서 언급한 바와 같이 차원 다른 비변사의 권능을 암시해 주고 있으며, 이와 같은 주장은 또한 비변사가 인조반정 新化初의 왕권 강화에 크게 기여하고 있음을 보여준 것이기도 하다.

그러나 이렇게 발전한 비변사의 권한집중은 후일 英正시대를 거쳐 소위 세도정치 기간에는 오히려 왕권을 크게 제약하는 것으로 변해가고 있었다.

2. 議薦權의 장악

비변사의 관직 의천권은 외방의 감·병·수사 등 邊將 邊守와 留守 將臣 등 일부 문무 경관직 그리고 특별 使命에 이르기까지 점차로 확대되어 종국에는 이·병 전조의 銓選權을 무위로 만든 것이었다.

이 전선권은 이미 중종년간 비변사의 창설 초기부터 변장 의천으로부터 나타나기 시작하였다. 원래 변장을 포함한 무관의 제수시에는 반드시 관계 銓曹인 병조의 동의를 얻어 이조가 擬望한 것이었으며52) 陞品 제수시에는 전조가 擅便할 수 없게 되어 있었다.53)

---

51) 『備邊司謄錄』 第24册, 顯宗 5年 10月 26日.

그러나 무신제수에 있어 이 두 가지 원칙은 비변사의 창설 이후 대부분 무너지게 되었다. 知邊事者를 변장에 제수한다는 이유로54) 비변사에서 이 의천권을 행사하기 시작하였기 때문이다.

이와 같은 사정은 비변사 창설 이전부터 邊警 대처의 필요성으로 일부 관행된 듯 하였는데, 비변사 창설 직전이라 할 수 있는 중종 4년에 무신을 選用하고자 할 때 그 대상자를 먼저 변지에 보내 변사를 지득케 한다55) 거나 순변체찰사의 書狀을 지변사대신에게 보여 商度 計議하게 한 것56) 등에서 그 사례를 확인할 수가 있으며, 이러한 경우들이 후일 비변사 의천권의 단서가 된 것이라고 할 수 있다.

기록상 비변사의 최초 의천 관여는 창설 초기인 중종 17년에 나타나고 있다. 동년 추자도 왜변이 보고될 때 이의 일차적인 대책으로서 비변사에서는 단독 司啓로서 당해 변장의 지원책이 계문되었고, 이 때에 동지중추부사 李安世를 전라도에 파견하여 당해 관찰사 및 절도사, 수사 등과 함께 왜구를 搜討하자는 것과 전라 경상 양도의 조방장 및 군관을 擇遣하자는 것이 함께 계문됨으로써 비변사의 의천권이 행사되기 시작한 것이다.57)

그러나 이보다 앞서 당시 영사(비변사제조) 南袞이 변사는 중신을 선임하여 맡겨야 한다는 병조의 계청을 비변사와 병조의 당상을 함께 불러 「同議措置」할 것을 주장한 바 있었는데58) 이것은 비변사의 의천간여에 직접적인 계기이었다고 할 수 있다.

---

52) 『謄錄類抄』 第4卷, 財用一 仁祖 23年 11月 22日.
53) 『中宗實錄』 卷7, 中宗 4年 2月 癸未.
54) 同上.
55) 同上.
56) 同上.
57) 『中宗實錄』 卷7, 中宗 4年 正月 甲寅.
58) 『中宗實錄』 卷45, 中宗 17年 6月 22日 丁酉. "備邊司啓曰 同知中樞府使李安世 乃勇將且能舟楫 可遣於全羅道 聽觀察使節度與水使李葊 同力搜討軍官十人擇給 又全羅慶尙兩道 助防將軍官 各十人擇遣何如"

이 직후 상기 변장의 擇遣이 나타났으며, 시기가 상당히 지난 뒤인 中宗 38년에도 평안도 관찰사를 비변사에서 의정부 및 해조 당상과 함께 동의 조치한 사례가 있었다. 이 때 의정부 및 비변사, 해조 당상이 동의하여 아뢰기를 "평안도 관찰사 閔齊仁의 교체가 임박하였는데 교체시에 지변사자 중심으로 택하여 차송한 연후에야 제사의 처리가 잘 될 것입니다."59) 라고 하여 이것이 허락된 바가 있었다.

또한 동왕 39년에 경상도 신설 鎭堡의 군졸 부족으로 閑丁을 수괄하려는 대책을 憲府가 계문하면서 "이 문제에 대해 비변사 당상이 어사를 파견하고자 한다."60) 라고 한 것에서 보듯이 이 시기에 비변사의 어사 파견 관여도 나타나고 있었다. 이보다 앞서 중종 38년 7월에는 邊民 刷還事를 비변사로 하여금 議爲하게 하여 刷還節目이 마련되었는데61) 이것이 비변사의 議爲로는 최초로 기록에 나타난 것이었다.

명종조에 들어와서도 동왕 2년 8월에 계속적으로 '備邊司啓曰'62)이 나타나며 동왕 5년 8월에는 최초로 '備邊司公事'가 등장하는63) 등 비변사의 역할이 점차 본격화되는 양상을 보였다.

이러한 상황에서 명종 6년 정월에는 왕이 "비변사로 하여금 병조와 동의하여 장수 可當人을 계문하라"는64) 전지가 있었고 동왕 9년에는 비변사가 제주 목사의 택차를 청하자 왕은 '대신과 상의해서 注擬하라'는 지시가 있었다.65)

이에 비변사가 삼공과 동의하여 이미 청한 제주 목사뿐만 아니라 전라 변장 등의 택차에 있어 무신 당상으로 가용 인물을 기용하

---

59) 『中宗實錄』卷45, 中宗 17年 6月 19日 甲午.
60) 『中宗實錄』卷101, 中宗 38年 11月 丁巳.
61) 『中宗實錄』卷104, 中宗 39年 8月 壬子.
62) 『中宗實錄』卷101, 中宗 38年 7月 己酉.
63) 『明宗實錄』卷6, 明宗 2年 8月 癸巳.
64) 『明宗實錄』卷10, 明宗 5年 8月 丁丑.
65) 『明宗實錄』卷11, 明宗 6年 正月 戊戌.

는 조치를 취하게 되었던 것이다. 이 때 기용된 사람은 金景錫 李世麟 朴海 申鐘 등 4인이었다.66)

을묘왜변이 일어난 명종 10년 5월에는 삼공 및 찬성 육조판서 비변사 당상 등이 命召, 빈청에 모여 왜변대책을 강구하던 가운데 도순찰사 및 방어사의 차출과 경상 淸洪 양도에 순찰·방어사 등의 파견이 결정되었는데67) 이 때에 비변사의 의계가 있었음은 물론이다.

이 을묘왜변 대처에서부터 비변사의 제반조치는 막강한 듯 하여 간원에서 「비변사의 규획처치는 참으로 무소부지하다」68)할 정도이었으나 인사문제는 아직 「共議」하는 상태이었다.69) 이 무렵 대신과 비국 당상이 전라우도 수군절도사에 劉寬을 同薦하였는데 이 임명에 대하여 史臣은 "劉寬은 일찍이 尹元衡을 奴事했기 때문이다." 라고 평하고 있는 것을 보면70) 이것은 당시 척신권세자에 의한 비국지배의 일면을 엿보게 하는 것이었다. 이렇게 되자 간원에서는 변장의 선임은 병조에 관계된 일이라고 강조하고 兵判을 문신에서 지병마 중심으로 바꾸어 71) 이를 대처하기도 하였다.

을묘왜변이 진압된 후 연변각관을 무신으로 모두 바꾸는 논의에 있어 비변사가 삼공 대신 및 영부사 이,병조 등과 함께 의계한 바 있었는데 이때 大典에 규정된 문신 差送地라 할지라도 방어상 최긴처는 무신을 차송하는 조치가 비변사의 주장대로 이루워지고 있었다.72)

그 후 명종 20년 평안도 西海坪에 胡人이 침범한 사건을 계기로 평안병영의 虞侯와 위원 군수의 差出下送을 역시 삼공과 비변사당상이 함께 의계한 바가 있었는데73) 다음날 왕은 마땅하다는 전지

---

66)『明宗實錄』卷17, 明宗 9年 12月 己酉.
67)『明宗實錄』卷17, 明宗 10年 正月 丙午.
68)『明宗實錄』卷18, 明宗 10年 5月 己酉.
69)『明宗實錄』卷18, 明宗 10年 5月 乙未.
70) 同上.
71)『明宗實錄』卷18, 明宗 10年 5月 乙卯.
72)『明宗實錄』卷19, 明宗 10年 윤 11月 壬午.

를 내렸으며 아울러 서해평 사건의 회계를 직접 비변사에 下言하고 있었다.[74] 이 때의 회계에서 다시 삼공 및 비변사가 평안병사(金德龍)의 체직을 청하면서 인물난 때문에 備三望이 어려워 單望注擬할 것과 또 강계부사, 만포첨사, 우후평사 등관도 擇遣할 것을 청하자 이것이 모두 허락되었다.[75]

여기에서 주목할 만한 것은 비록 인물난이라는 이유를 들었지만 평안병사의 교체[76] 때에 처음이면서도 단망주의까지 나타난 점과 특히 이 의천의 동의에서 당해 병조가 빠졌다는 사실이다. 이 때에 삼공이 동의한 것은 절차상의 과정이기 때문에 비변사의 단독의계나 마찬가지이며 그것도 단망주의까지 나타난 사실은 邊圍 議望權이 병조에서 비변사로 이관된 듯한 면을 보여준 것이었다.

이상에서 본 바와 같이 명종년간에는 변장에 대한 의천이 주로 비국당상과 대신이 동의해서 이루어 졌으나 임란전 선조 초엽에는 경상, 평안 등 외방중지의 감사 천거가 비변사에 의해 단독으로 행사되고 있었다.

선조 16년 「上令備邊司 舉慶尙監司 可當之人」[77] 에서와 같이 선조가 경상감사의 천거를 비변사에 단독으로 명하고 있었으며, 동왕 20년에도 「平安監司柳塤 病辭命遞之 令備邊司 舉可合之人」[78] 의 사례가 나타나고 있었던 것이다.

이 무렵에 비변사에서는 장흥부사 林晉과 창원부사 丁傑 등을 교체하여 경직에 올릴 것을 건의하였고,[79] 길주부사 鄭熙績의 推考 遞差 때에도 그 가합자를 천거한 바 있었는데[80] 이것은 감사뿐

---

73) 『明宗實錄』 卷20, 明宗 11年 6月 癸卯.

74) 『明宗實錄』 卷31, 明宗 20年 9月 戊戌.

75) 同上, 明宗 20年 9月 己亥.

76) 同上.

77) 西海坪 사건으로 平安兵使 金德龍이 金守文으로 交替되었으며 이때 金守文의 書狀이 보인다(明宗 20년 12월 癸亥).

78) 『宣祖實錄』 卷17, 宣祖 16年 7月 丁酉.

79) 『宣祖實錄』 卷21, 宣祖 20年 7月 辛卯.

만 아니라 외방부사까지 비변사의 의천권이 확대되었음을 보여준 사례이었다.

이 때에 신임 길주부사는 영천군수 李大振이 비변사에 의해 천거되어 통정으로 승품, 길주부사에 제수되었는데 이 인사조치는 즉시 사간원에 의해 반박되었다. 간원의 주장이 청납되지 않자 간원은 계속하여 遞改를 주장하였지만 왕은「儒而善射 可合邊地」라 하여 들어주지 않고[81] 비변사의 조치를 옹호하고 있었다. 또한 선조 21년 8월에는 비변사 秘密公事에 의해 하삼도 병, 수사 등이 극택된 예가[82] 있었으며 이러한 전후사정을 미루어 볼 때 이 이전에 이미 비변사의 의천권은 상당히 일반화된 듯 하였다.

임진왜란시 비변사의 인사 운용권은 막강하게 행사되고 있었다. 개전 월여후 선조가 평양에 행재해 있을 때인 5월부터 비변사의 인사조치 내용이 본격적으로 나타나기 시작하였다.

유격장 李思命의 忠勇에 대해 3품실직의 特授를 조치[83] 한다거나 도원수 金命元 및 부원수 申恪 등의 都城失守와 任意走避를 이유로 "每欲遞免이나 지금 난중이므로 易將이 좋지 못하다"는[84] 계문에서와 같이 비변사가 도원수 등의 교체에 직접 관여하고 있었다.

임진년 5월 최초 제해승전자인 전라좌수사 李舜臣, 동우수사 李億祺, 경상우수사 元均 등의 논상 조치[85] 라던가 金應瑞의 용맹을 평가하고 起復 종군하게 한 조치[86] 등이 잇따랐고 동년 11월 경기 강원의 동북방을 統領할 장수가 없음을 지적, 上敎에 따라 우의정 兪泓을 도체찰사로 삼아 수안과 토산 사이에 주둔하게 하여 散亡

---

80)『宣祖實錄』卷17, 宣祖 16年 7月 乙未.
81)『宣祖實錄』卷21, 宣祖 20年 7月 己丑.
82)『宣祖實錄』卷21, 宣祖 20年 8月 戊申.
　83)『宣祖實錄』卷23, 宣祖 22年 8月 癸酉.
　이 記事는 壬亂 前 備邊司의 南方備禦策의 一面을 보여주고 있 다.
84)『宣祖實錄』卷26, 宣祖 25年 5月 甲戌.
85)『宣祖實錄』卷26, 宣祖 25年 5月 己亥.
86)『宣祖實錄』卷26, 宣祖 25年 5月 乙丑.

人의 수집과 의병을 召聚하여 회복을 도모하게 하는 조치[87] 등이 있었다. 또 경기순찰사 權徵이 파면되자 여주목사 成泳으로 대리시켜 양향을 조치하게 하였으며 [88] 이어 삼도체찰사 金睟를 差送하기도 하였다.[89]

이와 같이 임진년의 왜란대처에 비변사는 도원수, 도체찰사, 순찰사 등의 최고 지휘관을 천거 조치하고 군공 논상 등을 전담 의처하였다.

계사년에 들어와서도 난중 지방관 起復者의 운영을 관장하여 문음문관 수령 외에 무반 수령으로 기복된 자는 改差하지 말고 난이 평정될 때까지 기다리자는 것을 건의하여 이것이 시행된[90] 바 있는데, 이때 기복으로 교체된 수령이 수십명이었으며 무반 수령까지 모두 遞去됨으로써 전란대처가 어렵게 되자 비변사가 이러한 사정을 감안하여 개차의 연기조치를 계문했던 것이 아닌가 한다.

왜란이 소강상태에 접어든 계사년 7월, 비변사에서는 하삼도 取人公事를 마련하고 각처에 空名 告身帖을 分送하였는데, 이 때 헌부의 강한 반발이 있었다.[91] 이유는 중간에 허위가 많고 외방의 試取許科도 부득이한 형편에서 시행된 것이므로 空名紅牌를 中軍에 보내어 塡給시킨다는 것은 科擧의 막중함을 손상케 한다는 것이었다.[92]

이와 같은 비변사의 取人對策은 난중에 취인과 재정문제를 동시에 해결하려는 고육책에서 나타난 것으로 보이지만, 동년(1593) 12월 수영의 무신차출 사안이 비변사에 下問되자, 이것이 계기가 되

---

87) 同上, 丁卯.
88) 『宣祖實錄』 卷32, 宣祖 25年 11月 癸酉.
89) 同上.
90) 同上, 甲申.
　　許善道, 1974,「鎭管體制의 復舊論 硏究 -柳成龍의 軍政改革의 基本政策-」『論文集』 4집, 國民大學, 參照.
91) 『宣祖實錄』 卷38, 宣祖 26年 5月 甲寅.
92) 『宣祖實錄』 卷40, 宣祖 26년 7월 己巳.

어 외방 수영의 인사권까지 비변사에 장악되어 가고 있었다.[93]

특히 이때 외방 수령의 차출문제를 이조에 내린 批答을 통해 비변사에 묻게 하는 절차를 거쳤다는 것은 이조의 의천권이 이미 무위하였음을 의미한 것이어서, 이것은 일반 수령급의 의천권 행사에 중대한 변화를 가져오게 한 것이었다.

이와 같은 상황에서 다음해 갑오년(1594)에는 비변사 당상에게 所知人을 各薦하라는 지시가 내려졌다.[94] 이는 특정한 관원을 제수하기 위함이 아니라 인재를 예비하고자 한 것으로 보이지만 이것을 통하여 비변사의 의천권은 더욱 확대 강화되고 있었다.

비변사당상에게 所知人의 各薦이 부여되었다는 것은 이제 이·병 전조와의 인사권 갈등을 넘어서 비변사 독자적인 천거권 행사를 의미한 것이며, 이의 결과로 나타난 것이 비변사의 인재선발법 즉 '備邊司 擧士十條'[95]이었다.

이 擧士十條는 선조 27년 9월에 비변사에서 마련, 시행된 것으로 비변사의 의천권 장악에 모체가 된 것이라 할 수 있다. 그 내용을 모두 소개하여 이의 성격을 살펴보기로 한다.

> 비변사에서 아뢰기를 "전일 인견시에 上께서 '반드시 인재를 얻은 연후에야 무엇을 할 수 있을 것이니 비변사당상은 각기 아는 바의 사람을 천거함이 좋겠다.'하였습니다. 신 등이 聖教를 받들고 물러나와 상의하였습니다. '옛날에 取人의 방법이 매우 넓어 或 奴隷에서 뽑기도 하고 或 行伍에서 내기도 하며 혹 賈竪에서 기용하기도 하여 오직 재주로서 기준을 삼고 다른 것은 묻지 않았습니다. 지금은 어떠한 갖출 것을 요구하니 비록 백가지 특장이 있다 하더라도 한가지가 부족하면 버리어 쓰지 않습니다. 또 門地로 제한하고 位望을 相較하여 비록 탁월한 재주가 있더라도 불행하게 冗卑한 신세이면 사람들이 모두 무시하고 돌아보지 않습니다. 또한 날으는 터럭을 자를만한 창칼의 기술이 있더라도 세상사람들에게 비방 받고 있으면 뽑아 쓸 수 없으니 庶績이 모두 좋은 사람을 구하기란

---

93) 同上.
94) 『宣祖實錄』卷46, 宣祖 26年 12月 戊寅.
95) 『宣祖實錄』卷55, 宣祖 27年 9月 癸巳.

역시 어려운 일이 아니겠습니까? 삼가 간절히 요구되는 時用할 인물의 선발에 대해 10개 종목으로 나누어 다음에 열거합니다.

二品 以上 文武 宰臣과 양사 홍문관은 각기 所知人을 천거하되,

① 有職이나 無職, 庶蘖, 公私賤, 僧俗을 막론하고 實材의 천거에 힘쓸 것이며 외방 監兵使로 하여금 搜訪 계문하게 하면 거의 이로 인하여 群材가 輻輳할 것이며 특이한 인재가 여기에서 함께 나와 세상에 쓰임이 많아 참으로 다행일 것입니다.

② 여기에는 혹 才智와 識慮가 있고 병법에 通曉하여 將帥를 맡길만한 자가 있을 것이며,

③ 혹 학술이 있고 時務에 지식이 있으며 인자하고 염근하여 백성을 다스리는 재주가 있어 守令을 감당 할만한 者가 있을 것이며,

④ 혹 膽量이 있고 언사가 좋아 외국 奉使를 맡을 만 하고 賊中에출입하여 동정을 哨探 할 만한 자가 있을 것이며,

⑤ 혹 居家에 효제하여 한 고을의 모범이 되고 慷慨 徇國하여 관리로 감당 할만한 者가 있을 것이며,

⑥ 혹 문장이 특별하고 辭命에 능한 자가 있을 것이며,

⑦ 혹 용력이 있어 활을 잘 쏘고 창칼을 잘 쓰며 무거운 짐을 지고 질주하며 膽氣가 있어 적진에 오르는 것을 겁내지 않을 자가 있을 것이며,

⑧ 혹 농사일을 잘 알아 백성을 권장하여 耕種하고 황무지를 개간하며 屯田을 경작할 자가 있을 것이며,

⑨ 혹 理財를 잘하여 海鹽을 구울 줄 알며 鑄鐵을 할 줄 알며 무역을 할 줄 알며 商物을 辦賣하여 興利足用 할 자가 있을 것이며,

⑩ 혹 기술이 있어 槍刀나 조총을 만들고 焰硝를 구울 자가 있을 것이니, 이와 같은 인물됨을 각기 아는 바에 따라 천거하되 만일 이 천거에 빠져 들어나지 않은 자는 自擧를 허락함이 어떠하겠습니까?'하니" 임금이 이에 따랐다. (항목 숫자 분류는 필자)

이와 같은 비변사의 擧士十條法은 서얼 공사천 승속을 가리지 않고 신분을 초월한 천거방법일 뿐만 아니라 門地 및 사농공상을 불문하고 時用에 중점을 두며 이 가운데서 將帥나 使臣 그리고 수령급 등 일반 관료까지 선발하고자 한 것이었다. 또한 이 천거에서

빠질 것을 대비, 형식을 초월하여 自薦까지 추가되어 있었다. 물론 난중의 피폐로 인한 取人의 곤란을 상정한다 하더라도 이와 같은 取人 擧士 조목은 가히 파격적인 것이었으며 후대 실학자들의 신분관을 무색케 할 정도이었다.

한편 사헌부에서도 이 擧士十條法을 「其意甚美」라 하여 동조한 듯한 입장을 보이고 있었다.96) 이것은 그간 비국과 대간이 여러 면에서 갈등을 빚어 왔던 것에 반하여 상당히 이례적인 것이라 할 수 있다. 물론 이와 같은 사실은 비변사의 우위가 전제된 속에서 가능한 것이라 하겠으나 이러한 동조 속에서도 사헌부는 擧士조건의 규모가 넓지 못하다는 지적과 함께 이를 보완하는 내용을 부연함으로써 비국의 견해에 전폭적인 동조를 유예하거나 견제하는 듯한 양상을 보였다.

즉, 비국의 견해는 다만 수령자격 정도가 取人의 대상이어서 大業을 보좌하는 관직의 조건이 미비하다는 것이었다. 따라서 이 미비점을 헌부에서는 司馬光의 「十科取士法」을 略倣하고 당시 時務에 간절한 것을 참조하여 5개조를 추가 보완하였는 바,

> 첫째, 학술과 덕업에 있어서 가히 쇠망함을 일으키고 난리를 평정할 만한 자를 '經綸者'로 맡기고,
>
> 둘째, 經明行修하고 학문이 해박하여 가히 君德을 輔導 할만한 자를 '顧問者'로 대비하고,
>
> 셋째, 剛方正直하고 風裁峻整하는 자를 '臺閣'에 대비하거나 혹은 '巡按御史者'로 맡기고,
>
> 넷째, 公正聰明하는 자를 '監司者'로 대비하고,
>
> 다섯째, 勇略이 있고 御衆에 능하여 士卒의 마음을 얻을만한 者를 '兵水使者'로 대비한다.97)

는 내용이었다.

---

96) 『宣祖實錄』 卷55, 宣祖 27年 9月 癸巳.
97) 『宣祖實錄』 卷55, 宣祖 27年 9月 庚子.

이와 같은 사헌부의 추가조건은 취인 규모가 큰 것으로 보이지만 전통적인 擧士條件에서 벗어나지 못한 일반적인 것이라 할 수 있다. 여기에서 제시된 經綸者, 顧問者, 臺閣, 御史, 監司, 兵水使 등 大業에 보좌할 만한 자의 추가조건은 三公 六卿 三司 邊閫 등에 해당된 상급치자 중심의 전통적인 취인 방안으로 사림계열의 진출이 기도된 것이라 할 수 있다.

그러나 비변사의 거사십조는 현실을 감안하고 時務를 고려한 실질적 취인 방안으로서 후자 사헌부가 추가한 5개조의 내용에 비해 신분을 초월하고 문무관원의 전문성을 지향하며 또 중하위급의 실무관원에 중점을 둔 것이었는데 이는 편민의 입장과 관직 운용의 효율성이 지향된 것이었음을 알 수 있다.

이러한 목적의 취인 방법은 정치적 입장에서 볼 때에 결국 사림계열의 진출을 막는 바가 되었다고 할 수 있으며, 또한 비변사의 자체로서는 그 구성원의 정치세력화에 유리하게 작용된 것으로 볼 수 있다.

한편 吏曹의 일반적인 관직운용 권한도 비록 난중이라는 특수성이 있으나 비국의 권중때문에 계속 약화 일로에 있는 듯 하였다. 선조 28년 2월, 경상감사 洪履祥의 分道 요청을 이조가 연혁 중시를 이유로 防啓하여 보류하였으나, 비변사의 강력한 분도 주장으로 이조의 주장이 무위로 돌아가고 경상도의 좌우도 분도가 일시 시행된 것은98) 이를 증거한 것이라 할 것이다.

이 때 비변사는 전략상의 이유를 들어 경상도의 分道를 강력히 주장한 것이었다. 즉 왜적이 左道를 좇아 움직이면 순찰사는 마땅히 좌도에 전력할 것이니 右道를 相救할 여가가 없게되고 만일 우도가 그러할 경우에는 역시 좌도를 돌볼 수가 없으며, 가령 적이 움직이지 않는다고 하더라도 중간의 수백리가 공허하게 되어 문서 연락에 수십일이 걸리고 군기를 책응하거나 유민의 招募, 耕種의

---

98) 『宣祖實錄』 卷55, 宣祖 27年 9月 庚子.

勸課, 수령 변장의 검칙 등에 관한 일을 감사 1인이 照管할 수 없기 때문이라는 것이었다.

이러한 비변사의 주장에 따라 왕은 분도를 허락하면서 分道 監司의 적임자를 걱정하자 다시 비변사는 이의 가용인으로 당시 경상순찰사를 久任하였던 徐渚을 新方伯으로 천거하여 왕의 허락을 받았던 것이다.99)

한편 관직 운영에 관한 난중 冗官의 汰減사안에 있어서도 이조가 비변사와 더불어 동의하려하자 비변사에서는 이미 불필요한 관리를 모두 정리하여 용관 대상자가 없어졌다는 이유로100) 그 동의 요구를 무시하였는데 이와 같은 사실은 銓選뿐만 아니라 관직운영 등에 있어서도 이조의 무위함이 잘 드러난 것이라 하겠다.

이러한 상황에서 선조 37년에 하삼도 방어사 조방장을 비변사 草記로 이미 차출했다는101) 『등록유초』의 기록은 시기적으로 뒤늦은 기사라고 하더라도 변장 등의 차출이 이미 비변사의 전관이었음을 보여준 것이었다.

광해년간에 들어와서는 公洪(忠淸) 감사를 의천할 때에 비변사 당상이 각기 3인을 천거하도록 되어 있음에도 불구하고 被薦員名이 많아 선별이 어렵다는 이유로 각기 1명씩 만을 천거하겠다는102) 계문이 나오기도 하였다.

이와 같은 사례는 의천원칙까지 무시한 비변사의 독주양상을 엿보게 한 것이지만 이와는 상반된 감병수사의 의천권을 병조에 되돌리려는 비변사의 계문이 나오기도 하였다. 즉 비변사에서 부산첨사의 의천권을 병조에 돌리려는 것이었는데 그 이유는 "監兵水使를 비변사에서 의천한 것도 설관분직의 본의를 잃은 것인데 부산

---

99) 『宣祖實錄』 卷60, 宣祖 28年 2月 丁未.

100) 同上.

101) 『宣祖實錄』 卷62, 宣祖 28年 4月 甲子.

102) 『謄錄類抄』 第1卷, 官職 宣祖 37年 2月 18日.
　　　政院啓曰 以備邊司草記 下三道防禦使助防將 已爲差出 …

첨사가 비록 중직이기는 하나 一邊將에 불과한 것이니 어찌 이러한 관직까지 의천할 수 있겠느냐"103)는 것이었다.

이와 같이 상반된 사례는 광해년간 비변사의 정상적인 변사주획과 그 기능의 활성화라는 시대적 상황에 관련된 것으로 볼 수 있어서 비변사의 의천권 充溢 내지 병조와의 의천권 관할 차원을 벗어난 상태를 반증한 것이라고도 할 수 있다.

관원을 차출할 때 이조나 병조에서는 「비변사로 하여금 議薦하게 함이 어떠하겠습니까?〈令備邊司 議薦何如〉」라고 하여 전선권을 비변사에 이관한 사례는 현전 비변사등록의 冒頭에서나 실록 등에서 계속 이어지고 있다. 그 구체적인 실상은 다음의 자료에서 확인할 수 가 있다. 다만 이 자료는 관직의천의 선후를 보려는 것이 아니라 시기적으로 연속된 의천사항을 파악하기 위한 사례로서 예시한 것이다.

- 兵曹啓曰 釜山僉使有闕 今自倭使出來 接應之策 極爲緊急 令備邊司 急急議薦 數日內差送何如 傳曰允(備, 光海君 9年 3月 14日)
- 吏曹啓曰 安州牧使元裕男罷黜 其代依近例 令備邊司 議薦何如 傳曰允(備, 光海君 9年 6月 8日)
- 吏批啓曰 水原府使有闕 令備邊司 議薦何如 傳曰允(備, 光海君 9年 6月 16日)
- 吏批啓曰 會寧府使申忠一 富寧府使李繼命 春下等褒貶 以堂上官居中 罷職 以都目政當爲差出 令備邊司 議薦何如 傳曰允(備, 光海君 9年 6月 16日)
- 兵曹啓曰 全羅右水使有闕 依近例 令備邊司 議薦何如 答曰 前日右水使議薦單子 以爲入啓 被薦之人 多矣 右水使薦 不順別爲也(備, 光海君 9年 12月 20日)
- 傳曰 邊虞日甚 儒將可合人 令備邊司 極擇培養(光海君日記, 光海君 13年 2月 癸卯)
- 兵曹參判沈器遠引見時 行右承旨洪瑞鳳所啓 慶尙監司閔聖徽 臺諫方

---

103)『光海君日記』卷113, 光海君 9年 3月 癸未.

似拿鞫論啓 故罷職 承傳不得捧之矣 但此時 方伯久任 不可久曠 所當
急速差遣 令吏曹議薦乎 令備邊司議薦乎 上曰 備邊司議薦(備, 仁祖 2
年 2月 30日)

·吏曹啓曰 義州府尹有闕 依近例 令備邊司 議薦何如 傳曰允(備, 仁祖
26年 7月 1日)

·兵曹啓曰 平安兵使有闕 依近例 令備邊司 議薦何如 傳曰允(備, 仁祖
27年 2月 21日)

·兵曹啓曰 東萊府使盧恊 旣已罷出 其代 依近例 令備邊司 議薦何如
傳曰依啓(備, 孝宗 卽位年 10月 1日)

·(備邊司)啓曰 頃日引見時 因原任大臣所啓 勿論文武蔭 已經守令 治
績最箸者及 雖未曾經 而才勘守令者 勿拘罷職 令備邊司議薦 隨闕塡
差事 允下矣(備, 孝宗 3년 11월 16일)

·吏曹啓曰 咸境監司有闕 依近例 令備邊司 議薦何如 傳曰允(備, 顯宗4
년 4월 26일)

·慶尙監司金始振病重 備局啓遞之(顯宗改修實錄 卷11, 顯宗 5年 6月
甲申)

·兵曹啓曰 統制使金鏡 拿推事命下矣 其代 依近例 令備邊司 議薦何如
傳曰允(備, 顯宗 11年 9月 4日)

·吏曹啓曰 平安監司閔維重 限今年五月仍任事 曾已定奪矣 其代 依近
例 令備邊司 議薦何如 傳曰允(謄錄類抄 官職, 顯宗 13年 5月 15日)

·兵曹啓曰 北兵使盧錠 今已箇滿 依近例 令備邊司 議薦何如 傳曰允
(備, 肅宗 3年 正月 21日)

·吏曹啓曰 廣州留守有闕 依近例 令備邊司 議薦何如 傳曰允(備, 肅宗
4年 3月 21日)

·吏曹啓曰 江華留守有闕 依近例 令備邊司 議薦何如 傳曰允(備, 肅宗
12年 6月 11日) (「備」는 備邊司謄錄임)

　　이상의 사례에서 보듯이 남북 변곤의 의천권이 모두 비변사에
이관되었음을 알 수 있고 「依近例 令備邊司 議薦」의 내용은 현전
『비변사등록』에는 광해군 9년에 초견되지만 「近例」의 시점은 이
때부터가 아니라 그 이전으로 훨씬 올라가 임란이전부터의 사례일
수 있다. 왜냐하면 『비변사등록』의 초창기 기록이 전해지지 않고

있으며 앞에 제시한 사료에서 보듯이 명종조 이후 "依近例"의 사
실이 자명할 뿐만 아니라 더욱이 임란이후에는 상기 각관의 의천
권이 비변사에 모두 이관된 형편에 있었기 때문이다. 따라서 이,
병 전조의 전선권 역시 임난을 전후한 시기부터 사료에 제시된 상
기 각관을 비롯하여 계속 무력화되었음을 알 수 있다.

Ⅱ. 기능통치적 政廳

1. 정책의 의정 기능

비변사의 정치적 기능은 정책의 議定과 시정의 조정, 그리고 국
가적으로는 왕조유지의 기능 및 자체적으로는 정치세력화의 기능
등으로 요약할 수 있다.

우선 왕조유지의 기능에 포괄되는 왕권과의 관계에서는 상보와
제약이라는 양면성을 띄고 있었는데 이것은 시대적으로 왕권과 정
치세력의 향방에 따라 차이가 있는 것이지만 대체적으로 볼 때에
비변사의 4기 구분가운데 그 전반인 제1~2기는 왕권과의 상보적
역할이 주류이었으며 후반 제3~4기는 그 말기로 갈수록 비변사에
의해 왕권이 제약된 상태이었다고 할 수 있다.

비변사의 정책의정 기능은 유사시와 평상시를 나누어 그 내용을
살펴 볼 수 있는바 유사시는 外方狀啓를 처리하는 과정 및 긴급 또
는 군국기무를 의계할 때에 주요정책을 의정하는 것으로 나타났으
며, 평상시에는 京外의 상소처리나 이와 관련된 논의를 통해 국정
전반의 정책방향을 수립하는 것이었다.

전자의 경우는 외교나 군국기무에 관한 정책의정이 많았고 후자
의 경우는 내정조치의 일환으로서 각종사안에 대한 節目이나 事目

그리고 別單 등의 마련을 통하여 그 정책방향의 결과가 나타난 것이었다. 내용상으로는 변사주획을 위시한 군국기무의 제반사안과 관직 재정 지방문제 등 내외 국정전반을 포괄하고 있었다.

비변사의 설립초기에는 변사대책 등을 비변사 관원이 大臣의 監領아래 유관부서와 同議措置하는 절차로 정책이 결정되었으나 점차 비변사제조 명의의 계문으로 자체의사가 개진되기 시작하다가 그 기능이 강화되면서부터는 '備邊司議啓'가 단독으로 나타나고, 「同議啓」가 병행되는 경우에도 비변사가 주동이 되는 상태에서 정책이 수립, 의정되고 있었다.

일반적으로 정책을 수립할 때에는 비변사 회의인 籌坐나 賓坐를 통하여 공식적으로 의정하는 과정을 거치고 있었지만 시급한 사건과 중요한 안건의 의정시에는 종종 이러한 절차를 넘어서 파격적인 형태로 정책을 수립한 경우가 많았다.

이러한 정책의정 형식은 주로 비변사의 핵심구성원인 유사당상에 의하여 행해졌던 것으로 의정 절차상 大臣의 품정을 거친 것이었으나 이것은 다만 형식상의 과정이었다.

이와 같은 정책의정 형태는 비변사의 권도적인 방식이 드러나는 것으로 비변사의 범정부적 기능과 직결된 것이라고 할 수 있다. 특히 이와 같은 사례는 비변사의 의계 유형인 同議措置 - 同議啓 - 單獨議啓 - 單獨草記의 방식에서 후자에 해당된 독단적이며 권도적인 의정형태이었다.

국왕이 비변사에 정책방향이나 정책수립을 지시 할 때는 「上敎備邊司」나 「言于備邊司」, 「問于備邊司」 등과 같은 傳敎 형식으로 나타나는데 이것은 평상시의 경우이며 사안이 시급할 때는 「急速議處」를 명하게 된다. 이러한 경우에 상기의 내용과 같이 비변사에 의한 독자적 의정이 이루어지고 비변사의 권능이 강화되면서부터는 이러한 사례가 일반사안에 이르기까지 관행되기에 이른 것이다.

정책의 재가는 물론 최종적으로 국왕에 귀속되며 이 재가내용은 곧 명령이기 때문에 그 명령의 내용을 수립하는 비변사구성원은 곧 최고정책 입안자이었다. 물론 이러한 정책수립 과정에서는 반드시 삼공이나 원임 대신 등 의정대신이 참여하는 것이지만 이것은 체통상의 절차이었던 것이다.

이렇게 정책의정을 전담하는 과정에서 비변사구성원의 내부의견 개진이나 그 조정도 매우 활발하였다. 그러나 최종적으로 정책을 조정한 것은 핵심 고위제조나 유사당상이었다.

비변사의 정책수립에 있어 그 방향을 외교와 내정으로 나누어 볼 경우, 외교정책수립에 있어서는 名分과 實利의 두 측면이 論難되었으나 현실적인 문제에 관심이 집중된 방향이었으며 이러한 바탕 위에 국왕의 마음을 바꾸게 하는 강력한 주장이 전개되기도 하였고, 내정의 정책수립에 있어서는 이해의 상충문제일 경우 쌍방의 의사가 대변된 후 이를 조정한 방향이 많이 나타나고 있다.

전자는 인조년간 대마도주가 賚來한 잘못된 격식의 書契를 회답할 것인지의 여부를 論定할 때 잘 나타난 경우이며,104) 후자는 영조년간 松坡場의 존폐문제를 논의할 때에 잘 들어난 경우이다.105)

대마도주의 서계회답 여부문제는 인조 27년 3월에 대마도 유수 가신인 平成春 등이 前規에 없는 형식으로 동래부사에게 서계를 보낸 사건의 처리였다.

인조의 회답의향이 전제된 상태에서 그 회답여부를 비변사로 하여금 논정할 것이 하명되자 이에 비변사에서는 여러 가지 논란이 있었지만 결국 외교상례에 어긋난다는 이유를 들어 不答으로 결정하였던 것이다.

이 논의 과정에서 회답을 주장한 사람도 있었으나 비국당상 등은 모두 不答을 주장한 편이었다. 이 회의에 참석하여 발언한 사람

---

104) 『備邊司謄錄』 第1冊, 光海君 9年 3月 14日.
105) 『備邊司謄錄』 第13冊, 仁祖 27年 3月 9日.
　　　同上, 仁祖 27年 4月 13日.

은 당시의 영의정 金自點을 위시하여 좌의정 金景㯥, 우참찬 趙絅, 호조판서 元斗杓, 예조판서 趙翼, 병조판서 李時白, 이조판서 沈悋, 부제학 呂爾徵 등 이었는데 회답을 바라는 여이징을 제외하고 답서를 반대한 측은 모두 비변사의 제조 - 당상이었다.106)

여기에서 교린정책에 관련된 외교상의 명분이 고집된 면모를 살필 수 있는 바 국왕의 회답의향이 있었음에도 불구하고 비변사에서 不答으로 결정한 것이라던지 또 비변사에서 不答으로 의정한 결과를 국왕이 거부하지 않았던 것으로 볼 때 비변사의 정책수립의 기능이 어떻게 했는가를 짐작하게 해주고 있다.

한편 송파장의 존폐문제는 영조 30년 11월에 平市署 제조의 폐지주장을 처리한 내정사안이었다. 그 내용은 주로 京中奸輩가 삼남 및 동북의 商賈를 송파장에 유인하여 모리 작폐함으로써 도성의 시전 및 시민이 손해를 보는 것에 대한 처리방안이었다.

이 때 평시서 제조가 시전의 편에 서서 비변사로 하여금 광주 유수를 엄칙하여 송파장의 폐지를 건의하게 한 것이 발단이었는데 결국 시전과 송파장의 이해가 상충된 사건이었다. 영조는 이 문제를 결정하기 위하여 비변사에 그 존폐 여부를 물었고 비변사는 송파장이 국방상 중요 津場이라는 것과 폐지에 따른 일방의 이익독점을 들어 폐지 불가를 주장한 것이다.

물론 이 주장이 받아들여져 송파장이 그대로 존치되었지만 이때 비국 당상의 찬반은 각이하였다. 송파장의 폐지 반대론자 즉 그대로 두자는 측은 좌의정 金尙魯, 행사직 金聖應, 호군 具善行, 사직 韓翼碁, 좌승지 金致仁 등 이었고 폐지 찬성론자는 행한성판윤 李昌誼, 행병조판서 洪象漢, 우참찬 趙榮國, 호군 趙東漸, 형조판서 李成中 등 이었다.107) 이때 비국 구성원 간에도 찬반 양론이 개진

---

106)『備邊司謄錄』第127册, 英祖 30年 11月 28日.

　　同上, 第128册, 英祖 31年 1月 16日.

107)『備邊司謄錄』第13册, 仁祖 27年 3月～4月朔 坐目.

되어 논란이 많았으나 회의 주도자 격인 좌의정 김상로의 주장대로 폐지 반대가 의정되기에 이른 것이다.

앞서의 서계회답 여부문제의 정책 결정계통은 禮曹 – 備邊司 – 國王의 계통이며 송파장의 치폐문제는 平市署(戶曹) – 備邊司 – 國王의 계통으로, 이 두 가지 문제의 정책 수립의 중심은 모두 비변사이었음을 알 수 있다.

전자는 국왕의 회답의향을 비변사에서 전면 반대하여 不答으로 결정된 것이었고 후자는 국왕이 중도적 입장에서 비변사 결정에 따른 것이었다. 그러나 이 두 가지 사례에서 국왕은 모두 비변사의 의견을 반론없이 재가한 것으로 나타났는데 이것은 비변사가 정책 수립의 중심위치에 있었음을 보여주는 것이라고 하겠다.

2. 시정의 조정 역할

비변사의 정책수립, 議定 과정은 종래 의정부의 경우에서와 같이 博詢採納을 거친 합의제이었으며 합의과정에서 그 의사통합 방식은 上下 文武 京外官을 막론하고 상호의론을 통한 것과 이해쌍방의 의사반영이 수용된 것 그리고 당해 專管堂上의 전문성이 수용된 것 등으로 요약할 수 있는데, 이는 특수한 경우를 제외한 일반적인 양상이었다.

여기에서 「上下」는 비변사로 제한해 볼 때 정승급의 제조와 판서 이하급의 당상 그리고 실무원인 낭청 등 구성원의 위계를 지칭한 것으로 이들은 각각 提調가 議政官이요 堂上이 政務官, 郎廳이 行政官의 성격이기 때문에[108] 이 삼자의 의사통합은 일차적으로 비변사 내부의 의사통합을 의미한 것이라 할 것이다.

姜萬吉, 1968, 「備邊司謄錄解題」『한국의 명저』, 현암사, 246~262쪽.
108)『備邊司謄錄』第127冊, 英祖 30年 7月朔 坐目.

「文武」의 경우는 비변사의 변사주획, 군정조치 등 고유임무 수행에 있어 무신의 회의 참여가 제도화된 것이기 때문에 문무관의 의사 통합이 제도적으로 가능한 것이었고, 「京外」의 경우는 비변사의 예겸당상인 사도유수가 관제상 京官이지만 실제 지방행정의 주관자이요 또한 八道勾管堂上은 지방통제관의 성격으로 지방실정을 잘 알 수 있는 관직이기 때문에[109] 정책의정에 있어 경외관의 의사통합에 효과적으로 기여할 수 있는 것이었다.

특히 정책결정 과정에서 비변사의 利害偏苦 조정은 삼사기능의 약화가 대치되는 기능으로 볼 수 있지만, 정책결정 뿐만 아니라 施政의 統制, 調整에 있어 긍정적인 측면이라고 할 수 있다.

各官이 그들의 本務를 진력한 가운데 발생할 수 있는 이해손익의 均齊는 용이한 일이 아니며 政令을 수행하는 과정에서 발생한 업무불균의 조정도 쉬운 일이 아니다.『경국대전』의 정령집행 체계가 병렬적으로 되어있기 때문에 더욱 그러한 형편에 있었다. 이것은 행정집행상의 선의적 불균이라 하겠으나 이러한 모순을 통제 조정하는 것이 비변사의 중요한 역할이었으며, 이러한 역할이 비변사의 위상을 기능통치적 政廳으로 특징지을 수 있게 한 것이다.

이러한 정책조정이나 시정의 통제는 비변사와 같은 막강한 기구에서 효과적으로 이루어 질 수 있는 것이며, 비변사 구성원 자체 내에서도 自司所管이 있는 겸대직의 例兼堂上보다도 겸대직이 없는 啓差堂上이 그 조정기능을 수행하기에 더 적합한 것이었다. 이와 같은 경우는 다음의 사례에서 그 일단을 파악할 수 있게 한다.

> 今 4월 초3일 비국당상 인견시에 영의정(南九萬)이 아뢰기를 '諸軍門에서 軍兵을 直定하지 못하게 하는 일을 지난번 榻前에 陳達할 때에 大臣에게 詢問하여 이미 稟定하였기 때문에 지금 事目을 마련하여 入啓하려는 것입니다.
> 다만 생각하기를 모든 일은 만일 한쪽의 손해를 구하려 한다면 다른

---

109) 본서 제2장 Ⅲ 참조

한쪽의 이익이 감해 질 것이니 실재 좌우를 모두 만족하게 하거나 피차
를 함께 좋도록 할 수는 없는 것입니다. 비록 임금자리에 있어서는 그 경
중을 마음대로 하여 偏利 偏害의 환에 이르지 않게 할 수 있습니다만, 지
금 이 禁斷直定事目의 경우 각 군문이 앞서의 것과 반드시 같지 않다고
하면서 각자가 充定하는 것이 좋다고 하니 中外가 이 때문에 곤란을 받
고 있습니다.

한 부분에서 조그만한 손해라도 보면 불가불 다른 것에서 급한 것을
구하게 될 것입니다. 신의 생각으로는 고칠 수 있을 것으로 보이나 군문
을 맡은 여러 신하가 오히려 고치는 것이 어렵다하여 어긋난 의론이 없
지 않습니다. 이러한 것을 잘 강구해야 할 것이니 다시 入侍한 여러 신하
에게 물어 처리함이 어떠하겠습니까?'하니 임금이 말하기를 '전일 이미
여러 大臣 및 備局諸宰에게 물었다. 앞서 禁斷事를 결정한 것에 의거하여
속히 事目을 마련하여 入啓함이 좋겠다.'하였다 110)

이상의 내용은 각 軍門에서 자행한 充役의 直定弊端을 비변사에
서 조정한 사례이다. 군문에서의 直定은 군문 스스로는 유리한 것이
지만 이를 뒷받침하는 지방관의 입장에서는 군역을 조절할 수 없고
나아가 백성에게도 불리한 경우를 초래한 양면성을 갖고 있는 것이
다. 이러한 偏利 偏害의 경우를 비변사에서 조정 통제한 것이다.

이 회의 과정에서 군문의 압력에 못 이긴 듯한 영의정의 재고요
청을 국왕은 비변사에서 결정되었다는 이유로 불허하고 "直定禁斷
事目"을 마련토록 조치하였다. 당시 영의정 南九萬은 비국 고위제
조이었는데 비국에서 결정한 내용을 다시 재고 요청한 것은 군문
의 불만을 무마하기 위한 것이었는지도 모른다.

이상과 같은 偏利 偏害의 조정문제는 各司의 이해와 관련되어
나타난 결과라고 할 수 있고 당초의 정책의정 과정에서 예측하지
못한 결과 일 수도 있지만, 상기와 같은 사례의 발생은 정치운영
면에서 사전조정이 결여된 소치라고도 볼 수 있다. 따라서 이러한
점을 예방하기 위한 조치가 숙종년간을 전후하여 비변사에서 강구

---

110) 同上.

되었던 것으로 보이는데『속대전』의 吏典 雜令條에「各司事關變通
而不由廟堂 直啓者 官貝罷職」[111] 이라는 규정이 비변사의 이러한
調整權에 대한 법제적 증거이었을 것으로 보여진다.

　물론 이와 같은 규정은 권력의 집중을 의도한 제도적 장치로 볼
수 있고 그 폐단도 무시할 수 없지만, 정책의 의정이나 시정의 조
정 면에 비추어 보면 사전의 통합 조정을 원활하게 하려는 조치라
고도 볼 수 있는 것이다.

　그러나「各司에서 變通할 일은 반드시 廟堂(備局)에 경유하게
하며 이를 이행하지 않고 直啓한 관원은 파직한다」는 규정은 어떤
면에서는 비변사의 조정력이 견제받고 있음을 뜻한 것이기도 한
것이어서 이에 대한 강제적 보완 장치를 강구한 것으로도 볼 수가
있다. 그러나 이 조정장치가 정당하고 합리적인 방법으로 운영되지
않을 때는 오히려 이를 통하여 이해의 偏在가 가중될 소지를 안고
있는 것이어서 세도정치 기간에는 이러한 현상이 심하게 노출되었
던 것이다.

Ⅳ. 결　어

　비변사의 권력집중 양상은 政策議啓權의 독점과 官職議薦權의
장악, 그리고 구성원의 정치세력화 등에서 직접적으로 나타나고 있
었다. 창설초기부터 의정부와 병조 등의 掌政 掌事가 비변사와 중
복 또는 이관됨이 많아 設官分職의 본뜻을 잃고 政府體統의 位相
이 문란하다는 비판과 함께 권중혐의가 지적되면서 비변사의 폐지
주장이 비등하였던 것은 이의 증거라고 할 것이다. 비변사의 제3기

---

111)『備邊司謄錄』第42册, 肅宗 14年 4月 4日.

(18세기)에 들어와서는 이러한 비판마저도 나타나지 않았는데, 이것은 비변사가 이미 최고 정무아문으로 운영된 것이 의제화되고 在朝 집권층의 주류가 대부분 비변사의 구성원으로 속해 있었기 때문이었다.

이와 같이 시대가 지날 수록 의정부의 議定權과 이,병 전조의 銓選權이 무력화되는 것은 비변사의 직권 강화와 비례하게 되어 비변사는 가히 無所不至의 권한을 행사하고 있는 셈이었다. 그 구체적인 실상은 본론에서 枚擧하였거니와 결국 정치세력의 집중처이요, 권력구조의 핵심위치에 있었던 비변사는 신진세력의 진출을 막았을 뿐만 아니라 왕권과의 相補를 넘어서 왕권을 制約하는 상태로 진전되었는데, 이와 같은 측면은 비변사의 후반기에 접어들면서 더욱 가속된 것이었다.

그러나, 그 전시기인 비변사의 제2기(17C)에는 효율적인 변사대책과 시정통제 그리고 비국관료의 전문성 및 현실성 있는 정책의계 등이 전통관료제도의 한계성 속에서도 상당하게 긍정적으로 작용한 부분이 있다고 볼 수 있어서, 이러한 측면은 임·병 양난을 겪고도 조선왕조가 붕괴되지 않은 요인의 하나에 해당될 수 있을 것이다.

이와 함께 국왕의 입장에서는, 정치운용 면에서 의정부 육조 삼사 등의 제도에 의해 相維되던 정치질서에 비변사라는 정책, 행정상의 통제장치를 추가 운영함으로서 왕권의 안정을 도모한 것으로 볼 수 있으나 정치세력의 측면에서는 비변사당상에 오르는 길이 권력의 중심에 접근한 방법이었으므로, 이 양자간의 상관관계가 비변사를 장기간 존속케 하는 기본요인이었다고 할 수 있다.

비변사의 제4기(19세기)에 접어들면서 이 양자간의 상보가 무너져 비변사세력에 의한 왕권의 제약이 노출되기 시작하였으며 이것은 곧 비변사의 파행과 병행된 것이지만 세도정치는 척신의 권세와 이러한 비변사의 권력구조를 배경으로 가능하였다고 할 수 있고, 삼정문란과 민란 발발은 이의 결과라고 도 할 수 있다. 이와 같은 상황의 도래는, 비변사의 권한이 아무리 막강하다 하더라도 왕조국가 체제하에서 일정한 한계성을 넘어설 수 없는 것이기 때문에 결국 비변사의 혁파를 자초하게 된 것이라고 할 수 있다.

요컨대 비변사는 권력집중적 權府이면서 기능통치적 政廳으로서 16세기 이후 조선시대 정치운영의 擬制的 핵심기관이었으며 그 장기 운영이 권력집중적 관료제 사회의 전통과 중앙집권적 정치구조를 심화시킨 결과를 가져왔다고 할 수 있는데 이는 또한 중앙집권적 왕조국가 사회의 배경에서 가능했던 것이라고 하겠다.

結 論

조선시대의 備邊司는 權設의 一品衙門임에도 불구하고 16세기이래 19세기 중엽까지 3백여 년 간을 최고 의정기관으로 행세하였다. 따라서 이러한 비변사의 실체해명은 조선시대의 정치운영구조 나아가 정치사 전반을 이해하는데 관건이 아닐 수 없다.

비변사는 16세기초엽 남북변경에 대처할 변사 주획기구의 필요성과 중종반정 이후 왕권의 안정에 연관된 또 다른 정치운영 방법으로 작용되어 1510년(중종 5)경에 창설되었으나 그 후의 전말이 분명하게 드러나지 않은 채 1517년(중종 12)에 권설아문으로 조직되었다. 그러나 設官分職의 괴리와 권중의 혐의가 비판되어 置廢가 반복되다가 1554년(명종 9년)에 상설관아로 규정되고 익년(1555, 명종 10)에 衙舍가 건립됨으로써 독립관아로 정착, 발전하게 되었다.

한편, 비변사당상은 비변사의 提調-副提調를 총칭한 것으로, 이를 몇 가지 기준으로 구분하면 다음과 같다. 구성원의 위계에 따라 대신급의 고위제조와 판서이하 당상급의 (일반)提調로 나뉘어 지고 사무분장에 따라 (일반)堂上 有司堂上 勾管堂上 등으로 구분되며 선임방법에 따라 啓差堂上 例兼堂上 등으로 분류된 것이다. 당하인 郎廳도 文·武郎廳으로 구별되며 여기에도 겸직과 계차의 두 가지가 있었다.

계차당상은 당초부터 비변사의 司啓로서 문무 구별 없이 선임되고 무정수 운영으로 규정되어 있었기 때문에 비변사의 세력확대에 크게 작용한 것이었다. 예겸당상은 5조판서(工判 제외), 대제학, 4도유수, 5군영대장 등의 겸직으로 일시에 예겸된 것은 아니었으며 군영대장의 경우는 비변사 坐目에 오르지 않은 준구성원의 성격이라 할 수 있지만 이러한 조치들은 비변사의 정치적 기능확대가 보장되는 제도적 장치일 뿐만 아니라 자의적인 권한행사와도 밀접한 관계가 있는 운영체제이었다.

비변사당상은 대개 10~20명 정도로 조직운영 되었으나 정치적 상황에 따라 40명을 상회한 때가 있었으며 세도정권 말기에는 軍職 중심으로 무려 5~60명에 달하는 폭증양상을 보인 때도 있었다. 낭청은 문 4, 무 8의 12명 정원으로 운영되고 서리는 43명으로 정해 있었다. 영조 말기나 순-철종 말기의 경우는 비국인원의 상하 총합계가 100명을 육박하거나 이를 넘은 적이 있었으니, 이것은 구성원의 외형적 숫자상으로만 보아도 타아문과 서로 비교할 수 없는 형세이었음을 보여준 것이다.

비변사의 조직구성원은 그 초기에 변사주획에 부응할 만한 문신 중심의 知邊事宰相 급과 정치적 성격을 띈 일부 훈척 무신 등으로 편성되었는데 이것은 비변사의 위상에 있어서 그 단서를 보여 주는 것이었다. 예겸제조가 증치되고 임난 등을 대처하면서부터는 그 구성원이 문무 구별 없이 거조적으로 편성되었으나 인조 초에는 반정훈무 공신들이 대거 계차되어 조직의 주체를 형성하였고, 이후 재조 벌열층은 비변사당상을 久任하는 것이 상례로 되어 있었다.

이러한 점은 신진관원의 비국진출의 거의 봉쇄한 것을 뜻한 것이었으며 척신세도 시대에는 외척세력이 비국을 석권할 정도이었다. 이와 같은 사실은 비국 구성원이 어느 때이건 당대의 권력구조의 중추임을 나타낸 것이었다.

비국 구성원 가운데 핵심적 역할을 한 것은 소수의 고위제조 및 유사당상과 구관당상이었다. 4원의 유사당상은 비변사의 모든 機務를 專掌酬應하는 직책으로 비변사의 公事를 議處하는데 상임 가교 역할을 하고 관직의천에 관여하며 유관 병무를 主掌하였다.

이 유사당상은 그 임무의 중요성 때문에 비변사의 제조중에서 三望으로 啓差되었으나 비국의 정치적 기능이 강화되기 시작한 인조대부터는 口頭 또는 草記에 의해 단망으로 선임되기도 하였다.

이와 같은 사례는 비국의 권한이 자의적으로 행사되고 있음을 보여준 것이며, 더욱이 이렇게 선임된 유사당상이 긴급공사를 의처할 때에 籌坐나 賓坐에서 대신의 부재로 議定받지 못할 경우에는 직접 대신에게 나아가 收議 또는 私議로써 처리할 정도로 그 권한은 막중하였다.

구관당상은 비변사의 군정 재정 교역 등의 사안을 주장하고 지방의 군정 행정 등을 통제하는 경제분야 내지 지방군정, 행정 통제의 전관 구성원이었다. 숙종대의 8도 구관당상 제도가 대표적이라고 하겠으나 그 이전의 舟師勾管 徙民推刷勾管 軍餉勾管 등과 堤堰, 魚鹽, 貢市, 舟橋司 등의 구관 및 진휼청당상, 선혜청당상 등이 이에 속하여 후기로 갈수록 주로 비변사의 재정장악에 기여한 구성원이었다.

이후 비변사는 임진왜란을 대처하면서 군국기무를 총령하는 최고아문으로 부각, 국정전반을 의정하여 의정부를 무실하게 만들고 인조반정 이후에는 정치적 조직으로 확대 변질되어 국정을 총장하기에 이르렀다.

비변사의 직무는 기본적인 변사대책의 임무로서 변사주획, 변정조치, 전란대처 등이 있었으며 정치행정상에 있어서는 관직의천, 군정의정, 외교판리, 재정조정, 지방행정통제 등이 있었고 정치기능상에 있어서는 정책의 의정과 시정의 조정 등이 있었다. 이와 함께 비변사의 존치운영은 왕권의 상보 또는 제약 그리고 비변사 구성원의 정치세력화 내지 권력집중화 현상 등에 많이 작용을 가져왔다. 이러한 현상은 비변사의 권한강화에서 기인되었음은 물론이다.

그러나 이와 같은 비변사의 역할은 비변사 존치의 전시기 동안 평면적으로 동일하게 전개된 것이 아니기 때문에 시대별, 사안별 내용이 구체적으로 파악 해명되고 이의 바탕 위에 시기별 성격 등이 규정되어야만 그 기능을 보다 분명하게 이해할 수 있을 것이다.

이를 위하여 다음과 같이 비변사의 시기구분을 4기로 시론하였는바, 즉 제1기를 변사주획기, 제2기를 군국기무총령기, 제3기를 외교재정장악기, 제4기를 내정전횡기 등으로 구분한 것이 그 내용이다. 이 시기구분은 비변사 자체 역할의 특징과 성격을 중심으로 한 것이지만 여기에는 시대적 배경 그리고 정치적 상황변동 등이 물론 배려된 것이었다. 비변사가 최고국정을 장악한 정치적 기관이었기 때문이다.

제1기로 구분한 변사주획기는 창설초기인 1510년(중종 5)부터 1591년(선조 24)까지 16세기 81년 간으로서, 그 명칭이 통시대적으로 적용될 수 있는 것이지만 당초 변사주획이라는 설립방향과 변경빈발의 시대적 배경에 따른 이 방면의 중심적 역할이 고려된 것이다. 비변사의 조직 변천상에서는 이 기간을 형성·초창기로 구분하였는데 이것은 창설과 그 초기에 치폐가 반복된 과도기적 상황을 감안하고 비변사에서의 "例會議啓"가 규정(명종 9)된 사실 등에 준거한 것이다.

이 기간 초엽에 都提調－提調－郎廳의 직제가 기틀이 잡혔으며 10여명 내외의 당상은 知邊事宰相 및 훈구대신 등으로 선임되었으나 명종조부터는 이·호·예·병조의 4조판서가 예겸되기 시작하고 3員의 유사당상이 운용되면서 본격적인 의정활동이 전개되었다. 이 확대된 구성원에 의하여 변사주획 뿐만 아니라 경중군무를 의계하고 차츰 정무일부까지를 의정하게 됨으로써 비변사가 이 시기부터 의정부와 비견한 위치에 이르게 되었던 것이다.

제2기로 구분한 군국기무총령기는 1592년(선조 25)부터 1698년

(숙종 24)까지 17세기 106년 간으로서, 임난발발 이후 왜호양란과 북벌 등 전시-준전시적 상황 그리고 전후복구, 산업조성 등의 시대적 배경과 법전 등에 규정된 군국기무총령 등이 함께 고려된 것이다. 이러한 시기에 조직이 정형화되고 기능 또한 활성화되어서 그 조직 발전상으로는 定型·活性期로 구분할 수 있었다.

즉, 이 시기 冒頭인 임난때에 副提調가 신설되어 비변사의 조직이 都提調-提調-副提調-郎廳의 직제로 정형화되었으며 새로 설립된 訓局의 대장이 예겸제조로 추가되고 인조 2년의 유사당상 1員 증치에 이어 대제학의 예겸(동왕 24), 숙종1년의 형조판서, 개성유수(동왕 17)의 예겸이 계속되어져 정형화된 조직과 확대된 구성원에 의해 전란대처 등 군국기무를 총령하고 나아가 국정전반을 의정하는 최고아문으로 등장하게 되었던 것이다. 따라서 이 시기에 의정부의 허구화가 수반됨은 물론이었다. 특히 이 기간의 인조반정을 계기로 하여 비변사의 조직은 정치적 성격을 분명히 나타내 보이고 있었다.

제3기 외교재정장악기는 1699년(숙종 25)부터 1800년(정조 24)까지 18세기 101년 간으로서, 효-현종 년간의 북벌 및 그 논의 등이 종식되고 이 시기는 대외화평시대를 맞이하였을 뿐만 아니라 숙종 24년의 『수교집록』 편찬은 전 시대를 정리한 하나의 구획으로 보여지기 때문에 이 때를 제3기의 시점으로 본 것이다.

이 무렵을 전후하여 비변사는 대외교역을 포함한 외교 辦理의 사례가 현저히 드러나고 각종 구관당상의 활발한 分差 운영으로 무역 재정 지방행정 등의 사안이 처리, 장악되어간 사실 등은 이 시기를 특징 지울만한 것이었다. 이와 함께 비변사의 조직도 계속 확장되고 있어서 이 시기는 비변사의 조직 발전상에 있어서 擴張·興盛期라 할 만한 때이었다.

즉, 숙종 25년 어영대장의 예겸을 위시하여 수어사와 총융사(영조 23년), 금위대장(영조 30년) 등 군영대장과 수원유수(정조 17

년), 광주유수(정조 19년)까지 예겸함으로써 왕기보장의 5군영대장과 사도유수가 모두 비국 구성원으로 확대편입 되었다.

이와 같은 사실은 비국의 정국주도 현상이 뚜렷이 부각된 정치적 측면이라고 할 수 있지만, 이보다 더욱 특징적인 것은 이 시기에 八道句管堂上, 魚鹽句管堂上, 宣惠堂上, 貢市堂上, 舟橋司句管堂上 등 각종 구관당상이 分差되어 교역 재정 등을 장악하는 專管 구성원의 확대가 현저하였다는 점이다.

이 시기에 선행한 비변사의 제2기를 전시, 준전시의 대처 및 전후복구 등 국방강화의 시대적 배경이었다고 한다면, 이 제3기는 청일 양국과의 화평시대라는 대외적 여건과 대내적으로 사회변동, 상품경제 발달 등 전시기와 다른 시대적 환경을 맞이하였다고 할 수 있다.

따라서 비변사의 조직도 이에 부응하여 경제관계 구성원의 증치가 이루어졌고, 이러한 현상은 비변사의 재정권 확장이란 측면에서 주목되는 것이지만, 이를 통해서 조선후기 사회경제 발전단계의 한 측면도 엿볼 수 있는 것이다.

제4기 내정전횡기는 1801년(순조 1)부터 비변사가 혁파된 1865년(고종 2)까지 19세기 64년 간으로서, 순조 초엽부터 세도정권의 등장으로 정치적 跛行期에 따른 사회의 퇴영이 짝함과 아울러 인사 재정 등 내정의 핵심사안이 비변사에 의해 專擅되고 이와 연계된 삼정문란의 야기라던가 민생탄압 등의 상황 또한 이 시기를 특징지운 주요한 요인이었다.

특히 이 시기는 비변사 조직상에서 파행기라 할만하여, 이미 확장된 조직이 그 구성원의 숫자상에 있어서 군직중심의 啓差가 더욱 누증되고 유사, 구관 등의 요직당상이 외척이나 재조 벌열세력에 의해 독점되는 현상이 뚜렷하였다.

전반적으로 비변사의 조직은 정치세력의 중심조직으로 바뀌어온 양상을 띠었거니와 이 마지막 시기는 비변사의 핵심 구성원에 의해 인사, 재정, 지방행정 등 주요 내정사안이 독점되고 왕권과의 상보성도 결여된 과정에 있어 결국 비국의 혁파를 자초한 파행성의 노출시기이었다고 할 수 있다. 이와 같은 현상은 19세기 초중엽 정치사회의 퇴영현상과도 밀접한 관계를 갖고 있는 것이라고 할 수 있다.

이와 같은 비변사의 4기 구분에서 각 시기상의 기능을 일별하여 보면, 제1기에서부터 변사주획을 비롯한 경중군무 의처 및 일반정무 의정으로 확대되었고, 제2기는 군국기무총령과 나아가 국정을 總掌하였으며, 제3기는 국정총장의 관행 위에 외교판리 재정장악 지방구관 등의 掌務가 구체적으로 主掌되었으며, 제4기는 종래보다도 관직 의천권이 더욱 擅斷되고 재정, 내정 등의 핵심정무가 비변사에 의해 전횡되었던 것으로 요약할 수 있다.

여기에서 시기가 지날수록 所掌事務가 증대되고 기능이 강화됨을 알 수 있는바, 대체적으로 1~2기까지의 전반은 변사 - 군국기무의 역할이 주류이며 3~4기의 후반은 외교, 경제, 정치행정적 기능이 위주이었음을 알 수 있다. 이와 같은 전·후반기의 차이는 비변사 자체의 기능변화에 더하여 대외관계의 변동 및 사회경제적 상황, 정치세력의 추이 등에 따른 소치라고도 할 수 있다.

즉, 비변사의 제1~2기로 구분한 전반기는 南北邊釁이 잦았을 뿐만 아니라 선 - 인조 년간의 왜호양란을 치루어 냈던 전시체제와 효 - 현종 년간의 2차에 걸친 寧古塔 派兵(나선정벌) 그리고 북벌론 등으로 준전시적 정국이 등장되었다고 할 수 있는데, 어떻든 이 시기의 잦은 전쟁, 군사적 상황의 연속은 그 주체가 여하건 간에 비변사 자체의 성장 활성화에 중요한 시대적 배경이었다고 할 수 있으며, 이 때에 관행된 주요정책 의계와 그리고 군국기무의 총령은 3~4기 대외 평온시대에 내정장악으로 階梯되어 국정을 총장하고 나아가 專擅에까지 이르렀다고 할 수 있다.

비변사의 각종 사안의 의정은 비국회의인 籌坐와 빈청회의인 賓坐에서 이루어졌다. 주좌는 비변사에서 수시로 起坐하며 빈좌는 대궐에서 일차가 정해진 例會 개좌의 형태인데, 빈청일차를 廢坐하려 할 때는 頉禀으로 가능하며 비변사의 활약이 소강상태일 때에 이 탈품사례가 많았다.

이러한 주좌나 빈좌에서 비변사의 대소 公事를 의처하였으며 공사의 의처 과정은 書狀이나 上疏 그리고 주요사안 등을 비변사에서 出草하여 개좌시 대신에게 回示, 논의 결정한 후 成帖하여 입계하는 절차를 거치었다. 공사 회계시는 유사당상이 대신에게 품의하여 起草하고 諸宰에게 通議, 논의가 일치된 연후에 入啓하며 공사 출납은 절차상 모두 政院을 경유하였다.

備局公事는 상례공사와 긴급공사로 구분되며 긴급공사를 처리할 때에는 유사당상이 파격적으로 대신에게 就議商確하여 처리한 權道가 많았다. 공사처리 때에 각종 회계안건의 통제를 통해 시정을 조정하였으며 이해관계의 조정도 함께 행해졌다. 邊事 交隣 內政 등의 사안 의정과 각종 別單 事目 節目 등의 제정시에는 매우 신중하였으며 특별한 경우 회의기간 만해도 수개월이 소요되는 정책의정 과정을 거치었다. 그러나 대개 비변사 구성원의 주도대로 회의가 이루어지고 정책이 결정된 것이 상례이었다.

비변사의 정치적 기능은 국가의 대소 의계안건을 비변사에서 관장한 것에서 잘 나타나고 있다. 비변사에서 관장한 의계사안의 유형은『고종실록』에 적시된 「幸行」을 비롯하여 使行 典禮 科第 賦稅 刑獄 邊事 … 松田 등에 이르기까지 총 56개항에서 보듯이 국정 전반에 걸쳐 있었고 자체 서무 또는『등록유초』나『만기요람』등에 적시된 바와 같이 허다히 많았다.

『등록유초』에는 官職 驛路 畜牧 教化 禮樂 賦役 交隣 軍政 등 20여개항목으로 나타나있고『만기요람』에도 擬望 軍操 還餉 使行 銀 空名帖 등 20여 항이 넘게 적시되어 있어서 정치적 성격이 배제된 순수사무도 매우 번다한 형편이었다. 이 소장항목에는 각관의 업무를 감독 통제 조정한 것이 많으나 비변사 자체 업무도 많았다.

이 가운데 驛路, 畜牧, 烽燧, 漕轉, 魚鹽, 松政 등의 사안은 비변사의 司務로 전관되다시피 하였으며 관직 의천권은 변장, 감병수사에서부터 특명 사신 등 경관에 이르기까지 이·병 전조의 銓選權을 무위화 시킬 정도로 막강한 것이었다.

비변사의 掌務 가운데 변사의처는 비국의 고유임무와 관련하여 기본적으로 江都保障策 및 남북변방의 海防 制置 등 제 사안과 漂海人, 被虜人 問情을 통한 대외정세 파악 그리고 萊館開市와 中江開市 등의 대외교역 사안을 의처, 조정하였다. 이와 같은 경우는 그것이 비변사이 재정권 장악이라는 측면을 넘어 당시의 사회경제적 여건을 적극적으로 주도하는 일면도 있는 것이다.

일반 군사정책 의정에 있어서는 制置 政格 變通 移屬 및 宿衛 禁旅 五衛 軍營 束伍 赴防 海鎭 舟師 등 제도적인 사안과, 良役 戶役 軍布 牙兵 步卒 簽丁 餘丁 등 軍額事案, 操鍊 點閱 試藝 軍賞 등의 감독사안 그리고 屯田 軍糧 軍器 犒饋 등 軍需문제 등에 이르기까지 군사정책 거의 전부가 포함되어 있었다.

외교정책 즉 사대교린 사안의 의계에 있어서도 변사문제와 연관하여 남북왜호의 釁端對處와 對淸回咨 및 對倭書契 문제 등을 의처하였고 使行銀 및 鳥銃換貿 사안 그리고 漂漢人 問情을 통한 청일양국 정세파악, 대청대왜 무역관계 등이 많았는데 의계항목으로 볼 때 燕行 互市 萊館 支勅 書契 漂海人 邊事 金銀 潛商 등의 사안 처리가 집중적으로 나타나고 있었다.

재정정책의 의정은 비변사의 제3기로 접어든 18세기 어간에 많이 이루어지고 있었다. 이 시기는 비변사의 외교재정 장악기라 할 만한 특징적 시기로서 賦役 財用 田農 등에서 각조 소관의 내용이 거의 비변사에 이관된 듯한 양상을 보였다. 貢物 結役 紙地 大同 등 호조소관의 부역사항이 비변사의 집중적인 의처사안이었고 병조소관의 步兵價布 및 刷馬價木, 軍布代捧 등의 조치라던가 放軍收布의 폐단시정 등 군정문제가 대부분 의정되고 있었다.

재용사안은 金銀 錢幣 耗穀 魚鹽 紙地 商賈 殖利 賑救 屯庄 등 육조의 재용소관 대부분이 비변사에 의해 의계 통제되고 있었는데 18세기 상품경제의 발달과 관련하여 비변사에서의 이 방면 의계와 함께 전폐행전과 인삼무역에도 큰 비중이 있었다.

전농사안에 있어서는 量田 사업을 비롯하여 屯田 牧場 堤堰 踏驗 勸農 등의 사안이 중심 의계 항목이었다. 특히 양전의 지난함을 비변사에서 통제한 모습이 나타났고 方田法이라 새로운 打量法을 시행하였으며 屯田 牧場 堤堰 등의 대책은 비변사의 관심이 집중된 분야이었다.

이상과 같은 비변사의 소장직무 및 정책의정 등을 통해서 그 정치적 기능의 면모를 살필 수 있지만, 이러한 과정과 이상의 여러 사실들을 통해 비변사의 위상은 정권독단의 權府 및 議決·調整의 政廳 등으로 요약할 수 있다. 비변사의 권력집중 양상은 청책 의계권의 독점과 관직 의천권의 장악, 그리고 구성원의 정치세력화 등에서 직접적으로 나타나고 있었다.

창설초기부터 의정부와 병조 등의 掌政 掌事가 비변사와 중복 또는 이관됨이 많아 설관분직의 본뜻을 잃고 정부체통의 위상이 문란하다는 비판과 함께 권중혐의가 지적되면서 비변사의 폐지주장이 비등하였던 것은 이의 증거라고 할 것이다. 비변사의 제3기에 들어와서는 이러한 비판마져도 나타나지 않았는데, 이것은 비변사가 이미 최고 정무아문으로 운영된 것이 의제화되고 재조 집권층의 주류가 대부분 비변사의 구성원으로 속해 있었기 때문이었다.

이와 같이 시대가 지날수록 의정부의 의정권과 이, 병 전조의 전선권이 무력화되는 것은 비변사의 직권 강화와 비례하게 되어 비변사는 가히 無所不至의 권한을 행사하고 있는 셈이었다. 그 구체적인 실상은 본론에서 열거하였거니와 결국 정치세력의 집중처이요 권력구조의 핵심위치에 있었던 비변사는 신진세력의 진출을 막았을 뿐만 아니라 왕권과의 상보를 넘어서 왕권을 제약하는 상태로 진전되었는데, 이와 같은 측면은 비변사의 후반기에 접어들면서 더욱 가속된 것이었다.

그러나, 그 전시기인 비변사의 활성, 흥성기에는 효율적인 변사대책과 시정통제 그리고 비국관료의 전문성 및 현실성 있는 정책의계 등이 전통관료제도의 한계성 속에서도 상당히 긍정적으로 작용한 부분이 있다고 볼 수 있어서, 이러한 측면은 임·병 양란을 겪고도 조선왕조가 붕괴되지 않은 요인의 하나에 해당될 수 있을 것이다. 이와 함께 국왕의 입장에서는, 정치운용 면에서 의정부 육조 삼사 등의 제도에 의해 相維되던 정치질서에 비변사라는 정책, 행정상의 통제장치를 추가 운영함으로서 왕권의 안정을 도모한 것으로 볼 수 있으나 정치세력의 측면에서는 비변사당상에 오르는 길이 권력의 중심에 접근한 방법이었으므로, 이 양자간의 상관관계가 비변사를 장기간 존속케 하는 기본요인이었다고 할 수 있다.

비변사의 제4기에 접어들면서 이 양자간의 相補가 무너져 비변사세력에 의한 왕권의 제약이 노출되기 시작하였으며 이것은 곧 비변사의 파행과 병행된 것이지만 세도정치는 척신의 권세와 이러한 비변사의 권력구조를 배경으로 가능하였다고 할 수 있고, 삼정문란과 민란 발발은 이의 결과라고도 할 수 있다. 이와 같은 상황의 도래는, 비변사의 권한이 아무리 막강하다 하더라도 왕조국가 체제하에서 일정한 한계성을 넘어설 수 없는 것이기 때문에 결국 비변사의 혁파를 자초하게 된 것이라고 할 수 있다.

요컨데 비변사는 정치 권력의 독점 및 정책의정 그리고 시정조정권의 장악 기관으로서 16세기이후 조선시대 정치운영의 핵심기관이었으며 그 장기 운영이 권력집중적 관료제 사회의 전통과 중앙집권적 정치구조를 심화시킨 결과를 가져왔다고 할 수 있는데 이는 또한 중앙집권적 왕조국가 사회의 배경에서 가능했던 것이라고 하겠다.

參 考 文 獻

1. 資　料

朝鮮王朝實錄
備邊司謄錄
謄錄類抄(奎. 15080)
備邊司謄錄拔萃(奎. 25019)
備邊司節目(奎. 16020)
備邊司路文變通節目(奎. 12321)
備邊司謄錄坐目(奎. 25077)
備邊司郎廳先生案(奎. 16014)
備邊司郎廳先生案(古. 4255-17)
備邊司謄錄拔萃　裁判例(古. 5120-123)
備邊司謄錄拔萃　懲戒例(古. 5120-119)
備邊司謄錄拔萃　法典例(古. 5120-120)
備邊司謄錄拔萃　法制例(古. 5120-121)
備邊司謄錄拔萃　警察例(古. 5120-122)
備邊司謄錄拔萃　籍沒例(古. 5120-123)
備邊司謄錄拔萃　處刑例(古. 5120-124)
備邊司謄錄拔萃　刑獄例(古. 5120-125)
備邊司謄錄拔萃　赦免及收贖例(古. 5120-126)
備邊司謄錄拔萃　禁制及禁酒例(古. 5120-127)
備局草記抄錄（古. 4250-82)
備邊司關文(古. 4255-17)
備邊司貢弊釐整節目(奎. 9882)
備邊司路文變通節目(奎, 11510)

筵稟節目(奎. 12529)

市弊(奎. 15085)

籌允 (各司謄錄 70, 국사편찬위원회 영인간본, 1993)

籌司可攷(各司謄錄 70, 국사편찬위원회 영인간본, 1993)

備邊司關錄 (各司謄錄 70, 국사편찬위원회 영인간본, 1993)

承政院日記

日省錄

受敎輯錄

新補受敎輯錄

續大典

大典會通

萬機要覽

增補文獻備考

新增東國輿地勝覽

輿地圖書

國朝彙言

續武定寶鑑

宮闕志

內外搢紳案

朝野僉載

文獻撮要

北漢誌(聖能 撰)

堂後日記(金宗直)

冲齋集(權橃)

芝峰類說(李睟光)

遲川集(崔鳴吉)

南溪集(朴世采)

澤堂集(李植)

磻溪隨錄(柳馨遠)

星湖僿說(李瀷)

順庵集(安鼎福)

燃藜室記述(李肯翊)

2. 論 文

重吉萬次, 1936, 「備邊司の設置に就きて」『靑丘學叢』 23.

麻生武龜, 1936, 「重吉氏の'備邊司設置に就きて'私見を釋明す」『靑丘學
　　　叢』 24.

申奭鎬, 1964, 「備邊司와 그 謄錄에 對하여」『韓國史料解說集』, 國史編
　　　纂委員會.

陸軍本部編, 1968, 「備邊司의 胎動과 軍政의 變遷」『韓國軍制史(近代朝
　　　鮮前期編)』, 陸軍本部.

姜萬吉, 1968, 「備邊司謄錄 解題」『韓國의 名著』, 玄岩社, (1983年 四刷
　　　本).

李鉉淙, 1970, 「備邊司 創設年代攷」『編史』 3, 國史編纂委員會.

李載浩, 1971, 「朝鮮備邊司考」『歷史學報』 51·52合輯.

이재근, 1971, 「備邊司의 政策決定에 關한 硏究」, 서울大學校 行政大學
　　　院碩士論文.

洪奕基, 1983, 「備邊司의 組織과 役活에 대하여」『軍史』 6, 國防部戰史
　　　編纂委員會.

潘允洪, 1990, 「朝鮮時代 備邊司 硏究」, 박사학위논문 (국민대).

______, 1990, 「朝鮮後期 備邊司의 政治的 機能에 관한 硏究-備邊司의
　　　置廢를 중심으로-」『傳統文化硏究』 제1집, 朝鮮大學校 傳統文
　　　化硏究所.

______, 1991, 「朝鮮後期 政治權力構造 硏究-備邊司의 組織을 中心으
　　　로」『國史館論叢』 22, 국사편찬위원회.

______, 1991, 「備邊司의 職務에 대하여」『朴永錫敎授華甲紀念論叢』.

______, 1992, 「備邊司의 會議運營」『擇窩許善道先生停年紀念論叢』, 一
　　　潮閣.

潘允洪, 1993,「壬亂이후 備邊司의 邊事措置와 軍事政策의 議定」『歷史學報』139.

＿＿＿, 1994,「備邊司의 財政政策 議定硏究」『韓國史硏究』85.

＿＿＿, 1995,「備邊司의 政治的 位相」『韓國史硏究』91.

＿＿＿, 1997,「備邊司의 江都保障策 硏究」『傳統文化硏究』5, 조선대 전통문화연구소.

＿＿＿, 1999,「備邊司의 外交政策 議定硏究」『朝鮮時代史學報』8.

＿＿＿, 2001,「備邊司의 羅禪征伐 籌劃에 대하여」『韓國史學報』11.

李在喆, 1991,「光海君代 備邊司의 組織과 機能」『大丘史學』41.

＿＿＿, 1993,「仁祖代 備邊司의 運營과 性格」『朝鮮史硏究』2.

＿＿＿, 1994,「備邊司 變通論 檢討」『朝鮮史硏究』3.

＿＿＿, 1994,「宣祖代 후반 備邊司體制로의 轉換과 그 限界」『歷史敎育論集』19.

＿＿＿, 1994,「孝宗代 備邊司의 運營과 性格」『國史館論叢』57.

＿＿＿, 1995,「17世紀 備邊司의 運營과 性格」, 경북대 박사학위논문.

＿＿＿, 1997,「17世紀 士林政治期의 備邊司 機能」『韓國史硏究』99·100합집.

＿＿＿, 2001,『朝鮮後期 備邊司硏究』, 集文堂.

오종록, 1990,「비변사의 조직과 직임」·「비변사의 정치적 기능」『조선정치사(1800~1863)』하, 청년사.

韓忠熙, 1992,「朝鮮 中宗 5年～宣祖 24年(成立期)의 備邊司에 대하여」『西巖趙恒來敎授華甲紀念史學論叢』.

鄭弘俊, 1994,「16~17세기 權力構造 改編과 大臣」『韓國史硏究』84.

＿＿＿, 1996,『조선중기 정치권력 구조연구』, 고려대 민족문연구소.

李相植, 1994,「朝鮮 肅宗朝 備邊司의 機能」, 고려대 석사학위논문.

* 비변사에 관한 전문연구 이외의 부분적 관계논문은 번다하여 생략함.

[ABSTRACT]

A STUDY ON THE POLITICAL FUNCTION OF BIBYONSA IN THE CHOSUN DYNASTY

Even though the Bibyonsa of Chosun Dynasty was the temporarily-establish public offices of the first court rank, it had exercised power as the highest parliarmentary body for three hundred years from the end of the 16th century till the middle of the 19th century.

Accordingly, an explanation of the entity of this Bibyonsa shall become a key to understanding the political administrative structure of Chosun-dynasty, further the overall of political history.

Bibyonsa was established in 1510(Jungjong king five years) as part of the need for the countermeasure body against borderline affairs to cope with the southern and northern invasion of foreign enemies in the beginning of the 16th century and another method of political administration relevant to the stabilization of royal power since Jungjong Restoration (Jungjong Banjung), but organized as the temporarily-established public offices as the course of its events had been not explicitly revealed ever since.

But the conflict of the newly-established public offices and separated posts and the suspicions of the centralized power was criticized and its presence and absence was repeated, defined as the permanent government office in 1554(Myongjong king nine years) and its official residence was established in next year(1555) and so it was settled and developed as the independent government office.

Ever since, Bibyonsa had emerged as the supreme government office which administered the military affairs while coping with Japanese invasion of Korea in 1592, conferred and agreed upon the overall affairs of state, made State Council(Uijongbu) useless, and been expanded and changed into political organization since Injo king Restoration(Injo Banjong) and come to seize state affairs.

The task of Bibyonsa included as the basic tasks for coping with borderline affairs, the countermeasure against borderline administration and the confrontation of the disturbances of war, as the basic tasks in political administration recommendation of government post, the decision upon military administration, the adminstration of diplomatic affairs, financial raising, and local control, and as the task in political functions the establishment of policies and the control of administrative policy.

In addition, the retained operation of Bibyonsa had resulted in the counselling and restraints of royal power and its works on the many phenomena of the political influence-promotion and power centralization of members on Bibyonsa. These phenomena, of course, had been attributed to the strengthened of Bibyonsa.

However, becaue these roles of Bibyonsa had not been developed uniformly, for the whole period that Bibyonsa had been retained, on the same level, its functions will be able to be comprehensively understood only when the contents by case and by eras are grasped and explicated in the concrete, and periodical nature is defined on this basis For this purpose Bibyonsa's change of the functions might be divided in following four periods. Namely the first period is that of coping with the borderline national defence affairs, the 2nd period is that of seizing the national defence and the supreme conference affairs of state, the 3rd period is that of seizing diplomacy and finance, and the fourth period is that of acting arbitrarily on internal affairs.

This division was conducted on the basis of the characteristic and nature of Bibyonsa's own role, but the background of the times and fluctuation of political situation here, of course, were taken into account. For Bibyonsa had been the political organization that had seized the highest state affairs.

To summarize in a word the function of each period in four period of Bibyonsa as above-mentioned, it is as follows: The function of Bibyonsa had been expanded into the conference and administration on capital-military affairs and the conference and decision on general administrative affairs as well as the countermeasure against borderline affairs in the 1st period. The military and national affairs had been governed as a whole and state affairs seized entirely in the 2th period.

Tasks such as the administration of diplomatic affairs, the seizure of financial power and thegovernance of provinces were superintended by Bibyonsa under the practice of the jurisdiction of state affairs in the concrete in the 3rd period. It can be summarized that the right of conference and recommendation of government posts was further strengthened and key state affairs such as financial administration and internal administration were acted by Bibyonsa on its sole authority.

Since it can be seen that the business in charge of Bibyonsa was increased and its function was strengthened with time here, the role in borderline affairs and military and state affairs was largely played by Bibyonsa during the first half of the 1st and 2nd periods on the whole while thediplomatic economic, political and administration functions were preponderantly accomplished during the latter half of the 3rd and 4th periods. These differences between the first and latter half of periods are attributable to the shifts of foreign relations, social and economic situations, idiosyncrasy of political powers in addition to the changed function of Bibyonsa itself.

In other words, in the period of the first half divided into first period and 2nd period of Bibyonsa the southern and northern borderline troubles occurred several times, and the political situation of semi-wartime emerged due to the wartime regime coping with the two wars such as the Japanese Invasion of Korea in 1592 and the Chinese(Ching's) Invasion of Korea in 1636 during the period of Sunjo king and Injo king, the dispatches of troops to Younggotap(Expedition of Russia) two times during the period of Hyojong king, and argument on the subjugation of the northern areas. But at any rate it can be said that frequent wars at that time and succession of military situations, regardless of who are their subjects, became the background of the times important to the growth and activation of Bibyonsa itself.

And it can be said that the conference and decision upon chief policies and the entire governance of military and state affair, which became a practice at the foreign peaceful era, the 3rd and 4th period, was developed by the seizure of internal policies.

Even though the aspects of political function can be examined through the jobs in charge of Bibyonsa as mentioned

above, the aspect of power concentration toward Bibyonsa is appearing from the monopoly of recommendation on policies, seizure of the right to recommendation of government posts, and the political influence of its members.

The tasks in charge of State Council(Uijongbu) and the Ministry of War(Byongjo) were overlapped by and transferred to those of Bibyonsa from the beginning of its establishment, which led to losing the original meaning of the newly-established public offices and separated posts, which brought about an indication of the suspicion on centralized power together with the criticism that the phase of governmental dignity was confusing. Then that insistence upon the abolition of Bibyonsa was boiled up would become the evidence for it.

Even this criticism did not emerged in the 3rd period of Bibyonsa, which was the reason why that Bibyonsa as the supreme public office of state affairs was operated already became fictitious, and the mainstream of dominant class in power mostly belonged to the members of Bibyonsa. The right to conference and decision of State Council(Uijonbu) and the right to screening and selection of the Ministry of Interior(Yijo) and the Ministry of War(Byongjo) were incapacitated with time like this, and Bibyonsa came to exercise almost omnipotent power in proportion to the strengthening of the legal authority of Bibyonsa.

Its concrete real conditions were not enumerated in this paper. But Bibyonsa which at length was the concentrated place of political powers and stood in a key position of power structure, not only blocked the entry of rising influences into political world but also proceeded to the state of going so far as to restrain royal power beyond reciprocal assistance to royal power.

This aspect was further accelerated in approaching the latter half period of Bibyonsa. However, since efficient countermeasure countermeasure against borderline affairs, control of administrative policy and specialty of bureaucrats in emergent situation and recommendation to realistic policy and the like have the part working considerably affirmatively in the limitations of traditional bureaucracy in the active and prosperous period of Bibyonsa, its prior period, this aspect will became pertinent to one of the factors by which the Chosun-Dynasty was not abolished though undergoing the two wars.

It can be thought that as the monarch operated the arrangement of control over policy and administration, Bibyonsa, additionally to the political order governed mutually by State Council(Uijongbu), Six Ministries(Yookjo) and three Boards of Censor(Samsa) in terms of political operation from a monarch'sstandpoint, he attempted to stabilize his own royal power.

But since the way to climb on the court noble of Bibyonsa in the method to approach the center of power, it can be said that the correlation between both of these became the basic factor making Bibyonsa exist in the long-term period.

In the 4th period of Bibyonsa, since mutual asistance between both of these was collapsed the restraint by the powers of Bibyonsa on royal power censor(Degan) to be exposed, and though this was done at the same time with the limping of Bibyonsa, it can be said that power politic became possible with the authority of relative subject and this power structure of

Bibyonsa for a background, and the occurrence of Three Administration Derangements(Samjong-munran) and the insurrection of the people can be said to have been its results. It can be said that the coming of these situations, however powerful the authority of Bibyonsa might be, could not surmount a given limitation under the regime of dynasty state, it at last came to bring misfortune upon Bibyonsa.

In brief, it can be said that as Bibyonsa was the fictitious key body of political operation in Chosun era since the 16th century, its operation resulted in the deepening of the tradition of bureaucratic society with concentrated power and of the political structure of power centralization, and it can be said that it became possible with the dynasty state of centralization of administrative power for a background as well.

ㅅ

史閣　207

史庫　217

司馬光　372

徙民推刷勾管　389

徙民推刷次　101

사복시 목장혁파　230

司事庶務　120

私商米價　266

私商稱貨　332

使臣帶去員役　247

謝恩兼陳奏使　263

사은문서　262

사은사　262

沙爾虎達　294

泗川　284

使行　141

使行刷馬　134

使行員役　263

使行銀　130, 201, 395

散料裁減　332

三角山定界之禁　166

三甲지방　281

三軍鎭撫所　15

三南其人代歲幣雜物價木裁減別單　319

三南月課價　333

三道溝 協領　281

三道魚鹽 辦餉使　223

三道統禦使　211

三道統禦營　219, 240

三法司　139

三分耗穀　309

三分耗會錄　330

三手軍　197

參豫機密　51

三政　37

三浦倭亂　25, 26, 30

蔘貨　261

蔘貨潛商　273

商賈　329

上黨山城修治事　59

尙震　46, 74

常平錢　328

書契　245, 251, 267, 317, 379

書契事　268

西糧　320

書吏料布　139

徐文裕　162

徐文重　96, 270

西北管餉備耗　330

西北襦紙衣　128

署事權　352

書寫宰臣　260

署事制　2, 3, 18, 48

署事尊統　52

徐渚　92, 374

徐元履　220, 236, 297

徐宗泰　162

ㅊ

ㅎ

<저자소개>

반윤홍 潘允洪

1941년 강진 출생.
건국대학교 졸업(1963).
동국대학교 대학원(문학석사), 국민대학교 대학원(문학박사).
전사편찬위원회 편찬위원, 국사편찬위원회 사료조사위원,
중재김황선생 문집간행위원.
조선대학교 고전연구원 원장, 조선대학교 인문과학대학 학장 역임.
조선대학교 인문과학대학 사학과 교수 (현재).

저서 :『朝鮮時代史講論』(教文社)
　　　『全羅兵營史研究』(朝鮮大博物館, 共著)
　　　『韓國近世 社會思想論攷』(朝鮮大出版部, 近刊) 등

고려사학회 연구총서⑩

朝鮮時代 備邊司 研究

정가 : 24,000원

2003년 05월 15일	초판 인쇄
2003년 05월 26일	초판 발행

저　　　자 : 潘 允 洪
발 행 인 : 韓 政 熙
발 행 처 : 景仁文化社
편　　　집 : 金 明 宣
서울특별시 마포구 마포동 324-3
전화 : 718-4831~2, 팩스 : 703-9711
E-mail : kyunginp@chollian.net
등록번호 : 제10-18호(1973. 11. 8)

ISBN : 89-499-0186-2 93910

* 파본 및 훼손된 책은 교환해 드립니다.